英国教育史研究丛书
易红郡　主编

战后英国大学开放教育资源研究

基于质量文化的视角

李慧迎　著

OPEN EDUCATIONAL RESOURCES OF BRITISH UNIVERSITIES SINCE WORLD WAR II

A Quality Culture Perspective

河北大学出版社
·保定·

出 版 人：朱文富
选题策划：何 东
责任编辑：徐延风
助理编辑：陈浩苏
装帧设计：赵 谦
责任校对：刘文娜
责任印制：常 凯

图书在版编目（CIP）数据

战后英国大学开放教育资源研究 ：基于质量文化的视角 / 李慧迎著 . -- 保定 ：河北大学出版社，2022.3
（英国教育史研究丛书 / 易红郡主编）
ISBN 978-7-5666-1966-2

Ⅰ . ①战… Ⅱ . ①李… Ⅲ . ①高等教育－开放教育－教育资源－研究－英国－现代 Ⅳ . ① G649.561

中国版本图书馆 CIP 数据核字（2021）第 259639 号

ZHANHOU YINGGUO DAXUE
KAIFANG JIAOYU ZIYUAN YANJIU
JIYU ZHILIANG WENHUA DE SHIJIAO

出版发行：河北大学出版社
地址：河北省保定市七一东路2666号 邮编：071000
电话：0312-5073003 0312-5073029
网址：www.hbdxcbs.com
邮箱：hbdxcbs818@163.com
印 刷：保定市正大印刷有限公司
幅面尺寸：170 mm × 240 mm
字 数：380 千字
印 张：29.25
版 次：2022年3月第1版
印 次：2022年3月第1次印刷
书 号：ISBN 978-7-5666-1966-2
定 价：115.00 元

总　序

2000—2003 年我在北京师范大学攻读博士学位期间，就选择了英国教育史作为自己的研究领域，后来陆续出版了四部关于英国教育史方面的著作。我从 2013 年开始招收博士生，由于一直是在教育原理方向招生，因此刚开始有几位博士生选题时没有关注英国教育史。后来，根据张斌贤教授、刘铁芳教授的建议，我开始有意识地要求学生选择英国教育史专题作为博士学位论文的选题，以便形成较为稳定的团队研究方向。在迄今毕业的 8 位学术型博士生中，已有 5 位从事英国教育史研究，他们根据自己的专业兴趣选题，并已通过博士学位论文的答辩。这套丛书就是他们研究成果的汇集，研究领域涉及现代英语教育的变迁、英国幼儿学校的发展、英国大学开放教育、英国职前教师教育、英国学校音乐教育等。此外，我的博士学位论文也纳入了这套《英国教育史研究丛书》。虽然 2005 年 1 月我的博士学位论文已由湖南教育出版社正式出版，但当时的发行量相当少，面世的仅有二百余册；2013 年 12 月至 2014 年 12 月我在伦敦大学教育学院访学时，又找到了不少新的英文文献。因此，该书纳入这套丛书重新出版时进行了比较大的修改，篇幅也有所增加。

目前国内教育史学界关于美国教育史的研究居多，研究成果也较为丰富，并且形成了以北京师范大学和河北大学为主的美国教育史研究基地。英国是位于西欧一隅的小岛国，它在人类文明史上具有重要地位。英国最早实现了工业化，成为近代大工业的先行者；英国最早实行政治变革，为西方民主制度树立了榜样。英国的教育同样引人注目，英国既是当今世界教育强国之一，也是全球范围内最具吸引力的留学目的地之一。据统计，过去20年我国赴英留学生的数量大幅增加，我国赴英留学生已成为非欧盟学生中的主力军。英国大学的悠久历史和优良传统，以及英国高等教育质量的良好声誉，是中国学生选择赴英留学的重要动机。当今英国教育的发展，与其教育传统及变革密不可分，研究英国教育的历史和传统，有助于我们更深刻地认识英国教育的特质，以及英国教育走向现代化的机制。然而，目前国内关于英国教育史的研究略显单薄，相关成果并不多见，类似的研究丛书似乎没有。《英国教育史研究丛书》的出版，不仅弥补了这方面的不足，为外国教育史学科建设贡献微薄之力，而且能为我国教育改革和发展提供一些历史参照。由此可见，无论从出版价值、社会效益还是理论意义而言，《英国教育史研究丛书》的出版都是一种有益的探索。

这套丛书首次出版包括以下五册。

易红郡著的《从冲突到融合：20世纪英国中等教育政策研究》。该书将教育史研究和政策分析相结合，将20世纪英国中等教育政策的发展划分为三个不同的时期，从教育政策的角度详尽、系统地研究了不同时期英国中等教育的历史变迁，并从政治学、社会学、经济学、历史学、文化学等方面，着重分析了20世纪以来不同时期英国中等教育政策的变动与得失，总结了英国中等教育政策发展的经验，探讨了影响英国中等教育政策形成的内外因素及其内在机制。

稂建中著的《从民族性到全球化：英国“现代英语”教育的变迁研究》。该书主要从英格兰民族国家的建立、民族文学的发展和民族语言的形成等方面分析英国“现代英语”教育变迁的背景，重点探讨16世纪之后英国“现代英语”教育的民族特性，以及17世纪之后英国“现代英语”教育的文化殖民特性；进而分析18世纪末和19世纪英国“现代英语”教育的全球化视野及其影响因素；最后从语言文化教育、民族身份教育和国家发展战略等维度，反思英国“现代英语”教育的价值及局限性。

唐超著的《从个人实验到国家主导：19 世纪英国幼儿学校的发展研究》。该书将 19 世纪英国幼儿学校的发展历程分为四个阶段，分别是新拉纳克幼儿学校的实验（1800—1823）、民间幼儿学校运动的兴起（1824—1838）、民办公助下幼儿学校的推进（1839—1869）及国家主导下幼儿学校的普及（1870—1900），主要考察了不同阶段幼儿学校的教育实践及其发展特点。研究表明，19 世纪英国幼儿学校的性质是从民间慈善转变为国家福利，教育场所则经历了从家庭、教会到社会的转移，同时教育的内容也逐渐走向世俗化。

李慧迎著的《战后英国大学开放教育资源研究：基于质量文化的视角》。该书将战后英国大学开放教育资源的发展置于特定的历史背景之下，并以质量文化为分析视角，考察五种不同形式的开放教育及开放教育资源，即海外办学中的开放教育资源、开放大学的开放教育资源、产业大学的开放教育资源、开放学习项目中的开放教育资源、慕课中的开放教育资源；进而分析其内部质量保障机制和内外部的质量评估过程；最后总结战后英国大学开放教育资源的特点及动因，从中得出对我国开放教育资源发展的启示。

周亦斌著的《传承与嬗变：英国都铎时期学校音乐教育的演进研究》。该书以英国都铎王朝时期（1485—1603）的主要学校为研究对象，首先考察了西方学校音乐教育的缘起（古希腊时期）、英国学校音乐教育的肇始（中世纪早期），以及英国学校音乐教育的变迁（中世纪晚期）；其次将英国都铎时期学校音乐教育的演进划分为恢复（1485—1547）、重构（1547—1558）及渐变（1558—1603）三个阶段，阐述了每一阶段学校音乐教育的形态及其成因；最后分析了英国都铎时期学校音乐教育演进的趋势，并总结其演进的特征。

《英国教育史研究丛书》只是一个剪影，我们力图从不同的视角勾勒英国教育发展的历史轨迹；出版《英国教育史研究丛书》也是我们的一种尝试，后续有关英国教育史的研究成果也会纳入其中。我们希望能继续深化和推进这一领域的研究，期待得到外国教育史学界同人的指导，同时形成自己团队的研究特色。但由于我们的研究水平和能力有限，尤其是语言表达风格各异，丛书中还存在不少瑕疵，敬请各位学者和读者批评指正！

最后，感谢吴式颖先生、史静寰教授、张斌贤教授、杨汉麟教授、贺国庆教授、朱文富教授、肖朗教授、刘宝存教授、刘铁芳教授等在上述5位作者博士论文答辩过程中给予的悉心指导。感谢朱文富教授在这套《英国教育史研究丛书》出版过程中给予的大力支持。感谢河北大学出版社马力老师、何东老师的精心策划！

2021年10月3日

目　　录

导　　论

一、研究缘起

正如任何领域的工作都需要使用资源一样，教育活动也需要以一定的资源条件为前提。教育资源亦称教育条件，指“为保证教育活动正常进行而使用的人力、物力和财力的总和”①。通常情况下，对资源的占有意味着地位和话语权。长期以来，资源都是作为私有物被拥有，教育资源也不例外。但随着社会的进步、技术的发展和观念的转变，这种独占型的资源理念也在悄然变化。特别是 20 世纪末，随着信息技术的发展和全球化进程的推进，传播控制的商业化理念受到开放共享网络理念的强烈冲击。

（一）开放教育资源被广泛关注

正如 Unsworth 曾指出：“以信息通信技术为基础的互联网拉开了人类社会信息时代的序幕，与此同时，也随之产生了两种相互对立的文化和理念：自由传播与专利控制。”② 开放教育资源（Open Educational Resource，OER）的概念就是在这样的背景下应运而生。

自 2001 年美国麻省理工学院开创性地提出开放教育课件（Open

---

① 顾明远主编《教育大辞典（第一卷）》，上海教育出版社，2020，第 24 页。

② John M. Unsworth, “The Next Wave: Liberation Technology,” *Chronicle of Higher Education*, January 30, 2004, p. B16.

Course Ware，OCW）以来，一场致力于为全球教育者和受教育者提供免费教育资源的开放教育资源运动迅速地在各地如火如荼地展开，并逐渐成为一种世界性的潮流，很多国际组织、国家和大学纷纷参与其中。从最初的课程展示（开放课件，开放课程内容）到开放学习过程（开放教学与学习过程，提供开放教材与课程模块，支持讨论互动等后教学服务）再到现在对开放教育资源可持续发展运营模式的探索，开放教育资源已经成为教育领域研究的热点话题。

在开放教育资源的实践中有三种类型的机构比较活跃：一是高等院校和以高等院校为主体的项目组，如英国开放大学、麻省理工学院开放课件项目组等，他们是开放教育资源的主要提供者；二是相关的国际组织，如联合国教科文组织（United Nations Education Scientific and Culture Organization，UNESCO）、世界经济合作与发展组织（Organization for Economic Co-operation and Development，OECD）、国际开放与远程教育理事会（International Council for Open and Distance Education，ICDE）、国际开放课件联盟（Open Course Ware Consortium，OCWC）等，作为推动机构，他们主要关注的是组织管理和研究评价；三是一些基金会和社会团体，如休利特基金会（Hewlett Foundation）、微软公司等，他们主要负责提供资金或技术支持。

其中，高等院校作为开放教育资源的主要提供者是这场运动中最活跃也是最中坚的力量。这与大学所肩负的使命和所处的地位相关。众所周知，大学具有三大职能，即人才培养、科学研究和社会服务。提供优质的开放教育资源也是大学培养人才和服务社会的一种途径。另外，大学是知识和智力的密集区，在长期的发展过程中积累了大量的优质资源，丰富的教学经验和雄厚的科研实力，使其能够担当起教育资源传播与共享的重任。

从近年来的发展成果看，开放教育资源确实在知识的普及与创生、提供受教育机会、构建学习型社会、促进终身教育的发展等方面为我们构建了美好的图景，也吸引无数教育工作者为实现他们心中的“乌托邦”而不懈努力。基于此背景，本研究选择大学提供的开放教育资源作为研究的对象。

（二）开放教育资源质量需求的兴起

随着开放教育资源运动的发展，许多国家和机构也正式启动了开放教育资源项目，开放教育资源的数量得到了充分的发展。如同其他的社会现象一样，当一个新事物刚出现时，人们先追求的是数量，希望每个人都能获得。当数量发展到一定程度时，与数量紧密相关的另一个概念——质量也会逐步受到人们的重视。开放教育资源的发展亦是如此。当开放教育资源的数量发展到一定阶段时，人们也会对其质量进行拷问。

在开放教育的过程中，学习更多地发生在学习者和学习资源之间（教师在这一过程中也可以被视为学习资源），开放教育资源的质量对开放教育的质量起着决定性作用。虽然，开放教育资源的初衷是为了向整个国际社会开放获取教育资源的途径，但获取资源的目的是希望这一资源能为我所用，这种可用性就是开放教育资源的质量。早在2008年由联合国教科文组织国际教育规划研究所发起的全球在线开放教育资源论坛中，就将开放教育资源的质量保障问题排在促进开放教育资源发展需要优先考虑的所有问题的第五位（在提高认识、发展社区和网络、能力的发展、可持续发展之后）。[①] 由此可见开放教育资源质量的重要性，但大多数开放教育资源项目过度重视发展规模而忽视了对质量的关注。

2015年5月，由联合国教科文组织等联合主办的“世界教育论坛”

---

① Susan D'antoni,“Open Educational Resources: The Way Forward,”accessed November 20, 2015, http://stoa.usp.br/liliansta/files/-1/2843/OER+Way+Forward+final+version.pdf.

在韩国仁川召开，大会将“可获得、公正、平等的优质教育”作为今后全球教育议程的重要指导原则，并致力于在2030年前，为所有人提供“公平的、优质的教育和终身学习途径”。[①] 毋庸讳言，开放教育资源在这一过程中是可以大有作为的。目前全球开放教育资源的保有量十分可观且还在继续增长，但如果开放教育资源仅在数量上扩张，缺乏必要的质量保障和提升，最终也将无法达到数量扩张的根本目的。

英联邦学习共同体主席约翰·丹尼尔在亚洲开放大学协会第18届年会上的主题报告中指出：“社会公众总是很正确地随着时间对一所大学的声誉提出相应的更高的要求。质量保证工作做好了，声誉就会随着时间的推移而提高。”[②] 对开放教育资源而言，也是如此。

质量的提升有赖于内部自律和外部监督的相互结合。内部自律是确保本组织提供的产品或服务能够满足质量要求的基础，它贯穿于组织的日常工作之中。外部监督能够为产品或服务的质量提供系统的、客观的证据，向用户证明该组织提供的产品或服务能够满足相关的质量要求。内部自律和外部监督这两个过程既相互独立又相互促进。外部监督更多情况下是阶段性的、宏观的，由相应的管理机构或第三方组织来完成，而内部自律则是持续性的、具体的，在组织内实现。只有日常工作规范有序，外部监督才能取得应有的效果。同时通过外部监督，组织也能获得检验其自律机制的机会和得到社会认可的机会。

除此之外，质量还存在于一定的社会和文化背景中。不同的教育活动产生的背景、文化和面临的挑战不同，对质量的要求也是不同的。因此，对质量和质量提升的研究不能局限在技术或手段上，而应将其置身于一定的社会情境中，从文化的角度去体会质量与其相关手段之

---

① 金慧、兰丽宁：《创建优质的开放教育资源：质量保障和评估——访国际开放与远程教育协会秘书长嘉德·泰斯托泰》，《远程教育杂志》2015年第9期。

② 约翰·丹尼尔：《从三角形到五边形：21世纪的开放大学——在亚洲开放大学协会第18届年会上的主题报告》，《开放教育研究》2004年第6期。

间的关系。为此，本研究选择以质量文化为研究视角。

（三）战后英国大学在开放教育资源领域的成就

英国在继续教育和开放教育领域有着悠久的历史，英国大学提供的开放教育资源最早可以追溯到 19 世纪伦敦大学的学位开放。战后，在新的教学理念和教育技术的推动下，英国大学提供的开放教育资源也获得了世人的青睐。

且不说英国开放大学已然成为世界开放教育的典范，英国开放大学在休利特基金会的资助下启动的 OpenLearn 项目，是英国开放大学在新世纪开放教育内容和学习资源的新举措，被公认为是探索开放教育资源应用的成功案例。此外，英国于 2013 年上线的慕课平台 FutureLearn，是第一个北美以外面向全球的 MOOC 平台，它在教学质量上的佳绩也为其赢得了声誉。《2016 英国慕课报告》对英国 30 多所高校在 2012 年 5 月—2015 年 11 月期间提供慕课的情况进行了调查，其中的一项结果表明，尽管 Coursera 平台提供的课程所吸引的学生人数是 FutureLearn 平台学生人数的两倍，但 FutureLearn 平台课程的结业率比 Coursera 高出 50%。①

战后英国大学在开放教育资源领域进行了诸多尝试。一方面，战后随着受教育的适龄儿童的增加、终身教育理念的提出以及教育公平的呼声与日俱增，社会对教育的需求不断增长；而刚刚走过战后恢复期的教育在供给能力上远不能满足这一需求，特别是高等教育面临前所未有的挑战。教育资源的开放能够在一定程度上缓解这一供需压力。它作为高等教育机构向非传统学生群体传递知识的一种手段，可以改善教育资源分布不均、资源不能自由流通的状况，作为一种全新的终身学习策略，为促进高等教育机会的平等、向所有希望通过教育获得

① Carolyn Mcintyre,"UK MOOC Report 2016: An Insight into MOOCs Provided by UK Institutions,"(paper presented by MoocLab. club,2016), p. 3.

发展的人群开启一道新的曙光。

另一方面，战后各类技术开始在教育领域得到充分利用，无论是教育资源的表现形式还是传播方式都发生了质的飞跃。教育资源的表现形式从传统的印刷媒体不断演变，广播、录音、录像、电子文档、多媒体、超媒体，异彩纷呈；在传播方式上，从面对面的口耳相传，到不同时间不同空间的交流互动，为我们研究不同形态下的开放教育资源提供了丰富的样本。

战后英国大学在开放教育资源领域取得的成绩显赫，并且英国在高等教育质量保障体系建设中所做的努力和取得的成就也是举世瞩目的。因此，本研究选择以战后英国大学提供的开放教育资源为研究对象，以质量文化为研究视角，通过探索英国大学为保障不同类型的开放教育资源的质量所做的工作，以便更好地理解不同维度的开放教育资源及其相应的管理机制，为我国的开放教育资源建设提供借鉴。

二、研究意义

如果将 20 世纪最后的十年称为“E 时代”（e-commerce，e-learning，e-publishing，eBay 等），那么 21 世纪最初的十年则可称为“O 时代”（open source，open systems，open standards，open access，open archives，open everything）。① 在这个过程中，“开放共享”的理念越来越被人们所接受，也将开放教育资源运动推向高潮。本研究将战后英国大学的开放教育资源置于其相应的开放情境中，以质量文化为视角来审视其为保障开放教育资源质量所做的努力。在目前我国大力推进开放教育资源发展的背景下，这一研究无疑具有重要的理论与

① John M. Unsworth, “The Next Wave: Liberation Technology,” *Chronicle of Higher Education*, January 30, 2004, p. B16.

实践意义。

（一）理论意义

第一，拓展了开放教育资源的研究范围。2001 年麻省理工学院发起的“开放课件”运动为学生和教育者提供免费的课件，被视为开放教育资源运动的开端。2002 年联合国教科文组织第一次对“开放教育资源”下定义时指出，“开放”就是“通过互联网或网络免费获取”。① 此后，开放教育资源就被视为数字化开放家族中的一员，其源头被追溯到软件的开源运动。② 然而，麻省理工学院在网上发布课程的初衷很简单，就是“把所有的课件发布到网上，让每个人都广泛地运用这些课件”。③ 由此可见，免费和数字化都只是为了降低或消除获取这些资源的门槛，其目的是让每个人都能用到这些课件。而“让更多人可以使用”的教育资源何其多，数字化的、免费的开放教育资源只是该家族中的“冰山一角”。英国的开放教育有着悠久的历史，由大学提供的开放教育资源最早可以追溯到伦敦大学的学位开放。战后在新的教学理念和教育技术的推动下，英国大学的开放教育资源也获得了蓬勃发展。本研究跳出“免费”和“数字化”对开放教育资源的限制，对战后英国大学提供的多种开放教育资源进行梳理，能够让我们透过现象看本质，更清楚地认识到开放教育资源的目的。

第二，丰富了开放教育资源质量研究的内容。任何开放教育资源都有其开放的目的、开放的对象、利益相关者和价值观，这些因素都会影响对开放教育资源的质量判断。本研究将开放教育资源置于相应

---

① “UNESCO Promotes New Initiative for Free Educational Resources on the Internet,” UNESCO, accessed November 20, 2015, http://www.unesco.org/education/news_en/080702_free_edu_ress.shtml.

② 邦克等主编《慕课和全球开放教育》，焦建利等译，华东师范大学出版社，2018，第 8 页。

③ MIT OpenCourseWare, “About OCW,” accessed October 23, 2017, https://ocw.mit.edu/about/.

的开放情境中，以质量文化为视角，综合考虑机构的内部质量保障程序和内外部的质量评估过程，不仅考察质量管理的程序和过程，同时也关注在质量管理过程中共享的质量价值观的形成机制，在一定程度上能丰富对开放教育资源质量的研究。

（二）实践意义

第一，为我国开放教育资源的质量保障建设提供建议。在国际开放教育资源运动浪潮中，我国的开放教育资源建设也进入快车道。随着开放教育资源的持续扩张，再加上市场运作和国际竞争等推手，共同将质量从幕后拥向台前。过去，当开放教育资源稀缺时，质是量的附庸，奢侈而非必要；时至今日，当开放教育资源以惊人的速度增长时，人们的需求也从追求资源向追求优质资源转变。2019 年教育部发布《关于一流本科课程建设的实施意见》，提出一流本科课程“双万计划”，即用三年左右时间，建成万门左右国家级和万门左右省级一流本科课程。2018 年已有 801 门课程被认定为国家精品在线课程。如何有效地保障这些开放教育资源的质量也被提上了日程。英国大学对开放教育资源的质量管理日臻完善，通过考察其内部质量保障程序和内、外部的质量评估过程，并分析其在质量管理过程中共享的质量价值观的形成机制，能为我国开放教育资源的质量管理提供建议。

第二，为我国高校进一步开放教育资源提供借鉴。从 2003 年的国家精品课程到 2011 年大学视频公开课，再到 2018 年的国家精品在线课程，我国高等院校一直是开放教育资源运动中的中坚力量。然而，这些开放教育资源的建设都是各高校在国家教育部的指导下进行的，是国家教育发展政策的一部分，而没有将其视为促进高校自身发展的有生力量。本研究考察了战后英国大学多种形式的开放教育及其开放教育资源的特点，能够为我国大学进一步明确开放教育资源的目的提供借鉴，使开放教育资源能更好地为大学“传播知识”“服务社会”的使命服务。

三、概念界定

德国著名教育家沃尔夫冈·布列钦卡曾指出："没有准确的概念，明晰的思想和文字也就无从谈起。"[①] 本研究中涉及的主要概念有开放、教育资源、开放教育资源和质量文化及其相关概念。

（一）开放

在"开放教育资源"一词中对"开放"的不同理解将直接影响对这一术语的界定，学界对于"开放"的定义也有许多不同的描述。

在《现代汉语词典》中对"开放"的定义为："①（花）展开。②解除封锁、禁令、限制等。"[②] 意味着"开放"与"封闭"相对，指解除某种禁令、限制、封锁，进而促进通行、使用、交流、经营等。由此可见，我国对"开放"的解释主要指解除某种禁令。

联合国教科文组织在2002年对"开放教育资源"进行界定时指出，"开放"就是"通过互联网或网络免费获取"。[③] D'Antoni将"开放"解释成4个"A"：Accessible（可获得的），Appropriate（适当的），Accredited（可信赖的），Affordable（支付得起的）。[④]

Ross Paul则认为，"开放"仅仅是指某一教育系统在各个维度都

---

① 沃尔夫冈·布列钦卡：《教育科学的基本概念——分析、批判和建议》，胡劲松译，华东师范大学出版社，2001，第1页。

② 中国社会科学院语言研究所词典编辑室编《现代汉语词典》，商务印书馆，2016，第722页。

③ "UNESCO Promotes New Initiative for Free Educational Resources on the Internet," UNESCO, accessed November 20, 2015, http://www.unesco.org/education/news_en/080702_free_edu_ress.shtml.

④ Sir John Daniel and Paul West, "eLearning and Free Open Source Software: the Key to Global Mass Higher Education?" (paper presented at the International Seminar on Distance, Collaborative and eLearning: Providing Learning Opportunities in the New Millennium via Innovative Approaches, Kuala Lumpur, Malaysia, January 4-5, 2006).

比先前任何一种教育系统更加开放。① Hilton 和 Wiley 则认为“开放”不是一个简单的二元概念，要么开放，要么不开放，相反“开放”的结构是丰富且多维的。他们从开放许可的角度提出开放的 4 个维度（4R）：可重复使用（Reuse）、可再次传播（Redistribute）、可修改（Revise）、可混合（Remix）。前两个许可级别较低，后两个要求较高，需在许可声明中明确标识。另外，他们还从技术的角度提出开放的 4 个维度（ALMS）：编辑工具的可获得性（Access to editing tools）、修改或混合需要的专业程度（Level of expertise required to revise or remix）、编辑是否有意义（Meaningfully editable）、源文件是否可获得（Source-file access）。② 荷兰开放大学的学者 Christian M. Stracke 在定义开放教育时也指出，开放不仅仅是指开放获取，还进一步包括法律维度（如开放获取、开放许可和开放可用等）、操作维度（如开放资源、开放技术和开放标准等）、远见维度（如开放创新、开放识别和开放方法等）。③

本研究沿用我国学术界对“开放”概念的界定，同时也参考 Ross Paul、Hilton 和 Wiley 的部分观点，认为：第一，“开放”是一个相对的概念，它是相对于以前某种封闭和禁止状态的开放。例如，开放大学为更多的人提供教育服务，而不是像传统高等教育机构那样只服务有限的（住校）学习者，即是开放。第二，“开放”的结构是丰富且多维的，而且开放的维度和层次受一定的社会观念和技术条件约束。例

---

① 保罗·川内：《开放教育资源质量保证准则——TIPS 框架》，肖俊洪、杨伟燕译，《中国远程教育》2013 年第 10 期。

② John L. Hilton Ⅲ, Aaron Johnson et al. “The four ‘R’s of Openness and ALMS Analysis: Frameworks for Open Educational Resources,” *Open Learning: The Journal of Open, Distance and e-Learning* 25, no. 1(2010): 37-44.

③ Christian M. Stracke, “The Quality of MOOCs: How to Improve the Design of Open Education and Online Courses for Learners?” (paper presented at the International Conference on Learning and Collaboration Technologies, June 8, 2017).

如，联合国教科文组织提出的“能通过互联网或网络免费获取”，它的前提条件是有网络或互联网存在，在网络没有出现或互联网还不能像现在这么普及的时候，开放的这一内涵是不存在的；对“免费获取”而言，其前提条件是创设者愿意免费提供这些作品与他人分享，如果没有人愿意免费提供，那么免费获取也就无从谈起。第三，“开放”是一个动态的过程，随着技术的发展和社会的进步，开放所包含的内容会有所变化。在 MIT 提供 OCW 的时候，开放意味着“能完整地查看”开放的内容，随着 OpenLearn 等项目的启动和 MOOC 运动的发展，开放的含义就不仅仅是内容，还包括学习过程，到后 MOOC 时代开放的维度和层次还将进一步变化。

（二）教育资源

《现代汉语词典》中对“资源”的定义为：“生产资料或生活资料的来源，包括自然资源和社会资源。”①在人类社会所进行的各种社会实践活动中，总要以消耗一定的资源为前提。教育作为一种培养人的特殊的社会活动，必然要利用并消耗一定的社会劳动和物质资源，否则教育实践活动就不能进行。

教育资源最早产生于教育经济学领域。“教育资源”一词在国内首先由韩宗礼于 1982 在《试论教育资源的效率》一文中提出，并将其定义为“社会为进行各种教育所提供的财力、人力、物力条件”。② 顾明远先生主编的《教育大辞典》中对教育资源的解释为：“教育资源亦‘教育经济条件’，是教育过程中所占用、使用和消耗的人力、物力和财力资源以及教育的历史经验或有关教育信息资料。”③ 在我国教育领

① 中国社会科学院语言研究所词典编辑室编《现代汉语词典》，商务印书馆，2016，第 1732 页。

② 韩宗礼：《试论教育资源的效率》，《河北大学学报（哲学社会科学版）》1982 年第 4 期。

③ 顾明远主编《教育大辞典》，上海教育出版社，1998，第 799 页。

域，对教育资源的界定基本都是以此为基础。

对于教育资源的分类，比较常见的是以《CELTS-31：教育资源建设技术规范》为代表的分类结果。它将教育资源分为9类，包括：媒体素材、题库、试卷素材、课件与网络课件、案例、文献资料、常见问题解答、资源目录索引和网络课程。这种分类的目的是为了建设各级各类教学资源库，促进各资源库系统间的数据共享，提高教育资源检索的效率与准确度。因此，在这个分类中着重考虑了“物”的因素，对“人”和“财”的条件没有涉及。

在教育技术领域，将学习资源定义为学习者为促进学习和改进绩效而使用的各类工具、材料、设备、环境以及人力等。[①] 学习资源根据分类方式的不同，可以分为被设计的资源和可利用的资源（被设计的资源是指为特定的学习目标而专门设计，可利用资源是指存在于现实世界，但可以被发现、开发和应用于教学）、硬件资源和软件资源、人力资源和非人力资源（教育信息、学习媒体和学习场所等）。

本研究的核心对象是开放教育资源，主要涉及在某种相对开放教育情境中的教育资源，更准确地讲应该是教学资源或学习资源。在这个过程中，“人”和“物”一样都是影响教学成败的关键因素，“财”的因素虽然也会影响教学的成败，但这一因素更多地受各国的经济政策、历史、文化等因素的影响。大学在“财”力资源方面的主动权是有限的。另外，大学开放的财力资源也非常罕见，因此本研究中的教育资源主要考虑“人”和“物”的因素。

（三）开放教育资源

一般认为，“开放教育资源”一词最早是2002年在法国巴黎由联合国教科文组织举办的“开放课件对发展中国家高等教育的影响”论坛

---

① 艾伦·贾纳斯泽乌斯基、迈克尔·莫伦达：《教育技术：定义与评析》，程东元等译，北京大学出版社，2010，第180页。

中首次提出的。UNESCO 于 2002 年给出的定义是："通过信息通信技术，提供给非商业化目的的使用者，可以进行讨论、使用和改编的开放性教育资源。"[①]

除联合国教科文组织外，还有两家机构提供的定义也经常被引用。一个是威廉与佛洛拉·休利特基金会，另一个是世界经济合作与发展组织。

休利特基金会在 2007 年 2 月发布了《开放教育资源运动的回顾：成就、挑战和新的机遇》（"A Review of the Open Educational Resources (OER) Movement: Achievements, Challenges, and New Opportunities"）报告，指出：OER 是教学、学习和研究的资源，它们存在于公共空间或在一定知识产权协议的允许下可免费使用或再利用。开放教育资源包括完整的课程、课程材料、模型、教科书、流媒体视频、测验、软件和其他获取知识的工具、材料或技术。[②] OECD 在 2007 年发布的《免费提供知识：开放教育资源的出现》（"Giving Knowledge for Free: The Emergence of Open Educational Resources"）报告中比较详细地给出了 OER 的定义：自由开放地提供给教育者、学生和自学者在教育、学习和研究中使用或再利用的数字化材料。这些资源是长期积累的资产，可以在不影响他人享受该资源时享受它们。这意味着，它们应该是非竞争性的（公共产品），或该资源的价值在使用时会增值（开放源泉）。此外，"开放"意味着资源可以提供非歧视性的访问资源，也可以由任何人提供和分享。[③]

---

① Johnstone, "Open Educational Resources and Open Content, Background Note" (paper presented by Internet Discussion Forum on Open Educational Resources, 2005).

② Daniel E. Atkins, John Seely Brown, Allen L. Hammond, "A Review of the Open Educational Resources (OER) Movement: Achievements, Challenges, and New Opportunities" (paper presented by the William and Flora Hewlett Foundation, 2007), p. 4.

③ OECD, "Giving Knowledge for Free: The Emergence of Open Educational Resources" (paper presented by OECD, 2007), p. 38.

除了这三大组织外，也有一些个人根据自己对开放、资源的不同理解给出了不同的定义。比如，Hal Plotkin 给 OER 的定义是：存在于公共领域或者是根据知识产权协议可以分享、获得和改变用途的教学、学习和研究资源。①

从以上定义可以看出，对开放教育资源的定义主要强调的是免费开放（在一定的许可协议下可免费使用或再利用）和免费获得（完全免费或在消费者可以承担范围内）并且所涉及的资源类型以数字化的媒体资源为主。但也有一些对当前关于 OER 的定义提出质疑的声音。如《亚洲远程教育杂志》主编保罗·川内（Paul Kawachi）在提到开放教育资源的范围时提出："开放教育资源是仅指数字化格式的资源还是包含被数字化之前的资源和根据数字化资源制作的实体资源？"② 另外，2012 年的"开放教育资源—亚洲"（OER-Asia）论坛研讨会也指出，UNESCO2002 年给出的定义需要延伸扩展，例如，开放教育资源不仅仅是可供免费重新利用的资源，而应该是"与教育——教学和学习——有关的资源"。

因此，根据前文对"开放"和"教育资源"概念的界定，本研究将把开放教育资源界定为：在相对开放的环境中，为达到其开放目的所涉及的人力和物力资源。其中人力类资源包括教师、活动小组、辅导员等；物力资源包括各种媒体和辅助设施，既包括各种工具、设备、环境，也包括相关的管理方法、办学理念等。

（四）质量文化及其相关概念

质量文化的概念和质量一样，最早是由企业界提出，随着教育的

---

① Hal Plotkin, "Free to Learn: An Open Educational Resources Policy Development Guidebook for Community College Governance Officials," accessed December 5, 2015, https://oerknowledgecloud.org/sites/oerknowledgecloud.org/files/FreetoLearnGuide-1.pdf.

② 保罗·川内：《开放教育资源质量保证准则——TIPS 框架》，肖俊洪、杨伟燕译，《中国远程教育》2013 年第 10 期。

普及和大众化步伐的加快，质量文化的概念也被延伸到教育领域。由于教育机构也被要求采取提高质量的措施，向大众证明他们也能提供稳定的教育质量，因此质量、质量文化、质量保障、质量评估、质量管理等概念也越来越频繁地出现在教育的相关研究中。由于这些概念大多源自企业界和工业领域，在概念迁移的过程中，人们根据各自的理解为这些概念赋予了不同的解释和内涵。

1. 质量文化

学术界对“质量文化”的研究始于20世纪90年代，它缘起于企业界对“全面质量管理”的反思。在20世纪90年代初期，受日本产品横扫国际市场的刺激，美国人开始研究日本的“全面质量管理”无法在美国有效开展的原因，发现原因之一便是美国的质量文化未能为全面质量管理提供有效的支持。为了弥补早期全面质量管理过程中对质量管理过度技术化所导致的不足，质量文化的概念便登上质量管理的舞台。

质量文化作为一个将“质量”与“文化”紧密结合，相互交融而成的新概念，对它的理解取决于对“文化”和“质量”两个概念的认识，而不同国家对“文化”和“质量”的理解不尽相同，因此，国际学术界对质量文化的定义尚没有统一观点。

目前国内外对“质量文化”比较典型的界定有三类：第一类是将质量文化视为一种质量精神，指组织在长期管理过程中形成的质量管理思想和精神理念。如“所谓质量文化，就是企业和社会长期的生产经营中自然形成的涉及质量空间的意识、规范、法律观念以及风俗习惯和传统惯例等‘软件’的总和。它不仅直接呈现为产品质量、服务质量、管理和工作质量，而且还延伸表现为消费质量、生活质量和环境质量，集中体现为整个民族素质的高低”①。

① 王耀辉、崔爱丽：《论企业质量文化》，《哈尔滨市经济管理干部学院学报》2001年第1期。

第二类是将质量文化视为一种团队精神，指组织成员为实现组织的质量发展目标而共享的一些价值观和信念。如著名的质量管理大师朱兰（J. M. Juran）指出："质量文化是人们与质量有关的习惯、信念和行为模式，是一种思维的背景。"①

第三类是将质量文化视为物质和精神的共同产物，认为质量文化既包括组织的质量管理活动，也包括在此过程中形成的组织文化。如欧洲大学联盟（European University Association，EUA）在2002—2006年实施的"质量文化项目"研究中将质量文化定义为："质量文化是一种致力于永久性提高质量的机构文化，具有两个特有的元素：一个是文化（或心理）元素，即关于质量的共享的价值观、信仰和期望；另一个是机构或管理元素，即提高质量和协调机构工作人员努力而制定的质量管理程序。"②

欧洲大学联盟对于质量文化的诠释，为质量文化赋予了一个可操作性的定义，对欧洲大学的质量文化建设产生了深远影响，本研究就采用这份研究报告中对"质量文化"的定义。

2. 相关概念

与质量文化相关的概念有很多，在涉及英国高等教育质量理论与实践中，与质量提高相关的概念主要有质量、质量保障和质量评估等。

（1）质量

虽然"质量"一词早已为人们熟知，但如"公平"和"自由"等概念一样，质量的概念因为涉及特定的价值判断而难以准确定义。长期以来，人们从不同的角度提出了对"质量"这一术语不同的看法和

---

① 约瑟夫·M. 朱兰：《朱兰质量手册》，焦叔斌等译，中国人民大学出版社，2003，第724页。

② EUA,"Quality Culture in European Universities: A Bottom-up Approach, Report on the Three Rounds of the Quality Culture Project 2002-2006"(paper presented by European University Association, 2006), p. 10.

观点。

从词源学上看，在我国古代，最开始“质”和“量”是分开使用的。根据《辞源》的解释：“质”有“本性”“禀性”“质朴”之意，“量”有“容量”“度量”“称量”之意。而随着时代的发展，我国的语言习惯逐渐由单字词向双字词转变。“质”和“量”被合二为一，并继承了早期“质”的主要含义，成为今天的“质量”一词。① “质量”对应的英语单词“quality”源于拉丁文“qualis”，指给定实体的性质，基本上是价值无涉或是价值中立的。② 也就是说，“quality”只描述事实，不作价值判断或好坏区分。但在现代英语中，“quality”一词不仅指“给定实体的性质”，还具有“优质、卓越”的含义，如 quality education（高质量教育），quality production（优质产品），这里显然已经包括了价值判断。

在管理学中，有许多关于“质量”的定义。在 ISO 9000：2005《质量管理体系——基础和术语》中对“质量”的界定为：“一组固有特性满足要求的程度。”IBM 对“质量”的定义十分简洁：“质量即顾客满意（quality equals customer satisfaction）。”③ Crosby 在《质量没有眼泪》（*Quality without Tears*）一书中认为“质量是对要求的顺应”。④

在教育领域，对“质量”的定义也各不相同。安心在《高等教育

---

① 董泽芳：《高等教育的生命线：高等教育质量的理论与实践问题研究》，武汉大学出版社，2009，第 13 页。

② 董泽芳：《高等教育的生命线：高等教育质量的理论与实践问题研究》，武汉大学出版社，2009，第 14 页。

③ R. M. Unterberger, "Quality is the Key to Global Competitiveness: IBM's Experience," In *Quality and Higher Education in the 21st Century*, *Proceeding of the Second Annual Symposium*, *Role of Academia in National Competitiveness and Total Quality Management*, ed. William J. Petak, (Los Angeles: University of Southern California, 1991), p. 3.

④ Philip B. Crosby, *Quality without Tears* (New York: R. R. Donnelley & Sons Company, 1995), p. 59.

质量保证体系研究》一书中对形形色色的质量界定进行了梳理和分类，认为目前关于质量概念的界说主要可以分为八类，包括“不可知观”“产品质量观”“测量或达成度观”“替代观”“实用或外适性质量观”“绩效观”“内适性或学术本位观”“准备观”。①

综上所述，质量的含义是多样的，正是这种定义标准的多样性呈现了“质量”研究发展的特征。在众多的“质量”概念里，简单地赞成或批判某种概念孰是孰非似乎并无太多意义，但我们可以从纷繁复杂的、多样化的“质量”定义中找到最适合本研究的质量定义和内涵阐释。因此，本研究在论及开放教育资源的质量时倾向于采用国际标准化组织对质量的界定，将“质量”一词定义为：实体所固有的特性满足相关方要求的程度。“追求质量”则意味着质量标准是动态的，是一个不断发展的过程。

（2）质量保障

“质量保障”在 ISO 9000：2005《质量管理体系——基础和术语》中的界定为：是质量管理的一部分，致力于提供质量要求会得到满足的信任。随着社会的发展，“保障”一词被广泛用于社会学、管理学和教育学等领域，其词意也越来越丰富。国外“质量保障”一词在 20 世纪 80 年代被引入教育界，在我国则是 90 年代后期的事。但它一出现，就迅速被人们普遍接受，也出现了许多关于高等教育质量保障的界定。

在高等教育领域经常被引用的关于质量保障的定义是英国学者弗雷泽（Malcolm Frazer）提出的。他认为质量保障包括四个基本部分：第一，组织中的所有成员对保持产品或服务的质量负责；第二，组织中的所有成员都对提高产品或服务的质量负责；第三，组织中的所有成员都能理解、使用并感受到质量得以保持和提高的质量体系的存在；

① 安心：《高等教育质量保证体系研究》，甘肃教育出版社，1999，第 62—66 页。

第四，管理部门、消费者或用户定期检查质量系统的合理性和可行性。[①] 这一定义虽然没有直接定义高等教育质量保障是什么，但它强调在质量保障过程中的全员参与、质量责任、自我反思和质量改进。

随着对教育质量保障研究的不断深入，质量保障所包含的内容也越来越丰富。徐毅鹏认为："所谓高等教育质量保证是以高等院校的自我评价为基础，由高等教育质量保证机构组织同行专家对高等院校及其专业教育质量进行质量审查和评估的活动。"[②] 在这一定义中，质量保障由自我评价和外部审查、评估组成。贾汇亮认为："高等教育质量保障是为维持和提高高等教育质量而采取的管理过程，它包括两个层次的内容：一是高等院校内部为达到一定的教学质量标准而采取的一系列措施和行动；二是教育行政部门、专业评价委员会、社会评价等对高等教育质量的监督、检查。"[③] 在这一定义中，质量保障包括内部措施和外部监督两部分。查代春则将高等教育质量保证定义为："高等教育质量保证的相关主体（包括机构和个人，这里主要指政府、社会和高校），通过运用外部质量保证措施（如质量认证、质量监督、质量审计、质量评估等）和内部质量保证举措（如质量管理、质量控制、质量改进等）来确保高等教育质量满足政府、社会和学生的需求，所进行的不断提升高等教育质量的系列举措和活动过程。"[④] 在这一定义中，质量保障所包含的内容非常丰富，几乎包含了和质量相关的所有内容，质量保障甚至还包括质量管理。

从以上定义可以看出，质量保障强调对用户负责，质量保障的主

---

① Alma craft (eds.), *Quality Assurance in Higher Education, Proceeding of an International Conference* (London: The Falmer Press, 1992), pp. 10-12.

② 徐毅鹏：《21世纪初叶的中国高等教育》，高等教育出版社，2000，第252页。

③ 贾汇亮：《高等教育质量保障与评价机制建设》，《高教探索》2003年第1期。

④ 查代春：《学的视角：开放大学质量保证实践研究》，中央广播电视大学出版社，2015，第18页。

体是多元的，所有成员对保持产品或服务的质量负责；质量保障是一个持续的过程，不是一次性的，也不是静态的；质量保障的目的在于质量的持续提高，追求质量的逐步改进。但对质量保障所涵盖的范围，不同的定义给出了不同的理解。

在 ISO 9000：2005《质量管理体系——基础和术语》中对“质量管理”的定义为：“质量管理是在质量方面指挥和控制组织的协调活动。在质量方面的指挥和控制活动，通常包括制定质量方针和质量目标，以及质量策划、质量控制、质量保证和质量改进。”所以，本研究还是将质量保障视为质量管理的下位概念，质量保障是质量管理的一部分。

《牛津高阶英汉双解词典》对“assurance”的解释为“①a statement that sth will certainly be true or will certainly happen，particularly when there has been doubt about it；②belief in your own abilities or strengths”[①]，即保护、担保的状态或自信具有某种能力。在《现代汉语词典》中对“保障”一词的解释：“①保护（生活、财产、权利等），使不受侵犯和破坏。②起保障作用的事物。”[②] 不管是“assurance”还是“保障”都只包含“预防”“不受侵犯”之意，并不包含“评价”和“审核”。“评价”和“审核”都是为了证明“预防”的有效性而提供的证据，属于“保障”的引申含义。因此，在本研究中，沿用“保障”一词的原意，将“质量保障”界定为：组织内部为达到一定的质量标准而采取的一系列措施和行动。至于其引申意，“有效性的证明”则由另一术语“质量评估”来完成。

“质量保障”通常和“质量控制”相提并论，在有的场合“质量保障”和“质量控制”可以互换，但大部分观点认为这两者是有区别的。

---

① 霍恩比：《牛津高阶英汉双解词典》，石孝殊等译，商务印书馆，2005，第 88 页。

② 中国社会科学院语言研究所词典编辑室编《现代汉语大辞典》，商务印书馆，2016，第 47 页。

“控制”更强调其规定性职能，“保障”则同时涉及规定和促进。[①] 从两者的描述对象上看，质量保障是面向过程的，侧重于预防缺陷；质量控制是面向产品的，主要关注缺陷的识别。从执行主体看，质量控制是来自外部的监督，以检测其预期目标的达成度；质量保障的实质是组织对自身质量的监控和自我评估意识的确立，强调目标的可持续性和可信赖度。

“质量保障”一词还经常与“质量保证”混用。这两个词都对应英语中“quality assurance”一词的翻译。虽然在汉语中“保障”和“保证”有细微的区别，但“质量保障”和“质量保证”都不是本土词汇，在词源里指代的是同一事物，均有“确保”之意。因此，虽然本研究使用“质量保障”一词，但并不对“质量保障”和“质量保证”这两个概念进行区分。

（3）质量评估

“质量评估”是指根据一定的质量目标和标准，通过系统地收集和分析信息，对其做出价值判断的过程。质量评估一般分为三个阶段：第一阶段确定被评对象，包括评估对象、时间、地点等；第二阶段广泛地收集和分析相关的信息资料；第三阶段对被评对象的优缺点及价值做出结论，并将结果反馈给被评对象。质量评估作为一种提高教育质量的方法，与质量保障不同的是，质量保障是一个持续的过程，而质量评估通常是周期性的。

与“质量评估”经常混用的词是“质量评价”。在西文语境中，与“评估”对应的词是“assessment”，与“评价”对应的词是“evaluation”。不管是中文的“评估”与“评价”，还是西文的“assessment”与“evaluation”词意都很相近，在很多情况下都是混用

① 约翰·布伦南、南特·沙赫：《高等教育质量管理：一个关于高等院校评估和改革的国际性观点》，陆爱华等译，华东师范大学出版社，2005，第 7 页。

的。但也有人指出，“评价”用于抽象存在物，其价值可以准确判断，而“评估”则用于复杂的，涉及多因素的对象，需要依靠定性与定量相结合，客观统计与主观描述并重等手段才能做出判断。① 鉴于开放教育资源的多样性，本研究使用“质量评估”这一概念，包括教育机构自身、外部管理机构和民间组织对开放教育资源的评估。

四、文献综述

本研究使用多种文献检索途径对国内外已有的相关研究进行较为全面的回顾。纸质文献的检索和获取主要来自笔者所在大学的图书馆和湖南省图书馆的馆藏资源；电子文献的来源主要有三类途径：第一类为不同类型的搜索引擎，如百度、google 等。这类检索方法获取的信息专业性不强，但分布的面很广，可以为专业搜索提供大致的方向。第二类为各种类型的资源库，如“中国知网”“人大复印报刊资料数据库”“维普中文科技期刊全文数据库”“超星数字图书馆”“EBSCOhost 数据库”“Springer Link 全文数据库”等。这类检索获取的信息专业性和学术性都很高，但对检索方法和关键词的设置要求也很高。通常情况下，很多重要的文献特别是英文文献是通过不同的数据库、以不同的关键词组合进行检索。还有一些文献则是从已获取的文献的参考文献和引注中发现，然后再在特定数据库中有针对性地检索而得到的。第三类是各类学校或组织的官网，可以从这些网站上获得一些最新的资讯和很多重要的研究报告。

通过上述几种方法，获取到一定数量的中英文相关文献，按其研究内容将相关的研究成果分为以下几类：

① 刘徐湘：《高等教育评估论》，云南科技出版社，2008，第 16—18 页。

（一）关于开放教育资源的研究

关于开放教育资源的文献有很多，其中托米（Tuomi）的《开放教育资源：是什么和为什么》（“Open Educational Resources：What They are and Why do They Matter”）对开放教育资源的定义进行了详细的论述。在文中，他认为开放教育资源运动源自开源软件（Open Source Software）的成功。他对开源软件中“开放”的含义和以计算机为基础的学习架构（Computer-based Learning Architectures）中“开放”的含义进行了详细分析，认为对开放教育资源中的“开放”内涵的理解应该包括资源自身、技术和社会三个维度。并且，他指出知识应该是一种公共物品（Public Goods），任何人都可以享用而无损于他人的利益。开放教育资源中的“资源”不是一个对象（Object）而是流（Flow）。他还提出了“开放喷泉”（Open Fountain）的概念，认为对开放教育资源中资源的利用并不会让资源贬值，相反资源的价值还会增加，并且认为这才是开放教育资源的价值所在。[①] 他对 OER 的定义被 OECD 在 2007 年的报告“Give Knowledge for Free：The Emergence of Open Educational Resources”中采用。

2007 年，OECD 的教育研究与创新中心（Centre for Educational Research and Innovation，CERI）的一份研究报告《免费提供知识：开放教育资源的出现》（“Give Knowledge for Free：The Emergence of Open Educational Resources”）对开放教育资源运动中的四大问题进行了论述，包括 OER 可持续发展的成本/收益模型、与 OER 相关的知识产权之争、政府机构和个人共享资源的动机、障碍和利益以及如何

① Ilkka Tuomi，“Open Educational Resources：What They are and Why do They Matter，” accessed October 12，2015，http://citeseerx.ist.psu.edu/viewdoc/download? doi=10.1.1.693.9373&rep=rep1&type=pdf.

促进 OER 的可获得性和有用性。[①] Susan D'Antoni 的《开放教育资源：前行之路》（"Open Educational Resources：The Way Forward"）提出在开放教育资源运动中的利益相关者包括高等教育机构、国际组织、各国政府和学者，并且指出发达国家和发展中国家在促进开放教育资源发展需要优先考虑的问题上的权衡是不同的，但 OER 的国际共同体将提高认识、发展社区和网络、促进学习者创造和再利用资源能力的发展、开放教育资源的质量保障和可持续发展列为前五项应该优先考虑的问题。[②] 2012 年联合国教科文组织和英联邦学习共同体（Commonwealth of Learning，COL）发布了《政府的开放教育资源政策调查》（"Survey on Governments' Open Educational Resources（OER）Policies"）的调查报告。该报告对来自非洲、阿拉伯国家、亚太地区、欧洲和北美、拉丁美洲和加勒比海五个区域的 82 个国家进行问卷调查，对每个地区的 OER 活动的内涵和外延、现有的 OER 政策、其他公共政策对 OER 的指导、财政支持、关于 OER 的研究、OER 的优势以及使用障碍等内容进行了详细的统计分析，得出不同地区在 OER 使用上有不同障碍，一些国家的 OER 政策存在一些对 OER 概念和潜在理解的困惑等结论，并对这些地区 OER 的发展提出了相关建议。[③]

除此之外，对 OER 的实践研究也越来越受到重视。受高等教育协会委托，由英国全国学生联合会和英国全国学生联合会服务委员会共同完成的一份报告《高等教育中学生对学习方法和开放教育资源的看

---

① OECD,"Giving Knowledge for Free: The Emergence of Open Educational Resources"(paper presented by OECD,2007).

② Susan D'Antoni,"Open Educational Resources: The Way Forward,"accessed December 3,2015,http://openaccess. uoc. edu/webapps/o2/bitstream/10609/7163/1/Antoni_OERTheWayForward_2008_eng. pdf.

③ Sarah Hoosen,"Survey on Governments' Open Educational Resources(OER) Policies"(paper presented by UNESCO and COL,2012).

法》（“Students’ Views on Learning Methods and Open Educational Resources in Higher Education”）中用定量和定性的方法探索了高等教育学生对当前的学习方法和在教育实践中使用 OER 的观点等问题。具体问题包括：学生对 OER 的整体态度、现有的使用方法和意识、使用 OER 的一系列环境、提供 OER 的优势和形成这些优势的驱动力量、在未来使用 OER 的潜力和未来使用 OER 的诉求。①

国内对开放教育资源的研究尚处于起步阶段，能找到的相关著作不多。张铁斌的博士论文《开放教育资源（OER）国际比较研究》以远程教育理论、知识社会学、传播学等为理论基础分析了美国卡耐基梅隆大学的开放学习项目（Open Learning Initiative，OLI）、英国高等教育学会和英国联合信息系统委员会合作的开放教育资源项目（UK Open Education Resources，UKOER）和英国开放大学的开放教育资源项目（OpenLearn）的目的、益处、设计和实施，重点考察了他们课程设计和实施及其对教与学模式的影响。② 宫淑红等人的《开放教育资源比较研究》将英国开放大学发起的 OpenLearn 项目与我国中央广播电视大学的国家数字化学习资源中心（National E-Learning Resource Center，NERC）项目进行比较。文中指出这两个项目都是由远程教育大学发起的，都致力于 OER 的建设，以向更多的人提供更多更好的教育资源为目标，但两者在课程资源的内容、资源的共建共享机制上有很大的差异。最后，通过比较和反思，得出了一些对我国开放教育资源建设的启示。③ 李莹等著的《开放教育资源的国际视野——域外观察与本土实践》一书在国际观察篇中介绍了世界开放教育资源运动的进

---

① NUS and NUS Service,“Students’ Views on Learning Methods and Open Education Resources in Higher Education”(paper presented by the high Educational Academy,2013).

② 张铁斌：《开放教育资源（OER）国际比较研究》，博士学位论文，华东师范大学教育科学学院课程与教学系，2012。

③ 宫淑红、李逢庆、胡贝贝：《开放教育资源比较研究》，山东人民出版社，2014。

展和杨百翰大学自主学习项目的可持续性研究，在此基础上论述了该项目的发展模式对开放教育资源的可持续发展模式的影响。①

与开放教育资源相关的期刊比较丰富，大致可分为三类：第一类是翻译访谈类研究；第二类是推介 OER 理念及项目的研究；第三类为与我国开放教育资源共享实践的比较研究。第一类研究通过翻译引进 OER 最新的研究成果，通过对具有国际影响力的 OER 领军人物的访谈介绍 OER 的研究动态。如《中国远程教育》杂志翻译了保罗·川内的《开放教育资源质量保证准则——TIPS 框架》一文。保罗·川内以大学前教师（学前、小学、中学和职业教育的在校和不在校教师）作为制订开放教育资源质量保证准则框架的出发点，在分析与学习资源密切相关的十五个质量标准框架的基础上，提出了由四个维度组成的 TIPS（T：Teaching and learning，教学和学习；I：Information and material content，信息和材料内容；P：Presentation，product and format，呈现、产品和格式；S：System，technical and technology，系统、技术性和技术）质量保障框架。② 一年后《中国远程教育》还翻译了他的另一篇文章《开放教育资源 TIPS 质量保证框架的验证研究》，介绍了开放教育资源 TIPS 质量保证框架的验证结果。③ 袁莉等人的《开放教育资源的可持续发展——访英国联合信息系统委员会执行秘书长马尔科姆·里德博士》通过与里德博士的互动，详细地介绍了英国的 UKOER 项目在资源发布模式、资助模式、技术等方面的特点。④

---

① 李莹等：《开放教育资源的国际视野——域外观察与本土实践》，中央广播电视大学出版社，2015。

② 保罗·川内：《开放教育资源质量保证准则——TIPS 框架》，肖俊洪、杨伟燕译，《中国远程教育》2013 年第 10 期。

③ 保罗·川内：《开放教育资源 TIPS 质量保证框架的验证研究》，肖俊洪译，《中国远程教育》2014 年第 11 期。

④ 袁莉、余平、魏志慧：《开放教育资源的可持续发展——访英国联合信息系统委员会执行秘书长马尔科姆·里德博士》，《开放教育研究》2010 年第 3 期。

第二类研究重点向国内读者介绍开放教育资源的概念与内涵、历史渊源和发展状况、国际上有影响的 OER 项目及其管理，并在介绍与评述的基础上，提出对我国 OER 的启示与借鉴。丁兴富等的《麻省理工学院开放课件运动评述》评述了麻省理工学院开放课件运动的背景、原因和目标，开放课程资源建设的一般模式和开发管理流程，并分析了开放课程资源的特点及应用、开放课程资源的发布和评价情况。[①] 赵国栋等的《西方大学“开放教育资源运动”研究》介绍了 OER 的历史渊源并将 OER 分为“开放标准”“开放内容”与“开源软件”三个部分，以“开源软件”为代表，介绍了其在西方大学中的发展及应用情况。[②] 祝智庭教授等的《OER 典型项目的剖析研究》对当时国际上比较成功的五种 OER 项目（美国麻省理工学院的 OCW 项目、英国开放大学的 OpenLearn 项目、美国莱斯大学的 Connexions 项目、美国卡耐基·梅隆大学的 OLI 项目以及美国加州大学分布式学习中心的 MERLOT 项目）进行了分析，从中归纳出 OER 资源服务与应用及当前 OER 项目的特点，并对我国开展 OER 建设提出了建议。[③]

第三类研究则侧重于借助国际上成功的 OER 经验与我国的精品课程建设、大学视频公开课等进行比较。冯瑞的《世界名校开放课热潮对中国精品课程建设的启示》从国人对世界名校“开放课”的追捧现象入手，深入剖析了国外公开课程在我国快速发展的原因，提出精品课程的建设也应秉承“开放、共享”的理念，以多元化的推广、共享和应用机制让中国的精品课程逐步融入世界开放教育资源的运动之中，为全世界的学习者提供知识的财富。同时，文章还针对我国精品课程

---

① 丁兴富、王龙：《麻省理工学院开放课件运动评述》，《中国电化教育》2004 年第 10 期。

② 赵国栋、黄永中、张捷：《西方大学“开放教育资源运动”研究》，《比较教育研究》2007 年第 9 期。

③ 祝智庭、余平：《OER 典型项目的剖析研究》，《电化教育研究》2009 年第 10 期。

建设中出现的资源共享、应用问题，提出相应的建议。[①]

（二）关于英国开放教育及其资源的研究

对英国开放教育研究的文献可以分为两类，一类是对英国教育发展历史的研究；另一类是专门针对某一具体的开放教育形态的研究。通过对英国教育发展历史的研究可以了解英国开放教育的发展脉络。专门针对某一具体的开放教育形态的研究有助于探寻在这一开放教育形态下开放教育资源的特点。

1. 关于英国开放教育发展的研究

对英国教育发展的研究归纳了英国教育的发展历史、发展特征及其经验教训，为把握英国开放教育的发展脉络提供资料。张新生教授的《英国成人教育史》对英国在 18 世纪及之前、19 世纪和 20 世纪成人教育的发展进行了详细的梳理。文中指出，大学的成人教育始于 19 世纪后期的大学推广运动，它将传统的大学教育民主化，让更多的人有机会接触到大学教育的内容。文章对大学推广运动产生的背景、发展过程、课程的设置和学生的分布以及大学推广运动的意义和存在的问题进行了细致的论述。在论述大学推广运动产生背景时提到伦敦大学允许非该大学学院的学生参加大学的学位资格考试，成绩合格者可颁发学位证书，使大学教育得到进一步开放。但对伦敦大学的学位开放政策没有详细论述。对于 20 世纪创办的开放大学，作者也用较重的笔墨介绍了英国开放大学的成立与发展、结构、课程设置与教学、课程种类与学生、开放大学的特点等。[②] 刘兆宇所著的《19 世纪英格兰高等教育变革研究》对 19 世纪英格兰高等教育变革的历史基础、背景条件、发展过程和主要特征进行了详细的研究。书中对作为新大学的伦

---

① 冯瑞：《世界名校开放课热潮对中国精品课程建设的启示》，《中国电化教育》2012 年第 2 期。

② 张新生：《英国成人教育史》，山东教育出版社，1993。

敦大学的成立背景、初期状况、主要特点及其影响有比较详细的论述，但对其在中后期的学位开放制度没有论述。同时，书中对作为高等教育大众化尝试的大学推广运动也介绍得很具体，不仅阐述了大学推广运动的发展概况，对它的特征也进行了系统分析，其中对所设置课程的结构、教学方法、考核方式的介绍能为本研究提供宝贵的资料。① 王承绪先生编著的《伦敦大学》详细地介绍了伦敦大学发展历程中的三种结构模式，其中详细地阐述了作为考试机构的国立伦敦大学对其考试计划和校外学位制度的制定。另外，在这本书中还详细介绍了战后伦敦大学与非洲等英王国领地的学院建立特殊伙伴关系，帮助他们发展成为大学的过程。② 这是二战后英国海外办学的最初形态。

另外还有英国著名教育史学家邓特所著（王承绪先生翻译）的《英国教育》、中国驻英国使馆的张泰金先生编著的《英国的高等教育历史·现状》、徐辉和郑继伟编著的《英国教育史》、王承绪先生主编的《世界教育大系：英国教育》都对伦敦大学的学位开放、大学推广运动和开放大学等历史事件有相关的介绍，但由于研究方法和研究角度的多样性和个性化，且研究的时间跨度比较大，对一些具体历史事件的介绍不是很翔实。

专门针对战后英国教育的著作有王承绪、徐辉教授的《战后英国教育研究》。该书系统地介绍了第二次世界大战后英国在初等教育、中等教育、职业技术教育、高等教育和师范教育领域的发展。在谈到战后英国的高等教育时指出，在 20 世纪初到二战结束前的这几十年时间里，英国高等教育由于受两次世界大战和经济萧条的影响，没有出现什么重大的发展。但在二战后，在高等教育领域出现了一些重要革新，甚至从很大程度上改变了传统的高等教育观念，对全国学位授予委员

① 刘兆宇：《19 世纪英格兰高等教育变革研究》，中国科学技术大学出版社，2008，第 136—161 页。

② 王承绪：《伦敦大学》，湖南教育出版社，1995。

会的成立、开放大学的诞生和特点进行了比较详细的介绍。[①] 但该著作完成于 20 世纪 90 年代初，对 20 世纪末和 21 世纪初的许多教育事件没有涉及。易红郡教授的《战后英国高等教育政策研究》将战后 70 年英国高等教育政策的变迁划分为重建、扩展、调整和改革四个时期，对各个时期重要教育政策文件的背景、内容和影响进行了条分缕析。每一次教育政策的出台都意味着采取一系列行动以解决现实教育中的重大问题。书中对开放大学的问世、海外办学的发展、产业大学的建立、“未来学习（FutureLearn）”平台创建的历史背景和相关政策都有详细的阐述。[②]

2. 关于英国开放教育资源的研究

专门针对某一具体开放教育形态的研究会围绕一个主题对其背景、教学、管理和服务进行详细的论述，为理解不同开放情境下开放教育资源的特征提供参考。

（1）关于开放大学的研究

鉴于英国开放大学的办学历史和美誉，我国对英国开放大学的研究比较丰富。在著作方面，江苏广播电视大学韦润芳老师的《中国广播电视大学与英国开放大学的比较研究》（*China's Radio & TV Universities and The British Open University : A Comparative Study*）一书从机构的成立、结构、教学、学习方面对中国的广播电视大学和英国开放大学进行比较，得出中英这两种远程高等教育机构在不同的政治、经济和文化背景下是如何操作和管理的；然后基于两国在高等教育传统和本质等方面的不同来阐释两者在操作和管理上的差异。远程教育模式虽然缘起于西方发达国家，但同样可以移植到发展中国家，只是这

① 王承绪、徐辉：《战后英国教育研究》，江西教育出版社，1992。

② 易红郡：《战后英国高等教育政策研究》，湖南师范大学出版社，2016。

种移植必须根据本国的政治、经济和文化环境进行适当的改革。① 国家开放大学新闻中心主任孙福万等人编著的《英国开放大学研究》对英国开放大学进行概览式研究，它从实践领域的视角对开放大学的创建与发展、立法设计与运行机制、课程设置与教学管理、课程开发与技术支撑环境以及学生与学习者支持服务等内容进行了全景展示，是我国比较详尽地介绍英国开放大学的著作。② 章玳的《开放教育课程与教学支持研究》基于中外两大视角，开展了远程开放教育课程及教学支持的专题研究，包括开放教育课程设计与开发、开放教育课程组织与实施、开放教育课程监控与评价、基于成效为本的课程质量保证等内容。英国开放大学的课程实践和学习支持服务是其中的一个重要典范。③

关于英国开放大学的期刊类文献也很多。在“中国知网”中，以“关键字＝英国开放大学”为检索条件，得到 2006—2015 年的检索结果，共发表论文 471 篇；以“篇名＝英国开放大学”为检索条件，共得到 168 个检索结果；以“篇名＝英国开放大学 & 质量”为检索条件，共得到 28 个检索结果。为了缩小研究范围，本研究主要选取了与英国开放大学质量相关的文献。北京师范大学教育技术学院白滨博士的《英国开放大学如何保证工程类专业网络教育的教学质量？——访英国远程教育质量保证协会理事 Mark Endean 先生》一文，通过与 Mark Endean 先生的互动，介绍了开放大学对工程学专业学生的培养目标和质量标准，以及开放大学为使学生达到这样的目标所做的工作，并且就如何在远程教学环境下培养学生实验和动手能力、沟通和团队合作

---

① Wei Runfang, *China's Radio & TV Universities and The British Open University: A Comparative Study* (Nanjing: Yilin Press, 2008).

② 孙福万、杜若、刘永权等编著《英国开放大学研究》，中央广播电视大学出版社，2015。

③ 章玳：《开放教育课程与教学支持研究》，南京大学出版社，2015。

技能给出了相应的解决方案。[①] 他的另外一篇论文《解读英国开放大学的质量保证——访英国开放大学质量保证专家 Steven Swithenby 教授》中 Swithenby 教授阐述了自己对质量的界定，认为人、资金和课程开发是开放大学保证网络教育质量的重要因素，并且提出选择质量保障标准的适应性问题。他认为，鞋子应该适应脚，不同的内容可以选择不同的评价标准，而不是简单地套用某一标准来指导网络教育。[②] 张胜利的《开放大学的外部质量评估：英国高等教育质量保障署的成功经验》从英国开放大学建设的外部质量评估需要出发，对其外部评估的体制、标准及其与英国高等教育质量保障署的关系进行了系统论述。[③]

（2）关于海外办学的研究

2016 年发布的研究报告《英国高等教育跨国教育的规模和范围》（“The Scale and Scope of UK Higher Education Transnational Education”）是基于对英国所有的高等教育跨国教育提供者在 2014—2015 年度的详细调查。报告根据调查结果并与高等教育统计署（Higher Education Statistics Agency，HESA）提供的往年海外记录（Aggregate Offshore Record，AOR）进行比较，对近年来英国输出的跨国教育在项目和学生人数的变化，在伙伴关系、战略方法上的特点进行了细致分析，并提供了丰富的案例。[④] 祝金平的硕士论文《走向优质教育资源实质性结合的国际化——中英合作办学模式变迁的案例研究》以英国北方大学联合会（The Northern Consortium，NCUK）在华办学的发展历程为

① 白滨、年智英：《英国开放大学如何保证工程类专业网络教育的教学质量？——访英国远程教育质量保证协会理事 Mark Endean 先生》，《中国远程教育》2009 年第 8 期。

② 白滨、陈丽：《解读英国开放大学的质量保证——访英国开放大学质量保证专家 Steven Swithenby 教授》，《中国远程教育》2009 年第 11 期。

③ 张胜利：《开放大学的外部质量评估：英国高等教育质量保障署的成功经验》，《北京广播电视大学学报》2011 年第 3 期。

④ Georgia Siora,“The Scale and Scope of UK Higher Education Transnational Education”(paper presented by HEGlobal,2016).

研究对象，探讨在《中外合作办学条例》的规范下，如何有效地引进优质的海外教育资源，创建中外合作办学的新模式，从而促进中国教育整体水平尤其是高等教育水平的提高。文中以上海理工大学中英国际学院为代表介绍了英国北方大学联合会在华合作办学的教育理念及其在教学方法和质量保障等各方面的特点。[①] 束定芳和陈素燕老师著的《大学英语教学成功之路——宁波诺丁汉大学“专业导向”英语教学模式的调查》一书对宁波诺丁汉大学英语教学的成功经验进行了详细介绍，并对我国大学英语教学改革的出路提出了一些相应的对策和建议。[②] 其中对宁波诺丁汉大学的教学管理和英语教学进行了详细地描述，但没有涉及对其质量有效性的证明（评价的方法和结果）。

关于英国海外办学的期刊类文献对宁波诺丁汉大学的研究较多（宁波诺丁汉大学是我国第一所全方位引进外国优质教育资源的中外合作大学）。张湘洛的《英国诺丁汉大学海外办学之探索》对英国诺丁汉大学的海外办学模式和特色进行了详细介绍。文章认为诺丁汉大学秉承英国海外办学的传统，在马来西亚和中国创办海外校园，将原汁原味的英式风格的教学引入亚洲，获得巨大成功。文章还指出国际化、持续创新、把握机遇、质量优先与质量评估、突出学生服务意识等是其海外办学的主要特色。[③] 蔡基刚的《宁波诺丁汉大学和复旦大学的大学英语教学模式差异研究》对两所大学的教学目标和课程设置进行了比较，从学生需求、课程实施条件等角度探讨了学习宁波诺丁汉大学英语教学模式的可能性。[④]

---

① 祝金平：《走向优质教育资源实质性结合的国际化——中英合作办学模式变迁的案例研究》，硕士学位论文，四川师范大学教师教育学院，2006。

② 束定芳、陈素燕：《大学英语教学成功之路——宁波诺丁汉大学“专业导向”英语教学模式的调查》，上海外语教育出版社，2010。

③ 张湘洛：《英国诺丁汉大学海外办学之探索》，《洛阳师范学院学报》2013 年第 4 期。

④ 蔡基刚：《宁波诺丁汉大学和复旦大学的大学英语教学模式差异研究》，《中国大学教学》2011 年第 1 期。

（3）关于产业大学的研究

由产业大学（University for industry，Ufi）出品的文件《ITC连接工具书》（“ICT Connectivity Toolkit”）对什么是Ufi和学习指导（Learndirect）、Ufi的结构、各学习中心的连接模型和策略、设备的要求等进行了详细的介绍。[①] John Stephenson等的《使用互联网获得个性化的学位：来自Ufi的经验》（“Using the Internet to Gain Personalized Degrees from Learning through Work：Some Experience from Ufi”）通过对第一批使用Ufi用户的调查和深度访谈，讨论了通过工作学习（Learning through Work，LtW）的概念和基于工作的在线学习经验，以及通过工作学习的主要特征，提出使用者的意愿、机构的回应以及对学习者和他们工作场所的影响是通过工作学习的关键因素。[②]

国内对产业大学的研究没有专著，相关研究的论文也不是很多。最早关注英国产业大学的是华东师范大学魏志强老师的文章《迎接学习时代的挑战——英国的继续教育计划》，在文中介绍了英国政府构建产业大学的构想和目标。[③] 曾子达等人发表在《教育参考资料》上的译文《英国的产业大学——使人人都参与终身学习》是对产业大学在筹建期间最全面的表述。文中对创建产业大学的背景、目的、主要构想、重点服务的对象群体和技术领域、预期目标和运作方式等问题进行了详细的介绍。[④]

---

① “ICT Connectivity Toolkit,” CNR for Marchmont and Ufi, accessed January 21, 2016, https://www.marchmont.ac.uk %2FDocuments%2FITC_Connectivity_Toolkit.pdf.

② John Stephenson and Judy Saxton, “Using the Internet to Gain Personalized Degrees from Learning through Work: Some Experience from Ufi,” *Industry and Higher Education*, 19, no. 3(2005): 249-258.

③ 魏志强、于家太：《迎接学习时代的挑战——英国的继续教育计划》，《比较教育研究》1999年第3期。

④ 英国教育与就业部：《英国的产业大学——使人人都参与终身学习》，曾子达、王晖译，《教育参考资料》2000年第15期。

福建师范大学洪明教授的《英国终身学习的新变革——“产业大学”的理念与实践》指出“产业大学”是英国创建学习化社会的一种新型教育组织方式。文章对“产业大学”的性质、目的、职能、产生背景及其所面临的主要问题进行了分析，展示了信息技术条件下教育所发生的变革，并指出这种新型教育组织方式对我国建立学习型社会具有重要的借鉴意义。① 他在另一篇文章《英国产业大学与学习化社会》中提出“产业大学”是继开放大学以来，在教育组织方式上的又一次革命。文中展示了产业大学的基本性质和特征，指出产业大学的兴起是学习化社会的需要和必然。② 中央广播电视大学黄丹青老师的《英国产业大学的发展及其特色》对产业大学的办学宗旨和战略目标、主要活动和办学特色进行了论述，在办学特色里提到产业大学有严格的质量保证体系，“为保证学习材料和学习课程的质量，专门成立了教学资源组织小组，负责质量鉴定”。③ 陕西广播电视大学的秦农学者在实地走访了英国产业大学总部及其下属的学习中心后，发表论文《远程开放教育的营销观念与策略刍议——访英国产业大学的启示》，对产业大学在市场营销理念与策略等情况进行了深入的分析与研究，其中对包括咨询热线电话、学习资源库、当地信息与指导网络、指导教师等在内的学习支持体系进行了详细介绍，认为这些措施既能保障产业大学的学习质量，也是其营销策略的一部分。④ 2011 年他的另一篇论文《英国产业大学对我国创建开放大学的启示》，从先行研究与政策保障、组织定位与战略目标、运作模式与营销策略、系统网络与支持服务、

---

① 洪明：《英国终身学习的新变革——“产业大学”的理念与实践》，《比较教育研究》2001 年第 4 期。

② 洪明：《英国产业大学与学习化社会》，《开放教育研究》2001 年第 1 期。

③ 黄丹青：《英国产业大学的发展及其特色》，《中国电化教育》2001 年第 8 期。

④ 秦农：《远程开放教育的营销观念与策略刍议——访英国产业大学的启示》，《陕西广播电视大学学报》2002 年第 1 期。

质量保证与品牌形象等五个角度，分析了产业大学十年来的运作实践，从中得出对我国创建开放大学的启示。[①]

（4）关于 OpenLearn 项目的研究

OpenLearn 是英国开放大学的一个研究项目，因此关于 OpenLearn 项目的研究文献也主要来自英国开放大学。Ferreira 的研究报告《交流、学习及两者之间——对开放的，非正式网络学习环境影响的研究》（"Communicating，Learning and the In-between：A Study of the Impact of Open-access，Informal Online Learning Environments"），主要考察了 OpenLearn 所提供的同步和异步交流与讨论工具在这种非正式的在线学习空间中的作用。[②] 在他的另外一篇论文《从印刷媒体到网络媒体：开放资源库的再利用问题》（"From Print to Web：Issues in Re-purposing for an Open Resources Repository"）中，对在 OpenLearn 项目中将印刷材料转换为在线学习资源这一再利用过程所出现的关键问题进行了探讨，包括如何提供没有教师指导支持的学习材料，媒体组件在转换过程中的适用性和多媒体组件间的相互关系等。[③]

国内对 OpenLearn 的研究主要有李玲静的《OpenLearn：一个可持续的开放学习系统》，从生态学的视角分析了 OpenLearn 的生态系统构成，并重点论述了该生态系统的可持续发展问题。[④] 刘志芳的《英国开

---

① 秦农：《英国产业大学对我国创建开放大学的启示》，《开放教育研究》2011 年第 1 期。

② Giselle M. D. S. Ferreira,"Communicating,Learning and the In-between:A Study of the Impact of Open-access,Informal Online Learning Environments,"HEA via COLMSCT, OpenCETL,January 9,2009,accessed March 24,2016,http://oro. open. ac. uk/23922/1/Final_Report_GFerreira. pdf.

③ Giselle M. D. S. Ferreira and Nick Heap,"From Print to Web:Issues in Re-purposing for an Open Resources Repository"(paper presented at EADTU 2006,Tallinn,Estonia,November 23-24,2006).

④ 李玲静：《OpenLearn：一个可持续的开放学习系统》，《现代教育技术》2010 年第 4 期。

放大学 OpenLearn 项目发展模式研究》是基于他在英国开放大学访问期间对 OpenLearn 项目的了解，对 OpenLearn 项目启动以来三个阶段的特点和运营模式进行了系统分析和总结。① 他的另一篇文章《开放教育资源（OER）在英国的应用研究及对中国的启示》，则对成功利用 OpenLearn 平台进行学习和研究的个人案例和合作案例进行了详细介绍，包括开放大学对 OpenLearn 平台的利用、TESSA（Teacher Education in Sub Saharan Africa，撒哈拉以南非洲地区的教师教育）培训项目等。文章最后一部分在对我国 OER 发展过程进行简单梳理的基础上，提出完善 OER 建设、做好 OER 平台运营、积极拓展机构之间的各种合作关系是我们可以从英国的 OER 项目中借鉴的成功经验。② 西华师范大学的王承冰等人以 OpenLearn 项目为研究对象，从资源建设过程、学习者参与资源建设、更新等角度探讨了英国开放学习项目在质量保障上所做的努力，并介绍了英国开放大学课程外部评估体系。③

（5）关于 MOOC 的研究

对 MOOC 的综述性研究有：斯里兰卡的桑云都·瑞哈·利亚纳古纳瓦德纳博士等人系统地回顾了 2008—2012 年间与 MOOCs 相关的研究（共 45 篇文献），对 MOOC 的研究领域进行了归类，一共总结了八个主要的研究领域，包括：MOOC 介绍、概念、个案研究、教育理论、技术、聚焦参与者、聚焦提供者以及其他问题，并针对这些文献所反

---

① 刘志芳：《英国开放大学 OpenLearn 项目发展模式研究》，《中国远程教育》2013 年第 8 期。

② 刘志芳：《开放教育资源（OER）在英国的应用研究及对中国的启示》，《现代远距离教育》2014 年第 3 期。

③ 王承冰、何济玲、陈仕品：《英国开放大学开放学习项目质量保证体系研究》，《中国电化教育》2013 年第 5 期。

映的在研究领域的不足提出建议。① 其文章中的研究方法和许多参考文献对本研究有很大的参考价值。另外，Dilrukshi Gamage 等人对2012—2015 年间的 4745 篇文献进行了筛选，发现只有 26 篇文献与MOOCs 的质量相关。其中，只有 3 篇文献明确地提供了质量的维度，7 篇在以往文献的基础上提出了质量框架。文章在结论部分指出对MOOCs 质量研究中最主要的问题是缺乏证据来确定关键的成功因素。② 从这两份文献综述中可以看出，对于 MOOCs 的研究在 2012 年以后激增，但对其质量的研究并不多见，关键在于缺乏对 MOOCs 质量进行评价的标准。

英国商业创新与技能部发布的《日趋成熟的“MOOC”：关于大规模开放式在线课程及其他形式在线远程教育的文献综述》研究报告，其中系统详尽地揭示了现阶段教育状况及社会各界对在线教育的认知和态度，展示了其发展的历史背景、研究现状和发展趋势。报告详细论述了在文献中被广泛讨论的 MOOC 认证问题和商业模型问题，重点讨论了一系列在英国政策议题中特别关注的内容，如继续教育、MOOC 技能以及 FutureLearn 等。③ 英国高等教育学院发布研究报告《大规模开放网络课程教育：英国视点》在概述英国 MOOC 发展现况的基础上阐述了至今仍被忽视的英国开放课程创新成果，包括大型

① 桑云都·瑞哈·利亚纳古纳瓦德纳、安德鲁·亚历山大·亚当斯、雪莉·安·威廉姆斯：《MOOCs 已发表文献（2008—2012）的系统研究》，《中国远程教育》2014 年第 3 期。

② Dilrukshi Gamage, Shantha Fernando and Indika Perera, “Quality of MOOCs: A Review of Literature on Effectiveness and Quality Aspects” (paper presented at 2015 8th International Conference on Ubi-Media Computing (UMEDIA), Colombo, Sri Lanka, August 24-26, 2015).

③ Department for Business, Innovation and Skills. “The Maturing of the MOOC: Literature Review of Massive Open Online Courses and Other Forms of Online Distance Learning” (paper presented by Department for Business, Innovation and Skills, 2013).

MOOC 平台的管理和“未来学习”平台的建立；通过文献综述，探讨 MOOC 研究所关注的领域以及问题的相关性。该报告还提供了五个英国的 MOOC 案例，并指出在 MOOC 教学中，虽然教师的很多功能都被一些自动过程和基于社区的社会化学习所分解，但教师的存在依然很重要，甚至不可或缺。①

国内的相关研究主要有华东师范大学王玉的硕士论文《以学习活动为导向的 MOOC 内容设计与学习成效评估》将 FutureLearn 平台上的“Talk the Talk”课程作为案例，呈现以学习活动为导向的 MOOC 内容设计模式，详细描述了它的阅读活动、观看视频活动、测试活动、作业活动以及无所不在的讨论区等。② 《世界教育信息》刊发了对 FutureLearn 公司总裁西蒙·尼尔森的采访，对 FutureLearn 的创建历程、制胜法宝、主要挑战和未来战略进行了描述。③ 《中国教育网络》杂志也对尼尔森进行了专访，涉及 FutureLearn 的盈利模式、平台的教学特点和大规模人群学习分析等问题。④ 王美静等人则从学习者的视角出发，对 Coursera、edX、Udacity、Futurelearn 和 iversity（德国）五个平台在平台主页、课程首页、视频和论坛四个方面的呈现结构和功能进行了对比分析。⑤

---

① Siân Bayne and Jen Ross,“The Pedagogy of the Massive Open Online Course：The UK View”(paper presented by Higher Education Academy,2014).

② 王玉：《以学习活动为导向的 MOOC 内容设计与学习成效评估》，硕士学位论文，华东师范大学教育学部教育信息技术学系，2015。

③ 金慧、刘迪、李艳：《打造社交型高质量慕课平台——访英国 FutureLearn 公司总裁西蒙·尼尔森》，《世界教育信息》2015 年第 1 期。

④ 王左利：《FutureLearn：以社交为标签 专访欧洲最大 MOOC 平台 FutureLearn CEO Simon Nelson》，《中国教育网络》2014 年第 7 期。

⑤ 王美静、王海荣：《基于学习者视角的国外 MOOC 平台比较研究及启示》，《现代教育技术》2014 年第 7 期。

（三）关于高等教育质量及其相关概念的研究

虽然“质量”这一概念是20世纪中后期才在高等教育领域出现，但研究成果十分丰富。Ronald Barnett 在《改善高等教育：全面质量管理》（*Improving Higher Education：Total Quality Care*）一书中，从全面质量管理的视角出发，详细介绍了院校管理和课程教学质量保证情况，包括院校目标和绩效指标的设定、目标的适应性和增值性、同行评议、全面质量管理和学术审核。该书对高等教育质量的概念进行了细致分析，认为高等教育不可能将终极知识传授给学生，高等教育传授知识的目的在于促进学生批判性思维能力的发展，使学生具有主动获取知识和创造知识的能力。作者强调，高等教育的质量评估的重点应该是测评学生的批判性思维能力和态度，而不是以知识点考核为主的考试成绩。①

约翰·布伦南（John Brennan）和南特·沙赫（Tarla Shah）合著的《高等教育质量管理：一个关于高等院校评估和改革的国际性观点》基于 OECD 发起的关于高等教育机构管理的研究项目 IMHE（Institutional Management in Higher Education），阐释了14个国家的高等教育机构的质量评估过程。该书从质量评估的背景、方法、影响和策略出发，解说不同国家质量评估体系的目的、方法和预期成果。然后通过对一系列高等教育机构的实例进行分析，讨论质量评估对高等教育机构管理和决策的影响。文中详细地区分了质量评估、质量评价、质量检查、质量审核、质量保障和质量控制等概念的异同，并以此为基础，提出质量管理的概念。作者认为质量管理可以用来描述关于高等教育质量的判断、决策和行动的整个过程。②

---

① Ronald Barnett. *Improving Higher Education：Total Quality Care*（Buckingham：SRHE，Open University Press，1992）.

② 约翰·布伦南、特拉·沙赫：《高等教育质量管理：一个关于高等院校评估和改革的国际性观点》，陆爱华等译，华东师范大学出版社，2005。

撒丽斯（Sallis）的《全面质量教育》将企业界的全面质量管理理念引入教育领域，是关于全面质量教育的经典之作。其内容涵盖质量运动的背景、质量的概念、教育情境中的全面质量管理、质量模式与标准，以及在教育情境中实施全面质量管理所应注重的组织、领导、团队工作、预算、方法与技术以及质量策略等。文中提到企业界对质量的兴趣源于竞争的需要，而教育机构介入质量保证活动除了与竞争生存有关外，还与教育道德（必须对学生、家长和社区负责）、专业职责和政治要求密切相关。作者认为将教育视为服务而非生产线，可能更有助于对教育情境下运行全面质量管理的理解。①

欧洲大学联盟于2006年发布的研究报告《欧洲大学的质量文化：一种自底向上的方法》（“Quality Culture in European Universities：A Bottom-up Approach”）讨论了质量的定义，引入了质量文化的概念，并为质量文化给出了一个可操作性的定义。在此基础上提出引入质量文化需要考虑的几个特征，包括机构的使命、组织结构、内部保障程序、内部评估及反馈循环和草根阶层的参与等。

为了确认高等教育机构的内部质量保障进展状况，并讨论这些机构质量文化的发展状态，2009年欧洲大学联盟联合德国大学校长联盟和苏格兰质量保障署开展了“高等教育机构质量文化检测”项目，并于2010、2011、2012年相继发布了三份研究报告：《质量文化检测：高等教育机构的质量保障过程》（第一部分）、《质量文化检测：过程和工具》（第二部分）、《质量文化检测：从自我反思到追求卓越》（第三部分）。

《质量文化检测：第一部分——高等教育机构的质量保障过程》主要关注高等教育机构的内部质量文化，以考察内部质量的提升和对高等教育质量问责制的反响。研究报告指出内部质量保障程序是质量文

① 撒丽斯：《全面质量教育》，何瑞薇译，华东师范大学出版社，2005。

化的一部分，并以调查问卷的形式对来自 36 个国家的 222 所机构进行了调查，通过相关数据分析得出：高等教育机构的质量保障过程没有消失而且还有望提升质量，但其质量保障过程的流动性和透明度还有待加强。①

《质量文化检测：第二部分——过程和工具》指出质量文化的活力和可持续性取决于几个内部和外部因素。内部因素包括大学有质量自信并且它不拘泥于国家质量保障机构对质量过程的定义；学校的制度文化强调民主和辩论，尊重学生和工作人员的心声；学术专业角色的定义强调良好的教学而不是只有学术专长和研究力量；质量保证流程是基于学术价值，同时对管理流程给予必要的重视。外部因素最重要的是，大学位于一个“开放”的环境，它不被过度监管且享有较高的公信度。在该研究报告中还强调，这些内部和外部因素必须同时考虑，明确责任，避免重复评估和质量保障疲劳。②

《质量文化检测：第三部分——从自我反思到追求卓越》指出可以将质量文化作为一种反思工具，以此来检验我们的政策和策略、工具和实践、原则和潜在的假设。一般说，显性的、正式的质保过程与隐性的、非正式的价值观和假设之间的相互关系，是增强机构质量文化的核心，彻底理解和反思其相互关系和不同维度是促进质量提升的基础。③

田恩舜的《高等教育质量保证模式研究》采用模式研究的方法，在明确高等教育质量保证的基本理念和模式构成的基础上，对自主型

---

① Tia Loukkola and Thérèse Zhang,“Examining Quality Culture:Part 1-Quality Assurance Processes in Higher Education Institutions”(paper presented by European University Association, 2010).

② Andrée Sursock,“Examining Quality Culture Part Ⅱ:Processes and Tools—Participation, Ownership and Bureaucracy”(paper presented by European University Association,2011).

③ Oliver Vettori,“Examining Quality Culture Part Ⅲ:From Self-reflection to Enhancement”(paper presented by European University Association,2012).

模式、控制型模式、市场型模式、合作型模式和多元复合型模式的结构、主要特征及优势与局限性进行了详细论述。研究通过对英、荷、法、美4个有代表性的国家高等教育质量保证模式的比较研究，发现不同国家的高等教育质量保证模式各不相同。各国高等教育质量保证模式改革的一个共同特征就是充分发挥国家权力、市场与院校自治在高等教育质量保证中的作用，实现这三种力量的优势互补，多元复合型模式已成为各国高等教育质量保证变革的方向。文章最后对我国高等教育质量保证的特点和主要缺陷进行了分析，并提出相应的改革方向。①

范文曜等人的《国际视角下的高等教育质量评估与财政拨款》一书提出随着高等教育大众化进程的推进，高等教育评估在保证高等教育质量的同时，也逐步发展了它的第二功能：与财政拨款相结合，提高高等教育的办学效益。为讨论评估对拨款的影响，作者对法、德、英、日、美5国高等教育管理的基本体制、质量的评估机制、财政拨款制度、评估与拨款的联系进行了专题论述。在此基础上，结合OECD对我国高等教育质量保证和财政的考察分析，对我国的高等教育拨款与评估提出相关的政策建议。②

（四）关于英国高等教育质量及其相关概念的研究

罗杰·布朗（Roger Brown）的《高等教育质量保障：自1992年以来的英国经验》（*Quality Assurance in Higher Education*：*The UK Experience Since 1992*）概述了英国在1992—2002这十年间高等教育质量保障体系的发展历程，并在此基础上探讨了这些变革背后更深层次的问题，如导致人们对质量保障的兴趣日益增长的原因，质量问责和质量提高之间的平衡问题，以及如何为质量改善创造条件等。文章

---

① 田恩舜：《高等教育质量保证模式研究》，中国海洋大学出版社，2007。

② 范文曜、马陆亭：《国际视角下的高等教育质量评估与财政拨款》，教育科学出版社，2004。

在研究相关文献和历史事件的基础上指出，质量保证体系中的自我规范是维护高等教育质量的唯一有效模式。①

2016年的《英国高等教育质量标准》（*The UK Quality Code for Higher Education*，简称 *The Quality Code*）列出了对学术标准和学术质量进行良好管理的指导原则。它明确阐明了对高等教育提供者的要求，高等教育提供者之间彼此的期望以及学生和公众对高等教育提供者的期望。《质量标准》的主体由三部分组成：第一部分是对学术标准的设置和维护，包括英国和欧洲对学术标准的要求、学位授予机构对学术标准的要求、确保学术标准和基于学术成果的奖励3个章节。第二部分是保证和提高学术质量，分为11章，对学术质量的11个不同方面的期望和指标进行了描述。第三部分涉及高等教育提供者应提供的信息，包括使命、价值观、总体战略、申请和录取程序等。② 英国高等教育质量保障署（Quality Assurance Agency for Higher Education，QAA）的研究报告《质量文化的国际视角》（"Cultures of Quality：An International Perspective"）考察了包括澳大利亚、巴西、智利、中国、哥伦比亚、印度、墨西哥、英国和美国9个国家的质量保障组织的结构和框架对质量文化的影响，主要关注质量保障文化对质量发展文化的影响以及英国与其他国家在解决质量方面的公共问题时建立国际伙伴关系的机会。③

国内对英国高等教育质量保障的研究有唐霞的《英国高等教育质量保证体系》，它对英国高等教育质量保证体系的建立背景和发展历程

① Brown R,*Quality Assurance in Higher Education* : *The UK Experience Since* 1992 (London:Routledge Farmer,2004).

② QAA,"The UK Quality Code for Higher Education,"Quality Assurance Agency for Higher Education,accessed May 10,2016,http://www. qaa. ac. uk/assuring-standards-and-quality/the-quality-code.

③ QAA and British Council,"Cultures of Quality:An International Perspective"(paper presented by Quality Assurance Agency for Higher Education,2015).

进行了系统分析，介绍了英国高等教育外部质量保证和内部质量保证体系，在分析其质量保证的治理视角、责任演进和发展趋势的基础上提出对我国高等教育质量保证体系的改进思路。文章指出，英国高等教育质量保证体系是全方位的，将政府、学校、学生以及社会等各个方面结合起来，从多个角度对高校的教学质量和学术标准进行评估和监控。英国的高等教育已经走过了由外部强制约束向内部自我规范的历程，英国高校大多自觉地建立了自己的内部质量保证体系，对自己的教育质量负责。① 吴雪的《英国高等教育质量管理制度变迁研究》在实地访谈英国本土管理者和利益相关者的基础上，论述了对高等教育质量管理制度变化过程中的政策、院校和教师的变化。文章指出，所有的外部质量管理政策都是政府、院校和市场三者博弈的结果，而内部质量管理制度的建立和完善实质上是学校内部的学术权力、行政权力和学生权力在质量价值认同上不断协调的过程。② 马建生的《高等教育质量保证体系的国际比较研究》对英国、美国、法国、德国、日本、荷兰和澳大利亚等七个国家的高等教育质量保证体系的产生背景、组织机构、质量标准、运行机制和主要特点进行了梳理，从组织机构、教师教育标准、运行机制、高校专业评估制度和学生参与五个角度对这些国家的高等教育质量保证体系进行了比较。③

另外和英国高等教育质量保障相关的学位论文也有很多。李敏的《英国高等教育质量保障体系的文化分析》系统分析了英国文化中的自由主义、保守主义和绅士文化的特点及其对高等教育质量保障体系的影响。文章指出，英国根深蒂固的自由主义传统使得英国教育机构始终注重其内部质量保障；保守主义使英国高等教育质量保障体系的发展变革呈现出渐进性特征；绅士文化导引高等教育质量保障体系的发

---

① 唐霞：《英国高等教育质量保证体系》，北京师范大学出版社，2012。

② 吴雪：《英国高等教育质量管理制度变迁研究》，福建教育出版社，2013。

③ 马建生：《高等教育质量保证体系的国际比较研究》，北京师范大学出版社，2014。

展趋势，使其对教学质量的关注成为始终不变的主线。[①] 杨艳平的《英国高等教育质量保障署研究》对英国最主要的高等教育外部质量保障机构高等教育质量保障署的产生背景、组织结构、工作理念、主要工作内容等进行了详细介绍。作者指出，建立英国高等教育质量保障署避免了多个组织参与质量保障的繁杂、混乱局面，使质量保障的目标、实施和结果更统一、明确。[②]

（五）文献评析

从搜集到的相关研究成果和文献来看，目前国内外对开放教育资源的研究以对美国OER项目的介绍居多，英国OER项目主要有两个：UKOER项目和OpenLearn项目。对OER的研究热点是多元的，包括技术支持、知识产权管理和可持续的成本/收益模型等，但对其质量管理的研究并不多见。对开放教育资源的溯源也都是从免费使用的角度追溯到“Hacker文化”和开源软件；对开放教育资源项目的研究也大多是中外或国际间同一时期的项目比较，鲜有对一个国家特定历史时期开放教育资源的发展研究。

关于英国开放教育的文献数量很多，主要分为两类。一类对开放教育的研究夹杂在对英国教育发展历史的研究中。这类研究会对某种开放教育形态产生的背景、发展特征及其经验进行总结和论述，为总体把握英国开放教育的发展脉络提供资料。但这类资料研究的时间跨度都比较大，对一些具体历史事件的介绍并不翔实，具体到某种开放教育形态中开放教育资源的论述就更少了。

另一类是专门针对某一具体开放教育形态的研究。专门针对某一具体开放教育形态的研究往往围绕一个主题对其背景、教学、管理和

---

① 李敏：《英国高等教育质量保障体系的文化分析》，硕士学位论文，武汉理工大学文法学院，2008。

② 杨艳平：《英国高等教育质量保障署研究》，硕士学位论文，河北大学教育学院，2008。

服务进行详细的论述，为理解不同开放情境下开放教育资源的特征提供参考。在这些具体的开放教育形态的研究中，有关开放大学的研究最为丰富，但对其他形态，特别是 21 世纪后出现的产业大学、OpenLearn 项目和 FutureLearn 的研究则散见于各类期刊中。

从国内外对高等教育质量及其相关概念的研究看，将质量概念引入高等教育领域的时间不长，但研究成果很多，同时也存在概念界定混乱的特点。质量文化是对“全面质量管理”反思后提出新的质量管理理念，它能突破传统质量研究中“去情境化”的诟病，也可以弥补传统质量管理中“重技术，轻理念”的不足。以质量文化为研究视角，可以帮我们更全面地了解英国大学对开放教育资源的质量管理。在与质量相关的其他概念中，质量保障和质量评估对质量提高的影响较大。具体到英国高等教育质量及其相关概念的研究，对其高等教育质量保障体系的研究是热点，英国高等教育质量保障署是这一体系中最具特色的亮点。但这类研究主要从宏观的角度论述政府、教育机构、市场和学生在这一保障体系中的功能和作用，鲜有从微观的视角阐释为保障某一教学要素的质量而采取的行动。

五、研究视角及方法

本文拟采用质量文化的视角，利用文献分析法、历史研究和比较研究的方法对战后英国大学开放教育资源进行研究。

（一）研究视角

虽然学术界对质量文化的关注时间并不长，但作为一种新兴的理念，它已经广受青睐。著名的质量管理大师朱兰博士曾指出，如果没有对质量文化的了解和认识，就不可能获得深入和持久的质量改进和突破。

教育领域对质量文化的研究也是受到工商界的启发。虽然与“质量认证”“质量审核”“全面质量管理”等词一样，“质量文化”也是舶来品，但由于“文化”本身的包容性和情境性，使得它必须立足于院校自身的文化沉淀，从而加大了质量文化与院校情境相互融合的可能性。2009 年联合国教科文组织在第二届世界高等教育大会上指出，高等教育质量的提高离不开“质量文化”。①

欧洲大学联盟在“质量文化项目”研究中对质量文化定义为：“一种致力于永久性提高质量的机构文化，它具有两个特有的元素：一个是文化（或心理）元素，即关于质量的共享的价值观、信仰和期望；另一个是机构或管理元素，即提高质量和协调机构工作人员努力而制定的质量管理程序。”② 从欧洲大学联盟对质量文化的定义可以看出，质量文化包括两个部分：一是质量管理程序，二是组织成员对于“质量”这一概念共享的价值观、信仰和期望。质量管理程序是质量管理的实现渠道，是质量保障的基础；缺乏切实可行的质量管理程序，任何质量管理都是空中楼阁。组织成员对于“质量”这一概念共享的价值观、信仰和期望则是质量管理的灵魂，也是质量保障的精华所在。质量不是检查出来的，提高质量的长久之道应当是组织成员共同努力的结果。如果组织成员对质量没有共同的信仰和期望，再精细的技术、再高级的命令也只是一纸空文，最终导致“上有政策，下有对策”的局面。

在具体的教育实践中，以上两个方面也不是孤立地在学校内部发挥作用，而是被融合为一个有机的整体。它鼓励各院校从自己的历史、使命、目的、定位以及所面临的环境等方面界定质量，通过一种质量

---

① 苏永建：《高等教育质量保障的历史演进、全球扩散与发展趋势》，《高等教育研究》2017 年第 12 期。

② EUA,“Quality Culture in European Universities: A Bottom-up Approach, Report on the Three Rounds of the Quality Culture Project 2002-2006”(paper presented by European University Association, 2006), p. 10.

文化意识将管理者、教师、学生等院校内部的多个利益相关者有机融合在一起，以一种协商和对话方式共同致力于质量提高。[①] 质量文化的核心价值观在于强调过程与结果并重，关注持续改进的质量，追求卓越的品质。欧洲大学联盟的“质量文化项目”通过网络讨论，提出引入质量文化需要考虑几个因素，包括机构的使命、组织结构、内部保障程序、内部评估及反馈循环和草根阶层的参与等。[②]

从质量文化的视角研究大学开放教育资源，可以突破传统质量研究中“去情境化”的诟病。任何开放教育资源都源于特定的开放情境，不同的开放情境，由于其产生背景、开放的目的不同，对开放教育资源的质量要求也不尽相同。质量标准不是外部强加的，而是组织根据自身需要形成的。欧洲大学联盟的“质量文化项目”也强调，质量不能够通过自上而下的方式来界定，而应该由每个院校来界定。“因为将共享的质量定义应用于拥有不同使命和目的的院校不太可行，甚至会令人失望。”[③] 另外，运行质量文化视角进行分析，可以弥补传统质量管理中“重技术，轻理念”的不足。人们通常容易接受一种技术、方法、工具或程序的更新，寄希望于安装一个“系统”质量就能自动提高，但是“质量改进的关键是理解概念，而不是移植一些复杂的系统”[④]。从质量文化的视角探讨英国大学在开放教育资源的质量保障和

---

① 张应强、苏永建：《高等教育质量保障：反思、批判与变革》，《教育研究》2014年第5期。

② EUA,“Quality Culture in European Universities:A Bottom-up Approach,Report on the Three Rounds of the Quality Culture Project 2002-2006”(paper presented by European University Association,2006),pp. 13-28.

③ EUA,“Quality Culture in European Universities:A Bottom-up Approach,Report on the Three Rounds of the Quality Culture Project 2002-2006”(paper presented by European University Association,2006),p. 29.

④ 杨钢：《质量无惑：世界质量总是克劳士比省思录》，中国城市出版社，2002，第106页。

质量评估上所做的努力，能让我们更全面地了解“他山之石”，避免因断章取义而导致“画虎不成反类犬”的结果。

（二）研究方法

根据研究需要，主要采用的研究方法有：文献研究法、历史研究法、比较研究法。

1. 文献研究法

文献研究法作为一种获取数据的方法，是指搜集、鉴别、整理文献，并通过对文献的研究形成对事实进行科学认识的方法。人类活动与认识的无限性和个体生命与认识有限性的矛盾，决定了科学家在研究逝去的事实时必须借助于文献。[①] 因此，文献研究法是社会科学研究最重要方法之一，也是其他研究方法的基础。

本研究围绕英国大学、开放教育资源、质量保障与质量文化等主题进行检索，收集到几类有代表性的文献。第一类是专著，如《英国成人教育发展史》《战后英国高等教育政策研究》等。第二类是硕、博及期刊论文，如《质量保障与学习技术：英国高等教育的联结》（“Quality Assurance and Learning Technologies：Intersecting Agendas in UK Higher Education”）、《面向非正式学习者的个人学习环境：从OpenLearn案例研究中学到的教训》（“Introducing Personal Learning Environments to Informal Learners：Lessons Learned from the OpenLearn Case Study”）、《开放教育资源（OER）国际比较研究》等。第三类是相关大学、项目和职能部门的官方网站，如英国开放大学（www.open.ac.uk）、爱丁堡大学（www.ed.ac.uk）、learndirect（www.learndirect.com）、FutureLearn（www.futurelearn.com）英国高等教育质量保障总署（www.qaa.ac.uk）等。第四类是研究报告，如《开放教育资源（OER）运动综述：成就、挑战和新的机遇》（“A Review

① 叶澜：《教育研究及其方法》，中国科学技术出版社，1990，第175—176页。

of the Open Educational Resources（OER）Movement：Achievements，Challenges，and New Opportunities”）、《开放大学年度报告：2012—2013》（“The Open University Annual Report：2012-2013”）等。

在前期的文献搜集过程中虽然收获颇丰，但仍不甚全面。在已收集到大量资料中有很多资料和数据时效性较强，如年度报告等，在后期的研究过程中还有待进一步充实和更新。

2. 历史研究法

历史研究法是一个建立在信息基础上的对过去的描述、分析和解释的系统过程①，它借助对相关社会历史过程的资料分析、破译和整理，以认识研究对象的过去、现在、预测未来。有些现象或问题的出现，总是有它的历史根源，在分析现象和解决问题时，只有弄清它的前世今生，追根溯源，才能对现象有全面地认识并为问题的解决提供蓝图。教育改革，甚至社会改革也常通过对历史的研究而服务于现在。

开放教育资源建设并非一蹴而就，它的形成和发展也有其自身的发展轨迹。英国是一个在继续教育和开放教育有着悠久历史的国度，研究和梳理它近半个世纪来的开放教育及其在开放教育中提供的开放教育资源，将有助于我们全面理解“开放”的含义，把握开放的目的与开放教育资源形式之间的内部联系。

3. 比较研究法

比较研究方法，又称类比分析法，是指对两个或两个以上的事物或对象加以对比，以找出它们之间的相似性与差异性的一种分析方法。具体到教育领域，是指根据一定的标准，对某种教育现象在不同情况下的不同表现，进行比较研究，找出教育的普遍规律及其特殊本质，力求得出符合客观实际结论的方法。俗话说，“不怕不识货，只怕货比

① 威廉·维尔斯马、斯蒂芬·G. 于尔斯：《教育研究方法导论》，袁振国等译，教育科学出版社，2010，第257页。

货”。比较研究可以帮助人们更好地认识事物的本质，把握事物的发展规律。

本研究试图采用纵向比较和横向比较的方法。纵向比较主要涉及英国大学主持或推动的不同维度的开放教育情境，探讨为了实现其不同的开放目的，开放教育资源在质量保障和内、外部质量评估方面的特色。横向比较主要探讨中英两国在类似的开放教育活动中，在开放教育资源的质量保障上的不同作为，寻找两者间的相似性和差异性，以更好地提高我国开放教育资源的质量。

第一章　战前英国大学开放教育资源的回顾

英国的大学创建于12世纪。在英格兰，牛津大学和剑桥大学统领风骚700年；在苏格兰，自15、16世纪先后建立起4所大学，与英格兰的大学不同，这4所大学自成一脉。在19世纪前，英国就只有这6所大学。长期以来，它们致力于为上层社会培养人才，形成了精英教育的传统。尽管英国的高等教育有着悠久的历史，但其高等教育向中、下层民众开放最早可能要追溯到19世纪伦敦大学的学位开放和大学推广运动。

第一节　伦敦大学的学位开放

伦敦大学创建于19世纪30年代，是英格兰继牛津大学、剑桥大学后创建的第三所大学。从伦敦大学的发展历程看，伦敦大学的学位开放“虽说是个历史的讽刺，其结果却令人十分高兴”①。它扩大了普通民众接受大学教育的机会，创造了无须在伦敦居住就可以参加伦敦大学学位考试的可能性，为广大有上进心的青年敞开了大学的大门。另外，伦敦大学的开放学位不仅辐射英伦三岛，而且还面向大英帝国的所有殖民地，开创了英国海外办学的先河。

---

①　邓特：《英国教育》，杭州大学教育系外语教育研究室译，浙江教育出版社，1987，第182页。

一、伦敦大学学位开放的背景

伦敦大学的学位开放是大学在学位授予方面的一个特例。这一体制最初产生于1858年，是大学与大学之间以及大学和政府之间相互博弈的结果。伦敦大学进行学位开放的缘由与伦敦大学的兴起和发展历程紧密相关。

（一）伦敦大学的兴起

在19世纪30年代以前，英格兰的高等教育发展史主要就是牛津大学和剑桥大学的发展历史，从1167年牛津大学诞生到1836年伦敦大学成立，期间的6个多世纪里，牛津大学和剑桥大学是英格兰仅有的两所高等院校。伦敦大学的产生既有客观方面的原因也有主观方面的因素。

到19世纪初，英国的第一次工业革命已基本完成。随着社会经济的发展，牛津、剑桥这两所大学在许多方面都不能适应社会发展的需要，特别是它们在宗教信仰方面的严格要求和对科学的漠视，促使一些激进的学者和开明人士迫切地希望建立一所新型的大学来打破传统大学对高等教育的垄断。

自16世纪英国国王与罗马教皇决裂，建立了自己独立的宗教——国教后，国内就一直存在着国教派和非国教派之间的斗争。牛津和剑桥大学长期处于国教派的掌控中，直到19世纪中叶，这两所大学都对宗教信仰有严格的要求。“在牛津，所有学生在入学前都要求签名赞成国教的39条教规，在取得学士学位时必须再次签名赞成39条教规，要想取得硕士学位，还必须第三次签名赞成39条教规。”[①] 在剑桥，虽然要求没有牛津大学那么严格，但在取得学位前，学生必须表态是英国

---

① 刘兆宇：《19世纪英格兰高等教育变革研究》，中国科学技术大学出版社，2008，第75页。

国教的忠诚教徒。所以，从理论上说，不信奉国教的人不能入学牛津或剑桥，即便入学也申请不到学位。此外，由于牛津和剑桥大学的各学院都实行寄宿制，费用昂贵，只有上层社会的子弟才能负担起如此高昂的教育和生活费用。学校的管理也很松散，校风相当衰败。当时的大学学院入学无需考试，毕业考试也以宗教信仰测试和口试为主。一些富家子弟在校园里不是做学问，而是比阔气，成天游手好闲，却也能获得一张大学学位文凭。

在课程设置上，牛津和剑桥大学都表现出极大的保守性和滞后性。"它们坚持古典主义教育传统，课程内容以古典人文学科（希腊语、拉丁语、雄辩术、诗歌、历史、文法）、经院主义哲学（逻辑学、伦理学、物理学、形而上学）和宗教为核心，教育目标是培养在教会和公共生活中拥有优先权的牧师和国教派绅士。"[①] 但是随着生产的发展和国内外市场的不断扩张，英国需要大批掌握现代生产、科技、经济、管理和军事人才，而这两所大学固守古典人文学科传统，与社会经济发展严重脱节，致使激进派和功利主义者对传统大学培养方案有诸多不满。

在 19 世纪初，关于大学教育的两场大辩论对大学的办学目的、办学方向以及教学内容等进行了充分的讨论。第一场辩论始于 1809 年，起因是 R. L. 艾其华绥（Edgeworth）在其《专业教育论文集》中提出了"知识是否有用，要看其使用价值"的观点。[②] 以此为导火线，一大批学者对牛津和剑桥的教育进行了激进的批评，而牛津大学及保守派们则积极地为古典课程辩护。双方就大学教育到底是培养教会和统治阶级的接班人，还是培养社会经济发展的人才；大学是只为少数人垄断，还是应向全社会开放等问题进行了激烈的辩论。这场辩论持续了

① 易红郡：《战后英国高等教育政策研究》，湖南师范大学出版社，2016，第 4 页。

② 张泰金：《英国的高等教育历史 · 现状》，上海外语教育大学出版社，2008，第 20 页。

20年。第二场辩论始于1831年，由剑桥大学掀起。当时剑桥大学的一位为古典教育辩护的书院院长威廉·威维尔（William Whaler）竭力主张突出数学，强调数学在形成精确推理中的价值。他的观点遭到了主张突出哲学的苏格兰学者威廉·汉弥尔顿（William Hanwilton）的反驳。汉弥尔顿认为片面强调数学，就间接地削弱了其他学科。以二人为代表的保守派和激进派之间就大学教育的内容展开了唇枪舌剑。大辩论后最重要的收获是伦敦大学的创办。

由此可以看出，上层社会和国教会教徒对牛津和剑桥这两所大学的长期垄断，而激进派、非国教派和功利主义者想要争取在这两所古典大学中获得一席之地却长期未果是导致伦敦大学产生的客观原因。

人们对大学的荣誉感是伦敦创办大学的主观原因。大学自中世纪形成后就是研究高深学问的地方，是智慧的象征。知识分子聚集在大学，他们研究并传播高深学问。大学不仅是社会关注的热点，同时也是大学所在地的骄傲。像法国的巴黎大学、德国的柏林大学在那时都已各显风采，成为当地人的骄傲。伦敦作为大不列颠联合王国的首都，是世界上第一个工业国的政治、经济和社会中心，它什么都有，唯独缺少一所大学。在《伦敦大学委员会关于大学性质与目标的说明书》（“A Statement by the Council of the University of London，Explanatory of the Nature and Object of that Institution”）中就提到：“伦敦不论就智力或财富来说，还是从人口来说，完全可以被认为是文明世界的一流城市。它既是最需要一所大学的地方，也是唯一没有一所大学的伟大首都。”①

其实，在首都伦敦建立一所大学的想法早在16世纪末就出现了。英国航海家吉尔伯特爵士（Sir Humphrey Gilbert）于16世纪80年代

① 王承绪：《伦敦大学》，湖南教育出版社，1995，第24页。

就曾向当时的女王伊丽莎白一世建议，在伦敦创办一所大学。[①] 当时人们希望这所大学能够利用这所城市的财富，发展科技和商业学科，成为一所培养广泛职业人才的机构。虽然在随后的200多年里，有过类似的建议，也进行过大胆的尝试，但这一夙愿一直都未能实现。

当1825年诗人坎贝尔（Thomas Campbell）在《泰晤士报》上发表致国会议员布洛姆（Henry Brougham）的公开信中，提出在伦敦建立一所为富裕的中层阶级子弟设立的非寄宿制的、有专业分科的、费用低廉的新大学的建议，受到功利主义哲学家边沁（Jeremy Bentham）、哲学激进派詹姆斯·密尔（James Mill）等人的拥护。经过两年时间紧锣密鼓的筹备，以集资的方式兴办的伦敦大学坐落于伦敦市中心的戈瓦街，于1827年4月由英王乔治三世的第六位王子萨塞克斯公爵奠基，1828年10月正式开学。

（二）伦敦大学的发展

伦敦大学的发展一共经历了三种模式。第一种模式是早期的伦敦大学（1828—1835）。早期的伦敦大学以与保守派绝对对立的面貌出现，在学校内不限制宗教信仰，也不进行宗教教学。“它是英国历史上第一所纯世俗的高等教育机构，非国教徒甚至自由主义思想家不受宗教限制而被接受，学校课程设置强调科学、历史和其他纯世俗学科。”[②] 新成立的伦敦大学以苏格兰和德国大学为模板，主张理论联系实际，把教育和职业结合起来，增设法学、经济学、化学等实用科学，在保留古典语言课的同时开设现代语言课程，坚持用本国语进行教学，揭开了英国高等教育近代化的序幕。

由于早期的伦敦大学不限制宗教信仰，不进行宗教教学，国教会

---

① 刘兆宇：《19世纪英格兰高等教育变革研究》，中国科学技术大学出版社，2008，第35页。

② Willis Rudy, *The University of Europe, 1100-1914: A History* (London: Association University Presses, 1984), p. 115.

担心自己的利益受到冲击，因此在人力和财力上不遗余力地反对伦敦大学的成立。牛津大学、剑桥大学以及伦敦市的法学、医学等行会组织，不愿意他们的垄断受到威胁，为了维护本行业的利益，也不赞成兴建伦敦大学。因此，伦敦大学成立后迟迟不能获得特许状。因为没有获得皇家特许状，所以早期的伦敦大学只是一所“自封的”大学。

反对者们不仅在特许状上百般阻挠，而且很快在行动上采取了抵制措施。1828 年 6 月，一批大主教和主教在惠灵顿公爵的主持下于威斯敏斯特皇后大街共济会大厦集会，提出应在伦敦另建一所学院与伦敦大学抗衡。由于国王乔治四世答应提供捐助，这所新成立的学院被命名为“伦敦国王学院”（King’s College London，KCL）。1829 年 8 月政府为国王学院颁发特许状，1831 年 10 月正式开学。

从此以后，伦敦有一所设立在戈瓦街、未获特许状的大学，一所设在斯特兰斯、获得政府特许状的学院。两校除宗教方面的区别以外，其他方面非常相似，但两校都无学位授予权，对毕业生仅颁发荣誉证书（Certificate of Honors）。

第二种模式是作为考试机构的国立伦敦大学（1836—1900）。由于国教会人士和老牌大学等保守势力的强烈反对，伦敦大学申请特许状的事情一直受阻，但其申请特许状的脚步却从未停歇，直到 1835 年情况才有所改变。1835 年 3 月，托利党（Tory，英国保守党的前身）政府倒台，下院经过长时间辩论后，通过一项动议，请求国王给伦敦大学颁发皇家特许状。同月，代表新兴资产阶级和新贵族利益的辉格党（Whigs）组阁，经枢密院和内阁多次讨论，最终出台一个妥协方案：将 1826 年成立的伦敦大学改称为伦敦大学学院（简称大学学院），与国王学院合并成为新的伦敦大学，由政府提供经费，颁发特许状并提供授予学位的权力。从此伦敦大学进入一个新的发展阶段，成为一家主持考试、授予学位的机构。

1836 年由英国政府直接设立的伦敦大学与在 1826 年由私人创办的

伦敦大学完全不同。国王威廉四世根据1836年12月颁发的特许状，宣告新的伦敦大学的目的是："为了宗教和道德的进步和有用知识的增进，对于一切阶级和教派的我们忠诚的臣民，没有区别，鼓励他们接受正规的自由教育；同时考虑到在首都和联合王国其他地区，许多人确实完成他们的学习，应该给他们提供这种设施，这是必要的；同时，应该授予他们荣誉和奖赏，是他们坚持这些值得称赞的追求，这是公正的。"① 伦敦大学的设立"目的在于通过考试确定在文学、科学和艺术方面通过教育已经精通的人，同时用学位奖赏他们，作为他们各自的成就和与之相称的荣誉的证明"。②

在这种模式下，学位与学历是截然分开的。新伦敦大学的任务是组织考试和赋予学位，自己不招生、不授课，只负责掌管学位。教学由其附属的各学院管理，并且这些学院在招生、教学、财务和日常管理上都是独立自治的，但在教学内容上受伦敦大学颁发的教学大纲的制约，在质量上受其监督。所以，从严格意义上说，1836年成立的伦敦大学是一所考试机构，而不是教学机构。亚伯拉罕·弗莱克斯纳（Flexner）也指出："它不是一所真正的大学，虽然它的确也拥有总部办公室和范围广泛的校董会和理事会，但它只是由大量的质量与目的很不相同的机构组成的混合体。"③

作为考试机构的伦敦大学开辟了英国开放教育资源的先河，为更多的人提供了接受高等教育的机会。另外，这种开放性还表现在大学的不断扩张上。其规模在建校初只有两所附属学院（伦敦大学学院和国王学院），到1853年，伦敦大学的附属医科院校达到68所，非医科

---

① Negley Harte, *The University of London, 1836-1986* (London: The Athlone Press Ltd, 1986), p. 76.

② 王承绪：《伦敦大学》，湖南教育出版社，1995，第37—38页。

③ 亚伯拉罕·弗莱克斯纳：《现代大学论——美英德大学研究》，徐辉等译，浙江教育出版社，2001，第202—203页。

院校（含伦敦大学学院和国王学院）共32所。① 从1858年开始，伦敦大学的学位向所有附属和不附属它的学院开放。只要参加考试的学生能够交付足够的学费并通过考试，就可以获得伦敦大学的学位，极大地提升了伦敦大学的社会影响力，伦敦大学逐步发展为一所帝国大学。

第三种模式是联合型大学，兼管教学科研和全英高校考试。作为考试机构的伦敦大学，培养了大批专门人才，尤其是1878年开始招收女生，授予妇女学位，开创了英国教育史上的新纪元。但是关于伦敦大学的结构问题一直有争论，尤其在19世纪的后20年，关于这个问题的争论尤为激烈。

伦敦大学根据特许状的规定，一直坚持教学职能和考试严格分开，大学不问教学，只管考试，教学由各学院进行。只履行考试职能的伦敦大学，虽然在海外得到流行和模仿，但也颇受非议。许多学者认为，1836年决定的有关学术活动分工，越来越不利于伦敦担负教学任务的院校，大学本身徒有其名。在1858年，英国政府给伦敦大学颁发第三个特许状，废除对考生必须在一所附属院校读完规定课程的证书要求，将考试对所有人开放。大学学院认为"这很可能会危害正规的和有系统的教育，不仅会降低英国大学学位的价值，而且将改变英国大学学位的意义"。② 1873年，伦敦大学学院毕业生，著名的化学家普雷费厄（Lyon Playfair）爵士也提出："一所联合教学和考试两种职能的大学，目的在于产生一个有教养的人，并且能达到这个目的；而仅仅作为一个考试委员会的大学，则只能保证产生一个死记硬背的人。"③ 面对各方争议，1888年政府任命皇家委员会就当时的两种意见（在伦敦再创

---

① 王承绪：《伦敦大学》，湖南教育出版社，1995，第46页。

② Negley Harte, *The University of London, 1836-1986* (London: The Athlone Press Ltd, 1986), pp. 103-104.

③ Negley Harte, *The University of London, 1836-1986* (London: The Athlone Press Ltd, 1986), p. 139.

办一所新大学和改组现有的伦敦大学）进行调研。最后，多数委员主张："伦敦应该只有一所大学，它在保留现有权力和权利的同时，全面而有效地执行要求伦敦教学学院所做的工作。"① 1898 年议会通过改组伦敦大学的法案。

改组后的伦敦大学，从专门掌管高等院校学生入学考试和学位考试的结构模式，转变为监管教学、科研和考试的模式，成为一所拥有 57 个学院的联合型大学。与 1836 年作为专门考试机构的伦敦大学一样，这种兼管教学和科研以及校外学生考试的联合结构模式也是妥协的产物。这一模式下的伦敦大学依然坚持不对宗教信仰进行检测，也不因性别因素而剥夺女子的入学资格，还建立了两个不同的制度：校内生制度和校外生制度。凡是原来和伦敦大学有联系，并有学生参加伦敦大学学位考试的伦敦地区的学院，都是伦敦大学的"学院"，这些学院的学生为"校内生"；在其他地方或不在这些学院学习的学生，则为"校外生"。这两类学生分别参加为校内生和校外生举行的学位考试，并坚持相似的学位标准。

由此可以看出，在伦敦大学的发展历史上，不管是作为专门考试机构，还是提供校外学位制度的联合型大学，都充斥着各利益集团相互博弈。虽然是不得已而为之的结果，但在协助整个英联邦和英帝国高等教育机构获得正式大学地位方面起到了巨大的作用。伦敦大学的学位开放延续了一个多世纪，已经证明能适应许多目的，在英国本土和海外的高等教育发展中发挥了重要作用。直到 1975 年，伦敦大学宣布，校外普通文学士学位的最后一次考试将在 1977 年夏举行。② 随后伦敦大学校外学位体制逐渐退出历史舞台。

---

① 王承绪：《伦敦大学》，湖南教育出版社，1995，第 67 页。

② 邓特：《英国教育》，杭州大学教育系外语教育研究室译，浙江教育出版社，1987，第 182 页。

二、考试机构时期的学位管理

作为考试机构的伦敦大学是政府以特许状和学位授予权为诱饵，将在宗教信仰上针锋相对的两所大学合并归于其麾下，开启了由大学理事会和政府共管的双重治理模式。

（一）内部治理的架构

作为考试机构的伦敦大学的内部权力机构包括：校长、副校长、理事会、校务评议会、学部和附属学院。

根据第一特许状的规定，伦敦大学的主要管理机构是理事会，同时它还任命了校长（1名）、副校长（1名）和理事会成员（38名），并规定了国王的巡视权以及校长、副校长和理事会的权利和责任。第一特许状指出："我们（即王室）是伦敦大学的巡视者，有权做那些属于巡视者的所有事情。"[①]巡视员制度起源于中世纪，是英国特许大学独有的一种设置，一般由皇家任命。理论上所有大学的内部争议都可以提交巡视员仲裁，巡视员具有最终的仲裁权。[②] 校长和副校长是由国王签名任命的，伦敦大学的第一任校长是伯灵顿勋爵（Lord Burlington, William Cavendish），第一任副校长是鲁卜克爵士（John William Lubbock）。副校长任期一年，在他任期结束前一个月将选出合适的人选接任。如果副校长在其任期内因死亡、辞职或其他原因缺席，经过校长同意，可以在理事会的成员中选择合适人员担任该职务。

校长、副校长和理事会对大学的所有事务、关注点和财产有完全的管理权和监督权，如学位考试和学位授予，召开校长、副校长和理事会会议的方式和时间，任命或撤销上述大学所有的考官、官员和工

---

① "First Charter, 1836," in *University of London: The Historical Record (1836-1912)* (London: University of London Press, 1912), p. 28.

② 孙贵聪：《英国大学特许状及其治理意义》，《比较教育研究》2006年第1期。

作人员等都可以由他们自行决定。同时，校长、副校长和理事会还享有充分的权利来制定和修改任何细则和条例（只要不与国家的法律，或是特许状的一般目的和条款不一致）。“编订好的所有这些细则和条例，在印上伦敦大学的法团印章后，就对大学的所有成员和即将被授予学位的申请者具有约束力，但是所有这些细则和条例必须首先呈报国务大臣中的一位，并得到他的同意与会签。”①

校长、副校长和理事会要面对的所有问题均由出席会议的大多数成员决定。校长是任何会议理所当然的主席，当校长因故缺席时由副校长代替，如果这两个人都缺席时可以在理事会成员中选择合适人选担任。会议结果由投票形式得出，必须由校长或副校长和 5 位理事会成员参加表决，如果校长和副校长同时缺席则至少由 6 位理事会成员参加表决，否则在任何例会上都不能决定任何问题。如果票数相同，还要进行第二次或决定性的投票。

伦敦大学的另一个管理机构是校务评议会。成立伦敦大学校务评议会的建议最初由部分毕业生于 1845 年提出，他们希望通过组建校务评议会来“形成一种团结精神，促进大学的利益，建立并维护毕业同学之间的友好感情和相互关系”②。该组织在 1858 年的第三特许状中获得承认，成为大学的政治和法人实体，具有“讨论有关大学任何问题的权利和接受大学任何新特许状的权利（在新特许状获得理事会同意的情况下），但它没有干预和控制大学事务的权利”③。所有从伦敦大学毕业的毕业生达到一定年限，每年缴纳 10 先令 6 便士就可以成为会员，缴纳 3 金尼可成为终身会员。校务评议会可以提名四分之一以下的理事

---

① 肖朗、袁传明：《伦敦大学建立与近代英国高等教育改革——以第一特许状为考察中心》，《现代大学教育》2013 年第 6 期。

② 王承绪：《伦敦大学》，湖南教育出版社，1995，第 63 页。

③ "Third Charter, 1858," in *University of London: the Historical Record (1836-1912)* (London: University of London Press, 1912), pp. 39-47.

会成员，理事会每年要召集一次校务评议会。

在学部与学院的关系中，学部是主体，附属学院是隶属于学部的教学实体。1836 年伦敦大学刚成立时只有三个学部：文学部、法学部和医学部，最初的附属学院是伦敦大学学院和国王学院。1857 年经过皇家化学学院赫夫曼（August Wilhelm von Hofmann）等 24 名科学家的建议和伦敦大学的申请，政府于 1858 年颁发特许状，同意伦敦大学授予科学学位，大学建立第四个学部——理学部。在第一特许状中指出："任何教育团体，不管是否法人，都可以随时由国王政府指定，准许他们的学生参加学术考试。"① 所以伦敦大学的附属院校发展迅速，遍及联合王国各地。到 1853 年，伦敦大学的附属医科院校达到 68 所，非医科院校（含伦敦大学学院和国王学院）共 32 所。②

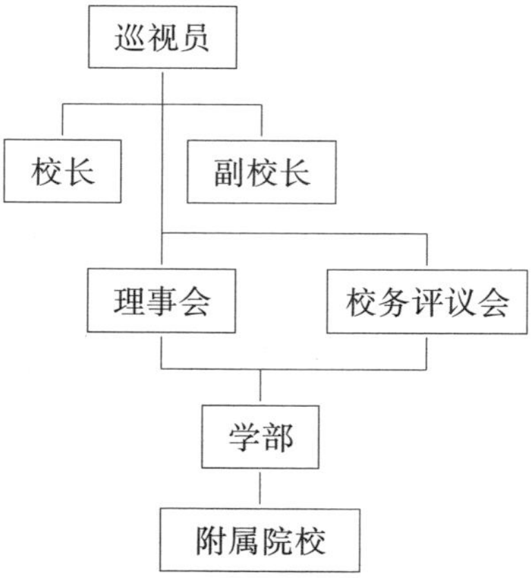

图 1-1 考试机构时期伦敦大学的内部治理结构

作为考试机构时期的伦敦大学其内部治理结构关系可以用图 1-1 来描述。校长、副校长、理事会和校外评议会（校外评议会由于成立时

① "First Charter, 1836," in *University of London: The Historical Record (1836-1912)* (London: University of London Press, 1912), pp. 26-30.

② 王承绪：《伦敦大学》，湖南教育出版社，1995，第 46 页。

间较晚，它在管理中的地位略低于理事会——笔者注）组成的管理核心负责大学的整个管理工作，监督大学的事务和资产，决定大学的政策，制定必要的规章和条例，但最后的审批权牢牢地掌握在政府手中。不管是校长、副校长还是理事会成员均由政府任命，由管理核心形成的所有规章和条例都应首先呈报给国务大臣，由国务大臣批准和会签后才能生效。

（二）学位制度的完善

伦敦大学学位制度的完善可以通过相关的特许状来体现。特许状作为一种权利的象征，是权利当局对大学这种以行会为基础的法人组织所应有的法律地位的承认和认可，是当时英国高等教育机构获得大学资格的唯一途径，同时也是对大学质量保障能力的一种确认。政府只有认为该高等教育机构具备独立的质量保障能力，才会授予其独立的学位授予权，否则该教育机构就只能颁发荣誉证书或由其他大学向其毕业生授予学位，以此确保大学的学术质量。

英国绝大多数老大学都是经由皇家特许成立的特许法人团体，皇家特许状在英国老大学治理中起到了建章立制的作用。[①] 大学特许状通常由筹办者或准备升格为大学的机构提出申请，由枢密院批准颁发。特许状的修订也由大学确定修改内容，提出申请，由枢密院批准修订。自 1836 年到 1878 年期间，英国政府先后为伦敦大学颁发了 7 个特许状，对伦敦大学的学位授予对象等诸多方面进行了修订和完善。

1. 学位开放对象

在第一特许状中指出："为了宗教和道德的进步和有用知识的增进，对于一切阶级和教派的我们忠诚的臣民，没有区别，鼓励他们接受正规的自由教育。"[②] 参加学位考试的考生则要求"持有伦敦大学学院、国王

---

① 孙贵聪：《英国大学特许状及其治理意义》，《比较教育研究》2006 年第 1 期。

② "First Charter, 1836," in *University of London : The Historical Record (1836-1912)* (London: University of London Press, 1912), p. 26.

学院以及首都和其他地方的经过批准的伦敦大学附属院校读完规定课程的证书”。①

很快这些要求被不断放宽。在1841年就有人希望修改特许状，允许英国本土以外的高等院校隶属于伦敦大学。1850年的补充特许状宣布允许英帝国所有领地的院校学生都可以参加伦敦大学的学位考试。根据1858年的第三特许状除医学学位考试仍要求考生持有在一所附属院校读完规定课程的证书外，其他考试向所有人开放。到19世纪中期，随着妇女解放运动的兴起，妇女的社会地位得到提升。人们开始意识到“妇女不仅是少数群体中最大的一群，而且事实上是人口中占多数的少数群体”。② 关于女子能否参加伦敦大学的考试，经过多次讨论，直到1867年的补充特许状才允许女子参加考试。当时还只是允许女子参加专门为她们设立的考试，但如果有女子可以顺利地通过与现有入学考试相同难度的考试，将考虑为女子颁发学位。1869年，有8名女生参考，经过不少于17位男主考的考试，有6名女子顺利通过。在1878年的补充特许状中允许授予女子所有学部的学位。

2. 学位考试要求

在第一特许状中规定，校长、副校长和理事会每年至少举办一次学位申请考试。在每次考试中，考官由理事会专门任命，或由校长、副校长和理事会来担任，或由其他被任命的考官来担任考查任务。考试的内容是普通知识的许多分支，由校长、副校长和理事会认定。③

理事会在制订考试计划伊始就反对由考生选科考试的办法。为了保证质量，理事会决定，在参加学位考试前必须先进行入学考试，并且所

---

① “First Charter, 1836,” in *University of London: The Historical Record (1836-1912)* (London: University of London Press, 1912), p. 29.

② 王承绪：《伦敦大学》，湖南教育出版社，1995，第53页。

③ “First Charter, 1836,” in *University of London: The Historical Record (1836-1912)* (London: University of London Press, 1912), pp. 26-28.

有考试科目都由理事会拟定。1838 年 11 月，伦敦大学举行第一次入学考试，考试科目包括古典语、数学、自然哲学、化学、植物（或动物中任选一门），由理事会成员担任主考官。随后学位考试相继进行。在此过程中，许多学校提出考试的科目数量和种类太多，考试要求过高等问题，但大学方面依然坚持己见，拒绝放宽考试要求。他们认为“在一个越来越有资格意识的社会，需要一个与之匹配的教育制度，要新成立的国立大学在学位考试方面放松要求是不明智的”。[①]

在第三特许状中，放宽了对考生的限制，不再强制要求考生有在伦敦大学的一所附属院校读完规定课程的证书。学校为了寻求新的继续学习的担保，1859 年在文学部引入了一个中间考试。申请文学士学位的学生需要通过两次考试，而不是在入学考试后两年通过一次考试就可以拿到学位。[②] 第一次考试在入学一年后进行，考试科目包括：拉丁文、罗马史、英语、文学、历史、数学、法语或德语。第二次考试在第一次考试一年后进行，考试科目包括：古典语、希腊史、自然哲学、动物生理、逻辑学和精神以及道德哲学。通过第二次考试者可以参加荣誉考试，还可以获得奖赏和为期 3 年每年 50 镑的奖学金。同时，入学考试也提出了更高的要求。每年举行两次入学考试（每年的 1 月份和 7 月份举行），考生应通过 5 场考试，考试需要 28 小时，分 5 天进行。1860 年，科学的学士和博士学位也提出引入中间考试的要求。1867 年，法学学士也提出相同的要求。

3. 学位开放进程

在第一特许状中，伦敦大学最初可以授予的学位是文学学士和文学硕士、法学学士和法学博士、医学学士和医学博士。因此，在 1838

---

① Negley Harte, *The University of London, 1836-1986* (London: The Athlone Press Ltd, 1986), pp. 94-95.

② “History of the University,” in *University of London: The Historical Record (1836-1912)* (London: University of London Press, 1912), p. 15.

年举行第一次入学考试后，在 1839 年上半年举行了第一次文学学士学位考试，下半年举行了法学学士、医学学士和医学博士的第一次学位考试。其他学科举行第一次学位考试的时间可参见表 1-1。

表 1-1　伦敦大学第一次学位考试时间表①

学位名称	专业类别	时间
学士学位	文学、法学、医学	1839 年
	理学	1860 年
	医外科学	1870 年
	音乐学	1880 年
硕士学位	文学	1840 年
	医外科学	1863 年
博士学位	医学	1839 年
	法学	1843 年
	科学	1862 年
	文学	1868 年
	音乐	1885 年

据统计，1838 年—1900 年，伦敦大学接受英帝国（包括本土和领地）大专院校参加入学考试的人数为 17 427 人，其中通过入学考试的人数为 12 721 人，占 73%；接受文学、法学、理学、医外科学、音乐等 5 科学士学位考试的人数为 31 055 人，通过学位考试的人数为 16 263 人，占 52.3%。另据统计，1870 年—1900 年，伦敦大学接受本土和帝国领地的大专院校文学、医外科硕士学位考试的人数为 213 人，

① 王承绪：《伦敦大学》，湖南教育出版社，1995，第 41—70 页。

通过学位考试的人数为 125 人，通过率为 58.6%；参加文学、科学、医学与音乐博士学位考试的人数为 355 人，通过学位考试的人数为 219 人，占 61.7%。[①] 各类学位考试通过率可参见图 1-2。从图 1-2 可以看出，不管是入学考试还是其他的学位考试，考试通过人数都在半数以上。由此可见，虽然业界人士对伦敦大学的入学考试和学位考试的难度颇有微词，但从其考试的通过率来看，伦敦大学的学位考试难度还是把握得相当不错的。

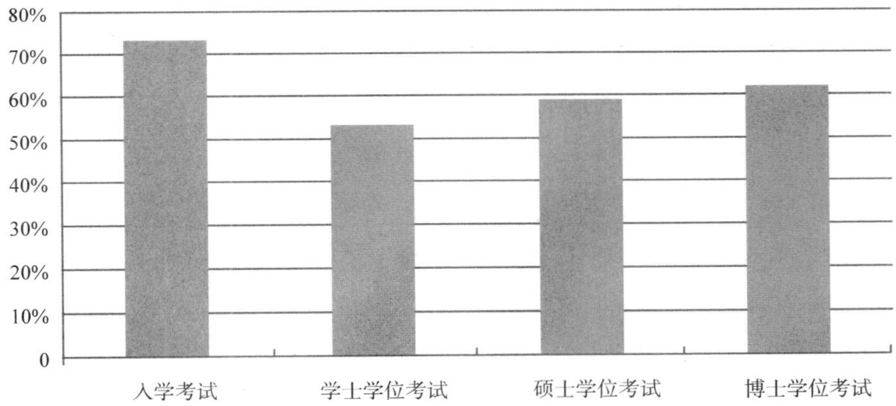

图 1-2　伦敦大学 1836—1900 年各类学位考试通过率

三、联邦制大学时期的学位管理

进入 19 世纪最后 20 年，关于伦敦大学的结构之争进入白热化阶段。最后，政府颁布了《1898 年伦敦大学法》（*University of London Act, 1898*），决定改组伦敦大学，努力将它建设成为一所辐射英帝国的兼顾教学和考试的联邦制大学。

---

① 王承绪：《伦敦大学》，湖南教育出版社，1995，第 47—61 页。

（一）内部管理体制

从1900年到二战前伦敦大学的内部权力机构包括：校长、副校长、理事会、董事会、校务评议会、学部和学院。

根据《1898年伦敦大学法》制定的《伦敦大学章程》规定伦敦大学的巡视员是“会同枢密院的女皇陛下”①，校长是大学的领导和行政长官，由评议会选举产生，终身制。如果因某种原因校长职务产生空缺，由副校长担任。副校长由理事会选举产生，任期一年，可重复当选。当副校长职务出现空缺时，由理事会任命另一位合适的理事会成员接任。

理事会依然是大学在所有学术领域的最高管理和执行机构，统管大学事务，包括公章的监管和使用、制定和修改章程等。理事会共有54名成员，包括各大学院院长、学部教师、评议会成员、女皇陛下及枢密院成员、伦敦郡管理委员会成员等。理事会设置了5个重要的常务委员会：学术委员会、校外学生委员会、促进大学教学扩展董事会、入学考试和学校考试委员会以及学院委员会。其中学术委员会主要负责分配资金、批准合格机构成为大学的学院、任命教师和考官、组织校内生考试等。校外学生委员会主要负责与校外生相关的事宜，如负责校外生的管理条例，任命校外考试的主考官，为校外生推荐学习课程等。入学考试和学校考试委员会负责举办大学入学考试和学校证书考试。学院委员会主要负责各学院间的合作和有效交流。

董事会是根据《1929年伦敦大学章程》（*The University of London Statutes, 1929*）成立的。这个机构的主要任务是管理大学的财政，保管、支配和处理大学的一切财产、资金和投资。由理事会任命6人，枢密院任命4人，伦敦郡议会任命2人，指派1人，加上校长、副校长和

---

① “Statutes Made for the University of London by the Commissioners Appointed Under the University of London Act, 1898,” in *University of London: The Historical Record (1836-1912)* (London: University of London Press, 1912), p. 70.

校务评议会会长共16人组成。

1900年后，伦敦大学共设立了9个学部：神学部、文学部、法学部、音乐学部、医学部、理学部、工程学部、经济和政治学部、教育学部（1929年设立）。

学院是伦敦大学进行教学和研究的基层单位。根据《1898年伦敦大学法》制定的《伦敦大学章程》对学院的定义是“由理事会批准在伦敦郡范围内的公共教育机构全部或部分地作为大学的学院”。① 据1906年伦敦大学为校内生出版的《伦敦大学一览》中共有学院和有认定教师的院校共57所。②

从伦敦大学改组后到二战前伦敦大学的内部管理结构可以用图1-3来描述。改组后的伦敦大学兼管教学和考试，与专门的考试机构模式相比，管理发生了很大的变化，增加了专门负责大学财务的董事会。在理事会的常任委员会中有专门负责校内生的教学和科研的学术委员会，以及有协调各学院间相互关系的学院委员会，这些部门的成立在促进教学的发展和完善大学的整体形象上发挥了积极的作用。考试也依然是管理工作的重心，理事会的5个常务委员会中有3个和考试密切相关。自1989年颁布《1989年伦敦大学法》后，伦敦大学的章程都按照大学法制定，政府不再颁发特许状。大学在学校教学、管理和行政人员的选举和任免等方面有了更大的自主权。

---

① “Statutes Made for the University of London by the Commissioners Appointed Under the University of London Act, 1898,” in *University of London: The Historical Record (1836-1912)* (London: University of London Press, 1912), pp. 70-99.

② 王承绪：《伦敦大学》，湖南教育出版社，1995，第74页。

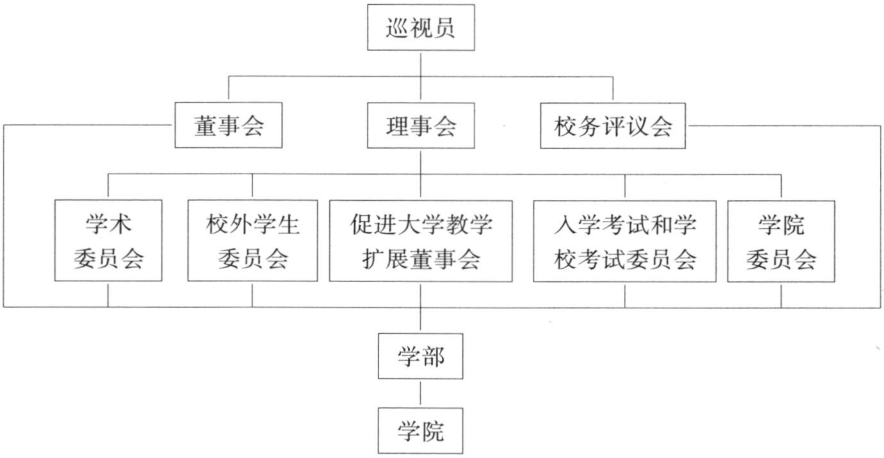

图 1-3 二战前伦敦大学的内部管理结构

（二）校外学位制度

校外学位制度是伦敦大学作为考试机构时期考试制度的延续。校内生与校外生的区别就在于：校内生在伦敦大学命名的“学院”内学习，而校外生则主要靠校外自学。大学不承担校外生的教学任务，只负责编制考试大纲、担任主考、安排考试、提供咨询和授予学位，校外生完全凭考试成绩获得学位。

《1900 年伦敦大学规章》规定授予校内和校外学生的学位应“尽可能代表相同的知识和成就标准”。① 授予校外生的学位结构和考试大纲均由教校内生的教师设计，考试也由负责校内生考试的主考管理。至 1937 年，伦敦大学设在海外的学位和入学资格考试中心有 79 个，考生人数达到 4908 人。② 1908 年，伦敦大学的注册学生达到 4000 多人，超

---

① “Statutes Made for the University of London by the Commissioners Appointed Under the University of London Act, 1898,” in *University of London : The Historical Record (1836-1912)* (London: University of London Press, 1912), pp. 70-99.

② Negley Harte, *The University of London, 1836-1986* (London: The Athlone Press Ltd, 1986), p. 238.

过牛津大学和剑桥大学，成为英国规模第一、世界第五的大学。[①]

从学位结构看，1900 年在原有的 5 个学部（文学部、理学部、医学部、法学部和音乐学部）的基础上增设了工程学部、神学部、经济学和政治学部（包括商业和工业）；1929 年增设教育学部。理学士增设了工程理学学士、经济理学学士、社会科学与管理理学学士等，医学士增设了医内科学士、牙外科学士、兽医学学士等，神学设神学学士。到 1979 年，伦敦大学共设学士学位 16 个，硕士学位 13 个，博士学位 12 个。[②]

从二战前后伦敦大学学士人数增长变化图 1-4[③] 可以看出：二战前校内生和校外生人数基本持平，可见伦敦大学在改革后并没有降低校外学位的比例。

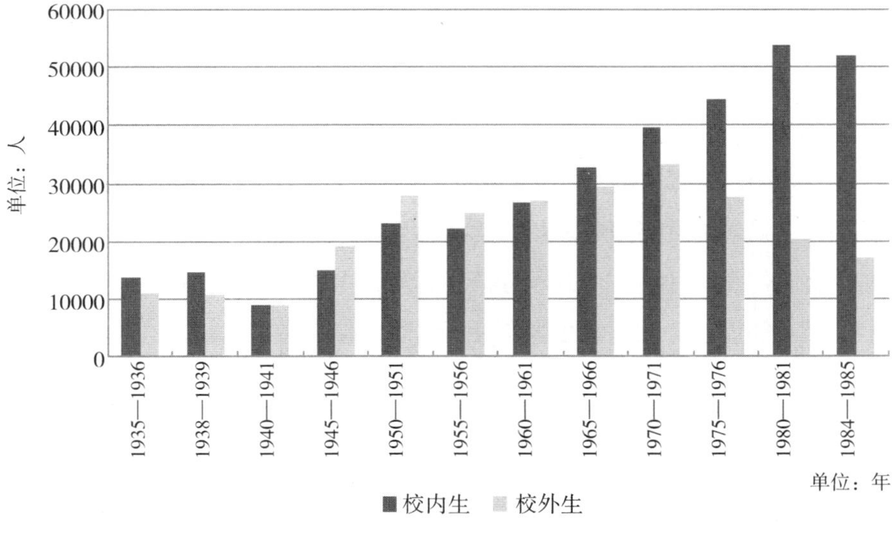

图 1-4　二战前后伦敦大学学士人数增长变化

① 郑俊涛、王琪：《走进世界名校：英国》，上海交通大学出版社，2013，第 29 页。

② 王承绪：《伦敦大学》，湖南教育出版社，1995，第 149—151 页。

③ 王承绪：《伦敦大学》，湖南教育出版社，1995，第 98 页。

在二战开始到随后的10多年时间里，伦敦大学校外生人数超过了校内生人数。主要原因是受战争影响，许多本来可以在伦敦大学的学院内攻读学位的人，不得已接受了校外生在各地的考试安排而成了校外生。另外，战争期间许多战俘和军官也通过校外学位制度，继续他们的学业。到20世纪60—70年代，校外生的人数逐渐减少。其主要原因是60年代后高等教育开始普及，许多学院都脱离了伦敦大学的“庇护”而成为自主的大学，可以独立授予学位。同时，1964年成立的全国学位委员会可以授予公共高等教育部门的学生学位，取代了大部分伦敦大学的校外学位。到1969年，开放大学的建立进一步降低了社会对伦敦大学校外学位的需求。由此可以看出，从20世纪50年代末开始，伦敦大学在开放学位方面的霸主地位结束了，60年代后校外生人数明显下降，但校外生制度依旧是伦敦大学的一个亮点。

四、伦敦大学学位开放的影响

从1836年到二战前后，伦敦大学的学位开放政策几经变革，每一次变革的结果都在原有基础上扩大了大学的学位覆盖面。有资格申请伦敦大学学位的学生包括大学学院的学生、国内所有社会成员，以及英联邦国家的学生。伦敦大学的学位开放制度在英国本土和海外的高等教育发展中发挥了重要作用。

（一）开启开放高等教育的先河

伦敦大学开启了开放高等教育的先河，使无数有志青年获得了接受高等教育的机会，这是一个巨大的历史进步。伦敦大学的学位开放政策允许学习者无须在伦敦居住就可以获得伦敦大学学位，这为英国各地乃至英联邦的学生提供了学习、考试和获得学位的可能，为无数想要通过教育改变命运的人提供了圆梦的机会。英国作家韦尔斯（Herbert George Wells）曾在《星期六评论》（*Saturday Review*）上发表文章说："伦敦大学对所有前来应试者举行的艰难考试，是从底层走向成为教师、新闻工作者或者不论什么职业的青年人前进道路上的一个难关，但又可能是通向胜利的一个转折点，只要他们不畏险阻，勇往直前。"[①] 相应的，这一学位制度也使得接受大学教育的学生人数不断增加，对高等教育大众化的普及产生积极的影响。也正是学位开放政策，使得伦敦大学成为第一所招收女子攻读学位的大学，开启了女子高等教育的先河，极大地促进了英格兰高等教育大众化的发展。

（二）成为大学学院成长的摇篮

伦敦大学的学位开放政策促使伦敦大学成为许多大学学院成长的摇篮。英国所有在伦敦大学创立后到二战结束期间创办的大学学院，在 20 世纪中期获得作为正式大学的特许状之前，都在为他们的本科生获得伦敦大学的校外学位做准备，人们把这段时期称为大学学院发展的"学徒期"[②]。这段学徒期有长有短，诺丁汉大学学院经历了 67 年（1881—1948 年），南安普顿大学学院经历了 50 年（1902—1952 年），而埃克塞特大学学院经历了 90 年（1865—1955 年）。通过开设伦敦大学学位课程和参加伦敦大学考试，这些大学学院提高了自身的教学和学术水平，建立了相应的学术标准，从而有资格获得大学特许状。学徒期的存在为保证大学教学和学位质量起到了至关重要的作用，有效地避免了在师资、设备和教学尚未达到一定水平的院校混入大学队伍的现象。

伦敦大学学位开放政策的成功，一方面政府的作用不容忽视。代表新兴资产阶级和新贵族利益的辉格党上台后，再次讨论伦敦大学的特许状问题。由于伦敦大学和国王学院的章程互有抵触，就必然导致

---

① Negley Harte, *The University of London, 1836-1986* (London: The Athlone Press Ltd, 1986), p. 120.

② 顾明远、梁忠义：《英国教育》，吉林教育出版社，2000，第 270 页。

一种情况“如果要有一所伦敦大学，其职能只能限于组织考试”。[①] 伦敦大学考试职能的出现，原是激进派、保守势力和政府多方博弈、相互妥协的结果。但随着其考试职能的不断发展和完善，这一职能为英国高等教育的发展和普及立下汗马功劳。另一方面，伦敦大学在学位管理上对质量的坚守也起到至关重要的作用。不管是作为考试机构的大学还是联合型的大学，学校管理层始终坚持严格的学位标准，坚持校外生和校内生在学位标准上的一致性，为伦敦大学的学位赢得了声誉。美国学者弗莱克斯纳在对英国大学进行研究时指出：“不管怎样，我承认伦敦大学校外机构使校外学位比美国的学位更加明确。……伦敦的校外机构尊重学科的尊严。它提供的教育机会限于具有真正学术意义与重要性的严肃学科；伦敦大学的许多校内学生离开学校时并未获得学位，因此它经常发挥一种为他们举行学位考试的作用。在这些方面，它使某些美国大学函授教学部开设的劣质课程无地自容。”[②] 也正是因为伦敦大学的学位质量有不错的口碑，才使得这一政策能在100多年的时间里得到延续。

当然，伦敦大学的学位开放政策在许多方面的硬性规定也使其具有一定的局限性。伦敦大学的校外学位制度规定学生必须根据伦敦大学制订的考试大纲，学习与之相应的学位课程，它限制了各教学院在教学内容上的新尝试，也约束了学生从其他方面获得发展的可能。另外，这种制度导致教学和评价的脱节，造成负责教学的院校师生与负责评价和授予学位的主考官之间的相互对立，不利于教学质量的改进和提高。

---

① 邓特：《英国教育》，杭州大学教育系外语教育研究室译，浙江教育出版社，1987，第182页。

② 亚伯拉罕·弗莱克斯纳：《现代大学论——美英德大学研究》，徐辉等译，浙江教育出版社，2001，第213—214页。

第二节　大学推广运动中的开放教育资源

大学推广（University Extension）一词最早出现于19世纪40年代。从广义上讲，大学推广是指扩充全日制大学教育设施，伦敦大学和达勒姆大学的成立是开设新大学的先河。而狭义的大学推广则是指利用大学的设施进行部分时间的大学教育，主要指全日制大学教育在校外以兼时制方式的延伸或扩展。[①] 这一意义上的正式的大学推广工作是从1873年在剑桥大学的赞助下开始的，以满足广大工人阶级和社会民众对高等教育的需求为主旨。新大学的产生改变了以牛津大学和剑桥大学为代表的传统高等教育的封闭状态，在一定程度上满足了中产阶级对高等教育的需求。詹姆斯・斯图亚特（James Stuart）等人发起的大学推广运动（The University Extension Movement）则满足了社会底层阶级对高等教育的需求。本研究主要以后者所涉及的开放教育资源作为研究对象。

一、大学推广运动的缘起

大学推广运动对英国成人高等教育的发展产生了深远的影响，英国著名史学家奥尔德里奇（Richard Aldrich）认为大学推广运动的意义在于：众多的学生人数、不同社会阶级出身的人的汇合、女子获得学习的机会、人人受自由教育的思想的产生与发展、唤醒老大学承担更广泛的社会职责和对新的大学学院的创建所做的贡献。[②] 然而这场面向中、下层阶级的教育运动最先由面向上层阶级的牛津大学和剑桥大学

---

① 张新生：《英国成人教育史》，山东教育出版社，1993，第212页。

② 奥尔德里奇：《简明英国教育史》，褚蕙芳等译，人民教育出版社，1987，第170—171页。

来发起和推广，其缘由绝非偶然，这主要是当时英国社会的经济、科技的发展以及古典大学自身所面临的危机等多种因素共同推动的结果。

（一）政府对科技教育的重视

英国是世界上率先进入产业革命时期的国家，早在 18 世纪，它就有“世界工厂”的称号。从织布机的出现到蒸汽机的问世，英国完成了一次又一次的重大技术革新，确立了它在世界工业和世界贸易中的垄断地位。然而在繁华的背后却隐藏着严重的危机。

首先，在 18 世纪带领英国进入产业革命的主要是一些工人出身，实际经验丰富的“土工程师”。[①] 比如，蒸汽机之父——瓦特（James Watt），就是凭借丰富的实践经验发明了高效的蒸汽机。他们这些人大都没有接受过正规的技术教育，更不用说正规的高等教育了。这些能工巧匠们的成功让许多人误认为只要凭借经验就可以维持英国的繁荣。其次，英国对技术工人的教育一直沿用着传统的学徒制培养模式。当社会处于生产规模小，对技术工人需求量不多时，学徒制的培养模式尚能满足社会的需求。进入大工业时代后，社会对技术人才的需求激增，再沿用传统的技术人才培养模式就捉襟见肘了。再次，英国的高等技术教育发展非常缓慢。在 19 世纪以前，英国基本上没有像样的技术学院。1837 年获得皇家特许状的达勒姆大学虽然有工程学专业，但就读人数很少。1840 年该校招有 82 名学生，其中 31 名学文科，30 名学神学，21 名学工程学；由于办学不利，到 1860 年该校学生只有 51 名，其中 30 名学文学，20 名学神学，只有 1 名学工程学。[②] 虽然在伦敦大学成立后的新大学运动中兴起了大批城市学院，以发展科技和商业教育为己任，但它们不仅自身地位不稳定（没有学位授予权），而且一直被排斥在社会和教育的主流之外。[③]

---

① 殷企平：《英国高等科技教育》，杭州大学出版，1995，第 8 页。

② 王承绪、徐辉：《战后英国教育研究》，江西教育出版社，1992，第 269 页。

③ 徐辉、郑继伟：《英国教育史》，吉林人民出版社，1993，第 161 页。

到19世纪中后期，英国在科技上的劣势就日趋明显。虽然英国在1851年于伦敦举行的第一届国际工业博览会上独领风骚，可是在会上也有一些外国产品显示出其他欧洲国家在应用科学和技术方面有超出英国的势头。到1867年的巴黎第二届国际工业博览会上，英国的工业优势就已消失殆尽。“在90个展出门类中，它只获得了10个优胜奖。”①

这种状况引起了英国的警觉。在巴黎博览会后，英国政府曾多次组织皇家调查委员会，专门对英国工商业落后的原因和科技教育的状况进行研究。据斯图亚特考证：“在英国历史上，没有另一个三十年产生过如此多的关于教育的报告，如此多的皇家委员会。”② 一时间，大力发展科技教育，提高科技水平已成为当时英国社会的最强音。1853年成立了科学艺术署（Department of Science and Art），其主要任务是鼓励技术教育的发展，以考试结果为衡量标准，向有关学校发放资助，推动应用科学的教学，促进中等技术教育的发展。

此外，英国政府还制定了一系列的法令来推动科技教育的发展。如1899年颁布了《技术教育法》（*The Technical Instruction Act*），规定地方当局有权征收技术教育税，各类培训班和学院的技术教育课程由科学工艺部审批，这标志着英国职业技术教育正规化的开端。另外还有一些法令虽然不是专门针对技术教育，但对技术教育的发展也有很大的促进作用。如《1870年初等教育法》（*The Elementary Education Act 1870*）虽然是一部初等教育法，但它的操作范围也涉及中等教育和技术教育。枢密院副院长福斯特（Forster, W. E.）在为下议院介绍初等教育议案所做的演讲中提到：“我们的工业的繁荣取决于是否迅速地提供初等教育。试图对我们那些未受过初等教育的工匠进

① 殷企平：《英国高等科技教育》，杭州大学出版，1995，第15页。

② W. A. C. Stewart, *Higher Education in Postwar Britain* (London: The Macmillan Press LTD, 1989), p. 332.

行技术训练，这是徒劳的……”[①] 初等教育的普及为技术教育提供生源上的保障。政府对技术教育的重视与干预，对大学推广运动的兴起和发展起到了推波助澜的作用。

（二）中下层劳动者对受教育权利的争取

一个国家民众受教育程度的高低与其社会进步程度是成正比的。原始社会生活简单，对教育的要求并不显著。社会越进步，生活越复杂，对教育的需求就越迫切。

19世纪上半叶，英国的成人学校大都由中产阶级宗教信徒们出资筹办，希望通过让广大劳工阶级学会阅读，让上帝之光可以照亮那些在社会底层黑暗中摸索的灵魂。这样的态度和出发点明显带有屈尊和救世主的倾向，也有人把这一时期的成人教育称为“恩惠的劳动教育”[②]。随着劳工队伍的不断壮大，劳工阶级在政治上也开始觉醒，一些有组织的政治活动开始出现。1832年的“议会改革”和19世纪40年代的宪章运动（Chartist Demonstration）标志着英国的劳工阶级已经登上了政治舞台。

随着劳工阶级政治上的成熟，他们对教育的态度开始发生了重要的转变，教育已不再被认为是上层社会或其雇主对他们的一种“恩惠”。国家劳工阶级工会（The National Union of the Working Class）的领导人威廉·洛维特（William Lowett）在他的“教育讲演”中指出，教育是社会解放的手段之一，教育不应该是一种“慈善”的事业，而应该是一种权益，每一位社会成员都应当享有受教育的权利。[③] 因此，他们不再仰求资本家和贵族阶级的仁慈与恩惠，决定寻求教育“自救”（self-help）。自救教育确实培养了一批劳工运动的领袖，对19

① 瞿葆奎主编《英国教育改革》，人民教育出版社，1993，第11页。

② 孟普庆：《近代英国成人劳动教育运动史》，国立中央大学新声社推广部，1930，第5—6页。

③ 张新生：《英国成人教育史》，山东教育出版社，1993，第192页。

世纪的劳工成人教育运动起到了很大的推动作用。

然而高等教育对于处于社会中低层的民众而言依然是可望而不可及的。虽然城市学院的出现在一定程度上扩大了中产阶级受高等教育的机会，但就整个社会而言，能够接受大学教育的学生比例依然很低。1861—1901 年的 40 年时间里，英格兰的大学生人数占总人口的比例仅从 0.02%上升到 0.05%。[①] 因此，他们呼吁通过新的途径来缓解普通民众对高等教育的需求。

（三）古典大学对传统与改革压力的回应

直到 19 世纪初，牛津和剑桥一直是英格兰高等教育的垄断者，但不管是从其职能到结构，还是课程设置到招生政策，都和它们在 12、13 世纪初刚诞生时没什么两样：保守、排外、封闭。在 19 世纪上半叶，《爱丁堡评论》《教育季刊》和《威斯敏斯特评论》曾对这两所古典大学进行过尖锐的批评。1850 年政府首次成立了由约翰·罗素（John Russell）勋爵为主席的皇家委员会，对牛津大学和剑桥大学的教育状况进行全面调查。1852 年发表的《皇家委员会关于牛津大学和剑桥大学的报告》指出了这两所大学存在的问题，并建议："取消宗教限制，招收更多有才华的人士；在课程方面，除了要求学生继续学习古典文学、哲学和历史等传统学科外，允许他们选择法学、数学和自然科学等新兴学科；对贫困学生申请奖学金的限制予以放宽等。"[②] 在这一报告的直接影响下，英国议会相继颁布了《牛津大学法》（1854 年）、《剑桥大学法》（1856 年）以及《大学考试法案》（1871 年）。通过这一系列法案的颁布，取消了这两所大学自中世纪以来享受的种种特权及某些宗教限制，打破了其故步自封的局面，开始面向世俗阶层招生和培养人才。

---

① 顾明远、梁忠义：《英国教育》，吉林教育出版社，2000，第 456 页。

② 易红郡：《战后英国高等教育政策研究》，湖南师范大学出版社，2016，第 12 页。

虽然牛津大学和剑桥大学在19世纪中期进行了一些内部改革，但其缓慢的步伐还是遭到不少激进派人士的批评，他们认为大学应该为国家财富的增加做出更多直接的贡献。如赫胥黎（Thomas Henry Huxley）一贯提倡教育机会均等，他希望牛津、剑桥不仅向中产阶级开放，而且还可以“向每天的劳动仅足以糊口的民众子弟开放”[①]。帕西瓦尔则指出：“谁是我们大学的常客？谁能受大学的影响？不是那些给曼彻斯特、纽卡斯尔、利物浦、布里斯托尔或伯明翰指示生活方向的人，而是乡绅的儿子，注定从事特定职业的人，或是一些有钱商人和企业主的儿子；对那些正在引导我们工商业的大众而言牛津和剑桥的名字是陌生的……。”[②] 他一方面希望牛津和剑桥能与大工商业城市和企业建立联系，另一方面也希望有更多的工商业者能接受高等教育。

然而英国有悠久的绅士教育传统，各古典高校也一直以培养绅士为己任。要这些大学放弃培养绅士的目标，直接接收中下层阶级的子弟，自然会受到来自保守派的强烈抵制。寇松勋爵（Lord Curzon）在其著作《大学改革的原则与方法》（*Principles and Methods of University Reform*）中指出：“牛津大学为英国培养未来的乡绅或贵族，或银行家，或议员，甚至皇家近卫军队员，正如它通过教育去训练学校教师或有教养的艺匠的智慧一样……在我们古老的大学里应该有种机制去训练人的责任感，处理公共事务的能力，而抛弃这一切是极端愚蠢的。”[③] 牧师斯蒂芬森（Nash Stephenson）在谈到大学改革时说：“必须有‘挑水砍柴’的人……如果一些人应该在思想上统治其他指望他们提供指

---

① 顾明远、梁忠义：《英国教育》，吉林教育出版社，2000，第458页。

② Müller Detlef, Ringer Fritz and Simon Brian, *The Rise of the Modern Educational System: Structural Change and Social Reproduction, 1870-1920* (Cambridge: Cambridge University Press, 1987), p. 166.

③ Müller Detlef, Ringer Fritz and Simon Brian, *The Rise of the Modern Educational System: Structural Change and Social Reproduction, 1870-1920* (Cambridge: Cambridge University Press, 1987), p. 168.

导的人，他们就不应该引发纯属幻想的期望，因为这种期望最终弊多利少。”①

“激进派呼吁进行大刀阔斧的改革，而保守派又极力加以抵制，问题的焦点就转化为如何在保证古典大学的传统功能不受侵害的前提下，对社会要求改革的呼声做出回应。”② 大学推广运动成为巧妙地化解这一矛盾的方法。

在政府重视科技教育、中下层民众争取受教育权利以及古典大学为应对社会改革的压力的三重作用下，大学推广运动于 19 世纪 70 年代出现，到 19 世纪 90 年代已遍及整个英格兰地区。但大学推广运动对威尔斯和苏格兰的影响不大，一方面是由于这些地方的大学吸纳了较多的学生，另一方面是由于当地的教会承担了更多的民众教育任务。③

二、大学推广运动中大学开放的特色资源

在大学推广教育中，大学负责任命教师提供讲座，地方推广中心则负责招收学生，收取学费，联系教师上课等事务。在课程教学上，推广教育大都采用的是讲座、讨论、作业、考试和文凭这一传统的大学教育程序，但大学在提供课程、师资选拔和教学活动设计上充分考虑了成人学习的特点，形成了自己的特色。

（一）课程资源

在大学推广教育萌芽期，讲座的主要内容是科学和历史。19 世纪

① Müller Detlef, Ringer Fritz and Simon Brian, *The Rise of the Modern Educational System: Structural Change and Social Reproduction, 1870-1920* (Cambridge: Cambridge University Press, 1987), p. 167.

② 易红郡、李慧迎：《19 世纪英国大学推广运动中的开放教育资源探究》，《大学教育科学》2018 年第 5 期。

③ 贺国庆、王保星、朱文富：《外国高等教育史》，人民教育出版社，2003，第 246 页。

80 年代末是推广教育发展的鼎盛时期，其教学科目的涵盖范围非常广泛，包括：政治经济学、英国史、地质学、采矿、化学、生理学、自然地理学和英国文学等。① 据统计，在 1891—1892 年牛津、剑桥和伦敦三所大学共开设了 457 门课程，其中 191 门是关于自然科学的，159 门是关于历史和政治经济学的，104 门是关于文学、艺术或建筑学的，3 门是关于哲学的。② 开设课程的基本分布情况如图 1-5 所示。

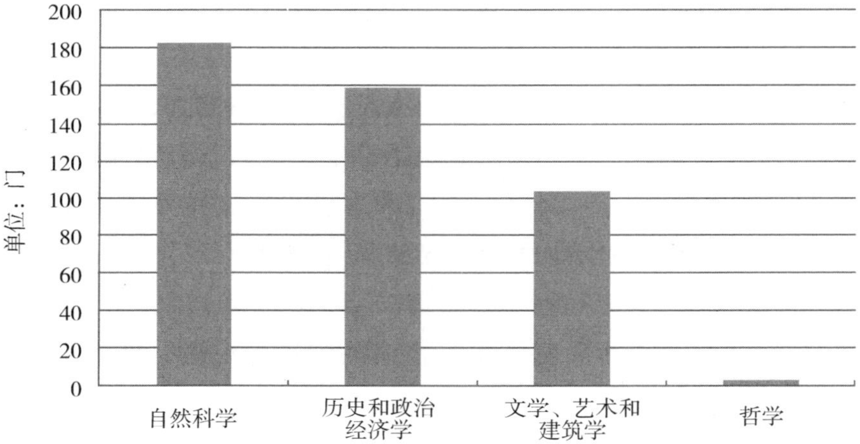

图 1-5　1890—1891 学年英国大学推广教育课程开设情况

从图 1-5 可以看出，推广教育的课程不仅涉及人文学科也包含一定比例的自然科学，但自然科学所占比例稍低。这与英国大学一贯的通识教育传统相关。早在 1867 年，斯图亚特在给曼彻斯特的妇女做首次讲座时就明确指出，他的目的不是传播具体的知识，更重要的是要唤

① R. D. Roberts, *Eighteen Years of University Extension* (Cambridge: The University Press, 1891), p. 23.

② 徐辉、郑继伟：《英国教育史》，吉林人民出版社，1993，第 188 页。

起学习者的求知欲望，掌握知识的真谛。① 因此，从图 1-5 也可以看出，大学开设的推广课程主要以理论知识为主。虽然当时国家和民众对技术教育非常重视，但在推广运动的最初就指出大学推广教育主要不是进行技术教育。“如果把这种教育推广看成是为工业和农业地区提供技术支持将会带来灾难。”② 在推广教育中可以提供有价值的科学原理，它能为具体的技术教育打下坚实的基础，但具体的技术教育应该由别的机构来提供。

大学推广教育的课程时间都不长，在 6—12 个学时。剑桥大学和伦敦大学提供的课程大都在 12 个课时左右，相当于一个学期的课程。而牛津大学提供的课程以 6 学时居多。图 1-6 对 1889—1890 年三所大学开设不同学时课程的数量进行了比较。

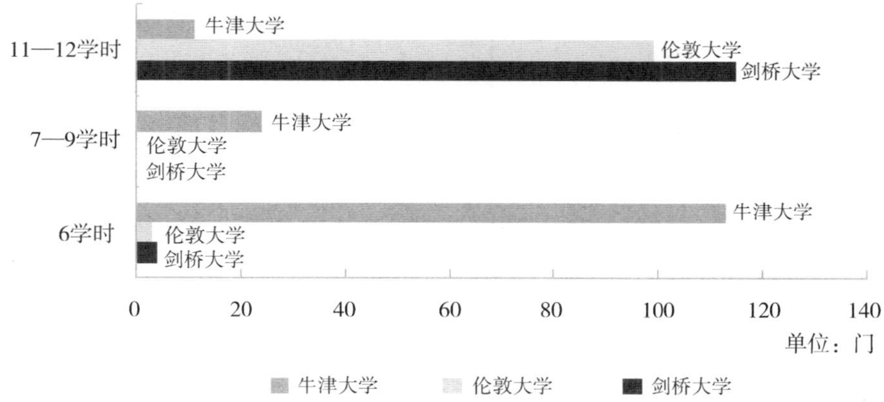

图 1-6　伦敦、剑桥和牛津大学开设课程的学时比较（1889—1890 年）

牛津大学采用短学时制主要是考虑到许多远离推广中心的小镇和贫困地区的学员负担不起 12 学时课程的学费。当时参加推广教育的学

① 张新生：《英国成人教育史》，山东教育出版社，1993，第 221 页。

② R. D. Roberts, *Eighteen Years of University Extension* (Cambridge: The University Press, 1891), p. 120.

费大致为：100名学员参加的12讲的课程，学费是每人12—15先令，而6讲课程的学费为7—8先令。[①] 当学员人数减少时，每人所交学费还会增加。而当时的劳工收入约为每周1.1英镑，许多女工的工资还少于1英镑。所以，当时的学费相对于劳工收入而言是一笔不小的开销。减少课程的学时，可以在一定程度上减轻学员的经济负担。牛津大学短学时制度的推出，促进在边远地区和贫困地区新成立了一大批推广中心。

然而，学时的减少同时也会引发一系列问题。其中最突出的是关于对学习质量的拷问。大学推广教育的目标是要给成人提供系统的教育，而6个学时肯定不能完成12学时的教学任务，但他们也能参加学期结束后的考试而获得证书。剑桥大学和伦敦大学是拒绝向学习低于11—12学时课程的合格者颁发证书的，而牛津大学到1890年还在给学习不低于6学时课程的合格者颁发证书。[②] 这样就导致在同一教学系统内证书含金量的差异。但如果不发证书，对参加了6学时课程学习并考试合格的学习者而言又不公平。最后采取了一个折中的方案：从1890年后牛津大学也只对学习了12学时课程且考试合格者颁发证书，对参加短学时课程学习的合格者颁发纸质的“考官表扬”作为证书的替代品。[③]

大学推广教育的大部分课程都附有印好的讲授提纲和指定的阅读参考书。讲授提纲是一个关于教学内容的纲目，最初是在课后发给学员，帮助学员做笔记之用。后来，人们发现这类提纲在课前发给学员

---

① 刘兆宇：《19世纪英格兰高等教育变革研究》，中国科学技术大学出版社，2008，第150页。

② H. J. Mackinder, *University Extensive : Has It a Future ?* (Oxford: Oxford University Press, 1890), p. 40.

③ H. J. Mackinder, *University Extensive : Has It a Future ?* (Oxford: Oxford University Press, 1890), p. 43.

更有用。它能帮助学员提前了解讲课内容，起到预习的作用。随着实践的不断深入，讲授提纲也越来越详细。剑桥大学的莫尔顿（R. G. Moulton）教授讲授《伊丽莎白时代的文学》一课，共 11 讲，提供了 40 多页的讲授提纲、16 页在其他班上的讲授内容、7 页课外阅读和书面作业指导。[①]

（二）教师资源

大学推广运动中涌现了一些优秀的教师，如推广教育的发起人斯图尔特，剑桥大学的莫尔顿和牛津大学的赫德林·肖（W. Hudson Shaw），他们的讲座都深受听众的欢迎。肖在奥德姆的演讲连续了 9 年，平均每周吸引 650 名听众，1895 年的听课人数甚至超过 1000 人。[②] 优秀的师资是大学推广教育中不可或缺的资源。教师在推广教育中的作用至关重要，他不仅代表着他所在的大学，同时也扮演着启明星和指路人的角色。牛津大学的校长在 1887 年举行的推广教育大会上说："我们派出去的教师就像传道士一样。无论走到哪里，他都代表着他所在的大学。而对他们所接触到的许多人而言，这是他们了解牛津大学，体验牛津大学教育力量的唯一机会。"[③] 许多教师也都在课后收到学生来信，说在课程学习中受益匪浅。

由于大学推广教育是面向成人的教育，并且是面向有着不同社会背景和经历的成人，所以说大学推广教育是一项考验教师强度和机智程度的工作。要想成为一名优秀的推广教育教师，除了需要具备教师必备的口才外，还需要其他的一些综合能力。

首先，推广教师需要有足够强壮的体魄，能承受相当大的劳动强

---

① Thomas Kelly, *A History of Adult Education in Great Britain* (Liverpool: Liverpool University Press, 1970), p. 220.

② 徐辉、郑继伟：《英国教育史》，吉林人民出版社，1993，第 188 页。

③ H. J. Mackinder, *University Extensive : Has It a Future ?* (Oxford: Oxford University Press, 1890), p. 86.

度。推广教师需要长期频繁的奔波，他们就像当地的传教士一样，常年要做“短期的巡回演讲”。一个学期下来，一个推广教师可能要穿行上万公里的路程。而且，要面对众多的听众进行反复讲解也绝非易事。一个全职的推广教育教师，每周要进行5个晚上外加3—4个下午的讲座，每个讲座2小时，每周的授课人数在200人以上，还需要批改学生的作业。[①] 因此，强壮的体魄对推广教师而言非常重要。其次，在知识储备上，推广教师必须能胜任知识推广的工作。但需要强调的是推广教育需要的是知识丰富且兴趣广泛的人，而不仅仅是某个学科的专家。因为，作为一名推广教师，他需要向学员证明他要讲解的课程是一个非常有趣且对学员是十分有益的内容。为了更好地教学，推广教师通常需要设身处地站在学员角度进行换位思考。同时，推广教师接触到的学习对象来自不同阶层，通常下午的讲座以闲暇的妇女为主，晚上的讲座则主要是劳工阶层，教师必须具备为不同类型的学生提供合适教学的能力。

牛津大学为推广教师设计了一套申请流程。当一个年轻人想要应聘为推广教师时，他需要向大学外教学团提交一份申请。为了让教学团相信他有能力承担相应的教学工作，这份申请中要包含他的学位考试证书、大学导师的推荐信，同时还需展示他在公众场合成功演讲的经历。如果申请被受理，申请人需要熟悉推广教育的流程并阅读相关的公文，通常还会有高级讲师对他进行面试。申请者需要表明自己熟悉推广教育的流程并了解它目前的状况。接下来，申请者需要提交一门课程的教学纲要，并由有经验的教师进行评价。而且，申请者要使用这个教学纲要进行小范围的试讲，通常是在牛津教区的小学教师培训学院进行。试讲结束后，培训学院的教师会对讲课情况进行评价，

---

① R. D. Roberts, *Eighteen Years of University Extension* (Cambridge: The University Press, 1891), p. 16.

并形成裁决意见。根据这个意见，候选人的申请将被重新考虑。如果试讲效果很差，候选人通常会主动撤回申请或推迟申请；如果试讲成功，候选人将在已有的教学经验基础上对教学纲要进行修改。最后一步是大学外教学团推荐已被接纳的见习者去参观一些典型的推广中心，熟悉老教师的工作。这一步非常重要，但由于经费问题，有时并不能实施到位。最后一步完成后，申请者就可以被列入推广教师名册，他改好的教学纲要也将被印发到他任职的推广中心。

（三）导师班

导师班是20世纪初大学推广教育的新形式。“随着大学推广教育的发展，根据学员的学习态度可以将其分为两类：一类是对知识如饥似渴，学习非常热情的人；另一类是出于个人兴趣而学，不愿为学习付出太多努力的人。”① 短期的大型讲座内容丰富，形式轻松可以满足第二类学员的需求，但却无法满足渴求知识学员的欲望。为了进一步提高劳工的受教育水准，工人教育协会（The Worker's Educational Association）与大学联合推行了“导师班”的学习形式。

导师班的工作由大学导师班联合委员会（Joint Committee for University Tutorial Classes）负责管理。该联合委员会由工人教育协会提名7名工人阶级代表和7名大学代表组成。联合委员会对导师班的一般事务负管理责任，主要负责任命教师、准备书籍、制作讲义和大纲等；工人教育协会负责适当的宣传，办理导师班在地方上的要求，招募学生，组织学习等工作。② 在1910年，各大学成立了中央导师班联合咨询委员会（Central Joint Advisory Committee），负责协调各大学在导师班中的相关事务。导师班的经费，大学承担1/2，英国中央教育委员会承担1/3，其他的由地方教育当局和其他来源如吉尔克莱斯特基

① 易红郡、李慧迎：《19世纪英国大学推广运动中的开放教育资源探究》，《大学教育科学》2018年第5期。

② 高冈实：《英国之成人教育》，陈清泉译，商务印书馆，1937，第48页。

金会（Gilchrist Trustees）的资金补足。[①]

与早期的推广教育不同，导师班具有一些鲜明的特色。首先，导师班的学员人数控制在每班 30 人，学习时间为 3 年，每年 24 课时，每课时约 2 小时。整个课程的学习没有考试，学员的成绩由学生考勤和书面作业来评定。其次，导师班的学员没有入学要求，对学员的学历差别看得很轻，但非常注重学生的学习热情和毅力。通常进入导师班的学员需要签署一份保证书，保证有足够的学习时间。由于参加导师班的都是成人学员，且许多学员除日常工作外还在工人协会担任社会工作，所以是否有足够的学习时间是进入导师班之前最先要考虑的问题。同时，也要求学员保质保量地完成课程作业。课程作业通常是 12 篇与每年课程相关的论文。导师对论文的要求很严格，拒绝收取低水平的论文。保证书通常在一定条件下制订，需要导师和学员双方同意。这种保证非常有效。有数据显示，在一个工作稳定的城市，30 个学员组成的导师班大约有 20 人能完成 3 年的学习，全国的平均水平在 15%左右。[②]

学生入学后可以选择自己感兴趣的课程。由于导师班的主要目标是培养工人运动的领导人，为社会改造做人员和思想上的准备，所以导师班的课程以政治、经济和社会学研究为主，很少涉及自然科学，职业技术教育几乎没有。由于导师班提供的是具有大学水平的强化式学习，所以其课程内容比普通的推广课程更加系统，难度也有所提高。每次上课约 2 小时，前面 1 小时导师详细讲解课程内容，学生也可以随时提问，这一点有别于单纯的讲座；后 1 小时由导师组织学员进行充分讨论。每个学员都有一个指定的导师，要求导师对每个学员进行个性

① 顾明远、梁忠义：《英国教育》，吉林教育出版社，2000，第 465 页。

② Albert Mansbridge, *University Tutorial Classes: A Study in the Development of Higher Education among Working Men and Women* (London: Longmans, Green and Co., 1913), p. 39.

化的帮助，形式可以是多样的，如在课堂上与学员进行深入的交流、对论文进行详细的点评或者书信的方式等。

导师班自 1908 年开办以后，这种学习方式得到多所大学响应，除牛津、剑桥和伦敦大学外，许多新成立的学院如伯明翰大学、利物浦大学、曼彻斯特大学等也都加入到此行列，使得这种学习形式得到了充分发展。图 1-7 列出了英格兰和威尔士地区 1908—1922 年开办导师班的统计数字。[①] 在一战前导师班的发展速度较缓，在一战期间有一段小回落，战后发展非常迅速。

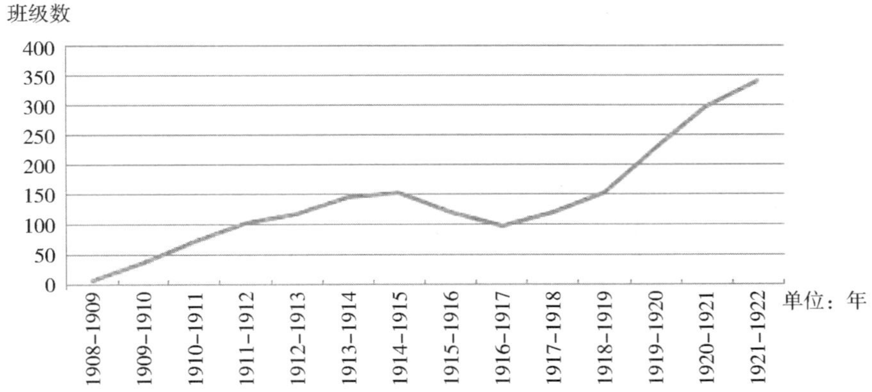

图 1-7　英格兰和威尔士地区开办的导师班数量（1908—1922 年）

（四）暑期聚会

暑期聚会被认为是大学推广教育工作的重要组成部分。暑期聚会需要地方学习中心做一系列的准备工作，提供参与者名单，而举办暑期聚会的大学则将来自不同学习中心的人聚集在一起，通过展示活动

---

① William H. Draper, *University Extension: A Survey of Fifty Years (1873-1923)* (Cambridge: The University Press, 1923), p. 74.

激发他们的团队精神。[①] 暑期聚会的概念源于美国的夏季教育聚会（Chautauqua）。Chautauqua 原本是纽约西南部的一个湖的名称，这个地方一年中有 9 个月几乎是空无一人，但在每年的 6—8 月会有来自全国的数千人聚集在这里，他们一起听讲座和音乐，参加教学班，享受大学时光和开放的气氛。后来“Chautauqua”一词被引申为一种在夏季举办的教育聚会。[②]

而在推广教育中增加暑期聚会活动的思想则缘起于一次暑假拜访。1884 年夏天，两个来自英格兰东北部诺森伯兰郡推广中心的矿工到剑桥大学来拜访他们的一位老师。他们在剑桥大学待了 3 天，老师带他们游览了三一学院漂亮的图书馆，参观者们赞不绝口，感叹“要是我们的同学也能来剑桥待上一小段时间，亲眼看看这些美丽的景物，该多好啊”[③]。这个想法的可行性很快就被广泛地讨论，最后一致认为，只要 10 英镑的奖学金就可以帮助一个学员在剑桥大学居住一个月并涵盖往返的交通费用。奖学金也很快就获得了赞助，1885 年有 4 名学员被推荐到剑桥大学过暑假。他们参与了两个实践班，一个是生理学方面的，另一个是古生物学方面的。这些课程的理论知识他们在上个学期的推广班中已经学过，在剑桥主要是参与一些实践工作。这一个月的学习让他们获益匪浅。两年后又进行了同样的实验，都获得了非常满意的结果。1890 年 8 月，有 41 名学员注册参加了剑桥大学的暑期聚会，学习的结果同样令人非常满意，从此拉开了剑桥大学开办暑期聚会的序幕。

---

① William H. Draper, *University Extension : A Survey of Fifty Years (1873-1923)* (Cambridge: Cambridge University Press, 1923), p. 48.

② Herbert B. Adams, *Summer Schools and University Extension* (New Youk: J. B. Lyon Company, 1900), p. 3.

③ R. D. Roberts, *Eighteen Years of University Extension* (Cambridge: The University Press, 1891), p. 86.

剑桥大学推广教育部举办暑期聚会的意图是为学生提供一个在推广中心学理论，在实验室和博物馆里学实践的机会。在暑期聚会中，学员主要参与一些实践工作。他们可以每天上午交替到物理实验室和化学实验室去工作，学地质的学生可以去古生物实践班，另外还可以学习一些利用大学博物馆里收藏的课程，如希腊文化、建筑或其他内容。

在牛津大学也有暑期聚会。牛津大学的暑期聚会不仅在举办时间上比剑桥大学要早两年，而且参加人数也比剑桥大学的多。1888 年，牛津大学第一次举行暑期聚会，参加学员人数多达 900 人。他们可以参加许多短期的课程讲座、会议、短途旅行以及社会联谊会等。牛津大学欢迎所有的人都来参加它的暑期聚会，不需要特殊的教育资历，也不管他是不是大学推广教育的学员，讲座的内容丰富，适应面广。而剑桥大学只邀请那些非常认真的学员，参与者必须在冬季课程班上获得相应的证书才有资格参加，其目的是希望通过实践来丰富他们的理论知识。两所学校各具特色。剑桥大学暑期班的人数少，但其针对性强，可以提升教育的价值；而牛津大学暑期班的人数众多，虽然难以进行个别指导，但为更多的人提供了认识大学的机会，可以扩大大学的影响力。

1889 年牛津大学的暑期聚会也有所改进。聚会被分为两部分：第一部分是为期 10 天的聚会，参加人员比较广泛；第二部分是为期 3 周的，主要面向更认真的学生。参加第二部分课程的学生人数少，学习时间长，学习内容也更加系统。1889 年有近千人参加了第一部分的学习，也有不少于 150 人继续参加了第二部分课程的学习。①

暑期聚会一直是大学推广运动的特色之一，这一活动一直延续到

① H. J. Mackinder and M. E. Sadler, *University Extension*, *Past*, *Present*, *and Future* (London: Cassell & Company, Limited, 1891), p. 77.

20 世纪 20 年代。特别是大学推广运动发展到导师班阶段后，暑期聚会是导师班学后教育的重要组成部分。关于 1912 年牛津大学暑期班的统计数字可以简要地说明这一时期暑期聚会的特点。1912 年共有 215 人（其中有 29 名妇女）参加了牛津大学的暑期班。除 91 人来自牛津大学的导师班外，有 108 人来自其他学校的导师班，还有 16 人是通过特殊推荐来的。他们在牛津大学图书馆借阅图书 300 多册，所有学生参加学习的时间见表 1-2，暑期班各周开办讲座时数及学生与导师相处时数见表 1-3，牛津大学在暑期班开设课程及选修人数见图 1-8。①

表 1-2　1912 年牛津大学暑期班学习时间统计

学习时间	1 周	2 周	3 周	4 周	5 周	6 周
人数	130	65	6	11	2	1

从表 1-2 可以看出，90％以上的学员都只参与了 1—2 周的学习，这与学员的来源有关。参加推广教育的学员大部分是公司职员、钢铁工人、已婚妇女等，要求他们完全脱产参加 3—4 周的学习活动是有难度的，能参加 4 周及以上课程学习的人数在极少数，只有 14 人，占总人数的 6％。但即便是短期的与导师近距离相处，也能帮助和激励学员，同时这种聚会也为不同学校、不同地区和不同阶层的学员提供了一个相互交流的机会。

参加暑期聚会的每个学员都有指定的导师进行指导，他们可以从导师那里获得更细致更个别化的指导。1912 年聘任的导师有 46 位，他们主要来自牛津大学各学院和女子学院。从表 1-3 可以看出，虽然暑期

① Albert Mansbridge, *University Tutorial Classes: A Study in the Development of Higher Education among Working Men and Women* (London: Longmans, Green and Co., 1913), pp. 100-101.

班一共有 8 周时间，但前面 1—3 周的参与人数不多，到第 6 周时，参与人数达到顶峰，这时在校园里的讲座时数和与导师见面的机会也是最多的时候，平均每人与导师的相处时间可达 4 个多小时。

表 1-3 1912 年牛津大学暑期班讲座时数及学生与导师相处时数表

时间	学生人数	讲座时数	学生与导师相处时数
第 1 周	10	118	23
第 2 周	26	296	66
第 3 周	27	322	68
第 4 周	37	384	84
第 5 周	36	404	101
第 6 周	94	1082	401
第 7 周	71	820	286
第 8 周	37	430	108

从暑期班开设的科目看，一共开设了 14 类课程，几乎都是人文学科。这既与牛津大学的传统有关，也与导师班的培养目标有关。由于牛津大学自中世纪以来主要以古典教育为主，其课程主要是古典文学、哲学和逻辑学等，虽然到 20 世纪初增设了许多近代科学学科，但科学类课程还是不多。同时，导师班的目标是培养工人运动的领导人，为改变社会做好人员及精神上的准备，所有导师班的课程内容大都偏重政治、经济和其他社会科学的学习。如图 1-8 所示，有 85％以上的学员选择学习历史、经济和政治学科就不足为奇了。

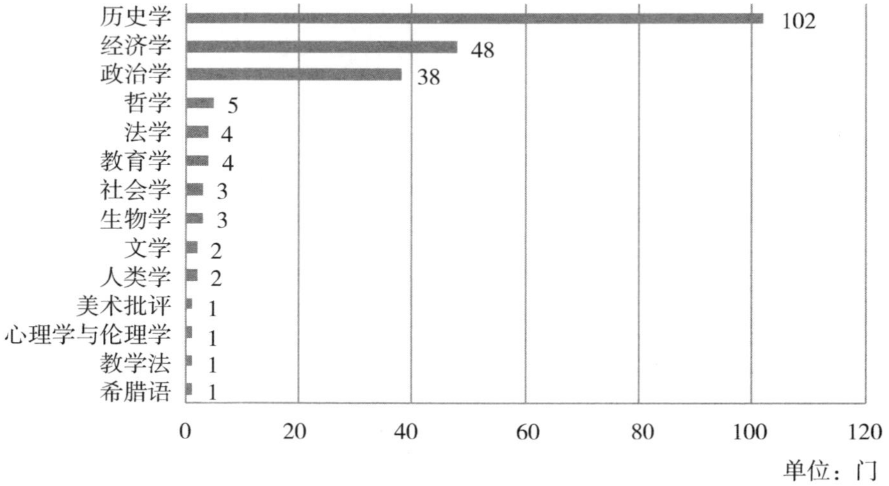

图 1-8　1912 年牛津大学暑期班课程

三、大学推广运动中开放教育资源的意义

大学推广运动向社会开放教育资源，让更多民众获得学习机会，使高等教育惠及全社会。虽然大学推广运动不能说是完全面向社会下层阶级的，但它也吸引了许多工人阶级出身的学员。如果没有大学推广运动，这些人也许永远无缘接受高等教育，尽管是不正规的高等教育。如果说新大学运动为英国大学带来一股实用之风，那么顺势而起的大学推广运动则是大学以一种开放的姿态把大学教育带到社会的各个角落。推广教育活动无疑促进了国民素质的提高，同时也拓展了大学的社会服务职能。

（一）提供了系统的高等教育体验

通过大学推广运动中的开放教育资源让许多中、下层民众获得了较为系统的高等教育体验。在参加推广教育的过程中，他们可以听讲座、参与讨论、参观校园、利用大学图书馆、参加考试获得证书等，这些都是他们通过其他教育形式无法获得的体验。虽然推广教育的入学是无门槛的，但要想获得相应的证书绝非易事。据统计，1889—1890 学期剑桥、牛津和伦敦大学的推广教育参与人数与获得证书人数如表 1-4 所示。[①] 与参加学习人数进行比较，能获得证书的学员仅占 1%左右。然而这并不代表考试非常严格，而是因为具有顽强的毅力，能够坚持到最后并参加考试的学员不多。有数据表明，剑桥大学设在矿区有 5 个学习中心，约有 1300 人参加讲座，最后只有 40 人参加了考试，而不能通过考试的仅有 2 人。[②] 如果以参加考试的人数作为基数，考试通过率可以达到 95%以上。莫尔顿先生就指出："提高质量的方法不在增加最后考试的难度（它只会增长失败的概率）而是在整个教学中提高教学的有效性和学习的兴趣（它能提升成功的概率）。"[③] 推广教育注重的是学习过程，而非考试结果。

表 1-4　推广教育证书考试统计数据（1889—1890 年）

学校	参加学习人数	获得证书人数	通过率/%
剑桥大学	132221	1585	1.1
伦敦大学	120670	1384	1.1
牛津大学	118166	927	0.8

（二）开创了成人教育的新时代

大学推广运动是大学参与成人教育的有效尝试，开创了成人教育的新时代。大学推广运动是在精英教育的传统和大众教育的需求相互

---

① R. D. Roberts, *Eighteen Years of University Extension* (Cambridge: The University Press, 1891), p. 附录Ⅳ.

② R. D. Roberts, *Eighteen Years of University Extension* (Cambridge: The University Press, 1891), p. 22.

③ R. D. Roberts, *Eighteen Years of University Extension* (Cambridge: The University Press, 1891), p. 101.

冲突中产生的，它用实践证明，精英教育与大众教育并不冲突。大学推广运动是大学参与成人教育的开端，它开创的人文教育传统对英国成人教育的发展产生了深刻的影响。有评论家曾指出："在全国各地，对英国人——当然也包括英国工人——的生活中出现的沉闷的实用主义和苍白的物质主义而言，大学推广运动成了一贴作用明显的良药。"① 在19世纪后期，技术教育风靡全国，大学推广教育在课程设置上依然主张以人文教育为中心，即便是职业技术教育也应以广泛的人文思想和教育为基础，这种通识教育的观点为英国大学成人教育的发展奠定了基调。

（三）促进了大学与社会的联系

大学推广运动促进了大学与社会的联系，使大学服务社会的内涵由此不断丰富。通过学术交流和情境交流等多个维度，不仅扩大了大学对社会的辐射范围，而且也促进了大学与社会间的相互理解和交流。通过推广教育，增加了大学教师与社会各阶层广泛接触的机会。在传播知识的同时，通过与不同阶层人士的交往，大学教师也获得了许多书本上不能学到的知识。另外，暑期聚会等活动的开展，既扩大了大学的影响力，也让普通民众有了了解"象牙塔"的机会，激发学员对于"母校"的荣誉感。

（四）推动了高等教育的普及化

大学推广教育运动中大学的积极参与促进了英国高等教育的世俗化和普及化。在推广教育运动中，由牛津大学、剑桥大学和伦敦大学在许多地方设置的地方教学中心，有不少发展成为独立的地方学院。"事实上，正是在大学推广运动的影响下，一些地区的推广教育中心得到扩充，后发展成为各种不同的正规教育机构。例如，谢菲尔德、诺

---

① 亚伯拉罕·弗莱克斯纳：《现代大学论——美英德大学研究》，徐辉等译，浙江教育出版社，2001，第226页。

丁汉、埃克斯特和雷丁的城市学院的建立就与大学推广运动的开展密切相关。”[①] 当时英国社会义务教育刚起步，中等教育匮乏，地方教学中心和城市学院的兴起和发展，对提升整个国家的教育水平起到了非常重要的作用。

虽然大学推广教育对提高国民素质，促进英国成人教育的发展做出了重大贡献，但也存在一些问题。首先，由于缺乏有力的经济支助，大学的地方教学中心被迫承担推广教育的所有费用。这些费用最终都分摊到学员的身上，使得大学推广课程很快就演变成一种商品，供有支付能力的人享用，而广大劳工阶级只能望而生叹。这在一定程度上背离了创始者的初衷。其次，在课程的供求关系处理上，大学以自我为中心，有独断之嫌，缺乏对民众需求的考虑。大学是大学推广教育的主要执行者，大学学者对学术的执着与普通民众对实用的追求之间存在差距，这在大学推广教育中表现非常突出。学者出于长远考虑，认为激发学员的求知欲，推行通识教育是正道，所以推广课程中以人文学科占主要地位；而在贫困线上挣扎的民众则更多地希望能习得一技之长来改变目前的生活窘境，他们希望有更多与生活紧密联系的课程。他们中的大部分人在 10—14 岁就离开学校，有的人连普通的拼写都成问题，许多课程超出了这些学员的能力。随着热情和新奇感的褪去，有足够毅力坚持到课程结束的人就少之又少了。

从伦敦大学的学位开放到大学推广教育把高等教育中的师资、课程甚至是校园和图书馆都向广大民众开放，可以看出英国大学逐步放弃一些不必要的执着，开始走出象牙塔，有意识地服务社会。从精英阶层到普通民众，大学对社会辐射的范围在不断扩大，开放的教育资源也越来越丰富。

如果说伦敦大学的学位开放是大学在政府以金钱和学位授予权为

---

① 许明：《英国高等教育发展研究》，辽宁师范大学出版社，1998，第 75 页。

诱饵下的妥协行为，大学推广教育则是大学在不损害其传统功能和性质的同时，主动地将大学的校门开得更大些。不管是主动的推广还是被动的开放，大学对质量的坚守都是不变的。但这一时期质量保障的特点是质量保障仅限于大学内部，没有外部监督机制。英国素有精英教育的传统，大学作为培养精英的“圣地”，享有很高的学术地位和社会声望，大学本身就是质量的表征，是不受社会监督的。但作为高等教育的执行者会自觉地呵护这份荣誉。

这种内部的质量保障源自大学高度的自治传统，也与大学教育的精英特性紧密联系。随着高度教育从精英阶段进入大众化阶段后，高等教育的质量保障体系就完全变化了。

第二章　海外办学：面向国际学生的开放教育资源

早在1943年，虽然英国还处在德军的包围中，但第二次世界大战已经胜利在望了，英国国内已经开始着手战后的恢复和重建计划。在教育领域，英国教育部提出战后教育改革白皮书，同年7月成立殖民地高等教育委员会，将殖民地高等教育的发展提到议事日程，同时也开启了战后英国海外办学的新篇章。

第一节　战后英国的海外办学

英国向海外输出高等教育的历史与其海外殖民的历史一样悠久。在第一次工业革命后，英国建立了一个势力范围遍布全球的“日不落”帝国，大英帝国的教育和知识殖民政策也随之在全球范围内推广。1636年创办的哈佛学院就是英国在北美殖民地创建的第一所大学，曾被誉为“设在海外的英国学校”。[①] 二战后英国的海外办学以《服务贸易总协定》(General Agreement on Trade and Service，GATS) 的签订为标志，可以分为两个阶段：《服务贸易总协定》签订前，主要是以在英国的海外殖民地办学为主；《服务贸易总协定》签订后，教育被列为服务贸易的一个领域，贸易壁垒被打破，海外办学也进入了一个新时代。

---

① 陈学飞：《高等教育国际化：跨世纪的大趋势》，福建教育出版社，2002，第31页。

一、殖民地时期的海外办学

“特殊关系”是指殖民地学院在独立前与伦敦大学建立的一种新型伙伴关系，这种关系类似于伦敦大学与“学徒期”学院的关系，也有人认为这是英国学院制传统向殖民地的移植。[①] 1946 年到 1970 年，伦敦大学和非洲 7 所、加勒比海 1 所学院建立了特殊关系，并帮助它们发展成为大学，这在世界教育史上写下了独特的篇章。[②]

（一）“特殊关系”的建立

伦敦大学在 1858 年就成立了对外教育部，实施校外学位制。虽然殖民地的学生可以攻读伦敦大学的校外学位，但为了保证质量，伦敦大学对校内和校外学生采用同样的考试大纲，统一考试和授予统一的学位。殖民地教育咨询委员会认为，伦敦大学的考试大纲可能更适合于英国学生或其他大陆的学生，对殖民地大学而言，课程应更贴近学生的生活和本土环境。同时咨询委员会认为，在殖民地创办大学的目的“在于保证有越来越多合格的青年男女促进他们国家的发展和人们的幸福”[③]。因此，每一所殖民地大学都必须是土生土长的，不受英国模式的支配，其学位应适合各地区的需要，但标准应与英国大学的学位标准相等。为此，殖民地咨询委员会希望殖民地大学通过与英国大学建立一种特殊的关系，以帮助它们提升学位标准。当它们可以独立授予学位时，殖民地大学授予的学位能得到国际学术界的认可。

1. “特殊关系”的缘起

与英国大学建立“特殊关系”的设想最初来自马来西亚高等教育委员会成员 Channon 教授的备忘录。Channon 教授在备忘录中对战前

---

① 李建忠：《战后非洲教育研究》，江西教育出版社，1996，第 149 页。

② 王承绪：《伦敦大学》，湖南教育出版社，1995，第 254 页。

③ 王承绪：《伦敦大学》，湖南教育出版社，1995，第 251 页。

殖民地教育咨询委员会的高等教育思想进行了评估，并提出了新的见解。首先，他指出将高等教育仅仅与现有的就业机会联系并不可取。作为殖民地最高学府的毕业生应肩负更多的社会责任，而不仅仅是一名熟练的技术工，因此他们需要接受更高层次的教育。其次，如果没有优秀的师资和较高的学术标准，这些从事职业技术训练的学院是很难发展为大学的，它们需要获得来自联合王国优质资源的帮助。同时，Channon 教授也认为，欧洲的课程并不适合殖民地学生，攻读校外学位并不是合适的选择。他比较赞同马来西亚的建议，由英国大学的主考人编制区域性的试题并允许分区域阅卷。但他对英国大学的期望并不仅仅在考试上，他还希望殖民地的院校能与英国大学建立密切关系，并提供师资上的援助，帮助新校选聘教师，或短期借调教师。

殖民地教育咨询委员会非常赞赏 Channon 教授的备忘录，随后任命了一个以 Channon 教授本人为主席的小组委员会负责就英国大学如何更好地帮助殖民地高等教育的发展向国务大臣提出意见。1943 年，小组委员会向殖民地教育咨询委员会提交了报告，对殖民地大学的质量标准、师资配备、学位要求和考试安排等提出了相应的建议。①

1943 年殖民部任命了一个委员会，由阿斯奎斯爵士（Sir Cyril Asquith）任主席，主要负责研究推进殖民地高等教育、科研、学习和大学发展的原则，探索英国大学及其他团体与殖民地高等教育机构合作的方式。

阿斯奎斯爵士致函伦敦大学副校长磋商合作事宜。在伦敦大学学术委员会、校外考试委员会和大学入学考试委员会组成的联合委员会讨论后，伦敦大学愿意承担这一特殊的责任。1944 年，大学理事会成立了新的殖民地高等教育专门委员会，专门负责发展与殖民地学院的新型关系，并与殖民地学院的教师和拟议中的大学进行校际合作，发

① 王承绪：《伦敦大学》，湖南教育出版社，1995，第 249 页。

展殖民地的大学教育。[①] 1945 年 6 月，阿斯奎斯委员会报告宣布殖民地学院与伦敦大学将建立新型关系。1946 年 2 月，殖民大臣同意该建议，并成立了大学校际殖民地高等教育委员会（Inter-University Council for Higher Education），殖民地创办新大学的工作就此开始。

2. “特殊关系”的特点

在 1946—1970 年的二十多年，伦敦大学和 8 所学院建立了“特殊关系”。这 8 所学院的发展各有特点，有的学院有较长的发展历史，办学条件好，有的学院则是白手起家，全系新建，伦敦大学的殖民地高等教育委员会还要参与大学的选址和筹建工作。为了更好地适应这种“特殊关系”，伦敦大学的校外考试体系也进行了四个方面的调整：为新学院的学生提供特殊的入学要求、制订特殊的教学大纲以适应新学院的需要、为每所学院制作专门的考试试卷、考卷的设计和批改由特殊考试委员会完成。该委员会的一部分成员是相关学院的教师，另一部分来自伦敦大学。[②] 这 8 所学院与伦敦大学建立“特殊关系”的时间和其后的发展情况如表 2-1 所示。[③]

表 2-1 与伦敦大学建立“特殊关系”的学院及发展情况

学院	特殊关系开始年份	开始成为大学年份	特殊关系末次考试年份	毕业人数	毕/结业研究生人数		教研人员博士人数
					硕士	证书和文凭	
喀土穆	1946	1956	1959	135			11
西印度群岛	1947	1962	1968	1582	21		29

① 王承绪：《伦敦大学》，湖南教育出版社，1995，第 253 页。

② David Clover,“Special Relations: The University of London and the University College of the West Indies,”accessed October 22, 2016, http://sas-space.sas.ac.uk/5170/1/Special_Relations_The_University_of_London_and_the_University_College_of_the_West_Indies.pdf.

③ 王承绪：《伦敦大学》，湖南教育出版社，1995，第 254 页。

续表

学院	特殊关系开始年份	开始成为大学年份	特殊关系末次考试年份	毕业人数	毕/结业研究生人数		教研人员博士人数
					硕士	证书和文凭	
加纳	1948	1961	1963	851		81	21
伊巴丹	1948	1962	1968	2020	10	37	29
马凯雷雷	1949	1963	1965	858	2		28
达累斯萨拉姆	1961	1963	1965				
内罗毕	1961	1963	1965	100			9
罗得西亚	1957	1971	1973	1441	5	812	67

殖民地学院与伦敦大学的这种关系与英国国内“学徒期”的学院与伦敦大学的关系类似，但又具有一定的特殊性。

首先，特殊关系学院具有独立的法人身份，伦敦大学帮助他们履行授予学位的权利，他们自身可以参加学术活动，可以建议改变考试大纲，他们的教师可以被任命为伦敦大学的主考官，所有通过这些学院获得伦敦大学学位的学生都是他们的毕业生。例如，喀土穆的戈登学院是伦敦大学的第一所特殊关系学院，为了适应戈登学院所在地区的具体情况，其入学考试要求就将英国在中学所教的部分内容移到大学学院。[①] 生物课以讲授非洲动植物内容代替欧洲动植物内容，非洲历史和地理也列入了课程之中。伦敦大学甚至还同意增设那些并不在它的课程表范围之内的科目，比如，在伊巴丹大学学院开设了行政管理学习课程，在达累斯萨拉姆大学学院开设东非法律制度课程。到 20 世纪 50 年代中期有近 300 种特别教学大纲得到伦敦大学的批准。[②]

---

① 王承绪：《伦敦大学》，湖南教育出版社，1995，第 256 页。

② 李建忠：《战后非洲教育研究》，江西教育出版社，1996，第 151 页。

其次，特殊学院的学生不在伦敦大学的任何学院注册，他们属于校外生，但在有些情况下他们又有校内生的特点。如伦敦大学是通过特殊关系学院与这些学生打交道，如果他们考试不及格要重新参加考试，必须得到特殊关系学院的推荐。

再次，特殊关系学院的教师可以直接参加伦敦大学的考试工作。特殊关系学院的教师要担任主考官，需由特殊关系学院提名，经伦敦大学有关学科学术委员会考察其资格和经验，然后有一定数量的本校教师推荐，最后由伦敦大学理事会任命。

最后，在考试方面，特殊关系学院的主考官可以起草考卷，然后送交伦敦大学的同事批准或修改。学生的试卷也可以由特殊关系学院的主考官先评分。

（二）"特殊关系"的评价

"特殊关系"计划实施了十五年，随着非洲国家和加勒比海地区的原英国殖民地相继独立，这种关系也逐步退出了历史舞台。英国和非洲国家的学术界都对这段历史进行了回顾，并做出了相应的评价。

首先，殖民地学院通过与伦敦大学联系，殖民地学院的学生可获得伦敦大学的学位，保证了特殊关系院校的学位是金本位的学习（gold standard of learning）。这种高起点的学术要求，是毕业生质量的有效保障。在 1960 年（特殊关系计划的执行正逢高峰期）大约 300 名东非和西非学生参加伦敦大学学位考试，结果有 80%的人通过，这个百分比大致与同年校内生的通过率相同。[①] 这表明非洲本土培养的大学生在质量上与英格兰本科生相比是毫不逊色的。并且，这些学院的学生获得适当的学位后可以派往国外攻读高级学位，学成归来，接替高等教育中的外籍教师，以满足本土教学的需要。

其次，伦敦大学与殖民地学院是一种伙伴式的联系，而不是一种

---

① 李建忠：《战后非洲教育研究》，江西教育出版社，1996，第 150 页。

主仆关系。殖民地学院教师可以获得伦敦大学各学院教师的大部分权利：他们可以建议考试大纲、担任大学的主考官、可以以校内生的身份攻读伦敦大学的高级学位。通过参与老大学的运行，殖民地学院可以学习如何管理自己大学的学术事务。而伦敦大学的考试委员会成员则有机会访问殖民地学院，增进彼此了解，伦敦大学的教师也可以在新的环境下发展他们的学科，比如，对非洲和西印度群岛的教学和科研问题进行研究，一些不能在欧洲开展的科研课题，如热带病、非洲考古学等也得以在殖民地学院开展。许多参加过伙伴关系的教师回国后对英国的学术活动产生很大的影响。

同时，伦敦大学与殖民地学院的这种伙伴关系也存在一些弊端。阿斯奎斯报告提出在非洲创办大学有两个目的：第一，提炼和维系地方传统和文化中的精华；第二，提供一种方法，使在这些传统和文化影响下成长起来的一代人，能以平等的地位进入世界范围的知识社会。[①] 报告的第二个目的无疑是实现了，但第一个目的是否实现就不是那么肯定了。阿什比曾指出，阿斯奎斯报告是“英国向殖民地人民输出大学的蓝图”[②]。他认为这些殖民地学院只是照搬了英国大学的模式，而没能做到提炼和维系地方传统和文化的精华。因为尽管伦敦大学积极鼓励课程内容与当地环境相适应，但坚决反对与它的学位模式有任何的背离，只有一些次要学科被允许与当地环境相关。因此殖民地学院基本上是依循牛津或剑桥的传统的课程模式，课程内容与当地环境的适应性非常有限，学院设置的大部分课程与当地环境和学生将来的就业也无明显的相关性。另外，殖民地大学学院重文轻理的课程模式对独立后非洲国家的长期发展带来了极为不利的影响。

---

① 王承绪：《伦敦大学》，湖南教育出版社，1995，第262页。

② 王承绪：《伦敦大学》，湖南教育出版社，1995，第262页。

二、现代英国的海外办学

20 世纪 70 年代“特殊关系”退出历史舞台后，一直到乌拉圭回合贸易谈判结束和 1995 年建立《服务贸易总协定》之前，非关税壁垒有效地阻碍了大多数市场的教育服务贸易。这期间英国的海外办学主要以英国开放大学的远程教学为主。到 20 世纪 90 年代后期，受 GATS 的影响，全球高等教育国际化进程提速，英国高等教育的海外发展也进入加速期。

（一）“海外办学”术语的演变

《服务贸易总协定》签署后，将教育定为服务贸易中的一个领域，并规定国际服务贸易包括四种方式：跨境消费、境外支付、商业存在和自然人流动。随着国际教育服务模式越来越丰富，学术界使用了许多新术语描述这种复杂的教育现象。许多和教育国际化相关的术语，如跨国教育、跨境教育、无边界教育等都在近二十年内涌现，它们与海外办学有许多相同或相近的特点。

跨国教育（Transnational Education，TNE）是目前国际上使用较多的一个术语，澳大利亚是较早使用“跨国教育”一词的国家之一。在 20 世纪 90 年代初，为了区分澳大利亚校园招收的国际学生和那些在海外修读澳大利亚学位的学生，澳大利亚学术界使用“国际教育”（International Education）指代在澳大利亚学习的外国学生所接受的教育，“跨国教育”则用来描述那些在海外修读澳大利亚学位的学生所受的教育。① 在这里“跨国教育”一词被用来简单地描述海外留学生的入学情况，强调的是学生求学的地域，而不考虑海外学生是通过何种方

① Jane Knight, “Borderless, Offshore, Transnational and Cross-border Education: Definition and Data Dilemmas” (paper presented by The Observatory on Borderless Higher Education, 2005).

式（姊妹项目、特许经营、远程教学或国际分校等）来进行学习。

跨国教育全球联盟（Global Alliance for Transnational Education，GATE）是1995年成立的一个独立组织。多年来，该组织在治理和所有权方面已经发生了变化，但它仍然致力于传播跨国教育的良好实践和提供认证服务。跨国教育全球联盟是第一个致力于解决海外教育质量保证问题的组织，它给出的“跨国教育”的定义：“跨国教育……意味着在所有的教学或学习活动中，学生来自的国家（东道国）与提供教育的机构所在国（宗主国）不同。这种情况要求教育信息、工作人员和（或）教育材料跨越国界传输。”① 这一概念再一次强调的是学生的求学地点与提供教育的机构所在地的不同，跨越边界的概念也被明确地表达出来，但不管这些信息和资料是通过邮件、电脑、网络、广播电视还是其他方式进行传递。

联合国教科文组织和欧洲理事会（Council of Europe，COE）在《跨国教育实践手册》（*Code of Good Practice in the Provision of Transnational Education*）中，以类似于GATE的方式描述了跨国教育。将跨国教育定义为：高等教育学习计划的所有类型和模式，或学习课程的集合，或教育服务（包括远程教育的课程），在这些课程中，学习者所在的国家与学位授予机构所在的国家不同。这类项目可能属于某个国家的教育系统的一部分，但在不同的国家运行，或者可以独立于任何国家教育系统运作。② 这个定义相对比较全面，将所有类型和模式都包括在内，同时也强调学习者在不同的国家，而不是学位授予机构的所在地。

无边界教育（Borderless Education），“无边界”这个词首次出现在

---

① 冯国平：《跨国教育的国际比较研究》，上海人民出版社，2010，第9页。

② UNESCO and Council of Europe，Code of Practice in the Provision of Transnational Education accessed October 15，2016，http://www.researchgate.net/publication/225083782_Code_of_Good_Practice_in_the_Provision_of_Transnational_Education.

1998年的澳大利亚学者Cunningham等人编著的《新媒体与无边界教育：评全球媒体网络和高等教育相结合》一书中。在该书中“无边界”是指新的高等教育提供者，如公司大学、虚拟大学等，利用现代信息技术从事跨越地区、国界的教育活动。① 随后英国也进行了类似的研究。在2000年由英国大学副校长委员会（Committee of Vice-Chancellors and Principals，CVCP）和英格兰高等教育基金委员会（Higher Education Funding Council for England，HEFCE）联合发布的研究报告《无边界教育事业：英国视角》（“The Business of Borderless Education：UK Perspectives”）中对无边界教育的定义是：对传统高等教育概念、原则和地理边界的模糊。② 无边界教育强调边界的消失，在这个远距离教育和数字化学习空前发展的时代，地理边界对学习而言似乎确实没有太多影响。但当焦点转向学习的监管责任时，我们就可以察觉到边界的重要性，特别是在讨论质量保证、认证、资金、所有权和知识产权等问题时，边界确实存在。因此，这一概念似乎并没有广泛应用于实际操作或应用环境中。

跨境教育（Cross-border Education）出现在21世纪以后。在这个全球化的世界里，管辖边境的概念日益重要，跨境教育这一术语的使用也越来越多。它包括国际教育服务的许多方面，但主要侧重于学生、教育项目和提供者。联合国教科文组织和经济合作与发展组织联合颁布的《跨境高等教育办学质量保障指南》（*Guidelines for Quality Provision in Cross-border Higher Education*）中对跨境教育的定义为：教师、学生、课程、机构/提供者或课程材料在跨越国家管辖边界的情况下进行的教育。跨境教育可能包括由公立/私立部门或非营利/营利

---

① 张宝蓉：《无边界高等教育：西方发达国家高等教育发展的新概念——以美、英、澳三国为例》，《外国教育研究》2005年第12期。

② CVCP and HEFCE，“The Business of Borderless Education：UK Perspectives”（paper presented by Committee of Vice-Chancellors and Principals，2000），p. 15.

性机构提供的高等教育。它涵盖多种模式，包括面对面学习（如学生到国外上学、设立海外分校等多种形式）、远程学习（使用一系列技术，包括数字化学习）等。[①] 这是一个非常全面的描述，明确指出人员、项目、提供者和参考资料使用各种形式跨越边境。与跨国教育不同，跨境教育把国家边境作为中心概念而跨国教育则强调学习者和学位授予机构位于不同的国家，并且跨国教育主要是指项目和机构的流动，但不包括学生的流动。

本研究所指的现代海外办学就是跨国教育，主要关注项目和机构的流动，强调学习者所在的国家与学位授予机构所在的国家不同。由于跨国教育的概念出现在 20 世纪 90 年代，为了体现延续性，本研究依旧使用海外办学来指代跨国教育。

（二）英国海外办学模式的发展

与殖民地时期的海外办学类似，英国现代的海外办学一方面依然遵循使用英国课程教学这一历史惯例，并授予英国学位，同时也在许多方面发生了重大改变。如“特殊关系”由殖民地教育咨询委员会积极推进，是政府教育发展政策议程的一部分，而现代海外办学大多是高等教育机构的个人行为，其合作伙伴也更加丰富，包括私营企业、私立的盈利教育公司、公立大学（自主和国家控制）和政府部门。例如，斯塔福德郡大学与一所自治的公立大学——马德拉斯大学合作、伦敦城市大学与公立的南阳理工学院以及公共卫生保健提供者新加坡综合医院有合作关系。[②] 经济全球化影响了高等教育供给和需求的性质与程度，同时也为高等教育机构创建了一个竞争日益激烈的全球市场。在英国主要的高等教育海外办学模式包括（但不限于）海外校园、姊

---

① UNESCO and OECD, “Guidelines for Quality Provision in Cross-border Higher Education”(paper presented by UNESCO and OECD, 2005), p. 7.

② HEGlobal, “The Scale and Scope of UK Higher Education Transnational Education” (paper presented by UK HE International Unit, 2016), p. 12.

妹项目、双重/联合学位课程、特许经营、授证许可、衔接项目等。

第一，海外校园。它是英国高等教育机构在其他国家建立的分校区。英国的高等教育机构负责课程的提供和所有学术事宜，工作人员可以在当地招聘，也可以从原机构中招聘，但他们通常是提供服务的员工。如 2000 年 9 月，诺丁汉大学开设的马来西亚分校，由来自诺丁汉的高级学术人员领导，以确保学生享有与英国大学同等的高质量教学。这是 GATS 后英国大学在海外开设的第一所分校（德蒙特福德大学商学院 1996 年曾在南非开设过分校①，但在 2004 年就关闭了②）。目前，英国共有 39 个海外分校，尽管英国的海外分校数量不及美国多，但有更大比例的机构追求这种形式的海外办学。在英国平均每 100 个高等教育机构中有 8.6 个提供海外办学，而在美国，这个比率是 1.9。另外，还有一些院校在海外不止一个分校，如曼彻斯特商学院有 4 个海外分校，密德萨斯大学有 3 个，诺丁汉大学、赫瑞瓦特大学、肯特大学和伦敦大学各 2 个。③

第二，姊妹项目。它通常也称为双联项目或结对项目。这是英国高等教育机构与东道国的院校通过签订合作协议来共同提供学习的项目。东道国的合作伙伴用他们自己的员工来教授部分英国机构的课程，学生在本国完成部分课程后，转到英国的高等教育机构完成下一阶段的学习。典型的组合是三年制学位课程（1＋2）或四年制学位课程（2＋2），其中括号中的数字代表了在海外机构学习的时间和在英国高等教育机构学习的时间。例如，南安普敦大学与 3 家中国专门从事金融

① Richard Garrett,"International Branch Campuses: Scale & Significance"(paper presented by the Observatory on Borderless Higher Education, 2002), p. 4.

② Line Verbik and Cari Merkley,"International Branch Campuses-Models and Trends"(paper presented by the Observatory on Borderless Higher Education, 2006), p. 31.

③ Rachael Merola,"250＋and Counting: What does IBC Growth Tell Us about the Direction of the Phenomenon and its Place in CBHE?,"December 8, 2016, accessed March 21, 2017, http://www.obhe.ac.uk/documents/view_details? id=1052.

和经济的机构（上海、南京和江西财经大学）都有姊妹项目。在2+2课程规划下，学生在中国的教育机构学习两年，然后转学到南安普敦，进行后两年的学习，最终获得南安普敦大学的经济学或经济学与金融学的学士学位。

第三，双重/联合学位。英国高等教育机构和东道国的合作伙伴共同提供项目的一种方案。学生完成学业后可从合作双方分别获得资格证书（双学位），或获得由合作双方共同颁发的资格证书（联合学位）。[①] 如金斯顿大学在人权和种族灭绝研究方面有一个联合的欧洲硕士学位项目，教学在金斯敦大学和其他3所欧洲大学（波兰的奇维塔斯学院，德国的欧洲大学和意大利的锡耶纳大学）间进行，这为学生提供了在不同的学术环境中体验学习和研究的机会。

第四，特许经营。英国高等教育机构授权东道国的一家教育机构教授部分或全部课程，这样学生就可以在不参加英国教育机构学习的情况下获得英国机构的学位。它是将本该在英国完成的课程通过授权的方式，全部或部分地转移到东道国完成。当地的机构负责授课，英国高等教育机构负责授予学位，并对课程内容、交付方式、教学评估和质量保障负有全部责任。牛津布鲁克斯是英国最大的特许经营公司，学生可以通过这类机构获取英国国家注册会计师（Association Of Chartered Certified Accountants，ACCA）资格证书，可以从布鲁克斯大学申请会计专业的学士学位。在2011—2012年度，有超过25万名学生在184个国家注册，他们主要来自巴基斯坦、马来西亚、新加坡、中

---

① Jane Knight and John McNamara,"Transnational Education: Classification Framework and Data Collection Guidelines for International Programmer and Provider Mobility(IPPM)" (paper presented by the British Council,2017),p. 16.

国和尼日利亚。[①]

第五，授证许可。课程由东道国的教育机构开发和教授，英国的机构认为其教育项目的质量达到同等的学术水准，则可向东道国的机构颁发资格证书授予权。这样东道国的学生不需出国就可以获得英国机构颁发的资格证书。质量标准由英国的教育机构控制。如英国开放大学通过其开放大学授证许可服务中心（Open University Validation Services）来对国外的机构或学习项目进行评价并给予授证许可。[②]

第六，衔接项目。英国和东道国机构之间签订的衔接协议，学生在协议机构中获得的学分能被其他协议方认可，学生可携带学分转入其他协议机构学习。欧洲学分互认体系（European Credit Transfer System，ECTS）就是典型的衔接项目，学生在签署了《博洛尼亚宣言》的一所大学获得的学分可以被另一所大学承认或进行转换，学生可以不受约束地在这些学校间学习深造。

（三）英国海外办学规模的扩大

随着高等教育国际化进程的推进，跨国高等教育已经成为一种全球现象，并预计在未来二十年将显著增长。英国高等教育机构是世界上最活跃的高等教育机构之一，其海外办学规模也在不断扩大。

在2002—2003学年，英国高等教育统计署（Higher Education Statistics Agency，HESA）首次收集了英国以外的英国高等教育项目信息。作为2002—2003学年标准数据收集的一部分，HESA要求英国高等教育机构（在自愿的基础上）提供其在英国以外的教育项目信息，当时有79个机构（在调查的170个机构中）做出了回应（46%），报告

---

① Department for Business, Innovation and Skills, "International Education-Global Growth and Prosperity: An Accompanying Analytical Narrative" (paper presented by Department for Business, Innovation and Skills, 2013), pp. 39-40.

② 顾建新：《跨国教育发展理念与策略》，学林出版社，2008，第127页。

了超过 70 000 个跨国注册。①

自 2007 年以后，英国高等教育机构的跨国教育数据被强制要求登记。HESA 在收集由英国公共资助的高等教育机构的高等教育数据时也收集 TNE 数据。HESA 的 TNE 数据库，被称为“总离岸记录”(Aggregate Offshore Record，AOR)，每年通过在线收集数据进行更新。在 HESA 网站上公布每年更新的详细指南，以帮助高等教育机构完成模板。AOR 数据由高等教育机构完成并返回，系统中内置了大量的自动数据质量检查，以确保数据的有效性。HESA 公布的 TNE 数据为国家所有的 TNE 注册总数，以及排名前 20 位的东道国注册数据。此外，HESA 还获得了每个英国大学的 TNE 注册数据，并根据研究水平（从资格证书到博士学位）和研究类型（国际分校、远程学习、在英国注册的合作项目、在国外注册的协作项目等）进行分类，但 HESA 没有收集关于个人 TNE 项目或提供的资格的数据。②

表 2-2 显示了 2010—2012 年英国国内留学生人数（含欧盟的留学生）和 TNE 学生人数，可以看出，每年 TNE 学生人数都超出了英国国内留学生的人数，且每年都有增长。

据 2016 年 1 月 HESA 最新发布的 AOR 数据显示，2014—2015 学年在 HESA 数据库中有 134 所高等教育机构，有 99 所参与了跨国教育项目，共有 665 995 名 TNE 学生，其中有 22 家机构的 TNE 学生人数超过 5000 人。③

① Richard Garrett and Line Verbik,“Transnational Delivery by UK Higher Education, Part 1: Data & Missing Data”(paper presented by the Observatory on Borderless Higher Education, 2004), p. 3.

② John McNamara and Dr Jane Knight, “Transnational Education Data Collection Systems: Awareness, Analysis, Action”(paper presented by the British Council, 2015), p. 29.

③ HEGlobal,“The Scale and Scope of UK Higher Education Transnational Education”(paper presented by UK HE International Unit, 2016), pp. 20-21.

表 2-2 英国留学生人数①

学生类别	2010—2011 学年	2011—2012 学年	2012—2013 学年
国内留学生（含欧盟）	428000 人	435000 人	425000 人
跨国教育学生	504000 人	57000 人	599000 人

尽管 HESA 的 AOR 数据提供了许多信息，但在实际过程中发现 AOR 当前的数据类型规范存在缺陷。在对 TNE 的类型还没有达到共识的情况下，为了更好地了解英国 TNE 发展的现状，2015 年 11 月，沃里克经济与发展有限公司（Warwick Economics & Development Ltd.，WECD）受命对英国高等教育跨国教育的规模和范围进行调查，这是英国高等教育国际组织（UK Higher Education International Unit）和英国文化协会（British Council）联合发起的“高等教育全球化”（HEGlobal）项目，旨在支持英国大学的 TNE 活动。

在 2014—2015 年的 TNE 调查中，共有 62 家机构对 2014—2015 的 TNE 调查进行了回应，其中有 55 家拥有跨国教育项目，调查人数涵盖 2014—2015 年 AOR 记录学生人数的 68%。② 调查结果显示，全球只有 15 个国家没有英国提供的 TNE 项目，超过四分之一（28%）的 TNE 项目是为亚洲学生提供的，而欧盟只占不到四分之一（23%）。非洲和中东地区分别占 14%和 13%。新加坡和马来西亚合计占英国所有 TNE 项目的 15%。③

① William Lawton and Saskia Jensen,“An Early-warning System for TNE Understanding the Future Global Network Connectivity and Service Needs of UK Higher Education”(paper presented by the Observatory on Borderless Higher Education, 2015), p. 5.

② HEGlobal,“The Scale and Scope of UK Higher Education Transnational Education”(paper presented by UK HE International Unit, 2016), pp. 20-30.

③ HEGlobal,“The Scale and Scope of UK Higher Education Transnational Education”(paper presented by UK HE International Unit, 2016), pp. 20-32.

在参与调查的 TNE 项目中有一半以上是远程/在线学习（52％）。大约五分之二（40％）是通过东道国的合作伙伴关系授课，与东道国合作的伙伴项目中最受欢迎的是特许经营项目，占伙伴项目的 45％。东道国的实体存在形式在整个 TNE 项目中所占比例最小（8％），海外分校是东道国最常见的实体存在形式，实体存在形式有一半以上（61％）是提供研究生教育。①

超过三分之一的 TNE 项目是商业和管理项目，近 15％是艺术和人文学科。自 2010 年以来，艺术和人文学科，工程、技术和建筑项目以及学生人数都有所增加。学习商业和管理课程的人数占了 TNE 学生人数的五分之二，其次是社会研究和法律，占五分之一。② 图 2-1 显示了 TNE 项目和学生人数在各学科间的分布情况。

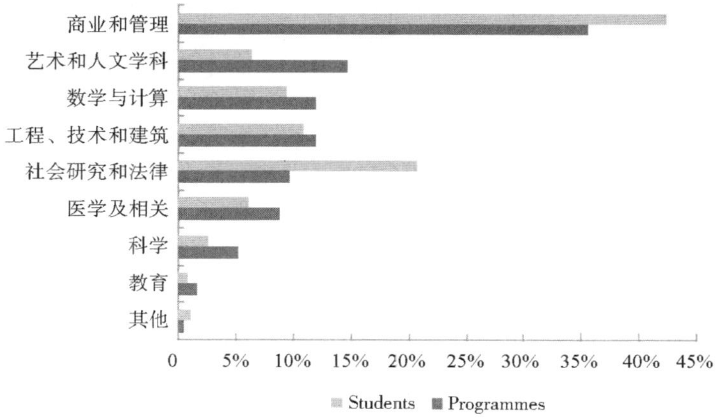

图 2-1　各科目中 TNE 项目和学生人数的分布

① HEGlobal, "The Scale and Scope of UK Higher Education Transnational Education" (paper presented by UK HE International Unit, 2016), pp. 45-48.

② HEGlobal, "The Scale and Scope of UK Higher Education Transnational Education" (paper presented by UK HE International Unit, 2016), pp. 50-53.

2014—2015 年 TNE 调查中报告的 TNE 项目有 47%是提供本科学位，其余大部分为授课型硕士（Postgraduate taught）项目（44%），另有少部分是研究型硕士（Postgraduate research）项目（4%）和其他项目（如基础学位）。然而，如果以学生人数的比例来衡量，三分之二的学生（66%）攻读的是本科学位，其余大部分为授课型硕士（28%），如图 2-2 所示。①

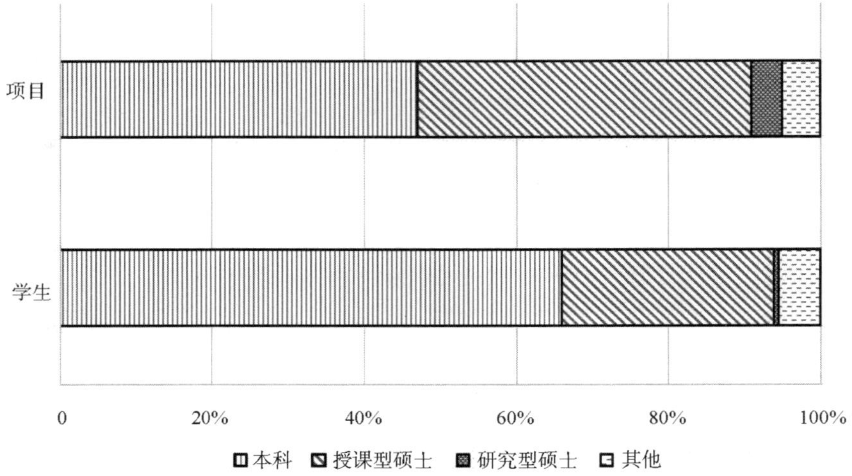

图 2-2　不同学历的 TNE 项目和学生人数的分布

在组织和管理相关问题方面，如图 2-3 所示②，英国的机构主要负责课程开发、质量保证和评估，英国和东道国机构之间相对平均地分担人员发展、学习资源、学术支持的责任，而合作伙伴机构在现场服务方面（教学和建筑基础设施）负有更多的责任。

---

① HEGlobal,"The Scale and Scope of UK Higher Education Transnational Education" (paper presented by UK HE International Unit,2016),p. 52.

② HEGlobal,"The Scale and Scope of UK Higher Education Transnational Education" (paper presented by UK HE International Unit,2016),p. 73.

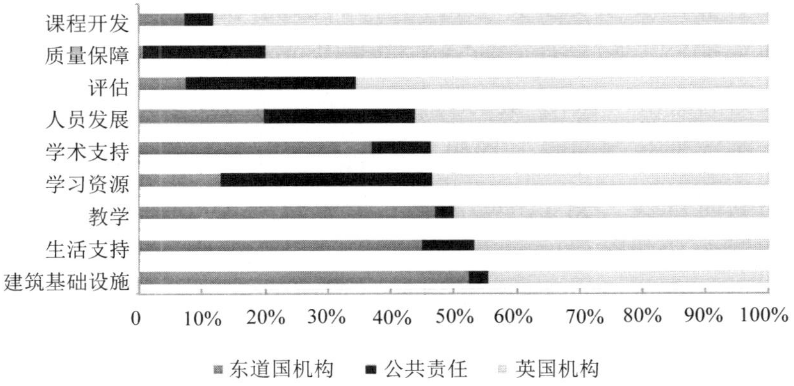

图 2-3 TNE 项目中组织和管理方面的责任分配

第二节 海外办学中开放教育资源的质量保障

英国对其教育机构海外办学的基本质量要求是确保其达到与英国国内一样的高质量，其中由英方提供的教育资源质量是质量保障的一个重要方面。海外办学的模式多种多样，所提供的开放教育资源在不同的办学模式中会略有不同。从图 2-3 可以看出，在海外办学中，由英国高等教育机构提供的开放教育资源主要包括课程、师资和管理模式。本节将选取英国诺丁汉大学及其在中国的海外分校宁波诺丁汉大学为研究案例，介绍其为保障在海外办学中提供的开放教育资源质量所采取的措施。

英国诺丁汉大学创建于 1881 年，1948 年正式获得大学称号，是二战后第一所获得皇家特许状的英国大学，也是国际顶尖研究型大学团体 U21 的创始成员之一。根据 2014 年卓越研究框架（Research Excellence Framework，REF）的评估结果，诺丁汉大学的研究实力在英国排名第8位，在全球所有大学中排名前1%。[①] 目前，诺丁汉大学拥有2个国际校区：马来西亚校区成立于2000年，中国校区成立于2004年。2015年，诺丁汉大学颁布了它的下一个五年计划《全球战略2020》（"Global Strategy 2020"）提出"为才华横溢的学生提供出色、无限制的国际化教育"，同时也将"注重我们所做事情的质量"列为首要的工作焦点。[②]

宁波诺丁汉大学是由英国诺丁汉大学与浙江万里学院合作在2004年创办，是中国第一所经教育部批准且具有独立法人资格的中外合作大学。宁波诺丁汉大学将英国诺丁汉大学的优势学科与中国社会经济发展实际需求相结合，引进一系列具有国际一流水准的学位课程，教材都是从英国诺丁汉大学引进的，图书馆藏书是来自世界各地出版社的原版书籍，师资全部由英国诺丁汉大学全球选聘，全英文授课，实行与英国诺丁汉大学完全一致的教学评估体系，学生毕业后获得英国诺丁汉大学学位。该大学拥有三大学院（商学院、人文与社会科学学院、理工学院）和14所研究机构，目前有学生7800多名。[③]

在宁波诺丁汉大学，宣扬的是让学生在中国享受"诺丁汉体验"。为了确保宁波校区的学术标准和学生体验的质量与英国诺丁汉大学的一致性，诺丁汉大学制订了规范的学术质量保障体系，出台的《质量手册》（"Quality Manual"）作为其内部质量保障指南，提供了英国诺丁汉大学对教学和学习进行管理的框架，其规定具有监管力量。

---

① " Research Excellence Framework,"The University of Nottingham, accessed April 11,2017, https://www.nottingham.ac.uk/about/facts/researchexcellence.aspx.

② The University of Nottingham, "Global strategy 2020"(paper presented by the University of Nottingham, 2015), p. 7.

③ "大学概况,"宁波诺丁汉大学, accessed March 12,2017, https://www.nottingham.edu.cn/cn/about/.

一、课程开发与审批

课程质量是确保教学质量的基础，输出课程也是英国在海外办学中承担得最多的责任。诺丁汉大学在《质量手册》中对课程的监控框架进行了明确说明，有专门的课程设计、开发和审批制度，按照《质量手册》的规定，诺丁汉大学对课程和教学质量实行的是院系负责制，质量保障的主要责任人是各院系的负责人。

（一）新课程的开发

当学院需要开发新课程时，需要成立课程开发小组。课程开发小组需要熟悉学科基准声明、高等教育资格框架中对不同等级的学位资格标准及相关法律和监管部门的要求。同时，在设计新课程时，开发小组还需要考虑课程在理论性与实践性方面的平衡、指导与自主学习间的平衡、相关技术的使用、内容的深度和广度、课程使用的地点和模式以及特殊学生的需要等。在课程进入审批程序前，学院内部需要组织一个包括学生代表的咨询委员会对课程的设计进行讨论。这个咨询委员会除了包括学生代表外，还有课程小组外与该领域相关的学术人员、其他教育机构或行业的合作伙伴、学术协会、课程可能涉及的社团组织等。关于课程设计的细则，开发小组可以从学术服务部寻求关于课程的审核建议、指导和培训，从教学理事会（the Teaching and Learning Directorate）获得课程设计的优秀案例。

课程设计完成后，需要提交两个重要的文件：商业论证和课程细则。

商业论证包括三个部分：基本细节、学术问题和经费收支。①

---

① “Business Case for a New Programme-Template,”The University of Nottingham, accessed March 12, 2017, https://www.nottingham.ac.uk/academicservices/qualitymanual/curriculum/businesscaseforanewprogramme-template.aspx.

第一，基本细节。在基本细节部分要求明确课程名称和责任院系（如果是多个院系合作开发，则需要明确各院系的贡献比例）、课程适应教学模式（全日制、兼职还是两者皆可）、课程的适用校区（诺丁汉大学有 3 个国内校区和 2 个国际校区）、课程的教学方式（传统教学、远程教育或混合教学）、是否有需要离开学校或工作岗位的时间、课程的推出时间。同时，在基本细节部分还需预估课程在开始和稳定状态下的修课人数及建议的收费标准（国内和国际学生需分别说明）。

第二，学术问题。在学术问题部分要求陈述该课程的学术利益和预期目的，同时还需阐述新课程如何反映学校和大学的战略，包括国际化、就业能力、可持续性和教学多样性等主题；说明新课程与现有模块的关系，并说明在起草提案时咨询了哪些学校（要求提供相应的咨询证据，并提交咨询学校的意见）；列举开发新课程的需求证据；说明新课程的推广计划以及吸引学生注册的措施。根据内部评审要求，学院每年都会对所有课程的持续可行性做出判断，按照教学评审的要求，每五年会在大学层面上对课程的可行性进行考量。在课程的商业论证报告中需要明确课程可行性的判断标准以及可能影响该课程可行性的因素。

第三，经费收支。在经费收支部分需要罗列该课程可能的收入（包括注册学生的学费和其他的额外收入）、提供新课程需要提供的额外资源（书籍、IT 设施、场所）以及评估引入新课程后对学校现有资源（工作人员、设备、教学室、考试时段）的使用。

课程细则包括五个主要的方面：基本信息、一般信息、补充规定、学习成果和课程地图。[①]

第一，基本信息。在基本信息部分需要说明学习该课程能获得的

① "Programme Specification Regulations and Guidance," The University of Nottingham, accessed October 12,2017,https://www.nottingham.ac.uk/academicservices/qualitymanual/curriculum/programmespecificationguidance.aspx.

资格（学士、硕士等）和学科名称（这些将出现在学生的学位证书和成绩单上）；学院对课程的管理、授课模式；课程的类型（单一学科、联合学科、多学科等）；评审机构并陈述与该课程最相关的 QAA 的学科基准。

第二，一般信息。在一般信息部分主要提供课程申请人感兴趣的内容，如课程的大纲、教学目的、持续时间等。

第三，补充规定。在补充规定部分要求明确申请学习该课程所需的最低资格（包括英语语言要求），以及申请人必须具备的其他技能或经验、课程的结构和评价方式及等级。

第四，学习成果。学习成果是指学生在学习一段时间结束时应该知道、理解和（或）能够证明的东西，通常情况下对学习结果的描述要包括三个部分：动词、对象和情境。如批判地审视（动词）与新生儿发育和适应（情境）相关的理论框架（对象），这样可以让学习结果变得可操作。

第五，课程地图。在课程地图部分将课程的学习结果与组成该课程的模块进行对照。课程地图应该表明，学生如果没有获得第四部分所列的学习成果，就不能成功地完成课程，确保每个学习成果至少有一个强制性的、不可补偿的模块来实现。这样学生就不可能在不经过其中一个模块的情况下完成课程。

（二）新课程的审批

学院将新课程的商业论证和课程细则交给学术服务部后，便开始走审批程序。学术服务部收到商业论证和课程细则后，先要对文件的完整性进行审核。这两个文件中的所有内容都必须按照要求填写，如果不完整，则会被送回学院进行修订，直到所有问题都已解决后才能进行下一个流程。

商业论证和课程细则通过学术服务部的审核后，会将商业论证和课程细则分别发送给相关的专业服务部门，从这些部门反馈回的所有问题和评论都将返回学院进行修改和答复。商业论证和课程细则的审批流程详见图 2-4 所示。

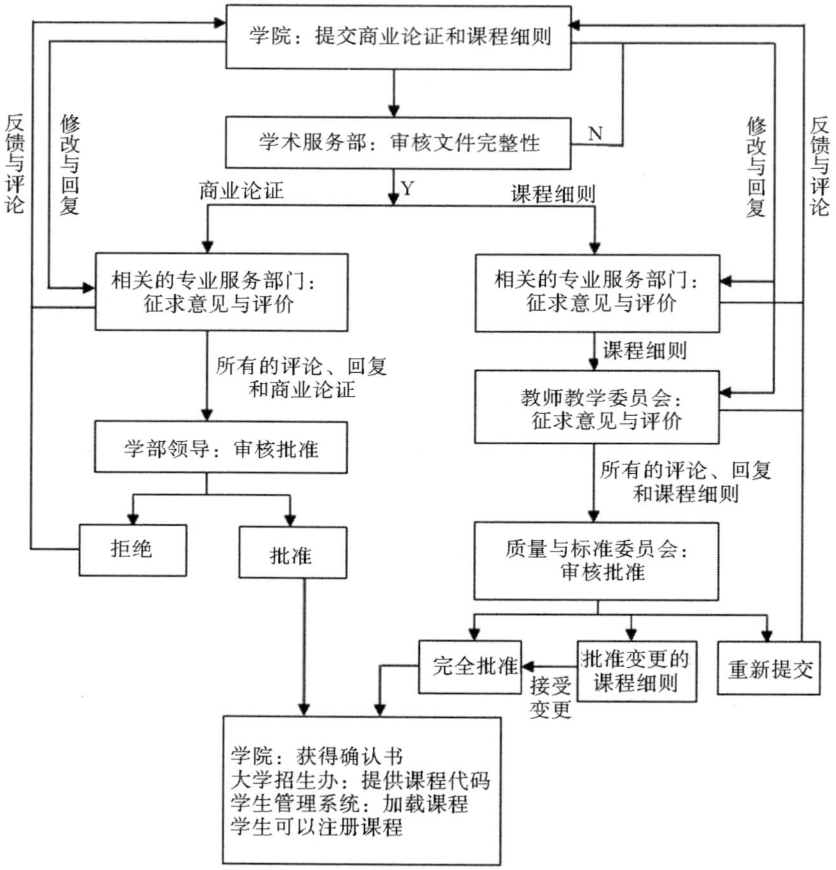

图 2-4　诺丁汉大学新课程的审批流程

与商业论证审批相关的服务机构包括：课程管理委员会、市场信息部、国际交流办公室、信息中心、学术管理委员会、战略与发展办公室、财务部、招生办等；与课程细则审批相关的服务机构包括：课程管理委员会、学术管理委员会、招生办等。学部领导将最后审核并通过商业论证报告。学部领导对商业论证做出判断的标准是该课程的市场是否存在，以及新课程产生的收入和其他收益是否（至少）与它将消耗的资源相匹配。如果商业论证报告被驳回，将为学院提供相关的解释和建议。质量与标准委员会（Quality and Standards Committee）负责对课程细则做出最后决定。质量与标准委员会将主要考虑课程细则在学术方面的关键内容，即学习成果以及如何教授和评估它们。这一考虑在很大程度上局限于确保学习成果适合被授予的资格水平。质量与标准委员会的决定包括：完全批准、批准变更的课程细则（在建议的变更被接受时将获得全部批准）和重新向委员会提交课程细则。新课程的商业论证和课程细则都必须通过审批后才可以接受学生注册。

关于课程或模块的修改、课程细则要发生变更、课程要推出或延缓注册，这些内容的操作流程在《质量手册》中都有明确的规定。为了确保实时更新，《质量手册》没有纸质版本，网页版本可供使用者随时查阅。①

宁波诺丁汉大学的培养计划均受英国诺丁汉大学严格的质量监控和监督。所有的学生培养计划和课程审批均需遵循英国诺丁汉大学的审批程序，若院系的培养计划或课程模块需要变更，则需要由院系负责人向英国诺丁汉大学的相关院系递交申请。

二、教师发展与激励

教师在教学过程中扮演着举足轻重的角色，这也是海外办学中东道国引进的优质教育资源之一。高质量的师资对教学效果的影响是不言而喻的，为了保证教学质量，诺丁汉大学对它海外分校的师资也是

---

① "Quality Manual," The University of Nottingham, accessed October 12, 2017, https://www.nottingham.ac.uk/academicservices/qualitymanual/aboutthequalitymanual.aspx.

以本国的标准和程序面向全球招聘。宁波诺丁汉大学的教师全部由英国诺丁汉大学选聘，大致由三部分组成：英国本部选派、面向国际社会招聘以及中国本土培养。宁波诺丁汉大学共有教职员工400余人，分别来自30多个国家和地区。[①] 诺丁汉大学除了在教师聘用上严格把关外，对教师持续的专业发展也毫不松懈。

（一）教师的专业发展

诺丁汉大学认识到，教师是教学质量的基本保障，是一种重要的资源。为了吸引和留住最优秀的员工，诺丁汉大学制定了一系列的相关政策，支持每个员工持续的专业发展。诺丁汉大学选拔的国际教师通常都持有国际知名大学的博士学位证书，并要求有在不同国家工作和生活的经历。持续的专业发展则是将他们的学识与具体的工作场所相联系，从而最大限度地发挥每个员工的潜力。

对于新进员工，诺丁汉大学为新任教师和国际教师精心策划了一系列的入职培训活动，注重为新教师和国际教师提供了解学校基本信息和发展历程、把握学校未来发展趋势、认识学校建设与社会发展关系以及提供与其他同事接触的机会等。[②] 这可以让新教师和来自其他国家的教师尽快地适应工作环境，了解学校的工作流程，并积极开展个人职业发展规划。

在诺丁汉大学，每个教师都需要建立个人专业发展档案袋，其中包括个人发展规划书、教师发展报告、教学观察与反思、专业发展计划等。这些材料在每个学期开始时（每年的1月和9月）都要接受校质量委员会的审查。

诺丁汉大学还设有同伴观摩学院（Peer Observation College，POC）。

---

① 顾美玲：《中外合作办学的经验与启示——以宁波诺丁汉大学和西交利物浦大学为例》，《世界教育信息》2012年第11期。

② 郭婧：《英国大学教师发展的经验及启示——以诺丁汉大学为例》，《黑龙江高教研究》2013年第11期。

该学院由经验丰富的学者、同事、专业人士组成，其目的在于为那些希望提高教学质量的同事提供跨院系的机会进行教学观摩和学习实践，同时也为希望建立或加强同伴观察计划的学院提供支持和指导。①

POC 可直接提供学院间的同伴观摩，教师可以在线申请观摩或被 POC 同伴观摩。通常由有经验的学者（POC 成员）为申请观摩或被观摩的同事提供专业的、独立的、持续的教学观察。所有的观察都在观察者和被观察者之间秘密进行，POC 不会将任何信息发送到参与者所在的学院。每个学院也都会有自己的同伴观摩计划，通常由一名 POC 的成员领导。POC 可以为那些希望建立或加强自己的同伴观察计划的学院提供支持和指导。理论上，那些负责学院同伴观摩计划的人也是 POC 的成员。POC 不监控或评估各学院的同伴观摩计划，这将通过教育强化与保障审查来完成，POC 不参与其中。

目前已有 50 多名经验丰富的教师或学者被聘为 POC 成员，他们将为参与者提供专业和独立的反馈。② 同行观摩学院注重质量的稳定性，而不是实践的标准化，它将利用商定的反馈方法，为教师提供优质的教学体验。通过这种跨学科的同行观摩，让教师有机会通过与同事的接触和支持来发展自己的教学素养，同时能鼓励个人反思自己的教学效果，提高对教学和学生学习体验的认识，并通过学习他人优秀的实践经验来发展自己的风格。在 2016 年的高等教育评估中，QAA 认为 POC 是一种很好的做法，它为诺丁汉大学的战略目标做出了有效的贡献，即教学质量得到高度重视并达到最优。③

---

① "Peer Observation College(POC)," The University of Nottingham, accessed October 12, 2017, https://www.nottingham.ac.uk/professionaldevelopment/learningandteaching/poc/index.aspx.

② 罗燚、石隆伟：《英国高校"教学卓越"的评价标准及其运用——以诺丁汉大学为例》，《教师教育学报》2018 年第 2 期。

③ QAA, "Higher Education Review of the University of Nottingham" (paper presented by the Quality Assurance Agency for Higher Education, 2016).

对于兼职教师，诺丁汉大学也制定了明确的督导政策。根据诺丁汉大学《兼职教师政策》（*Policy on Occasional Teachers*）的规定，兼职教师应该具备相关专业知识、专业技能及授课经验。兼职教师被录用后，诺丁汉大学将委派一名学术人员对兼职教师进行个别化的培训需求评估，专业培训可以采取任何被学校认为合适的形式（包括学校内提供的课程，专业的发展或由大学外部的组织）。所有的兼职教师都一个学术导师，为其提供指导和建议。在教学期间，兼职教师的表现会受到监督（包括课堂观察）。模块负责人或其他学术人员会定期对兼职教师的表现（包括优点和缺点）提供建设性的意见和反馈信息。①

诺丁汉大学提供的这种促进教师持续的专业发展培训在海外分校也有类似的设置。这不仅可以提高员工的士气也有利于培养更有积极性的教师队伍，同时也为教学质量提供了有力的保障。

（二）教师的奖励制度

设立专门的教学奖也是推动教师卓越教学的有效手段之一。诺丁汉大学校内设置了多项教师奖励制度，每年开展优秀教师评选并对获奖者进行大力宣传和表彰，将评选结果纳入员工的个人发展和绩效考核过程，与晋升挂钩。这既可以调动教师教学的积极性也有助于增强教师的职业荣誉感。

在诺丁汉大学由学校组织的最有影响力的教师奖励是大学勋爵奖（Lord Dearing Awards）和大学员工奥斯卡奖（University Staff Oscars）。大学勋爵奖是为了表彰那些为提高学生的学习体验做出杰出贡献的员工。该奖项自1999年设立以来一直由教学和学习委员会负责，评审小组由来自大学的资深同事以及诺丁汉宁波校区（UNNC）和诺丁汉马来西亚校区（UNMC）主管教学和学习的副院长组成，评审组

① "Policy on Occasional Teachers," The University of Nottingham, accessed October 13, 2017, https://www.nottingham.ac.uk/academicservices/qualitymanual/teachingandlearning/policyonoccasionalteachers.aspx.

长是负责教育和学生体验的副校长。该小组每年召开一次会议，审议被提名的同事在学术、技术和行政管理方面的成就，并选出最佳人选。每年有 20 个奖项颁发给教职员工，10 个来自其他类别的员工，如技术或支持人员。[①] 为了获得奖励，工作人员需要由学生或其同事提名。奖项可以颁发给个人或团队。该奖项只能获得一次，曾经获得过该奖项的员工不能再次参选，但他们可以作为团队的一员获得提名。

大学员工奥斯卡奖也是一项针对优质教学的奖项，但它是由学生会组织的奖励计划，主要面向诺丁汉大学英国校区和诺丁汉大学马来西亚校区的教学、管理和支持人员，于 2013 年开始实施。学生可以在 14 个类别中提名员工，包括个人导师、管理者、教学者和支持人员等。大学员工奥斯卡奖为学生提供了一个奖励和认可高质量教学和学术支持的机会。在 2014—2015 学年，大学员工奥斯卡奖共获得 600 多项提名，最终角逐出 12 名冠军和 14 名亚军，还有计算机科学学院被评为最佳学院。[②]

此外，诺丁汉大学也参与一些校外的教学评奖活动。如国家教育奖学金（National Teaching Fellowships）是由高等教育学院颁发，表彰和奖励那些对学生学习和教学工作产生显著影响的个人。优秀教学合作奖（Collaborative Award for Teaching Excellence，CATE）的目标是表彰在教学和学习方面的合作工作，并寻求对学生体验产生积极影响的具有创造性和创新性的实践。该奖项主要颁发给那些使同事和（或）学生在机构或学科层面上的实践发生改变的团队。2015 年，诺丁

---

① "Lord Dearing Awards,"The University of Nottingham, accessed October 13, 2017, https://www.nottingham.ac.uk/professionaldevelopment/learningandteaching/awards/dearingawards/index.aspx.

② "Staff Oscars Winners,"The University of Nottingham, accessed October 13, 2017, https://www.su.nottingham.ac.uk/education-network/staff-oscars/.

汉大学有2名教师获得国家教育奖学金。[①]

三、教学管理与支持

为了确保所有校区的学生能获得同样的学习体验，诺丁汉大学将它的许多优秀的教学管理和学习支持模式向海外校区推广。在宁波诺丁汉大学实行的个人导师制度、校外评审制度和三级学位制度等都为学生在中国享受“诺丁汉体验”提供质量保障。

（一）个人导师制度

诺丁汉大学的“个人辅导计划”确保了每一名学生都有一名个人导师，每个学院都有一名高级导师监督个人导师的工作。宁波诺丁汉大学采纳了英国大学的导师制度，为每位学生配置一名外籍的个人导师。

个人导师的工作主要是支持、鼓励和引导学生的发展，使所有的学生在校期间都能最大限度地发展他们的学术潜力、个人能力、职业和就业技能。按照《质量手册》中对个人导师职责的规定：虽然与个人导师会面的时间不会明确规定，但要求个人导师每学期至少与学生会面3次。对一年级的新生而言，通常会在第一学期的前两周里安排导师与学生的见面会。[②] 个人导师与学生见面主要是鼓励学生设定行动计划/目标，对前段时间的表现、习得的技能和就业能力等进行反思。个人导师将为他们的学生提供就业和进一步研究的参考资料。虽然个人

① “Awards,”The University of Nottingham，accessed October 15，2017，https://www.nottingham.ac.uk/professional development/learningandteaching/awards/index.aspx.

② “Student Support and Development：Role and Responsibilities of Personal Tutors，”The University of Nottingham，accessed October 13，2017，https://www.nottingham.ac.uk/academicservices/qualitymanual/studentsupport/studentsupportanddevelopment.aspx#Personal Development Goals.

导师不可能在所有的“个人和职业发展与支持”方面提供建议，但他们需要对他们所在的学院、校区以及整个诺丁汉大学有足够的了解，从而能够帮助学生找到他们可能需要的帮助。因此，当一名教师被任命为个人导师后，他们将进行适当的入职培训，并在此后的两年时间里参加进修培训，通常这类培训由学院的高级导师提供。

学院的高级导师则主要负责监督和协调学生支持和发展的运作；为个人导师提供适当的信息和培训，使他们能够有效地发挥自己的作用；确保学生意识到参与个人辅导计划的重要性，并能够在需要时寻求支持；当学生认为无法接近其指定的个人导师时为学生提供帮助，必要时可以为学生安排一个新的个人导师等。①

（二）校外评审制度

诺丁汉大学的章程规定，对大学学位、文凭和证书所要求的课程和模块的所有评估必须包括一个或多个独立的校外检查员。校外检查员由各学院提名，理事会批准并任命，校外检查员隶属于质量与标准委员会。

根据《质量手册》的要求，校外检查员的主要职责在于检查其职权范围内为学位设置的课程或模块是否与高等教育资格框架和适当的学科基准声明一致；根据课程预期的结果判断评估过程是否严格而公平地衡量学生的成就，是否根据相关政策和规定进行；检查学生的学术标准和成绩是否能与其他英国高等教育机构（校外检查员供职的机构或其检查过的其他机构）的学术水平相比较；如果校外检查员被任命检查在多个校区使用的课程时，检查人员还被要求对诺丁汉大学、马来西亚和宁波校区的教学和绩效标准的可比性做出判断。另外，校

---

① “Student Support and Development: Role and Responsibilities of Senior Tutors,” The University of Nottingham, accessed October 13, 2017, https://www.nottingham.ac.uk/academicservices/qualitymanual/studentsupport/studentsupportanddevelopment.aspx#ThePersonalTutorRoleandPersonalTuteeMeetings.

外检查员还应就他们所观察到的学习、教学和评估方面的任何良好做法和创新提供有益的意见和建议。①

为了履行其职责，校外检查员拥有对任何所需文件进行访问的权限（包括考试试卷、课程作业的等级或其他形式的评价），可以参加考试委员会的会议，考试委员会的决议需经校外审核员认可后方能生效；校外检查员还可以要求与来自诺丁汉大学和国际校区的工作人员和学生（如通过视频会议）会面，以便他们更好地做出判断。

为了使学校的教学质量与英国诺丁汉大学的质量保持一致，宁波诺丁汉大学采用了校外评审制度来审核学生的试卷。在宁波诺丁汉大学，考试前所有试题都要寄到英国诺丁汉校本部，由校外检查员审核通过后返回，方能在考试中使用；考试后，所有批改过的试卷都要寄回英国诺丁汉大学，由校外检查员进行评审以判断教师的判分是否公正。除了对试卷的试题和分数进行评审，校外检查员还要对考试程序进行评审，以确定其是否符合学校的相关规定。②

校外评审制度不仅可以确保教师在评分过程中的公正和准确性，同时也为保证宁波诺丁汉大学的学术标准与英国诺丁汉大学的一致性提供保障。

（三）三级学位制度

按照英国的教育体系，学士学位分为三级：一级荣誉学位、二级荣誉学位和三级荣誉学位，其中二级荣誉学位又分为二级甲等荣誉学位和二级乙等荣誉学位。学生获得的学位等级是由学生在校期间的学

---

① "Appointment and Responsibilities of External Examiners," The University of Nottingham, accessed October 15, 2017, https://www.nottingham.ac.uk/academicservices/qualitymanual/assessmentandawards/appointment-and-responsibilities-of-external-examiners.aspx.

② 孙珂：《中外合作大学三维质量保证体系的国际导向探析》，《比较教育研究》2013 年第 8 期。

术成绩通过加权平均得出的。学生的学位证书上会注明获得的学位等级，该等级还将对学生的升学深造产生影响。

学生的学术成绩并不是一次考试的结果，通常完成一个课程模块需要经历多项考核，包括期中考试、期末考试和课程作业等。各项考核在课程成绩中所占的比重在课程细则中有详细的说明，而每门课程在整个学术成绩中的权重则与课程的学分直接相关，20 个学分课程的权重是 10 个学分课程权重的 2 倍。将多门课程的成绩加权平均后得出一个总的平均分，这个平均分与学位等级的对应关系如表 2-3 所示①。平均成绩小于等于 39 分者，将没有学位证书。

如果学生的成绩刚好在边界线上，如 49 分是二级乙等荣誉学位与三级荣誉学位的边界线，其学位等级的判定要根据课程细则中的相关说明进行。通常如果学生在最后一个阶段有一半以上的学分考试成绩在较高的等级或者在最后和倒数第二阶段有一半以上的学分考试成绩在较高的等级，则应给予学生较高等级的学位。②

表 2-3 学位等级与成绩的对应关系

学位等级	平均成绩
一级荣誉学位	>70 分
二级甲等荣誉学位	60—69 分
二级乙等荣誉学位	50—59 分
三级荣誉学位	40—49 分
及格	40 分

① “Degree Classification,”The University of Nottingham, accessed October 15, 2017, https://www.nottingham.ac.uk/academicservices/qualitymanual/assessmentandawards/degree-classification.aspx.

② “Academic Progression and Award Regulations,” The University of Nottingham, accessed October 13, 2017, https://www.nottingham.ac.uk/academicservices/qualitymanual/apar/academic-progression-and-award-regulations.aspx.

宁波诺丁汉大学采用的就是这种学位制度，这就要求学生关注每一次课程评价，并且不能仅满足于得到一个及格分数。因为学位的等级对学生日后的升学和就业有重大影响，要想获得高等级的学位就要在每次考核中都尽可能地取得好的成绩。这样能充分调动学生学习的积极性，同时也有助于教学质量的提高。

第三节　海外办学中开放教育资源的质量评估

发展海外办学可以为宗主国和提供海外教育的高等教育机构带来许多收益，如增加学生人数、收入等，同时也将面临巨大的财务和声誉风险。2018 年 6 月，中国教育部印发《关于批准部分中外合作办学机构和项目终止的通知》，依法终止了 234 个本科以上中外合作办学机构和项目。[①] 在合作期内终止的合作不仅会给合作双方带来经济损失，同时也会损害高等教育机构的声誉，从长远看还将影响国家在国际教育市场的占有率。因此，不管是宗主国还是提供海外教育的高等教育机构对其海外办学的质量，特别是由其提供的教育资源的质量尤其重视。

一、开放教育资源的内部评估

英国高等教育机构素有高度自治和自我管理的传统，在对其海外教育资源的监管上，各高等教育机构都有自己的管理措施。本节还是以英国诺丁汉大学为例，介绍其对海外教育资源的内部评估。

---

① 《教育部办公厅关于批准部分中外合作办学机构和项目终止的通知》，中华人民共和国教育部，http://www.moe.gov.cn/srcsite/A20/moe_862/201807/t20180705_342056.html，访问时间：2018 年 7 月 15 日。

（一）课程的年度监控

课程的年度监控是指学院每年都会对每门课程进行的监测活动，其目的是确保所有课程在教学过程中没有出现重大困难，并为课程提供适当的改进机会。每年对课程进行监控的信息都会反馈到一个更长的质量保障周期，从而提高学生在课程方面的体验。

按照规定，所有与大学学位相关的课程都要接受监控，包括在国际校区提供的课程。英国诺丁汉大学的学院要确保在院级监控中包含在海外分校开设的课程。在模块层面上的监控由模块召集人负责，主要是考虑模块是否需要修改，并将这些修改意见交学院审批。[①] 对课程的年度监控流程如图 2-5 所示。

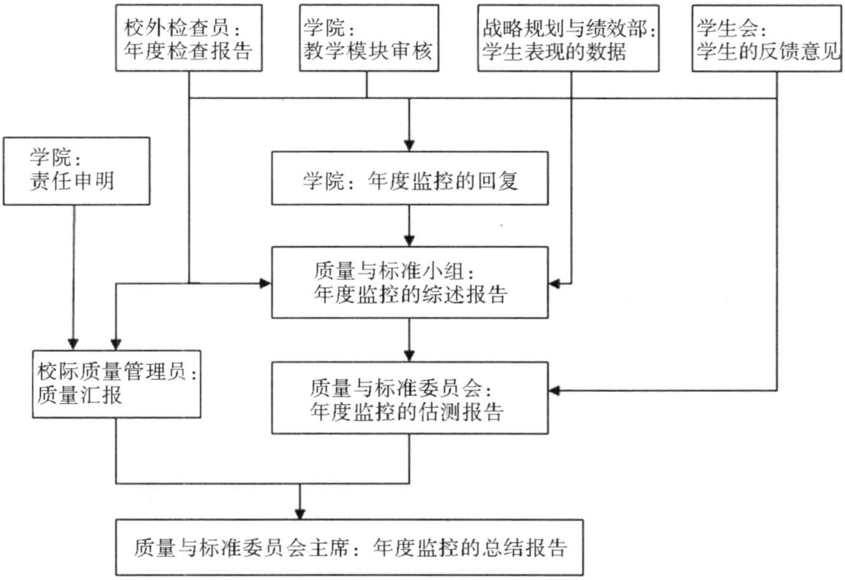

图 2-5 诺丁汉大学的课程年度监控流程

① "Annual Monitoring," The University of Nottingham, accessed October 16, 2017, https://www.nottingham.ac.uk/academicservices/qualitymanual/curriculum/annual-monitoring.aspx.

在年度监控中，学院负责对课程模块进行审核，包括课程的修改、教学和评价，以及任何在课程学习结果等方面的改变，并完成一份年度监控回复，即年度监测对上一个活动周期的影响。学院在书面描述和总结时需要仔细考虑以前的报告、校外检查员的报告、学生表现的相关数据（来自战略规划与绩效部）、学生在参与和体验方面的反馈（来自学生会）、学院内部的活动和变化等方面的内容。

质量和标准小组在收到学院的回复后，还将对校外检查员的报告和所收到的答复进行评议，包括确认他们是否达到英国基本的学术标准，以及考虑从学生表现的相关数据中反映的任何问题，并为质量和标准委员会编写一份关于这一过程的综述报告。质量和标准委员会收到并审查所有已完成的年度监测报告和年度监测学生反馈表格，并完成每个学院的估测。

校际质量管理人员将审核校外检查员对各校区课程进行比较的评议概要和学院的责任声明，并向质量与标准委员会主席汇报其中的问题和最佳的实践领域。质量与标准委员会主席将审查委员会对学院的预估和校际质量管理员的反馈，撰写总结报告。

年度监控完成后，学院将收到质量和标准委员会的反馈意见，这包括已完成的年度监控回复、学生反馈意见以及质量与标准委员会的估测，相关文件将通过年度监测工作站提供给各学院。

（二）教育优化与保障评估

教育优化与保障评估（Educational Enhancement and Assurance Review，EEAR）是诺丁汉大学对个别学院提供的教学和研究项目进行定期审查的方法。它以高等教育质量保障署发布的高等教育质量规范为基础，通过审核质量优化和质量保障活动（包括对《质量手册》的遵守），以促进学生在教学中的体验和提高学院的整体性能。[①]

《质量手册》和大学关于学习和教学质量管理的其他规定同样适用于英国和亚洲的大学校园。因此，对教育优化和保障的评估同样也包括诺丁汉大学宁波校区和马来西亚校区的课程、工作人员、学生和程序。在所有的校园中，质量保证的主要责任和《质量手册》的执行都是院长负责制。负责在宁波和（或）马来西亚校区提供服务的学院必须证明，他们遵循《质量手册》中关于国际校区教学的相关政策和程序，并确保其服务的质量与诺丁汉大学一致。在审查时，有海外校区教学任务的学院还需提供在宁波和（或）马来西亚校区进行教学与学习的资料。

该审查主要关注学院在经济上的可持续性和课程的有效性，以及学院内支持教学的系统和程序的有效性。其中，最重要的目标是确保学院内的系统和程序尽可能有效，以支持大学提供高质量的教学和学习。审查的目的是为帮助学院确定在各领域的优势或不足，并提供适当的指导。教育优化与保障评估还将为每个学院和审查小组提供机会，共同考虑为实现学校最新战略中与教学改革规划（Teaching Transformation Programme，TTP）一致的目标，学院需要采取的行动，并制订相关的行动计划，详细说明学院为达到2020年度目标在哪些方面需取得进展。

审查工作由评审小组执行，评审小组中包括：一位组长（通常由学院的学术副院长担任）、相关学科的校外检查员、来自学院不同专业的高级学术人员、来自学院或专业服务部门的高级管理者（通常要求5级或以上）、学生代表和审查秘书。评审时间为一天，评审小组会对学院进行参观访问。在访问期间，审查小组将举行一系列会议，包括与

① "Educational Enhancement and Assurance Review," The University of Nottingham, accessed October 16, 2017, https://www.nottingham.ac.uk/academicservices/qualitymanual/curriculum/teaching-and-learning-review.aspx.

高级管理人员、学院的教学和学习委员会成员、学生和其他相关人员的会谈。同时，评审小组还将仔细查阅由学院、专业服务部门和学生会提供的一系列文件，这些文件作为审查证据包，为学院的自我评估提供证据。① 评审小组需要确认学院有足够的证据来支撑其在评估文件和总结中所做出的判断，并确定评审小组在访问过程中获得的证据是否支持学院的陈述。

在审查结束时，评审小组的组长将向学院高级管理团队提供口头反馈，并在4周后提供一份正式的审查报告。正式的审查报告应包括对学院提供的课程、学生会提出的问题（包括宁波和马来西亚校区）、学生参与质量优化、学院提供给学生的信息的准确性和适用性等方面提出建议并提供优秀案例。除此以外，审查小组还要提交一份关于实行学校最新战略目标的行动计划。

审查结束后，学院应对审查报告做出回应（包括后续行动方案和时间表），并与评审小组合作，商定与实现学校最新战略目标相关的行动计划。评估报告、行动计划和学院回应将向教学和学习委员会报告，质量和标准委员会将负责监督在审查报告中提出的与质量保障相关建议，以及学院应对措施中提出的后续行动。学院副校长也将收到审查报告、回应和行动计划，将在确保建议和行动得到落实方面发挥积极作用。

二、开放教育资源的外部评估

随着海外教育市场竞争的日益激烈，为了维护本国在跨国教育领域的国际形象，除了由高等教育机构采取的内部质量保障外，各国对

① The University of Nottingham,"Educational Enhancement and Assurance Review Handbook"(paper presented by the University of Nottingham,2016),pp. 10-11.

海外办学的质量评估也日趋完善。在英国，对海外办学质量的评估主要是由高等教育质量保障署执行，另外一些专门协会或法定认证机构也会对高校中需要获得专业资格的专业，如工程学、会计、医学等，进行专业认证。其中，对海外办学中提供的开放教育资源的评估是必不可少的部分。

（一）高等教育质量保障署的评估

高等教育质量保障署是英国高等教育外部质量评估的主要实施机构，其主要任务是在英国和国际范围内维护英国的学术标准并提高其高等教育的质量。它的目的在于保护每一个攻读英国高等学位学习者的利益，无论他是在英国还是海外学习以及采取其他方式学习。

QAA 的评估是以《英国高等教育质量标准》（*The UK Quality Code for Higher Education*）为指导。该标准为高等教育机构提供关于维持学术标准和提高质量的具体条例和实际操作指导，其中与海外办学相关的指导在第 B10 章：与他人一起管理高等教育（“Managing Higher Education Provision with Others”）。B10 章特别关注英国学术界认可的对跨国教育供给的基本期望和良好实践，包括所有跨国教育要求：质量和标准得到保障；TNE 符合该机构长远的战略方针；适当的管理安排已经到位；在所有方面（如学术、法律、财务）都进行谨慎的尽职审查；TNE 学生的利益在任何时候都是受到保护的。[①]

QAA 将一个国家在另一个国家开展的教育活动定义为跨国教育。[②] QAA 的跨国教育评估（Transnational Education Review）已有些年头，每一次评估都会针对一个国家。最近一次 QAA 在中国开展评估活动是在 2012 年。QAA 的跨国教育评估并不涉及课程层次的直接审查，而

---

① QAA,“Chapter B10: Managing Higher Education Provision with Others”(paper presented by the Quality Assurance Agency for Higher Education,2018),pp. 9-14.

② QAA,“Review of UK Transnational Education in China 2012: Overview”(paper presented by the Quality Assurance Agency for Higher Education,2013),p. 2.

是审查学科层次和院系层次上对质量管理的有效性，即学位授予院校为保障办学质量和维持学位标准的机制和程序，以及这些机制和程序的执行情况。因此，QAA的跨国教育审查主要关注：①考查政策和流程的实施，以确保其能维持学术标准和提高跨国教育的供给质量；②获得对跨国教育学生体验的详细了解；③在整个英国的高等教育部门间宣传跨国教育供给的良好实践；④加强与英国TNE东道国的质量保证机构的合作。[①]

QAA的TNE审查的全过程大致可以分为以下几个阶段：制订TNE审查计划、开展TNE问卷调查、进行案头分析、审查和个案访问、发布审查报告。

1. 制订TNE审查计划

在与资助机构和全英质量评估常务委员会协商后，QAA将制订一项为期三年的TNE审查计划，明确被审查的国家和相关的时间表，并每年修订一次。该审查计划具有两个方面的功效：一方面可以让被选定进行审查或案例研究的英国供应商提前准备；另一方面每年修订一次审查方案，可以应对不断变化的国内国际形势，这些都可能会影响TNE审查的计划和相关的时间安排。

QAA的TNE审查是一个基于国家的审查过程。考虑到英国TNE分布广，且提供TNE的高等教育机构越来越多，基于国家的方法比以机构为中心的方法更实用，它意味着不需要评审小组每年在世界各地奔波。每年选定一个国家或区域作为评审对象，有利于评审小组更好地理解选定东道国的操作环境，这对于确保在特定的地方监管和文化背景下对TNE进行评估是很重要的。同时，基于国家的审查过程也有助于QAA与东道国质量保证机构建立更紧密的联系，以便更好地协调

① QAA,"Transnational Education Review Handbook"(paper presented by the Quality Assurance Agency for Higher Education,2017),p. 1.

质量保障活动。

在选择国家时，将考虑对英国 TNE 前景的分析、不同国家对英国高等教育的战略重要性，以及当地经营环境的特殊特征，另外还将考虑这个国家最近是否已被选定进行审查，以及其运作环境是否发生了重大变化。其主要的信息来源包括：①由高等教育统计署收集的总离岸记录；②通过其他审查过程收集的与 TNE 相关的数据和信息，包括在英格兰和北爱尔兰的年度供应商审查、苏格兰的强化机构审查、威尔士高等教育基金委员会（HEFCW）收集到的数据等；③对英国的战略重要性的评估（包括通过与行业和部门机构的磋商）；④当地的操作环境和发展水平（通常发展程度较低或质量保证体系不同的国家可能会需要更多的审查）。①

2. 开展 TNE 问卷调查

在确定审查的国家后，QAA 将对英国在这个国家的所有 TNE 项目进行问卷调查，其目的是收集现有的 TNE 信息以及在合作伙伴和项目层面上的 TNE 学生人数。如果英国在这个国家的供给范围比 TNE 审查所覆盖的范围更广，那么 QAA 将选择一些具有代表性的 TNE 样本进行审核和案例研究。样本应包括多种可能的情况，如不同的供给规模和复杂性、有代表性的供应类型、来自英国不同地区的供给、良好的实践、为案例研究提供信息的 TNE 供给等。提供者有三周时间返回信息。在收到调查报告的两周后，QAA 将通知那些已经被选中参加当年 TNE 审查的供应商。

3. 进行案头分析

在开展 TNE 问卷调查后，QAA 将要求被选定的供应商提供证据，说明其执行内部审查的过程，确保在审查范围内的 TNE 供给的质量和

---

① QAA,"Transnational Education Review Handbook"(paper presented by the Quality Assurance Agency for Higher Education,2017),p. 5.

标准。要求提供者提交的所有信息都只能是现有的文档，包括课程的年度监控报告、新课程的审批文件、校外检查员的报告等。评审人员将对这些文档进行案头分析，主要侧重高等教育机构对海外办学的管理，目的在于暴露 TNE 办学中与学术标准和质量相关的问题。在案头分析的基础上，评审人员和国际审查经理将决定是否需要补充额外信息，供应商是否会受到审查或案例研究，以及是否将在英国或海外办学点进行审查或案例研究。在供应商提交信息后的三个星期，QAA 将会通知供应商是否被选中进行审查或案例研究，以及是否将在英国或海外办学点进行审查或案例研究访问。

根据所选择的国家和英国 TNE 供给的范围和类型的不同，每次进行审查访问的供应商数量将有所不同。通常每次 TNE 审查包括访问 6—7 家英国供应商（包括案例研究访问），以及相同数量的海外办学点。①

4. 审查和个案访问

审查访问，无论是在英国还是在海外，都将由两名评审人员（从 QAA 的经过培训的评审人员中选出）进行，由国际评审经理管理。他们通常会在一天内与高级管理层、教学人员、行政人员和学生，包括毕业生会面。审查小组可以使用视频会议等通信技术，以便在英国访问期间能够与海外教学点的工作人员和学生见面，或海外访问期间与英国的工作人员进行会晤。审查访问将侧重于案头分析所强调的问题，并尝试对学生的体验和观点有一个清晰的认识。

无论是在英国还是在海外，案例研究访问都将由国际评审经理或 TNE 评审团队中的一名评审人员进行。案例研究将集中于 TNE 供给的具体方面，希望通过识别一些经验教训或良好实践来更好地惠及整个

① QAA,"Transnational Education Review Handbook"(paper presented by the Quality Assurance Agency for Higher Education,2017),p. 9.

行业。个案研究访问通常会在半天时间内进行，一般只与在个案研究的特定方面有经验的工作人员举行一次会议。根据研究的特定主题，也可能会要求与学生或其他利益相关者见面。

5. 发布审查报告

TNE 审查发布的报告包括三个：单独的评估报告、案例研究报告、国家综述报告。对于每一个实地访问的海外办学点都有一份单独的评估报告，该报告通常不超过 8 页，主要包括支持供应商和全部门持续改进的建议，并强调一些好的做法。案例研究侧重于一个特定的主题，通常比单独的评估报告短。他们将提供对 TNE 供给在特定方面的详细了解，以促进所有英国供应商之间的经验和良好实践的共享。虽然在案例研究报告中不会提出任何针对机构的建议，但会强调可以惠及整个行业的一些经验和教训。国家综述报告将总结英国 TNE 的概况和东道国的当地运营环境，同时概述审查和个案研究访问的结果，强调和分析在 TNE 审查中出现的一般问题。

所有的 TNE 审查报告将在评审小组从海外返回后的 10 周内公布。返回后的 20 个工作日，QAA 将向所有被访问的提供者发送他们的审查或案例研究报告的副本，以对事实的准确性发表评论。如有异议，供应商应在收到副本后 10 个工作日内做出答复。任何事实的不准确之处必须与实地考察之前的时间有关，在实地考察后的任何更改都不会让审查小组修改报告。所有审查报告一旦定稿，将在 QAA 的网站上公布，并提供给资助机构。①

在公布结果后，QAA 将与被审查的供应商联系，组织一个研讨会，共同讨论并分享从审查访问中获得的经验教训。不参与 TNE 审查访问的提供者也可以参加。研讨会的成果概要将公开发布，并向整个

---

① QAA,"Transnational Education Review Handbook"(paper presented by the Quality Assurance Agency for Higher Education,2017),p. 12.

部门传播。研讨会通常在报告发表后 12 周进行。由于在 TNE 审查中没有正式的判决，所以不设上诉程序。

2012 年，QAA 对英国在中国的 TNE 进行了审查，2012 年 11 月 26 日至 12 月 7 日，在中国进行实地访问。本次审查涉及包括诺丁汉大学宁波分校在内的 10 个合作项目和 4 个案例研究。在综述报告中对模式的多样性、双学位、中国高等教育中的外国输入、用英语教学、建立和维持学术标准、英国品牌在中国的重要性等主题进行了分析。①

（二）英国工商管理协会的专业认证

专业认证是以专业为对象，依据认证标准，通过可行的认证手段，对专业进行价值判断的过程。在英国，高等教育机构开设的需要获得专业资格的专业（专业性强且关乎人类健康、安全的专业）都要接受专业、法定和监管机构（Professional，Statutory and Regulatory Bodies，PSRB）的认证。QAA 成立后，PSRB 的认证工作都隶属于 QAA，他们在 QAA 制订的学科基准的指导下对相应专业的教育进行认证，以确保从事该专业的教育机构在教育质量上能满足行业的要求。PSRB 是一个概括性术语，指的是一个非常多样化的团体，包括大量的专业机构、监管机构和那些对专业或专业人员有法定权限的机构。② 本节仅以英国工商管理协会为例，介绍其对海外办学中的开放教育资源的评估。

英国工商管理协会（Association of MBAs，AMBA）成立于 1967 年，是一家从事 MBA 专门认证的权威机构。自成立以来，AMBA 的使命一直是促进和保护国际工商管理硕士教育，它通过严格的评估标

---

① QAA,"Review of UK Transnational Education in China 2012: Overview"(paper presented by the Quality Assurance Agency for Higher Education, 2013), pp. 9-16.

② HEBRG,"Professional, Statutory and Regulatory Bodies: An Exploration of Their Engagement with Higher Education"(paper presented by Higher Education Better Regulation Group, 2011), p. 8.

准确保只有最高水平的项目才能获得 AMBA 认证。目前，AMBA 已对全球超过 70 个国家的排名前 2%的商学院进行了认证。①

1. AMBA 认证标准

由 AMBA 制订的认证标准包括对制度、课程、教师、教学过程、学习结果、教学评估等 10 个方面的基本原则。AMBA 采用的是组合评估的方式，不仅在机构中提供的所有课程都必须参与评估外，其他如推广方案、特许经营以及与合作机构共同提供的课程也要参加评估，并符合认证标准。对在多个校区提供的课程也都应该进行现场评估，以确保每个教学点的学生拥有同等的学习体验。对于合作项目，学位授予机构对质量承担全部责任，并应首先申请 AMBA 认证；对于联合授予 MBA 学位的课程，其中一个机构将被指定为主要提供者（已获得认证），并负责合作伙伴机构的教学质量。②

在师资方面，对教师素质与充足性也有明确规定：MBA 教师的规模应符合认证标准的要求；在 MBA 水平上任教的教师必须具备适当的资格和信誉（至少有 75%的教师应该有相关的研究生学位，其中大多数教师应有博士学位）；机构应该有全面和包容的教师发展和招聘政策，以确保员工具有适当的多样性和创新性；MBA 教学团队的所有成员（包括兼职教师、来自该机构其他专业的教员、来自其他机构和企业的工作人员），无论其来源如何，都应该完全整合，并服从于该机构的质量保证政策。③

在课程的广度和深度上，要求 MBA 课程应该是全面和综合的，并

---

① "What we do," Association of MBAs, accessed October 20, 2017, https://www.mbaworld.com/about-us.

② Association of MBAs, *MBA Accreditation Criteria* (London: Association of MBAs, 2016), p. 3.

③ Association of MBAs, *MBA Accreditation Criteria* (London: Association of MBAs, 2016), pp. 4-5.

且明确是面向硕士级别的课程。同时，为了确保课程的国际性，要求在课程中吸收不同地区和不同文化背景下的管理风格和实践，并包含多样化的例子和（或）案例研究。课程应妥善处理理论与实践，功能性教学与综合性教学之间的平衡。此外，每门 MBA 课程都必须有系统的支持和定期审查，以确保它们能继续满足市场的需求，通常要求课程以五年为一个周期进行重新设计。①

AMBA 认证标准由国际认证咨询委员会（International Accreditation Advisory Board，IAAB）监督，该委员会由来自 AMBA 全球认证的商学院的院长和资深学者组成。认证标准每五年审查一次。在与主要利益相关者（雇主、MBA 研究生和商学院）进行广泛磋商之后，IAAB 于 2016 年对 AMBA 认证标准进行了一次全面审查。主要的变化包括对师生接触和学习时间的要求有更清晰的解释，特别是对于纯粹的在线课程，其目的是加强对通过不同模式学习的项目进行管理，强化对项目结果和影响的关注。

2. AMBA 认证过程

完整的 AMBA 认证过程包括四个阶段：初始阶段、预评估阶段、评估阶段和评估后阶段。每个阶段都要求提交相关的文件和支付相应的费用，以便进入下一阶段。为了确保评估项目与认证标准的一致性，AMBA 的认证过程经过专门设计，只有在前一阶段工作被确认后才能开展下一阶段的工作。

（1）初始阶段

希望获得认证的商学院在首次认证时需提交正式的意向书，确认他们理解 AMBA 的认证标准和程序，同意相关的条款。AMBA 收到意向书后会为商学院指定一位客服经理为整个认证过程提供帮助，同时

---

① Association of MBAs, *MBA Accreditation Criteria* (London: Association of MBAs, 2016), p. 5.

要求商学院支付一定数额的注册费（不可退还）。学校的注册费到账后，会被邀请提交申请表格（有效期为1年），用于确认与认证相关的主要量化指标，客服经理可以为表格的填报提供指导和支持。表格提交后由专门的确认委员会审查（4周），在所有问题得到解决后，学校可以成为正式的认证候选人，进行下一阶段。

（2）预评估阶段

学院进入第二阶段后，需支付一定数额的预评估费用（不可退还），并完成一份自评估表格（Self-Assessment Form，SAF），这份表格将由IAAB审核（4周）。① IAAB将根据AMBA评估的关键标准，确认认证申请是否能进一步推进。在审核中发现的问题都将通过书面报告的形式向学院反馈，包括对如何解决问题的指导和尝试。如果需要，AMBA还将安排人员进行评估前访问，以帮助学院做好评估前的准备工作。学院的认证资格是否被确认由AMBA客服经理负责通知。

（3）评估阶段

当学院的认证资格被IAAB确认，且所有必要的预评估访问都已经完成，学院就可以进入评估阶段。客服经理会与学院协商确定认证访问日期，同时还需提交最后一份文件，自我审计报告（Self-Audit Report，SAR）。这是一份很长的文件，通常有100多页，包含了关于学院和课程的所有详细信息，并必须明确说明学院和课程是如何满足AMBA的每一条认证标准的。编写这份报告通常需要几个月的时间，且需要不同部门的协作，客服经理也可以为完成SAR提供指导和支持。SAR需要在评估访问前3周提交。学院还需在认证访问前8周缴纳评估费用。②

---

① Association of MBAs, *AMBA Accreditation Guidance for Business School* (London: Association of MBAs, 2017), p. 7.

② Association of MBAs, *AMBA Accreditation Guidance for Business School* (London: Association of MBAs, 2017), pp. 7-8.

协商好评估访问日期后，客服经理就会开始物色评估专家人选。根据英国的反贿赂和腐败法，商学院不能建议评估小组成员。评估小组确定后其信息将由 AMBA 提供。访问期内，评估小组的所有费用由 AMBA 提供发票，认证学院承担费用。

认证访问期间的任何报告和发现都是 AMBA 和学院的机密。除了学校的认证资格（认证通过或不通过），AMBA 不分享评估的结果（包括认证的有效长度和相关的书面报告）。所有的 AMBA 认证评估员都会接受培训，了解保密的重要性。

首次认证结果有四种：5 年认证（认证通过且在 5 年内有效，5 年后再次认证）、3 年认证、推迟认证（在 1 年内有一次简化的访问评估）和拒绝认证。再次认证的结果包括：1 年认证、2 年认证、3 年认证、5 年认证和取消认证。[①] 2015 年诺丁汉大学在英国校区和马来西亚校区商学院的 MBA 课程再获 AMBA 的 5 年重新认证。[②]

通常在评估访问结束时，评估小组会向学院提供初步的口头反馈，其中包括一个初步的认证决定，但这只是一个初步的反馈，正式的评估结果需要由 IAAB 在评估后阶段批准后才能生效。

（4）评估后阶段

认证访问完成后，评估小组将在 6 周内提交最终报告并将它送交申请学院进行确认。如果学院对最终报告的事实部分有异议，可向 AMBA 反馈，但对意见和分析部分的内容不予修改。在收到学院反馈后，报告将提交 IAAB，由它来审核评估小组的建议并做出最后决定。一旦 AMBA 的决定获得批准，客服经理将向学院发送认证报告最终版

① Association of MBAs, *AMBA Accreditation Guidance for Business School* (London: Association of MBAs, 2017), p. 14.

② "AMBA Awards Five Year Re-accreditation for the Nottingham MBA," The University of Nottingham, accessed October 18, 2017, https://www.nottingham.edu.my/NewsEvents/News/2015/AMBA-awards-five-year-re-accreditation-for-the-Nottingham-MBA.aspx.

（副本），其中包括重新认证的时间。

商学院在进行初次认证时必须经历以上四个阶段，如果是再次认证，则可直接从评估阶段开始。AMBA 还提供高级认证（也从评价阶段开始，但评估访问可以简化），但需要商学院连续 3 次获得 5 年认证且没有利益相关者的投诉（可证实的）才能申请高级认证。

第三章　开放大学：基于教育公平的开放教育资源

与19世纪的锐意改革相比，20世纪初到二战结束的几十年里，英国的高等教育受到经济萧条和战争的影响，没有取得大的进展。这一时期由大学提供的开放教育资源也依旧只有与工人教育协会联合设立的导师班以及为成人提供一些短期的校外课程为主。随着一些城市学院升格为大学以及大学成人教育系的建立，人们对这种资源的需求也发生了变化。开放大学的创建是战后英国大学开放教育的先锋，因其开放的办学理念、新颖的办学形式、优质的学习支持使之成为一所世人公认、独具特色的高等学府。

第一节　开放大学的创建与特色

第二次世界大战以后，英国经济在20世纪50年代后期开始复苏，60年代进入高速发展期。在此期间英国的中等教育和继续教育获得了较大发展。大学却因受传统力量的影响，对兼时制学习的质量依然抱怀疑态度，在成人教育方面很难做出“激进”的改革。在一时无法说服现有大学改变其做法的情况下，唯有成立一所新的大学，才能使60年代的高等教育发展更加全面和完善。英国开放大学秉承了英国古典大学独立自治、学术自由的传统理念，以教育公平和终身教育思想为指导，坚持以人为本，以远距离教学的形式向所有希望实现其理想和抱负的人提供兼时制的高等教育。它的创建与发展是英国独有的教育传统与战后国际高等教育改革浪潮相互结合的产物。

一、开放大学的创建背景

从1945年二战结束到1969年开放大学获得皇家特许证宣告成立，历经25年，在这期间执政党对大力发展教育的共识为开放大学的建立提供了良好的政治氛围，20世纪60年代经济的高速发展为其打下了坚实的经济基础。除此之外，战后国际社会对教育公平的呼吁，国内成人学位教育的巨大需求以及广播电视技术在教育领域的成功应用都孕育着这所新大学的产生。

（一）成人教育的供给不足

英国自《1919年教育法》提出继续教育后，在《1944年教育法》中明确规定法定的公共教育系统由初等教育、中等教育和继续教育三个衔接的阶段组成。义务教育年限延长至15—16岁，15—18岁的教育由各地方教育当局负责。[①] 各地方教育局建立继续教育中心，向不在任何学校或其他教育机构进行全日制学习的青年提供教育，包括身体训练、实科训练和职业训练。通过这种继续教育促使这些青年的兴趣和才能得到发展，并为他们履行公民责任做好准备。该法令明确了人人接受中等教育的合法性，战后英国的中等教育获得长足发展，但后续的继续教育和成人教育不尽如人意。

1959年中央教育咨询委员会（Central Advisory Council for Education）发布了题为《15—18岁青少年的教育》的报告书，即《克劳瑟报告》（“The Crowther Report”）。在此报告中指出，英国约有85%的青少年在15岁左右就结束了全日制教育，而在15—18岁的青少

---

① 瞿保奎主编《英国教育改革》，人民教育出版社，1993，第173页。

年中能接受全日制教育的只有 1/8，其他人只能进入继续教育机构。①报告还调查了部分时间制的技术教育，结果证明许多连续性间断脱产学习制（学生在一周里带薪学习一天或两个半天）和夜校课程的学习效果差。通常 11 个学习国家证书课程的学生中，只有 1 人最终获得这种证书；30 名学生中也只有 1 人按照课程设计的要求，按时修完全部课程而获得这种国家证书。② 该调查委员会建议，可采用阶段性间断脱产学习或工读交替制课程来改善技术教育。

18 岁以后的成人教育则更加艰难。到 20 世纪 60 年代，英国的中等教育已经得到了相当程度的普及，战前盛行的大学校外课程、由工人教育协会和地方教育局主办的成人教育已明显不能满足新时代成人的教育需求，想进修高等教育水平职业课程的成人几乎找不到可以选择的合适课程。大学甚少为社会提供兼时制的学位课程（认为学习质量很难达到要求），而各种技术学院虽然招收兼时制学生，但教学水平均在高等教育以下，即使是高等技术学院的文凭也只相当于大学初级荣誉学位资格。个别有毅力的勇敢者可以通过修读伦敦大学的校外课程获得学位，但他们通常要孤军奋战。虽然也有少量函授和技术学院提供辅导课程和材料，但价格不菲。所以说，成人教育的阶梯对于大多数想攀爬的人而言其难度系数是非常高的。

（二）教育公平的呼声高涨

20 世纪五六十年代西方国家开始关注教育平等的问题。英国也和其他国家一样，一方面致力于发展高等教育，另一方面也开始关注精英教育传统所导致的问题。英国高等教育体系一直被认为是欧洲精英教育的典范，它只选择性地吸纳少部分的适龄学生。1946 年发布的《巴洛报告》中，根据该委员会所了解的对当时英国全国人口和部分大

① 易红郡：《战后英国高等教育政策研究》，湖南师范大学出版社，2016，第 48 页。

② 瞿保奎主编《英国教育改革》，人民教育出版社，1993，第 251 页。

学取样中通过智力测验确定的智力分布情况看，只有 2%的人进了大学，而智力测验表明人口中有 5%的人具有与占人口 1%的优秀大学生同样高的智力水平。[①] 也就是说，在英国每 5 名智力完全与优秀大学生一样的人中，只有 1 人在大学接受教育。

从国际比较的视角看，英国的中学毕业生接受高等教育的比例远远低于美法等国。如图 3-1 所示，1958—1959 学年英国受高等教育者占相关年龄组的分布情况为：在相关年龄组中，学习达到英国学位水平的全日制课程的人占 4.5%，学习所有水平高等教育的全日制课程的人占 7.7%，学习达到英国学位水平的各种类型课程的人占 6.9%，学习所有水平高等教育的所有类型课程的人占 12.5%；而同一时期美国受高等教育者占相关年龄组的分布情况为：在相关年龄组中，学习达到英国学位水平的全日制课程的人占 20%，学习所有水平高等教育的全日制课程的人占 30%，学习达到英国学位水平的所有类型课程的人占 22%，学习所有水平高等教育的所有类型课程的人占 35%。

即便是同英国一样都经历了二战重建的法国和苏联，相关的统计数字也略强于英国（详见图 3-1[②]）。在学习达到英国学位水平的课程的青年人中，无论是从全日制课程，还是将各种学习类型综合来看，英国的高等教育相关年龄组百分比都是最低的。由此可见，在英国并非所有有能力接受高等教育的人都有机会接受高等教育。

在这少数可以接受高等教育的人群中，中产阶级及以上人士也占据绝对优势。根据《罗宾斯报告》的统计数据显示，当时能够进入全日制高等教育学校就读的年轻人，其中有 45%其父辈属于“高级专业

---

① 徐辉、郑继伟：《英国教育史》，吉林人民出版社，1993，第 324 页。

② Robbins, “Higher Education: Report of the Committee Appointed by the Prime Minister under the Chairmanship of Lord Robbins(1961-63)”(paper presented by Her Majesty's Stationery Office, 1963), p. 42.

人员”群体，而那些父辈是从事手工技术劳动的学生则只占 4%。[①] 由此可见，全日制高等教育仍然是中上层社会的天下，体力劳动者出身的青年主要接受的是非全日制高等教育。因此《罗宾斯报告》指出，高等教育课程应向所有有能力和成绩合格并希望接受高等教育的人开放，即著名的“罗宾斯原则”。这使得开放大学从规划之日起就肩负着为那些因各种原因而未能接受高等教育的人提供学习本科和研究生课程机会的重任。

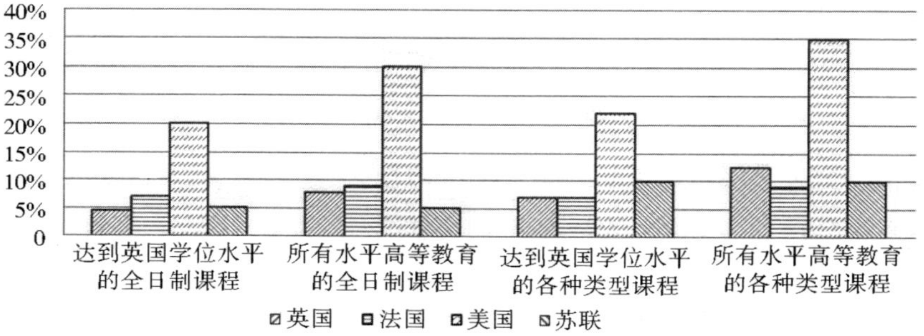

图 3-1 英、法、美、苏受高等教育者占相关年龄组百分比（1958—1959 年）

（三）传播技术的持续发展

20 世纪上半叶的两次世界大战，除了给人们带来巨大灾难外，同时也刺激了科技的飞速发展，其中传播技术的发展非常迅速。1876 年有线电话诞生，1893 年匈牙利人布达佩斯连接了 700 多条电话线，定时广播新闻，形成正式的有线广播。1895 年 12 月法国科学家奥古斯特·卢米埃尔和路易·卢米埃尔兄弟在卡普辛大街 14 号大咖啡馆的地下室向世人展示了第一部电影。1906 年 12 月，世界上第一个无线电广播电台在美国诞生。1920 年 10 月，美国匹兹堡市私人经营的 KDKA

① 张新生：《英国成人教育史》，山东教育出版社，1993，第 324 页。

广播电台取得政府发放的营业执照，开始播音，成为美国也是世界上第一家正式广播的私营商业广播电台。1922 年，美国、英国、德国、苏联开办广播公司。到 1925 年，正式开办广播公司的国家超过 20 个。1925 年 10 月苏格兰人约翰·罗吉·贝尔德（John Logie Baird）在伦敦的一次实验中“扫描”出木偶图像，用电传输了图像，被视为电视诞生的标志。1939 年美国无线电公司（Radio Corporation of America，RCA）推出世界上第一台黑白电视机。两次世界大战前后，各类传播技术发展的时间线如图 3-2 所示。

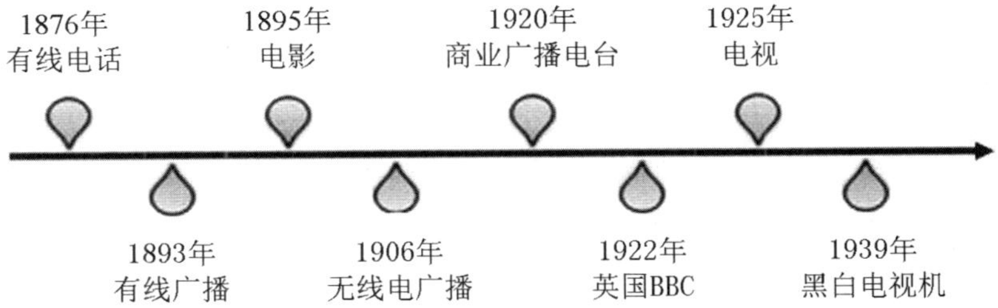

图 3-2　两次世界大战前后传播技术发展的时间线

英国在第二次世界大战中建立了英国广播公司（British Broadcasting Corporation，BBC），其最初的目的是建立一个覆盖全国的广播传输网络，为今后的全国广播提供便利。1922 年 11 月 BBC 的第一个电台开播。1924 年，BBC 与教育部成人教育委员会以及英国成人教育协会一起，共同组织教育讲座。1927 年 BBC 成立了自己的成人教育部。1932 年 BBC 帝国服务（BBC Empire Service）开播，这是 BBC 第一个向英国本土以外地区广播的电台频道。1938 年，BBC 阿拉伯语电台开播，这是 BBC 的第一个外语频道。到二战结束时，BBC 已经以英语、阿拉伯语、法语、德语、意大利语、葡萄牙语和西班牙语 7 种语言向全世界广播。苏格兰工程师约翰·罗吉·贝尔德从 1932 年开始和 BBC 合作，尝试进行电视播送。[①] 1936 年 11 月 2 日，BBC 开始了全球第一个电视播送服务。

这些电子传播技术的发展实现了信息的远距离快速传输。从电报、电话，到广播、电视，极大地拓展了人类信息传播的广度和传播多种类型信息的能力。在第二次世界大战中，这些技术就得到了广泛应用。美国在二战中就通过教育电影片培养了大批的熟练工人，为其武器的生产提供了人力保障。战后这些技术更加成熟，使用的方法也更加多样化。如英国工程师 R. C. G. 威廉斯（Williams）在 1962 年间就提出可以将广播电视和函授教育以及对大学的访问相结合，摆脱依赖单一的广播手段开展教育的局限。[②] 随后，诺丁汉大学成人教育系和迈克尔·杨（Michael Young）在和广播、电视单位合作方面进行了一系列的试验。诺丁汉大学成人教育系在系主任哈·威尔特的领导下，先后和独立电视公司、英国广播公司的地方台一起组织系列教育讲座节目。[③] 迈克尔·杨通过与全国推广教育学院（National Extension College）和英国广播公司的继续教育部合作，提供了不少利用电台、电视和函授手段进行教学的教育课程。这些课程的开设为开放大学的诞生积累了宝贵经验。

在这三种潮流的共同作用下，1963 年工党领袖哈罗德·威尔逊（Harold Wilson）在格拉斯哥举行的一次演讲中，第一次从政党层面提出了创设“空中大学”的设想。1963—1969 年，这所大学的名称、财政问题、教育功能、教学内容、可能的受益群体以及传播手段等被广泛地讨论。经过长达 6 年的政治博弈，1969 年 4 月枢密院向尚在筹建中的开放大学颁发了皇家特许状。

---

① 《英国广播公司》，百度百科，https://baike.baidu.com/item/英国广播公司/1102043?fromtitle=bbc&fromid=922&fr=aladdin，访问日期：2016 年 6 月 3 日。

② 张新生：《英国成人教育史》，山东教育出版社，1993，第 322 页。

③ 张新生：《英国成人教育史》，山东教育出版社，1993，第 323 页。

二、开放大学的特色

开放大学是特殊的。它没有经历“学徒期”，甚至是在没有试运行的条件下就获得了皇家特许状。截至 1993 年，开放大学都直接从教育科学部获得政府财政拨款，而不是像其他大学一样要通过竞争从大学拨款委员会获得政府资助。这些特殊性确立了它在英国高等教育体系中的学术地位和重要性。同时，它自身的一些特点，如独立自治的治校理念、全面开放的办学理念、以人为本的教学理念以及教研相长的研究理念，也让它成为屹立于世界开放教育之林的一颗璀璨明珠。

（一）独立自治的治校理念

独立自治和学术自由是英国大学的优良传统，开放大学自筹建之日起就将大学定位于“严格和全部意义上的大学：独立、自治，以及与其他高校完全相同的标准自行颁授学位”①。这不仅与英国大学的历史传统有关，同时也与其在筹建前期所做的国际调查有关。

1965 年珍妮·李被任命为教育科学部副部长，专门负责开放大学的筹备工作。在此期间，她组织咨询委员会对当时国际上几种具有代表性的远距离高等教育形式：“芝加哥模式”“莫斯科模式”“南非模式”和“威斯康星模式”进行了考察。其中“南非模式”中的独立学位授予权和教学包的使用对开放大学后期的运作有很大的影响；而“威斯康星模式”中的教学材料设计、学生支持模式以及考试程序等许多经验也被开放大学有效地吸收。② 同时，考察组也意识到独立的管理权在学校运行中的重要性。“南非模式”中的南非大学是一所国家拨款

---

① 韦润芳：《大学的诞生——英国开放大学筹建史话》，《开放教育研究》2009 年第 10 期。

② 易红郡、李慧迎：《从开放大学到未来学习平台——二战后英国开放教育的创新及启示》，《天津师范大学学报（社会科学版）》2018 年第 6 期。

的具有独立法人资格的院校，可以自主地管理学校的相关事务。而“威斯康星模式”只是威斯康星大学内部成人延伸教育部分的一个项目，受卡耐基基金会资助。因此，它获取政策支持的范围有限，并且缺乏必要的管理手段，对课程的设置和经费的使用都无法自主控制，同时也不具备独立的学分和学位的授予权。在总结这些经验和教训后，开放大学从筹建开始就将“独立、自治”写入其筹建备忘录。

1969 年枢密院给开放大学颁发的《皇家特许状》和在此基础上制定的《开放大学章程》（以下简称《大学章程》）是开放大学的立法依据。《皇家特许状》确立了它独立法人的身份；《大学章程》是其内部治理的规范性文件。《皇家特许状》共包含 28 个条款，对构建开放大学的整体思路和具体运作方式进行了系统论述。《皇家特许状》指出，这是一所以开放的形式组建的开放大学；开放大学是集教学、考试及学术监督为一体的办学实体，拥有不受约束的自然人的所有权利。《皇家特许状》明确了学校的组织结构，公布了首届名誉校长、名誉副校长、校长、财政主管和秘书人选，在第 4 条中详细列举了开放大学拥有的 26 种权利。

在《大学章程》中则对大学的组织结构和功能进行了描述，对大学中所设的各个岗位的职责要求、聘任流程、聘任期限、解聘原则以及所应履行的义务进行了详细说明。如第一任荣誉校长从提名之日起正式上任，任期终生，他可以向大学管理委员会提出辞职。下一任荣誉校长的任命由大学管理委员会和学术评议会参加的联席会议在考虑了联合委员会的报告后做出决定。联合委员会由 11 人组成，其中 5 人是大学管理委员会成员而非学术评议会成员，由大学委员会提名，另外 5 人是由学术评议会提名的学术评议会成员，联合委员会主席由大学管理委员会在管理委员会成员中提名。①

这种先于运行的规章制度的建立，让开放大学从成立伊始就有章可依。所有成员都能有意识地按照管理的程序和规章行事，为大学步入正常的发展轨道铺平了道路。同时，这种管理文化对英国开放大学的后续发展也产生了重要影响。

（二）全面开放的办学理念

开放大学的首任名誉校长克罗瑟爵士（Lord Geoffrey Crowther）在 1969 年 7 月开放大学的成立典礼上宣布了开放大学的使命（人的开放、地点的开放、方法的开放和理念的开放）并对它做了全面的阐释。直至今天，这“四个开放”依然被奉为开放大学的使命，在它历届版本的“未来发展战略报告”中都会重申这“四个开放”，已然成为开放大学最核心的教育理念。

人的开放主要体现在开放的入学政策上。开放大学以成人为主要对象，凡年满 21 岁的成人不论职业、资历和社会地位如何都可报名入学，不需要考试，招生原则按报名的先后顺序录取。据 2015 年开放大学官方统计数字显示，从 1971 年开放大学开始招生到 2015 年，共招收学生 194 万人，是英国最大的大学。在 2014—2015 学年共招收 173 889 人，其中有 77％的学员没有高等教育入学资格，有 21％的学员来自英国的贫困地区，有 76％的学员是全职或兼职员工。全英约有 38％的兼职学生在开放大学求学。②

在地点的开放上，开放大学借助先进的技术手段，将教学延伸到大学的围墙之外。20 世纪 70 年代开放大学主要面向英国本土，80 年代

---

① “Charter and Statutes,”The Open University, accessed December 12, 2016, http://www.open.ac.uk/about/main/sites/www.open.ac.uk.about.main/files/files/ecms/web-content/about-university-charter/pdf.

② Facts and Figures, https://www.open.ac.uk/about/main/strategy-and-policies/facts-and-figures.

后延伸到众多的工商企业，为所有驻外的英国公民服务，90 年代初开始全方位走向世界。到开放大学成立 40 周年之际，已经有 50 多个国家 20 多万名学生正在参加开放大学的学历教育。如今开放大学在英国本土有 13 个区域学习中心，覆盖整个联合王国，同时还拥有 7 万多名非本土学生。

在方法的开放上，开放大学在创办之初曾倚仗与 BBC 的合作，但在技术手段上并不受其约束。克劳瑟勋爵曾预言，技术的发展不断前行，很快广播电视将只是开放大学产品中很小的一部分。技术的发展是无止境的，开放大学也从未停止对方法的尝试和创新。从传统的印刷媒体到广播电视、录音录像，再到电话、互动光盘，直到现在的互联网通信技术都是开放大学青睐的对象。

“在理念的开放上，开放大学‘不仅只是传授知识和经验，还把人类的头脑和思维当成神圣灵感点燃和吹旺的熊熊烈火’。”① 它把传授知识和经验作为自己的任务，但不仅限于此，“点燃心灵的圣火”是它追求的目标。理念上的开放不仅包括在教学方法上的各种创新，同时还蕴含着大学将义无反顾地开展学术研究，并且以研究促进教学质量的提高。

（三）以人为本的教学理念

开放大学与众不同的办学理念确定了其教学理念——以人为本。这种以人为本的教学理念使开放大学始终站在学生的角度，设身处地地为学生着想，以学生为中心。这种教学理念可以从其课程的设置、教学材料的设计与开发以及其提供的学习支持性服务中可见一斑。

在课程设置上，开放大学最早提供的是学位课程教育。考虑到学习对象成人化的特点，开放大学提供了基于课程和学分的教育，这样学生可以根据自己的时间合理安排学习；20 世纪 70 年代后，开放大学

---

① 韦润芳：《英国开放大学再认识：溯源篇》，《开放教育研究》2010 年第 1 期。

与许多地方的教育机构和企业联手，开始提供非学历教育，以满足不同年龄和生活阶段学习者的需求；80 年代成立的商学院，提供了大量的职业培训和技术更新课程，以满足在职学员专业培训和专业发展的需求；90 年代后，以课程为基础的学位教育开始向以专业为导向的学位教育转向，允许学习者灵活地跨专业选择专业课程，以满足自己学习和工作的需要。

开放大学教学材料的设计与开发的原则是：教学需要对教学材料的媒体形式和性质具有优先决定权，其次是课程开发的资金预算，与媒体的“新”“旧”不直接相关。开放大学的教学材料从最初的印刷教材、广播电视节目和实验箱组成的教学包，到后来的录音、录像和多媒体互动光盘，再到电话中心、电子注册与支持系统，以及今天普遍使用的信息通信技术（Information Communication Technology，简称 ICT），都是基于这一原则的选择。

在学习支持服务上更是处处体现以学生为中心的理念。考虑到开放的入学政策和参差不齐的学习起点，开放大学继承了多科技术学院模块课程的传统，为学生提供试读模块、短期的预科课程和跨学科的基础课程，为学生能顺利地进入正式学习奠定基础。英国古典大学源远流长的导师制也在开放大学中以新的面貌呈现。通过庞大亲和的地方体系和咨询服务制度，为学生的个别化学习增添了浓厚的人性化色彩。辅导老师、咨询人员与学习者的互动，可以针对性地为每一个学生提供全方位的个性化服务，将处于不同时空的教师的教与学生的学连接起来。这些学习支持服务均是开放大学学生保持率、学业完成率和成功率的基本保障。

（四）教研相长的研究理念

开放大学始终认为，研究和学问是大学使命中至关重要的组成部分，将研究与教学并列为开放大学的核心活动。开放大学教研相长的研究理念主要体现在教学与学术研究两个方面。

在教学研究上，有两个部门的工作功不可没。一个是教育技术研究所（Institute of Educational Technology，IET），另一个是知识媒体研究所（Knowledge Media Institute，KMI）。教育技术研究所成立于建校之初，是专门负责教学最新技术开发的核心部门，主要工作包括：对技术应用的测试与评价，对学生统计数字的分析，对新媒体的研究和技术应用效果的分析等。知识媒体研究所成立于1995年，主要研究未来因特网的发展、知识管理、语义网络和知识服务等。1974年创刊的《远距离教学》杂志（*Teaching at a Distance*，1986年改名为*Open Learning*）是国际远距离教育领域的第一份学术刊物，为全球的远距离教育同行提供了一个良好的经验交流平台。①

在学术研究上，开放大学始终坚持这一理念：如果自己只是一所教学型的大学，而不是积极地以研究为基础的大学，就不可能有高质量的师资和课程，也不配称之为大学，大学应有的学术地位和学术质量都不可能实现。早在20世纪80年代，开放大学就在大脑与行为、岩石成因学、计算机辅助学习、人的认知等领域取得了非凡的成就。② 在1996、2001和2008年连续三次的全国研究评估考核（Research Assessment Exercise，RAE）中，英国开放大学都有不错的表现。1996年有76%的研究成果达到了英国国内的先进水平或以上，2001年有95%的研究成果达到了英国国内的先进水平或以上。2008年RAE对英国的159所大学进行评估，开放大学排名45位。它送审了21个研究成果，其中有14%的送审成果被评为“世界领先”，37%的送审成果被评为“国际一流”，还有36%的送审成果被评为“国际公认”，12%达到国内公认，无级别的只有1%。③

---

① 韦润芳：《英国开放大学再认识：理念篇》，《开放教育研究》2010年第4期。

② 韦润芳：《英国开放大学再认识：研究篇》，《开放教育研究》2009年第8期。

③ “Rae 2008,”Research Assessment Exercise, accessed June 10, 2016, http://www.rae.ac.uk/results/.

2014年4家高等教育基金委员会又联合推出新的评估机制——科研卓越框架（Research Excellence Framework，REF）。2014年有154家高等院校参评，开放大学申报了18个参评专业领域，其中20.22%被评为“世界领先”，50.44%被评为“国际一流”，27.33%达到“国际公认”，1.73%达到“国内公认”，无级别的只有0.28%。① 从两次评估结果的比较看（表3-1），开放大学获世界领先和国际一流的项目比重都有所提高，科研竞争力大大增强。

表3-1 开放大学2008年与2014年科研评估结果比较

年份	世界领先	国际一流	国际公认	国内公认	无级别
2008	14%	37%	36%	12%	1%
2014	20.22%	50.44%	27.33%	1.72%	0.28%

第二节 开放大学中开放教育资源的质量保障

英国开放大学以教育公平为己任，采用开放的入学政策，向每个人提供平等的接受高等教育的机会。在开放大学的学生中，有近40%的人不具备传统高等教育的入学资格，几乎所有的学生都是兼职学习者。珍妮·李在筹建开放大学之初就指出：“新建的大学从一开始在质量上就不能有任何退让，如果降低标准就休想生存得下去。”② 为了确保开放大学的学生能接受高质量的教育，证明其在开放大学所获得的

① “Research Excellence Framework (REF) 2014 Results by university,” FindAPhD, accessed October 12, 2016, https://www.findaphd.com/advice/finding/ref-by-uni.aspx.

② 韦润芳：《大学的诞生——英国开放大学筹建史话》，《开放教育研究》2009年第10期。

学位和相关的高等教育证书与英国其他高等教育机构一样，具有同等的含金量，英国开放大学不仅为学生提供了优质的课程材料，而且还培养了一大批热心于远程教育的员工，并积极探索为学习者提供个性化的综合学习支持，以确保其教学质量。经过近半个世纪的发展，开放大学已经为它所提供的开放教育资源建立了一套完整的质量保障体系，质量保障过程已经嵌入到开放大学的组织结构中，并贯穿于机构运行的全过程。

一、开发高质量的课程材料

开放大学作为一所远程教育机构，课程材料是主要的学习资源。它们经过特殊的设计，可以用来代替传统大学中的讲座、研讨会和一些基于实验室的学习。课程材料通常包括一系列专门编写的模块文字、学习指南、激光唱片、数字化视频光盘等。开放大学被广为称道的强项之一就是其开发的适合于在远程教育环境下自主学习的课程材料。在每年的学生满意度调查中，英国开放大学的学生对其课程材料的满意度是最高的。英国开放大学开发的大部分课程材料都是公开对外发售的，很多教材被用于其他大学的教学中。开放大学课程材料开发的特色主要体现在：严谨规范的开发流程和评审制度以及以团队协作为基础的课程组工作机制。

（一）课程的开发流程

英国开放大学的课程开发与普通的教学软件开发一样，有完整的生命周期。通常情况下，一门课程的开发要持续2—5年时间，平均一门课程的投入在200万英镑以上，有的课程高达1000万英镑。[①] 一门

① 孙福万、杜若、刘永权等编著《英国开放大学研究》，中央广播电视大学出版社，2015，第144页。

课程的使用期限一般是 6—8 年，平均每隔 3—4 年要进行一次大的修订。

1. 课程的生命周期

英国开放大学的课程开发的生命周期大致分为五个阶段：提出课程方案、课程审批、课程开发、投入使用和评价。其基本的流程图如图 3-3 所示。

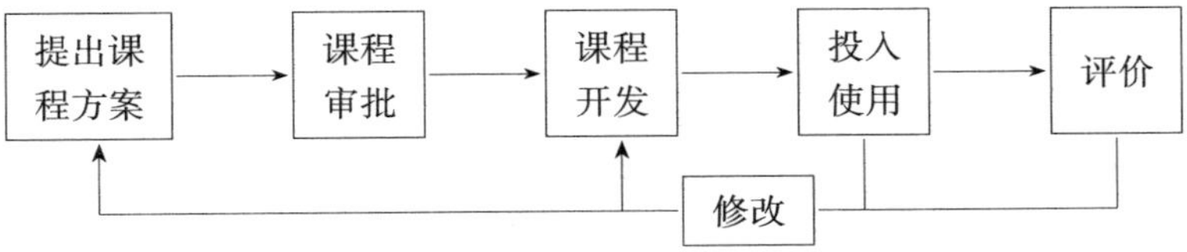

图 3-3　英国开放大学课程开发流程图

在开放大学，一门新课程的诞生通常是由某一学术机构发起的。如果相关学术团体认为课程方案在学术方面没有问题，并且在特定时期内有足够的教师和资源可以保证课程的开发和维护，那么这一课程开发概要可以列入该学术团体的五年计划。在这个五年计划里，要详细罗列课程开发计划，包括课程材料细目、包装、制作计划、相关产品明细等。学术团体的五年计划要报各院、系或学校董事会审批，批准后的规划数量就是开放大学课程开发的五年计划。通常一门新的课程方案从它第一次被提出，到提交审批机构讨论，到最后通过，一般需要三年时间。①

开发一门新课程通常需要考虑：①外部环境的变化、社会和人口统计发展的趋势；②对商业评估、市场调查和销售前景的分析；③考

① 丹尼斯·克伯蒂克：《远程教育的质量保障》，侯建军译，中央广播电视大学出版社，2009，第 116 页。

虑一些专业或法定组织的要求或其他学术标准的影响等。①

在相关人员制订出详细的课程开发计划，并草拟出完整的课程方案后，可以申报学术委员会审批，同时开启校外评审程序。课程审批分两类：对新课程的审批和对已有课程重大修改的审批。

对新课程的审批主要包括对课程名称、设计主题、详细的课程大纲、课程目标和评估方法、课程的结构和各组成部分间的关系、学习指南、所需资源等的审批。为课程组指派成员，包括课程组长，同时会任命校外课程评估顾问，对整个课程的开发过程进行监督。而对已有课程的重大修改要由分管课程开发的副校长决定。②

课程审批通过后便可组建课程组，开始课程开发工作。英国开放大学在课程开发过程中的一个重要的特色是各研究中心围绕学习结果描述、媒体选择、教学形式和教学法的选择等重要的决策点开发了一系列的模板（Template），可以帮助课程组做出合适的选择和得出正确的结论。例如，对学习结果的描述是课程建设中非常关键的工作，它不仅影响课程内容的编排、教学媒体的选择，还直接影响课程效果的考核和评价。在英国开放大学有一个“教学成果中心”（Centre for Outcome Based Education，COBE）专门负责帮助各课程组确定和准确描述学习结果，并帮助他们设计适当的考核形式。由该中心开发的模板“学习成果及考核”将学习成果分为四类：知识和理解、认知技能、关键技能和实用技能（或专业技能）。③ 课程组可以根据每一项技能的

---

① “Quality and Standards in the Open University Fact Sheet 2: Framework for Academic Quality and Standards,” The Open University, accessed December 20, 2016, http://www.open.ac.uk/about/main/sites/www.open.ac.uk.about.main/files/files/ecms/web-content/qas-fss-factsheet2.pdf.

② 丹尼斯·克伯蒂克：《远程教育的质量保障》，侯建军译，中央广播电视大学出版社，2009，第116—117页。

③ 孙福万、杜若、刘永权等编著《英国开放大学研究》，中央广播电视大学出版社，2015，第149页。

详细说明填写具体在课程结束后，期望学习者能够知道什么、理解什么和会做什么。这些开发模板的使用，不仅促进了远程教学中理论与实践的联系，保证了课程材料能符合远程学习的需要，而且也保障了开发过程的规范化和课程材料的质量。

每门课程在正式提交给学生前，需要选择一组具有相当学历背景的学生对课程的全部或部分内容进行测试，同时校外评审顾问也会对课程的全部内容进行详细的检查，然后才能正式出版。

课程材料进入使用阶段后的前 2—3 年，每年都要进行课程发布后评审。通过学生调查、辅导教师的任务报告、学生成绩、注册和辍学情况反馈等信息，对课程材料进行评价。如果在此过程中有任何需要修改的建议，需要在评审报告中清晰地说明，以便做出正确的确保质量的决定。

课程的生命中期（通常是课程使用 4—5 年后）需要进行周期评审。周期评审主要是根据外部质量评价标准，对课程材料的使用情况进行总结性评价，明确课程可否被延期使用。如果需要进行大规模修改，还需要对修改的规模进行全面估算，完成一份经济评估概要。不管是开发新课程还是对已有课程的修改都需要经过学术委员会的审批。

2. 阶段-关口程序

阶段-关口程序是加拿大著名的新产品开发专家罗伯特・G. 库伯（Robert G. Cooper）在 20 世纪 80 年代提出的一种针对新产品开发的流程管理技术。这一技术的核心思想是将创新流程划分成一系列预先设定的、易管理的、离散的阶段，每个阶段的入口是一个关口。这些关口控制着过程，并起到质量控制和通过/终止决策检测点的作用。

所谓阶段是指一系列预设的步骤，每个阶段都包含有一整套跨功能的、平行的具体任务，在被获准执行下一个阶段以前，必须顺利完成现阶段的任务或活动，并收集把项目推向下一阶段或决策点的信息。在经典的产品开发流程中，重要的阶段包括：构思的产生、确定范围、项目立项、开发、测试与检验及发布。①

关口是每个阶段前的入口或决策点，其基本结构如图 3-4 所示。关口作为一种质量控制监测点，是决定开发活动向流程的下一阶段推进的关卡。每个关口主要包括三个部分：输入——一系列可交付的标的物；标准——项目的决策准则；输出——决策结果（通过/终止/循环/保持）。②

图 3-4 关口的组成

阶段-关口流程的典型模型如图 3-5 所示。③

英国开放大学的课程开发采用了这种管理理念，其具体的操作方法在其内部资料《课程管理指南》（*Curriculum Management Guide*）中有详细介绍。在开发流程中对应的五个阶段分别为：第一阶段——机会评估，第二阶段——商业评估，第三阶段——课程开发，第四阶

① 罗伯特·G. 库伯：《新产品开发流程管理——以市场为驱动》，青铜器软件公司译，电子工业出版社，2013，第 94 页。

② 罗伯特·G. 库伯：《新产品开发流程管理》，刘崇献，等译，机械工业出版社，2003，第 132 页。

③ 罗伯特·G. 库伯：《新产品开发流程管理》，刘崇献，等译，机械工业出版社，2003，第 132 页。

段——课程发布后评审，第五阶段——课程周期检查。[①] 在开放大学的质量标准框架的第三部分“内部评审”中详细地介绍了课程发布后评审和周期评审的过程。[②] 在发布后评审中，要求用商业审核来检查在以前的阶段-关口中列出的原始市场假设、策略目标和成本是否合理准确；利用初次反馈和成绩数据对课程在学习成果和学生保持方面的有效性进行评价。在周期评审中，要求利用商业审核来检查该课程是否能持续地吸引学生，继续传递预期的策略，在贡献上保持合理的水平。利用在此前收集的证据进行质量保障检查，来评估它在相关学术传播中的绩效和在学习成果和学生保持等方面的有效性。

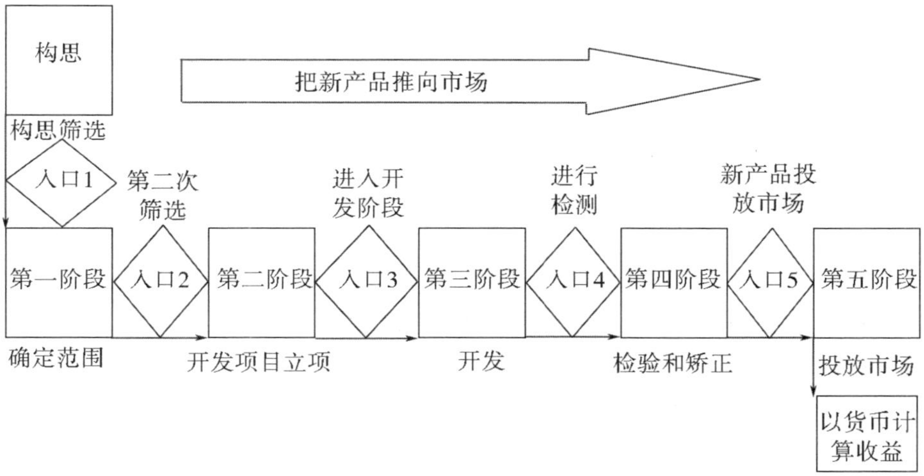

图 3-5　阶段-关口流程的典型模型

① 孙福万、杜若、刘永权等编著《英国开放大学研究》，中央广播电视大学出版社，2015，第 333 页。

② “Quality and Standards in the Open University Fact Sheet 3: Internal Review,”The Open University, accessed December 20, 2016, http://www.open.ac.uk/about/main/sites/www.open.ac.uk.about.main/files/files/ecms/web-content/qas-fss-factsheet3.pdf.

英国高等教育质量保障署对英国开放大学在课程开发中采用的阶段-关口程序给予了高度评价。2009 年，QAA 对英国开放大学的评审报告中指出："评审小组看到了阶段-关口程序的大量文件，发现它运行得非常有效，从质量、信息的广度和深度、过程和决策的清晰度上都值得推荐。……阶段-关口程序的过程清楚，可操作性强，是开放大学质量保障中非常值得肯定的做法。"① 在 2015 年的评审报告中，QAA 再次指出："开放大学的阶段-关口程序清晰而严谨，详细考虑了项目开发和审批的每个阶段。对阶段-关口程序有效地持续改进，为课程开发提供了丰富的资源，这是一种好的实践。"②

（二）课程组的工作机制

开放大学的创始人从一开始就非常重视教材的建设工作，在建校之初便将威斯康星大学的课程组机制作为开放大学的课程材料建设机制。这一机制的确立为开放大学的课程材料获得世界范围的认可立下汗马功劳。

1. 课程组机制的提出

课程组机制最早是由威斯康星大学的教授查尔斯·魏德迈（Charles Wedemeyer）提出来的。1964—1968 年，魏德迈获得卡耐基基金会的资助，主持了"整合教学媒体"（Articulated Instructional Media，AIM）项目。这一项目在世界远程教育史上影响巨大，"AIM 项目实验了教师功能分工的可能性，评估了由一组专业人员共同设计组合，再由各种媒体来传输，以推进教学的可能性……"③ 魏德迈在研

① QAA,"Higher Education Review of The Open University(2009)"(paper presented by the Quality Assurance Agency for Higher Education,2009),p. 11.

② QAA,"Higher Education Review of The Open University(2015)"(paper presented by the Quality Assurance Agency for Higher Education,2015),p. 24.

③ 罗琳霞、丁新：《查尔斯·魏德迈远程教育理论与实践研究》，《中国电化教育》2005 年第 3 期。

究的过程中指出，当且仅当人力资源被科学合理调配时，通信技术才能在教学活动中发挥最大的作用。[①] 所谓“合理调配人力资源”主要是指在教学中遵循劳动分工的原则，根据教学的组成部分分解教学过程，每个组成部分的工作都由专家团队负责，而不仅仅依靠授课教师的个人之力。课程组机制就是他在这种“合理调配人力资源”的理念下创设的。通常情况下，一个课程组至少由学科专家、教学设计专家和技术专家组成。各组成成员各司其职，通过团队合作完成课程的开发。

魏德迈在 AIM 项目和 80 年代推出的“安能伯格/公共广播公司”项目（由公共广播公司和安能伯格基金会联合推出的系列电视课程）中试行了他的课程组机制。实践证明，把教学分成若干组成部分，各部分分别由不同专家负责的方法既能保证质量又具有成本效益。其中，“安能伯格/公共广播公司”项目被认为是美国远程教育史上应用课程组机制的最佳案例。[②]

英国开放大学在筹建期间曾造访威斯康星大学，对当时的“整合教学媒体”项目非常感兴趣。魏德迈教授曾解释这一方法推广最大的阻碍在于，在传统的教学模式下难于摆脱教师对课程设计和讲授的绝对控制。而英国开放大学在成立之初就确立要采用远程教学模式，在这一模式下讲授与设计分离是完全可能的。因此，开放大学成功地吸收了这一经验，将课程组模式确定为开放大学课程开发的组织模式。

2. 课程组的构成

课程组一般于新课程建设申报通过后开始组建，课程组成员通常包括课程组长、课程管理员、教学设计专家、学科专家、地区中心责任老师、媒体开发人员等。课程组成员的头衔在组建时就已确定，其

---

① 迈克尔·格雷厄姆·穆尔：《从无线电广播到虚拟大学：美国远程教育历史亲历者的反思》，肖俊洪译，《中国远程教育》2014 年第 1 期。

② 迈克尔·格雷厄姆·穆尔：《从无线电广播到虚拟大学：美国远程教育历史亲历者的反思》，肖俊洪译，《中国远程教育》2014 年第 1 期。

名单将被列入课程规范中，由相关学院的学术委员会审批。课程组的主要任务包括：确定和开发课程教学策略；整合可利用的教学资源和学习者支持服务；创建和实施适宜的课程评价策略；确保教学材料制作的高质量；策划、实施、监控和检查课程的呈现方式等。① 课程组成员的主要构成包括四类：管理人员、课程写作团体、媒体创作人员和咨询顾问。

课程组的管理人员由课程组长、课程管理员和课程秘书组成。其中，课程组长是课程组的灵魂人物。课程组其他人员的任务由课程组长分配，且要确保课程达到相关的学术标准，符合各类相关质量控制流程的规定。课程组长一般由相关院、系或研究委员会任命，通常由院系的高级成员，如系领导或主要执行官担任。课程管理员在课程组的作用也非常重要。他要负责课程组的各项行政事务，协调课程组内各部分间的通信联络。课程组长的许多事务都需要与课程管理员紧密合作才能完成。课程秘书则主要负责文字材料的整理和录入，出席课程组的相关会议，为课程组提供文秘方面的支持。

课程写作团体主要包括学科专家、教学设计专家和来自区域学习中心的责任教师或辅导教师。学科专家是课程的主要编写者，负责教材内容的设计、编写和审阅。教学设计专家主要承担课程在教学设计方面的责任，在教育学、方法论、评估、教材交互性、媒体间组合和利用等方面提供理论支持。教学设计专家不是课程组必需成员，他们只在需要时参加课程组的活动。如果某个教学设计专家刚好也是该学科领域的专家，那么他可以在课程组内同时担任学科专家和教学设计专家的工作。区域学习中心的责任教师主要负责管理和聘任课程辅导教师，以及学习中心与总部和其他学习中心的沟通和联络。辅导教师

---

① 丹尼斯·克伯蒂克：《远程教育的质量保障》，侯建军译，中央广播电视大学出版社，2009，第117—118页。

则直接与学生接触，对学生的学习现状和学习需求最为了解。让来自区域学习中心的责任教师和辅导教师加入课程组，可以使课程组更科学地设置学习者的初始学习状态和学习需求，同时也能让课程组及时地了解到课程材料具体的使用情况、辅导教师和学生对教材的看法，可以给教材的编写提供很好的建议和补充，使教材更加符合学习者的需要。

媒体创作人员的种类有很多，如专门负责教材版式及图表和插图设计的图形/图像设计人员、负责与课程匹配的音像界面制作的电视编辑或制片人、负责相关教育软件开发的软件设计师，以及文字编辑、美工设计等。一个课程组具体要包括哪些媒体创作人员，以及相关人员的数量都视具体的课程而定。

咨询顾问包括图书管理员、版权顾问和校外评估顾问等。其中校外评估顾问是开放大学内部质量保证特色之一。校外评估顾问是由开放大学提名，由相关学术单位授权，可以对课程所有内容的结构、覆盖面和水平进行评价，对教学材料的有效性、任何一个实践单元的教学方法以及与性别和弱势群体相关的争议进行处理。① 通常只有具有足够的资历、经验和学术声誉的人才能承担此重任。设置校外评估顾问的目的是为了让开放大学的学术标准与外部学术标准接轨，使学术标准获得的过程透明化。图书管理员则负责提供教学资源服务，协助课程组在文献检索、资料查询和图书馆利用等方面的工作。版权顾问则负责处理教材中所有需要确认、购买版权的事宜。

课程组机制虽然能让每一项工作都获得专业人士的参与，但由于其涉及的角色众多，其间的协调、管理工作庞大，单靠人工管理是无

---

① "Quality and Standards in the Open University Fact Sheet 2: Framework for Academic Quality and Standards," The Open University, accessed December 20, 2016, http://www.open.ac.uk/about/main/sites/www.open.ac.uk.about.main/files/files/ecms/web-content/qas-fss-factsheet2.pdf.

法完成的。在课程组中虽然有课程管理员负责各部门间的协调，但课程管理员不专属于某个课程组，一个课程管理员通常要同时管理多门课程。因此，管理的自动化在这一过程中非常重要。在开放大学，课程开发过程中的许多工作都是通过校园内部的课程管理系统 PLANET（Planning on the Net）中完成的，2016 年 PLANET 网被 Vantage 取代。①

课程组成员可以通过课程管理系统了解课程的计划、审批和建设的状态。在教材的开发制作过程中要求填写的所有表格、工作要求、设计模板、相关文件、会议记录、相关部门的联系方式和联系人姓名，以及在学习、促进和学术服务方面的信息都收集到网络中，相关文件或稿件的提交都在内部网络系统中进行，有效地避免了人工传递中可能出现的延误和丢失现象。② 课程管理系统的内容更新由课程管理员负责。

二、培养热心远程教育的员工

英国开放大学的活力源自其有一大批热心于远程教育的员工。许多员工愿意到开放大学工作是因为他们被开放大学的使命——“四个开放”所吸引，认为它有可能打破传统高等教育的格局。早在 1968 年，开放大学成立之际，学校要招聘 34 名教师，结果前来应聘的人数多达

---

① “Quality and Standards in the Open University Fact Sheet 2: Framework for Academic Quality and Standards,” The Open University, accessed December 20, 2016, http://www.open.ac.uk/about/main/sites/www.open.ac.uk.about.main/files/files/ecms/web-content/qas-fss-factsheet2.pdf.

② 王跃：《远程教材编写方法——基于英国开放大学的实践经验》，高等教育出版社，2010，第 56—57 页。

1200 多人。[①] 同时，为了确保教学的质量，开放大学在 20 世纪 80 年代就已形成了一套完整的教师选拔和培训体系。

（一）教职员工的组成

英国开放大学的总部设在米尔顿·凯恩斯城，下设 13 个区域学习中心，其中有 10 个区域学习中心在英格兰，苏格兰、威尔士和北爱尔兰各一个。每个区域学习中心下设多个学习中心，目前大概有 300 多个开放大学的学习中心遍布整个英国。由于开放大学组织结构的独特性，其员工队伍也与传统院校有所区别。学校的专职教师主要担任课程的开发和管理、学术创新等工作，与学生很少接触；而与学生直接接触的辅导教师则大部分是兼职教师，辅导教师在数量上远远超过专职教师的数量。

在最新的《开放大学质量标准框架》中介绍："学校雇用了 1000 多名拿薪水的学术员工，他们主要负责课程的设计、开发、质量管理和教学研究；有 5000 名左右的辅导教师，他们主要承担通过远程手段对学生实施教学的责任。此外，开放大学还雇用了超过 3000 名的与学术相关的辅助人员。"[②] 由于辅导教师和其他员工在招聘和管理程序上的差异，所以也将除辅导教师以外的员工称为"Staff Other than Associate Lecture"（非辅导教师员工）。在开放大学每年发布的《平等性与多样性年报》（"Equality and Diversity Annual Report"）中，将员工分为内部员工和辅导教师分别进行统计，本研究也按这种分类对员工结构进行梳理。

---

① 孙福万、杜若、刘永权等编著《英国开放大学研究》，中央广播电视大学出版社，2015，第 31 页。

② "Quality and Standards in the Open University Fact Sheet 7：Staff，" The Open University，accessed December 20，2016，http：//www. open. ac. uk/about/main/sites/www. open. ac. uk. about. main/files/files/ecms/web-content/qas-fss-factsheet7. pdf.

1. 内部员工

内部员工是指学术员工、与学术相关的员工以及辅助员工。据统计，开放大学现有内部员工 5126 人。[①]

在内部员工中，学术员工主要是指所有的院长、学习主管、教授、高级讲师和讲师（中心的学术员工）、区域主管、责任教师和开放大学商学院的区域经理等。[②] 在总部的学术人员主要负责课程的开发与管理以及远程情景下的教与学的研究等，而在区域学习中心的学术人员则主要负责对辅导教师的管理、规划学习中心的教学活动，保持区域学习中心与总部及其他相关部门的联络等。与学术相关员工则主要包括行政管理人员。高级图书管理员、程序设计员、编辑、设计师、专家组、课程协调员和管理员、项目助理、项目主持人和高级项目主持人等。[③] 辅助人员则包括秘书、文员、手工助手、技术工作人员和保全人员。[④] 他们主要负责后勤管理和支持保障工作。

2. 辅导教师

辅导教师是指为学生的学习进步提供支持的教师。英国开放大学之所以能够以较高的教学质量和名列前茅的学生满意度誉满全球，除了它所提供的优质的课程材料和强大的科研队伍外，开放大学庞大的

---

① The Open University, "Equality and Diversity Annual Report (2016)—Monitoring Data: Internal Staff" (paper presented by the Open University, 2016), p. 5.

② "Terms and Conditions of Service: Academic Staff Group," The Open University, accessed April 12, 2017, http://www.open.ac.uk/about/employment/sites/www.open.ac.uk.about.employment/files/files/ecms/web-content/Terms-and-Conditions-Academic-Staff-HRP037_OUJobPage.pdf.

③ "Terms and Conditions: Academic Related Staff," The Open University, accessed April 12, 2017, http://www.open.ac.uk/about/employment/node/211.

④ "Terms and Conditions of Service: For Support Staff," The Open University, accessed April 12, 2017, http://www.open.ac.uk/foi/main/sites/www.open.ac.uk.foi.main/files/files/ecms/human-resources/t/terms-and-conditions/Terms-and-Conditions-Support-Staff-HRP038.pdf.

辅导教师团队所提供的高质量、个性化的教学服务也功不可没。远程教授大量学生的真正挑战来自教学支持的质量，开放大学聘任了大量的辅导教师，将开放大学的师生比控制在1∶25左右，以保障远程教学的质量。同时，辅导教师也将他们在其他环境中所获得的经验带入开放大学，增加了开放大学的多样性。辅导教师就像是开放大学的门脸，代表开放大学与学生个体接触，为其提供个性化的教学服务。[①] 据统计，开放大学目前共有辅导教师4713名，在21世纪初，开放大学最多曾聘任过8000多名辅导教师。

辅导教师的主要工作包括：通过面授、E-mail、电话或Internet等方式为学生提供学术支持服务，帮助学生掌握课程的学习技能；监督学生的课程学习过程，包括在一些关键点，如第一次提交作业的时间、课程考试前，与学生提前联系，并及时反馈作业的提交情况和作业质量；单独联系没有按时提交作业或作业质量不合格的学生，并提供相关指导；严格按照评分标准公正地评价每一份作业等。

（二）内部员工的招聘与管理

英国开放大学在员工的招聘和管理上已经形成了一套相对严谨的流程。在英国开放大学的人力资源网站上有一系列与人力资源相关的政策、程序和指南，如招聘的相关法律依据，招聘、选拔和聘任的流程，工作业绩的评价政策与流程，与工作相关的工作时间、薪水、培训、职业健康与安全规定，部门间工作调动以及奖惩和申诉程序等。另外，学校根据平等和多样性原则对残疾人员、出狱者和不同性取向者都有相应的政策。在工作要求许可，个人能力达标的情况下，对所有申请者一视同仁。

---

① Roger Mills, "Quality Assurance in Distance Education-Towards a Culture of Quality: A Case Study of the Open University, United Kingdom (OUUK)," *in Perspectives on Distance Education : Towards a Culture of Quality*, ed. Badri N. Koul and Asha Kanwar (Vancouver: Commonwealth of Learning, 2006), pp. 135-148.

1. 招聘流程

人力资源部公布的《有效的招聘和选拔：选拔者指南》（“Effective Recruitment and Selection：A Guide for Selectors”）是根据开放大学有关员工录用的平等和多样性政策制定的，对从招聘到录用的详细过程和规范进行介绍，包括工作描述、个人要求、面试流程等。① 具体的招聘流程如图 3-6 所示。

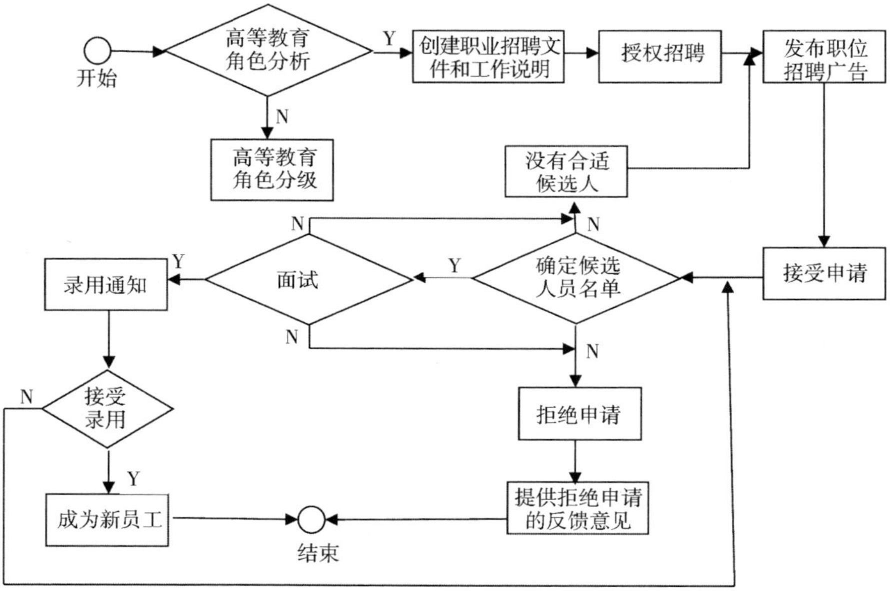

图 3-6 开放大学内部员工招聘流程

当产生一个职位空缺或因为组织结构的变化需要设置一个新的职位时，先要进行高等教育角色分析（Higher Education Role Analysis，

① “Recruitment & Selection Process Guide,”The Open University, accessed April 10, 2017, http://www.open.ac.uk/foi/main/sites/www.open.ac.uk.foi.main/files/files/ecms/human-resources/r/recruitment/Recruitment-and-selection-process-guide-HRG314.pdf.

HERA）。HERA 是由教育能力联盟（Educational Competencies Consortium，ECC）联合高等教育机构设计和开发的一种用来分析高等教育机构中角色的工作评价方案。该方案已被机会平等委员会认可为无歧视工作评价方案。HERA 关注的是一个角色而不是某个人，其角色分析基于 14 个独立的元素，覆盖一定范围的职责和责任。每个元素都有一定的分值，并被赋予适当的权重，其和是每个角色的总分。总分值可以体现角色的大小。如果是已有职位形成的空缺，可以直接创建职位招聘文件；而新设置的职位需要根据 HERA 进行定级，以确定该职位的责、权、利等相关问题，并报人力资源顾问同意后可创建职位招聘文件。

开放大学的内部员工招聘由各单位自己负责。创建职位招聘文件的同时要准备好工作描述和用人要求说明。工作描述和用人要求说明是聘任和选拔过程的关键，它们可以为后面招聘广告的设计奠定基础，同时也是确定入围名单、描述候选人以及进行其他测试的依据。在准备好相关文件后提交人力资源部门，经人力资源部门审核后授权各单位进行职位招聘工作。

获得招聘许可的职位可以通过多种途径发布职位招聘的广告信息，公布接受申请的开始和结束日期、获得申请表的途径和对相关资料的要求。与此同时，招聘小组成立。招聘小组最少由 2 人组成，成员数量可视工作的类型而定，通常要求招聘小组人数尽可能地少（庞大的面试小组可能会吓到候选人）。所有招聘小组成员都要通过如何进行人才选拔课程的培训。在广告期间，招聘小组可就工作描述和用人要求说明中的各项要求的权重达成共识，以便在接受申请截止日期后尽快地确定入围者名单。申请材料不合格者可直接拒绝申请，如果在此过程中没有发现合格的申请人，可重新发布招聘广告，再次接受申请。申请材料合格者将成为候选人被列入面试名单，并与本人取得联系，就面试时间、地点及相关事项进行沟通。

在面试环节，先要进行资格审核，然后进行面试。所有候选人都要具备可以在英国工作的资格，并出示相关的证明材料。所有的资格证书和文凭等材料都要核对原件并保存复印件。面试结束后，面试小组会根据预先设置的权重对候选人的各项表现计分，选择合适的候选人。对于落选者需要面试小组公正、客观地填写“拒绝聘用原因表”，并及时地将面试结果反馈给申请人。如果在面试中没有产生合适的候选人，则经过面试小组讨论后可重新确定入围名单，再次面试。合适的候选人可由人力资源部门寄发录用通知，如果录用通知被接受，申请者便可成为开放大学的新员工，此轮招聘工作结束。

2. 试用政策

所有初次获得开放大学岗位的应聘者都需要经过一段时间的试用期。不同的工作岗位对应聘者的要求有所不同，其试用期的长短也是不一致的，具体如表 3-2 所示。①

表 3-2 英国开放大学内部员工的试用期

员工类型	试用期
学术人员	4 年
学术相关人员	3—12 个月
辅助人员	3—6 个月

其中学术人员的试用期是最长的，一般需要 4 年。由于应聘学术人员的申请者获得的是长期的或固定期限的岗位，除非申请者的资历丰富且研究成果卓越，经人力资源部主管同意后，可以减少或免除试用

① “Quality and Standards in the Open University Fact Sheet 7: Staff,” The Open University, accessed December 20, 2016, http://www.open.ac.uk/about/main/sites/www.open.ac.uk.about.main/files/files/ecms/web-content/qas-fss-factsheet7.pdf.

期（通常在任命书上有明确说明）。一般情况下初次获得岗位者的试用期不得少于 4 年。如果学术人员获得的岗位期限少于 4 年，试用期可以从最早的合同算起。如果岗位调整或获得了长期职位，其试用期最长不超过 4 年。内部已聘人员申请同等岗位可不经过试用期，如果申请不同岗位，其试用期的长短可适当调整。①

在试用期内由各单位主管负责，以确保所有试用者在整个试用期内都得到详细而持续的管理。在试用期结束前 6 个月，需对试用者进行全面考核。考核通过者可以获得相应的职位；对不合格者可延长试用期，但所有试用期的总长不得超过该类型员工的最长试用期（如辅助人员最长试用期是 6 个月），如果延长试用期后还不能通过考核者将失去该职位。②

3. 学习与发展政策

开放大学致力于通过终身学习来促进全体员工的发展，其目的是通过持续的员工发展投资和适当的人力资源管理，以确保教师能胜任其工作，并能在其岗位上最大限度地展示其才能，实现个人、部门和大学的发展目标。开放大学为促进员工发展开发了一套系统流程，如图 3-7 所示。

促进员工发展的第一步是明确需求，让员工了解自身的发展方向。在开放大学，有一个非常专业且经验丰富的员工发展团队可以为各部门提供内部咨询，帮助员工明确大学的发展战略，分析员工的个人需求，从而设置可行的发展目标。在人力资源部下属的“学习和组织化

① “Probation Policy,” The Open University, accessed April 12, 2017, http://www.open.ac.uk/foi/main/sites/www.open.ac.uk.foi.main/files/files/ecms/human-resources/r/recruitment/Probation-Policy-HRP074.pdf.

② “Terms and Conditionsof Service: For Support Staff,” The Open University, accessed April 12, 2017, http://www.open.ac.uk/foi/main/sites/www.open.ac.uk.foi.main/files/files/ecms/human-resources/t/terms-and-conditions/Terms-and-Conditions-Support-Staff-HRP038.pdf.

发展”机构通过提供在线指南、相关的课程和资源以及基于课堂的学习机会等手段，为员工提供学习的机会和途径，以便让他们能在“恰当的时间获得恰当的技能”，让所有员工在现在和未来的发展中可以发挥其潜力，在最大程度上体现其创造力和活力。① 开放大学的员工学习管理系统（Learning Management System，LMS）可以根据员工的需求推荐开放大学的培训课程，允许员工注册相关课程并保存其学习记录。如今开放大学员工参与的70%—90%的培训和发展活动都在LMS上有记录。② 这些记录是评价员工发展的有力证据。另外，对于学术人员，开放大学有“学术假”政策（Study Leave Policies），允许学术人员带全薪，利用每年2个月的“学术假”去从事相关的研究和获得批准的学术活动。

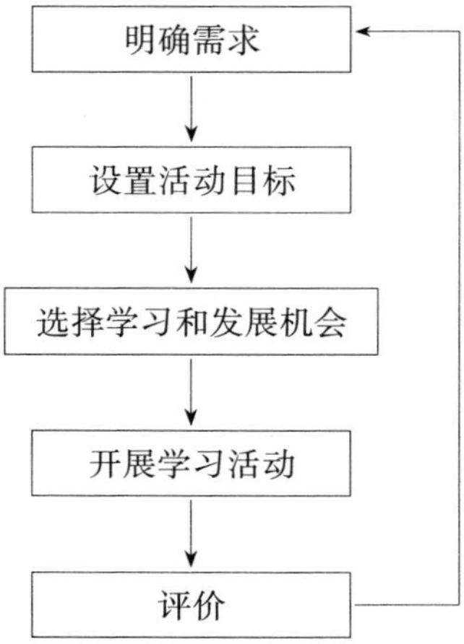

图 3-7 英国开放大学促进员工发展流程

① “Quality and Standards in the Open University Fact Sheet 7：Staff，” The Open University，accessed December 20，2016，http：//www. open. ac. uk/about/main/sites/www. open. ac. uk. about. main/files/files/ecms/web-content/qas-fss-factsheet7. pdf.

② The Open University，“Equality and Diversity Annual Report（2016）—Monitoring data：Internal Staff”（paper presented by the Open University，2016），p. 3.

在评价环节，开放大学有职业发展与员工工作评估（Career Development and Staff Appraisal，CDSA）政策。[①] 开放大学的员工每年都可以获得一次职业发展和员工工作评估的机会，通过 CDSA 可以回顾过去一年所获得的成绩，同时展望来年的发展目标和需求。对员工的评估仅仅通过 CDSA 是不够的，有规律地回顾目标和发展计划是确保绩效和发展问题出现时能得到及时解决的关键，这种回顾的频率和结果都要写入 CDSA 记录。CDSA、不间断的绩效和发展评估反映了所有员工获得反馈支持的权利，各单位负责人、管理者和个人都有责任确保这一过程的发生。

（三）辅导教师的招聘和管理

辅导教师的招聘和管理与内部员工不尽相同。辅导教师的招聘由区域学习中心发起，学生支持服务部负责辅导教师招聘计划的发布、选拔和宏观管理，其日常管理则由各区域学习中心负责。

1. 招聘要求

关于辅导教师的所有职位都可以在职位网站上找到，每个职位的广告期至少有 3 周，截止日期各不相同。通常辅导教师有三种职位类型：每次开课、交替开课和单次开课。[②] 大部分辅导教师的职位都是负责一门课程在其生命周期里的每一次开课（课程的生命周期通常是 8 年，但也有可能延长或减短）。如果同一课程在一年里要开课多次，则需聘请多名辅导教师。例如，一门课程在春季学期和秋季学期都有开课，那么应聘春季学期开课的教师只要负责这门课程在每年春季的教

---

① "Career Development and Staff Appraisal (CDSA) Policy," The Open University, accessed April 12, 2017, http://www.open.ac.uk/foi/main/sites/www.open.ac.uk.foi.main/files/files/ecms/human-resources/c/career-development-and-staff-appraisal-CDSA/Career-Development-and-Staff-Appraisal-Policy-HRP064.pdf.

② "Tutoring vacancies," The Open University, accessed April 12, 2017, http://www.open.ac.uk/jobs/tutors/.

学，而秋季学期的课程则由另外一位辅导教师负责。交替开课的辅导教师职位通常很少。如果课程是每半年开设一次或辅导教师需要在两个模块中交替，则需要交替开课的辅导教师。以支持一部分学生通过某个项目的学习，当某课程的辅导教师休产假、长期病休或某种预定课程（只开设一次）则需要单次开课的辅导教师职位。

对辅导教师的用人要求说明包括：一般用人要求说明和课程用人要求说明。这是进入入围名单的重要依据，不仅需要罗列应聘者应具备哪些素质，而且还需要提供相关的证据或细节证明。

对辅导教师的一般用人要求说明包括：具备与辅导教师希望教授课程领域相关的学位或专业/职业证书；理解成人的学习和学习特点；具有函授、电话、面授和在线教学的能力和意愿；具备使用信息通信技术的能力和在教学、支持服务中与学校其他部分成员沟通的能力；拥有与不同教育、文化和工作背景的学生以及残疾学生一起学习的能力；致力于以学生为中心的学习理念，理解机会平等政策，能有组织、有系统地开展教学，既具有团队合作能力也有独立工作的能力；有良好的书面和口头表达能力；致力于个人的发展；可以去指定的教学中心任教，能随时与学生联系，并帮助其解决问题。① 除此之外，由于所有的教学都是用英语进行的，对英语的熟练程度也是对辅导教师岗位职责的基本要求。开放大学的绝大部分课程采用的是远程教学的模式，因此，也要求辅导教师拥有可以上网的个人计算机，具备基本的计算机技能和数字素养，会操作标准的办公软件等。

课程用人要求说明则是指各门具体课程对辅导教师的要求。有的课程有面授环节，那么辅导教师的居住地到教学中心的便捷程度将重点考虑；通过在线学习系统进行教学的课程则要求辅导教师会使用博

① "Generic Person Specification," The Open University, accessed April 10, 2017, http://www.open.ac.uk/jobs/tutors/teaching-roles/generic-person-specification.

客、在线论坛、维基和电子学档等工具。对于辅导教师同样也要求具备在英国工作的许可。

在面试过程中，面试小组会根据候选人所填写的一般用人要求说明和课程用人要求说明进行提问，如候选人与本工作岗位相关的资质和工作经验、如何理解成人的学习需求、如何理解以学生为中心的教学方法、如何鼓励学生进行自主学习、参加网上讨论、如何理解开放大学制度等。① 面试结束后，面试小组会向区域学习中心主任推荐合适的候选人，而区域学习中心主任则代表大学董事会与接受录用的辅导教师签署聘用合同。

2. 管理与发展

辅导教师一经录用，试用期是 2 年。在试用期内，通常会为所有新入职的辅导教师指派一名有经验的导师，一般由辅导同一或类似课程且经验丰富的辅导教师担任。在试用期内这位导师随时都可以对新成员提供建议和支持。辅导教师的职位申请是否成功有赖于他在 2 年的试用期中的工作表现。在异常情况下，可能会延长 12 个月的试用期。如果辅导教师在任期内获得了其他或不同的课程，则无须再经历试用期。

虽然大部分辅导教师在入职开放大学前都有丰富的经验或擅长于成人教学，但他们仍然需要对“有支持的开放学习”有所了解。新入职的辅导教师必须参加入职培训。培训的内容既有与课程相关的培训，如怎样组织教学、如何提供远程辅导等，也有与辅导教师这一角色相关的培训。一般的入职培训主要是学习一些开放学习材料，由区域学习中心的学术员工根据辅导教师个人的实际需要进行安排。常用的学习材料包括印刷手册《在开放大学，您的角色介绍》（*An Introduction to Your Role with the OU*）和在线资料《辅导教师要义》（*AL Essentials*）

① 张胜利：《英国开放大学兼职教师管理及对我国开放大学建设的启示》，《现代远距离教育》2011 年第 4 期。

等。

为了帮助辅导教师管理教学，开放大学专门为辅导教师设立了“教师之家”的网站。该网站为辅导教师提供支持他们实践的资源和信息。网站上有他们的学生群、课程链接、学院网站、关于学生额外需求的建议、教学时间表、大学信息和他们的个人记录等。[①] 空间里还提供了学校关于辅导教师的规定、对辅导教师绩效表现的期待，同时也为辅导教师以后的专业发展提供了许多好的建议。

所有辅导教师在任期内都必须接受作业评阅和远程教学监控管理。通常在课程学习中对学生学业进步的持续性评估包括三个部分：教师评阅的作业（tutor-marked assignments，TMAs）、计算机评阅的作业（computer-marked assignments，CMAs）和与计算机交互的作业（interactive computer marked assignments，iCMAs）。TMAs 主要是一些小论文和简短回答的问题。辅导教师 TMAs 的详细反馈是对学生进行个别化辅导的主要形式。这种辅导关系能提高学生的学习，是保持和促进学生学业发展的重要资源。开放大学要求辅导教师向考试和评价委员会提供有评价的评分记录，并在每次作业最后期限后的 14 天内向学生反馈评分结果。

对作业评阅进行管理的主要目的是确保由不同教师给出的成绩的一致性，且符合考试和评价委员会的意图；确保每位辅导教师的远程教学在质量和数量上的合适性并展示出对课程目标、教学内容和学生需求的理解；分享教学中好的实践活动以促进辅导教师的职业发展；让考试委员会和外部评审员了解课程和课程评价的方法已被教师和学

① “Quality and Standards in the Open University Fact Sheet 7：Staff，” The Open University，accessed December 20，2016，http：//www. open. ac. uk/about/main/sites/www. open. ac. uk. about. main/files/files/ecms/web-content/qas-fss-factsheet7. pdf.

生所接受。[①]

辅导教师可以通过“学生课程学习体验”调查获得对作业评阅的反馈信息。反馈结果由辅导教师的直接管理者与辅导教师一起逐项分析，以促进辅导教师的进一步发展。对辅导教师的管理还可以通过一些统计数字来体现。导师成绩分析报告（Tutor Grade Analysis Report，TGAR）是一份对所有老师所给成绩波段的分析报告。在报告中还会将某位辅导教师所给分数与同一地区或其他区域的辅导教师的评分结果进行比较，从中可以看出该教师的给分是过于严格或者过于宽松。教师评分作业轨迹档案对辅导教师给出作业反馈的时间进行记录，其中显著标明了教师在作业提交最后期限后 21 天内仍未给出作业反馈的情况。

在专业发展方面，所有的辅导教师都要求参加与促进其教学技能发展相关的培训活动（每年至少 2 天）。另外，辅导教师还可以利用开放大学专门为辅导教师设置的“辅导教师发展基金”来支持和促进个人专业发展的各项活动。如果辅导教师选修开放大学的课程来促进个人发展，可以享受免费政策。

三、提供以学生为中心的支持服务系统

学习支持是一个不断发展的概念，在本研究中选用一个比较宽泛的定义，指“为帮助学习者完成高等教育的学习而提供的所有帮助的

---

① “Quality and Standards in the Open University Fact Sheet 4：Assessment and Qualification，”The Open University，accessed December 20，2016，http：//www. open. ac. uk/about/main/sites/www. open. ac. uk. about. main/files/files/ecms/web-content/qas-fss-factsheet4. pdf.

总和”[①]。英国开放大学提倡“有支持的开放学习”，即从学生开始选择课程到课程结束的全过程都可以获得来自开放大学各个部门的帮助和指导。这些帮助既包括由开放大学提供的各类学习资料、辅导教师对课程学习的指导和评价，也包括学费资助申请、职业规划、就业指导、残疾障碍帮助等多个方面。开放大学认为其“有支持的开放学习”包括四个方面的特点：灵活性——学习时间和地点是灵活的；完整性——包含学生需要的所有资源；支持性——学生在学习过程中可随时向相关部门咨询，获得帮助；社会化——学生除了可以从校方获得帮助外，还可以通过面授、在线论坛、小组活动等加强学习者之间的联系，促进相互学习。[②] 长期以来，开放大学形成了自己独特的学习支持服务体系，这是确保开放学习质量的有效手段。同时，为了保证其学习服务支持体系的有效运转，开放大学也制订了一系列的质量保障机制。

（一）学习支持服务的发展历程

虽然学习支持服务的理念最早是在开放大学的教学实践中发展起来的，但据考证，在开放大学成立之初并未使用“学习支持”这一术语，甚至在 1978 年以前，也没有对远程教育中学习支持服务的系统论述。[③] 最早的远程教育（函授教育）一个显著的特点是缺乏学习支持。也许是受行为主义教学理念的影响，函授教育的一个基本假定就是学

① Liz Thomas, “Student Retention in Higher Education: The Role of Institutional Habitus,” *Journal of Education Policy* 17, no. 4(2002): 423-442.

② “Teaching & Learning,” The Open University, accessed April 23, 2016, http://www.open.ac.uk/about/main/strategy/teaching-learning-ou.

③ David Sewart, “Student Support System in Distance Education,” *Open Learning*, no. 3(1993): 3-12.

习者会自动接受教学材料的指导。[①] 只要给学习者提供学习资源，学习者就会自动地、按部就班地按照教学材料的指导完成学习任务。开放大学在1969年成立之初就摆脱了函授教育的束缚，采用多媒体学习和教学系统，在学习支持上有大量的投入，但也是一个不断探索和发展的过程。泰特（Alan Tait）根据他对开放大学学习支持系统特点的分析，将这一过程划分为四个历史阶段：[②]

1. 第一阶段（1971—1976年）

主要特点包括：①开放大学在全国建立了260个学习中心。②辅导教师分为两类，一类是教育顾问，另一类是课程/模块导师。教育顾问主要负责第一学年学生的管理和基础课程的教学，为学生的本科学习生涯打下基础；课程/模块导师则负责面对面的或远程的教学，不管是面对面教学，还是远程教学都要求以一定的学生规模和地理分布为基础。③区域中心的员工主要为教育顾问、课程导师和少部分学生（残障学生、低学历或有特殊困难的学生）提供支持。④许多课程（包括所有的一年级课程）都要求至少一星期的驻校学习。

从这一阶段的学习支持服务的特点可以看出，学校非常重视辅导教师的作用，特别是在第一学年，将教育咨询与指导和课程教学相结合，有助于学习者快速进入远程学习状态，掌握远程学习的基本技能。学习支持服务采用的是就近原则，以学生的地理分布为核心。这一时期的大部分行为源自开放大学在筹建时期从其他远程高等教育模式中获取的成功经验，虽然具备学习支持服务的雏形，但其理论的形成与发展滞后于其实践。

---

① T. Anderson and J. Dron, "Learning Technology through Three Generations of Technology Enhanced Distance Education Pedagogy," accessed March 12, 2016, http://www.eurodl.org/materials/contrib/2012/Anderson_Dron.pdf.

② Alan Tait, "From Place to Virtual Space: Reconfiguring Student Support for Distance and E-Learning in the Digital Age," *Open Praxis* 6, no. 1(2014): 5-16.

2. 第二阶段（1977—1999年）

主要特点包括：①用辅导—咨询教师将课程导师和教育顾问的角色进行整合，在第一学年里既扮演学科专家的角色，同时也是教育顾问，并且他作为教育顾问的角色将贯穿学生的整个学习过程。②在学生后继课程的学习中也有学科专家担任辅导教师，主要负责当地面对面的辅导和日校的教学，通常只面向具备一定学生规模的学习中心委派学科专家。③与前一时期一样，区域中心的员工主要负责为辅导—咨询教师、学科专家和少部分学生（残障学生、低学历或有特殊困难的学生）提供支持，并且通过发展区域学习中心的教育指导小组来承担更多的学生咨询工作。④对驻校学习的要求也与前一时期相同。

这一阶段学习支持的主要特点是将课程导师和教育顾问的角色进行了整合，将教育顾问的工作贯穿学习的全过程。学科专家开始承担一定的教学辅导工作，在区域学习中心，开始有一部分人专门承担学生的咨询工作。在此期间，有关学习支持的理论研究也得到了飞速发展。

1978年，大卫·西沃特（David Sewart）在《远程学习系统对学生的持续关注》（“Continuity of Concern for Student in a System of Learning at a Distance”）一文中正式提出了“学习支持”概念，被认为是西方学者对学习支持服务的第一篇系统论述。[①] 西沃特认为，远程教育中的学习支持服务所包含的要素是无限的，他列出了13种，但强调不限于这些内容；同时他也指出学习支持属于服务产业，所以要特别关注服务对象——学生的需要，要以学生为中心。在他的持续关注理论中他强调参加远程学习的学生不是天生就会自主学习的，其自学能力、自制力、对资源的选择能力和对学习过程的控制力都是在教师的指导和帮助下逐步培养和发展起来的，学生自主不是远程学习的起

① 丁新：《国际远程教育研究》，高等教育出版社，2008，第101页。

点而是对学生持续关注和支持服务的结果。[①] 西沃特的理论对开放大学的学习支持服务的发展影响很大，辅导—咨询教师就是在他的倡导下发展起来的。

另外，霍姆伯格（Holmberg）的“指导性教学对话”理论对开放大学的学习支持服务也影响深刻。霍姆伯格将学习支持服务分为两类：一类是基于信息技术媒体的非面对面的交流，霍姆伯格指出为了充分表现课程的交互性，远程课程在开发时所采用的文本应是对话式的，体现“模拟交流”的特征；另一类是面对面的交流，他认为人际面授是远程教学中或多或少的必要组成部分。[②]

3. 第三阶段（2000—2013 年）

主要特点包括：①每个课程/模块都有基于学科的导师，但取消了对学生在整个学习期间的持续支持。②区域中心的员工主要负责为导师提供支持，通过发展区域学习中心的教育指导小组来承担更多的学生咨询工作。③对驻校学习的要求急剧下降，许多学位对此不作要求。

在这一阶段，开放大学取消了由一名辅导教师为学生在整个学习期间提供辅导支持的制度，改由不同的辅导教师为学生提供支持。随着信息通信技术的发展和普及，地理位置对远程学习的束缚有所减弱。视频会议系统、虚拟/仿真实验室的出现，让驻校学习的必要性消失，许多学位对此不做强制要求。

在此期间也有许多优秀的理论成果。如艾伦·泰特的学习支持服务系统开发框架，认为学习支持服务的开发是一个系统性构建的过程，涉及学生群组特征、科技基础设施、规模、学科或课程需要、地域、

---

① 武丽志、丁新：《学生支持服务：大卫·西沃特的理论与实践》，《中国远程教育》2008 年第 1 期。

② 唐燕儿、丁新：《博瑞·霍姆伯格远程教育思想研究》，《中国电化教育》2004 年第 5 期。

系统管理等多个要素。[①] 帕特·阿特金斯（Pat Atkins）提出的ARCS学习支持模式，把情感（Affective）、反思（Reflective）、认知（Cognitive）和管理（Systemic）的支持融为一体，使学生能体验到个性化的学习经历。[②]

进入21世纪后，受到信息通信技术、虚拟/仿真技术和数据分析技术的强烈冲击，开放大学意识到一直以来基于地理分布组织起来的学习支持系统在灵活性和成本/效益上都呈现明显劣势。2005年，由校长执行委员会牵头，在2005—2011年开展了学习支持服务评审（Student Support Review，SSR）活动，其目的是希望通过试点，探寻建立一种或多种提供整合教与学的支持服务模式，在增加学生体验的同时也能适应学校大环境的变化，为学生和大学提供更具成本/效益的解决方案。这一活动的结果为开放大学后期的学习支持服务的发展指明了方向。

4. 第四阶段（2014—现在）

主要特点包括：①每个模块都有导师，在主要的模块教学中尽可能地在本地开展持续可选的面对面会议。②以资格证书为基础组建学习支持团队，通过电话或E-mail提供专业强化和基于资格证书的专业知识，不受地理位置的限制。学习支持团队将在学生获得证书的整个学习期间主要针对某一系列的资格证书而整合其学科、资格证书和指导重点，其目的是通过分析学生记录提供对某些元素的持续关注。

从2014年起，开放大学的学习支持服务的重心由地理位置向学科和资格证书转移，学习支持与学科教学分离的现象也将逐渐消失，学习支持与学科教学融为一体的趋势将越来越明显。

---

① 王小梅、丁新：《艾伦·泰特研究》，《中国电化教育》2004年第11期。

② 帕特·阿特金斯：《探索一流的个性化综合学习支持》，肖俊洪译，《中国远程教育》2013年第7期。

（二）学习支持服务的主要措施

开放大学的学习支持从申请者的咨询开始，到学生录取、注册、选课、教学、考试以及职业规划的全过程都能提供细致周到的服务。其服务的形式既包括面对面的或以通信工具为中介的人工服务，也有通过信息管理系统或网络平台的自助服务；既有印刷的小册子，也有丰富的在线资源可供学习者按需选择。在《开放大学质量标准框架》中将学生支持与指导从五个方面（招生与录取，建议与指导，对残疾学生的支持，与职业相关的信息和指导，学生的投诉与上诉）进行了详细的介绍。①

1. 招生与录取

在招生和录取上，开放大学采用的是“先来先服务”政策，绝大多数本科学习模块是没有入学门槛的（但对研究生和研究学习有一定的入学要求）。学生支持团队和招生部门可为学生或咨询者提供关于课程和证书选择的信息、建议和指导，但最终的决定权还在于学习者本人。除了可以向学生支持团队和招生部门咨询外，开放大学还提供多种关于课程和证书的宣传资料。这些资料将详细地介绍课程/文凭的基本情况、往年的录用信息、学分转换的要求等。在“开放大学的学习”网站上则包括开放大学提供的所有课程的介绍、学习方法的选择、开放大学的优势等模块，帮助学习者或咨询者了解开放大学的课程内容、学习方法和特色。在每个模块内容的末端都提供了聊天室、E-mail、免费回拨电话和国际帮助热线四种联系方式。学习者可以通过这些方式

① “The Open University. Quality and Standards in the Open University Fact Sheet 6: Student Support and Guidance,”The Open University, accessed December 20, 2016, http://www.open.ac.uk/about/main/sites/www.open.ac.uk.about.main/files/files/ecms/web-content/qas-fss-factsheet6.pdf.

与学生支持团队和招生部门联系，获得更详细的资讯。[1] 在开放大学的《学生守则》中包含了注册条件、法规、政策及申明等有关学生和开放大学的承诺，包括中途退学的相关规定。《学生守则》是注册学习的基础，适用于开放大学所有在册学生。

除此之外，学习者还可以通过开放大学的客户关系管理系统（主要用于管理大学与学生、咨询者、辅导教师以及合作组织之间的相互关系）进行咨询。该系统可以显示学生所有的学术记录、与大学的所有联系，包括电话交流、E-mail、由网络提交的各种需求和咨询等。通过该系统不仅可以提供大学与学生或咨询者联系的全景图，更好地为学生提供服务，还可以迅速地将学生的需要转移到合适的部门，为学生提供一站式服务。

2. 建议与指导

在建议与指导方面的活动主要包括初始证书/模块的选择、制订学习计划、学费贷款信息和经济帮助、相关的准备和入门培训、学习技能的发展、职业指导与支持、对学习过程的管理与评价以及为残疾学生提供便利等。给咨询者和学生的信息、建议和指导由招生部门或学生支持团队的前台和指导人员提供，一些复杂问题，如学习进展、职业计划或残障相关的问题则由更专业的咨询人员来解答。信息和建议的提供方式可以是书面材料也可以是在线资源，指导则一般通过电话或电子邮件的交流来提供。

此外，已注册的学生还可以利用"学生之家"网站上的学习支持模块来获得适当的信息和资源。[2] 其中的"学习技能"模块为学生提供了一些帮助其发展学习技能的技巧、指导和资源，如一套由开放大学

---

① "Degrees and Courses for International Students," The Open University, accessed April 6, 2017, http://www. openuniversity. edu/.

② "StudentHome," The Open University, accessed April 6, 2017, http://www. open. ac. uk/students/.

出品的《学生工具包》，包括五个方面的书写技巧：有效地使用英语，复习与考试，使用图形和表格，阅读与笔记，短文和报告的书写。这个系列的指导书涵盖了学生在学习期间需要使用的基本技巧，提供了许多有效的建议。资源的类型除了文字材料外还包括：活动、免费课程、电子书、音频材料、视频材料、海报等。“帮助中心”作为“学生之家”的一个特色组成部分，提供了一系列的信息和建议来支持学生在开放大学的学习。

3. 对残疾学生的支持

开放大学有很大一部分活动是支持学习的可访问性，特别是对残疾学生的学习访问支持。开放大学面向残疾学生的支持活动主要由学生支持团队（Student Support Teams，SSTs）和残疾学生支持（Disabled Student Support，DSS）中心提供。

学生支持团队可以为残疾学生提供建议、指导和教育支持。那些声明自己有残疾、特殊的学习困难（如阅读障碍）、长期的健康问题或心理健康缺陷的学生，可直接通过在线资源，完成一张残疾支持表格，确定他们的要求和请求。随后会有一名顾问与学生联系，讨论他们的个人学习需求，并形成一份概要记录。这份记录将提供给辅导教师和相关的支持人员，让他们意识到该学员特殊的学习需要并做出适当地调整。学习支持团队可以处理对考试或评价方式的调整，变更或修改作业的方式等。但如果需要修改教学材料的格式以及一些其他额外的帮助，则需要与残疾学生支持中心联系。残疾学生支持中心与外部服务提供商、合作资助机构、学院和单位合作，能提供更广泛的支持选择。DSS 中心可以提供的支持服务包括变更学习材料的格式、提供专业设备、非医疗帮助以及在驻校学习时提供实践帮助等。①

另外，开放大学有“追求最大可访问性”（Securing Greater Accessibility，SeGA）政策，其目的是为了确保残疾学生的需要在模块/课程的初始设计阶段就被考虑，这是从学术方面对残疾学生最有力的支持。开放大学制订了“2016—2020 平等计划”（The Equality Scheme 2016—2020）希望通过平等目标和平等的行动计划来消除非法歧视、骚扰和侵害，从而推动和促进机会的平等和培养良好的人际关系。② 开放大学还可以为残疾学生提供残疾学生津贴。这是政府给予学生，帮助其支付额外学习费用的经费。目前，残疾学生津贴的大部分工作都与助学贷款部门相关，开放大学已在 2017 年关闭残疾学生津贴工作，相关工作转交到助学贷款部门。

4. 与职业相关的信息和指导

尽管开放大学的大部分学生在学习期间就已经就业，但是有超过60%的学生认为他们学习的目的是为了发展或变更其职业。因此，开放大学的职业咨询服务的作用就是要在学生职业生涯的任何阶段都提供帮助，主要目标是为学生提供适当的职业教育、信息和指导，以帮助他们成功地渡过职业变更或职位提升。其就业能力培养政策涵盖如何通过在课程中使用适当的方法、技能和衔接来帮助学生发展其就业能力。提供给教职员工使用的“就业能力工具箱”包括如何将就业能力嵌入课程和学习支持的相关指导和资源。

---

① “The Open University. Quality and Standards in the Open University Fact Sheet 6: Student Support and Guidance,”The Open University, accessed December 20, 2016, http://www.open.ac.uk/about/main/sites/www.open.ac.uk.about/main/files/files/ecms/web-content/qas-fss-factsheet6.pdf.

② “The Open University Equality Scheme 2016-2020,”The Open University, accessed April 22, 2017, http://www.open.ac.uk/equality-diversity/sites/www.open.ac.uk.equality-diversity/files/files/ecms/web-content/Equality-Scheme-Revisions-FINAL.pdf.

其次，学生可以通过“职业咨询服务”网获得相关信息。[①] 在“职业咨询服务”网站上列出了职业计划过程概要、专业组织的链接、招聘信息以及开放大学的课程与文凭和职业的关系等信息。并且，“职业咨询服务”网上还有与“毕业前景”的链接，这是英国主要的高等教育职业网站。

通常职业信息、建议和指导的传递是通过区域和总部的学术服务部门以及“职业咨询服务”网进行。对学生的支持由当地的学术支持团队组织，每个支持团队都有一名专业的职业咨询师与之联系。服务则主要通过电子邮件、电话或社区送达，但也有面对面交流的机会。

除了提供咨询信息外，帮助学生制订个人发展计划（Personal Development Planning，PDP）也是开放大学帮助学生发展其就业能力的一种有效手段。个人发展计划是一个由学生设定目标、发展技能以及总结其进展的过程。这一过程对于因职业而学的学生是非常有用的，它能帮助学生围绕其职业计划的每一步设定框架，并及时地对其所获得的技能进行评价。在此期间，教师的主要工作是帮助学生制订可行的个人发展计划，并确保在学习过程中学生的就业能力有明显的发展。开放大学希望在所有的一级课程中都加入一些 PDP 的内容和评价，引导学生利用 PDP 过程来帮助他们的学习。支持学生的 PDP 资源可以从“职业咨询服务”网的“About You”模块中获得，供员工使用的 PDP 资源则有一个专门的 PDP 使用手册。

5. 学生的投诉与上诉

开放大学有专门让学生提出投诉或上诉的程序。学生个案工作办公室和政策协调团队负责建议、记录、协调和管理正常的投诉和上诉。

---

① “Careers and Employability Services Statement of Service,”The Open University, accessed June 17,2017,http://www.open.ac.uk/students/charter/sites/www.open.ac.uk.students.charter/files/files/ecms/web-content/careers-statement.pdf.

投诉是指对学习计划、与学术或行政相关的服务不满的一种口头或书面表达。投诉主要关注的是服务的规则或未能提供服务/便利，这里的服务/便利的标准是指低于合理期望值的标准或在合理期望得到服务/便利的地方没有获得相应的服务/便利，这些情况都可以通过投诉程序来处理。投诉过程包括三个阶段：投诉最先提交给应提供服务/便利的部门，如果原告对第一阶段的结果不满意，可将正式投诉提交学生个案办公室。如果学生个案办公室受理了这份投诉，则会将它移交给高级权威部门进行调查，并给出判决书。如果原告还是认为学校没有合理地处理他们的投诉，则可启动审核程序。①

上诉则包括学术上诉和行政上诉。学术上诉是指申请审核一个学术机构在录取、评价、学生发展和奖励方面的决定，包括入学要求、对残疾学生在教学和评价方面的合理调整、学术不当、作业评分、论文提交、评奖和资格分类等。行政上诉则是申请审核对个人或机构关于学生的学习权利或学习经历所做的决定，包括注册过程、学费责任、经济支持、特殊安排等，通常与学术无关。上诉过程也包括三步：对学生质疑的决定进行查询、提出正式申诉和请求审核。

如果原告从校方不能得到满意的结果，则可将申诉提交高等教育独立仲裁办公室（Office of the Independent Adjudicator for Higher Education，OIA)，它将独立处理学生的投诉，英格兰和威尔士所有的高等教育机构都有义务执行其判决结果。

---

① "The Open University. Quality and Standards in the Open University Fact Sheet 6: Student Support and Guidance,"The Open University, accessed December 20, 2016, http://www.open.ac.uk/about/main/sites/www.open.ac.uk.about/main/files/files/ecms/web-content/qas-fss-factsheet6.pdf.

第三节　开放大学中开放教育资源的质量评估

为了确保开放大学学生能接受高质量的教育，开放大学为它的开放教育资源建立了一套相对完整的质量保障体系。质量保障是个持续的过程，其有效性需要通过周期性的质量评估来证明。在开放大学内部有各种周期的质量评估，如对校内学习服务质量的年度评估、课程发布后的年审和生命中期审核（通常是3—4年）、对学校在平等性和多样性方面的年度总结等。与此同时，为了证明在开放大学的学习质量与英国其他普通高校别无二致，开放大学也积极参加由第三方组织的外部评审，如由英国高等教育质量保障署组织的每6年一次的高等教育质量评审、由英格兰高等教育基金委员会（Higher Education Funding Council for England，HEFCE）组织一年一次的全国大学生满意度调查（National Student Surrey，NSS）等。这些全国性的质量评审不仅可以证明开放大学的质量水平，同时也扩大了开放大学的声誉。除此之外，开放大学对一些专门的项目还有专项质量标准的评估。如对内部员工的晋升采用的是高等教育角色分析（Higher Education Role Analysis，HERA）的评价指标，但对辅导教师采用的是年度晋级制（辅导教师分为1—7级，初次聘任时是第一级，一年后自动晋升到第二级）的评价标准；而对学习支持服务部门采用了信息、咨询和服务方面的国家标准——矩阵标准作为检验学生支持服务工作质量的依据。①

---

①　白滨、陈丽：《解读英国开放大学的质量保证——访英国开放大学质量保证专家Steven Swithenby教授》，《中国远程教育》2009年第11期。

一、开放教育资源的内部评估

虽然开放大学每年有很多自己组织或参与的质量评估，但许多数据和结果是属于商业机密，并不对外公开。因此，本研究仅选取开放大学对外公开的平等性和多样性监测数据来一窥开放大学开放教育资源的管理结果。

《平等性和多样性年度报告》（“Equality and Diversity Annual Report”）是由开放大学的平等性和多样性信息权利办公室在每年6月份发布的对上一个学年度的数据监测报告。这份系列报告包括对内部员工，辅导教师，学生反馈，学生投诉，学生参与率、完成率和优秀率的监测数据。其目的是分析这些数据在年龄、种族、性别和是否残疾等方面的分布情况，从而体现开放大学在平等性和多样性方面的成效。

（一）课程材料的评估

开放大学在学生学完某一课程后，会对其进行调查（包括课程开始后辍学的学生），即学生课程体验调查（Student Module Experience on a Module Survey，SEaM）。学生课程体验调查通常会在课程结束前的3—4个星期发送给所有课程的所有学习者，其主要目的是评价学生在学习某一具体课程/模块时的学习经历，主要关注教与学的体验。

学生课程体验调查问卷包括四个模块：总体评价、对教学材料和学习活动的评价、对评价和反馈的评价以及对学术目标和技能发展的评价。每个模块包括一系列指标问题，每个问题有五个选项（绝对赞同、非常赞同、赞同、不太赞同、不赞同），学习者可以根据自己的学习体验进行选择。

其中，“总体评价”中包含的十个关键性能指标问题，分别是：①总的说来，我对课程质量很满意；②总体而言，我对我的学习体验很满意；③这个课程/模块的性价比很好；④我对在这门课程学习中辅导教师/学习顾问提供的支持很满意；⑤总体而言，我对该课程/模块提供的教学材料很满意；⑥总体而言，我能跟上该课程/模块的进度；⑦有明确的学习结果说明；⑧我会向其他同学推荐这个课程/模块；⑨该课程/模块符合我的期望；⑩我喜欢学习这个课程/模块。在2014和2015年的调查中，对这十项指标问题的满意率（包括“绝对赞同”和“非常赞同”两个选项）结果如图3-8所示。[①②]

由图3-8可以看出，每年这十个项目的满意率都非常相似的。其中，对“有明确的学习结果说明”的满意率最高，获得了约90%学习者的赞同；而“这个课程/模块的性价比很好”的满意度相对较低，只有约70%学习者的认可。

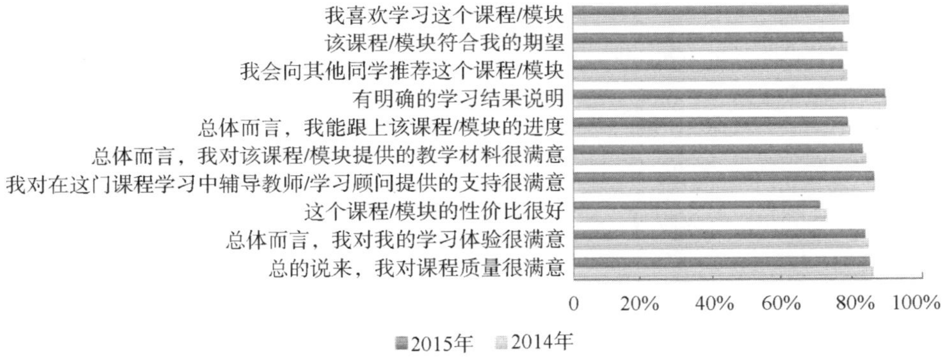

图3-8　总体评价的满意率（2014—2015年）

在对教学材料和学习活动的评价中包含如下内容：①我能找到关

① The Open University, "Equality and Diversity Annual Report (2015)—Monitoring Data: Student Feedback" (paper presented by the Open University, 2015), p. 4.

② The Open University, "Equality and Diversity Annual Report (2016)—Monitoring Data: Student Feedback" (paper presented by the Open University, 2016), p. 4.

于学什么和什么时候学习的明确信息；②我能很容易地在课程网站上获得在线教学材料和相关的学习活动；③我对学习本模块的建议和指南很满意；④我能在需要的时候使用不同的教学材料和学习活动；⑤教学材料和学习活动经过有效地整合，且有助于我的学习；⑥我对该模块中传递教学材料和学习活动的方法很满意；⑦图书馆的在线资源能强化我的学习。在2014和2015年的调查中，对这类问题的满意率结果如图3-9所示。①②

由图3-9可以看出，学习者对“我能找到关于学什么和什么时候学习的明确信息”的满意率最高，得到94%学习者的认可；其他项目的满意率也都在80%以上，但对“图书馆的在线资源”的满意率比较低，只得到了约60%学习者的认可。

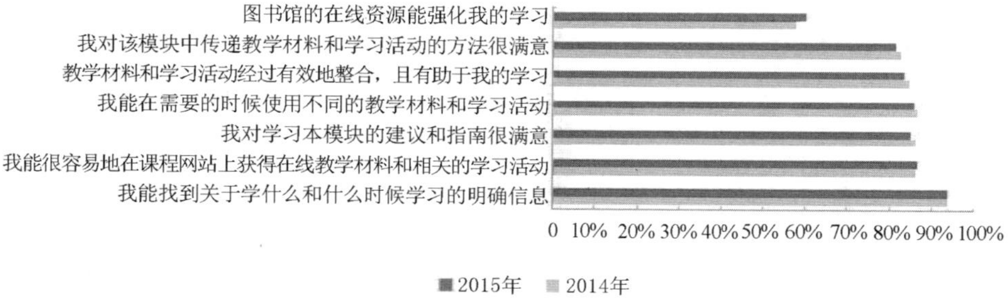

图3-9 教学材料和学习活动的满意率（2014—2015年）

在对评价和反馈的评价中包括如下内容：①对如何完成作业的指导很清晰；②参加自选练习和活动来检验我的理解，可以帮助我的学

① The Open University, “Equality and Diversity Annual Report (2015)—Monitoring Data: Student Feedback” (paper presented by the Open University, 2015), p. 4.

② The Open University, “Equality and Diversity Annual Report (2016)—Monitoring Data: Student Feedback” (paper presented by the Open University, 2016), p. 4.

习；③完成该模块的作业可以巩固我的学习；④参与其他同学的合作活动有助于我的学习。在 2014 和 2015 年的调查中，对这类问题的满意率结果如图 3-10 所示。[①][②] 90％以上的学习者认为“完成该模块的作业可以巩固我的学习”，但学习者对合作活动的认可度并不高，只有 60％的学习者认为“合作活动有助于学习”。

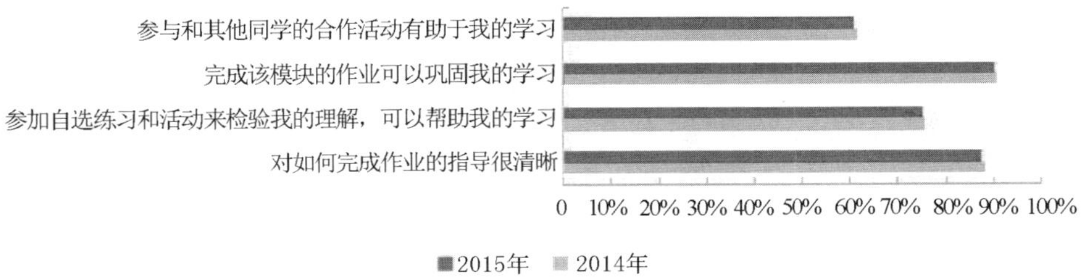

图 3-10　评价和反馈的满意率（2014—2015 年）

在对学术目标和技能发展的评价中包含两个内容：①该模块有助于我实现更广泛的学术目标；②该模块中的知识和能力的发展与我的工作和职业相关。在 2014 年的调查中，这两个项目的满意率分别为 88.8％和 71.7％；在 2015 年的调查中，这两个项目的满意率变化也不大，分别为 88％和 72％。[③] 可见开放大学提供的课程有助于进一步的学术发展并获得了绝大部分学习者的认可，在与工作和职业的联系上还有较大的发展空间。

在对课程辍学者的调查中，学习者对“开放大学公布的课程选择

① The Open University,“Equality and Diversity Annual Report(2015)—Monitoring Data:Student Feedback”(paper presented by the Open University,2015),p. 5.

② The Open University,“Equality and Diversity Annual Report(2016)—Monitoring Data:Student Feedback”(paper presented by the Open University,2016),p. 5.

③ The Open University,“Equality and Diversity Annual Report(2015)—Monitoring Data:Student Feedback”(paper presented by the Open University,2015),p. 6.

信息是明确的”（88.2%）、“从开放大学员工那里获得的关于课程选择的建议和指导是正确的”（82.3%）、“总的说来，我对课程提供的教学材料是满意的”（80.7%）等项目的满意度都很高，但对“在线互动的质量满意”项目的满意度比较低，只有66.2%的学习者认可。在对辍学原因的调查中，60%左右的学习者是因为家庭、生活或不可预期的疾病导致辍学，而因课程教学材料（11%）和学习支持（8.4%）辍学的比率不高。①

从以上数据可以得出，开放大学的课程质量无论从总体评价，还是从教学材料和学习活动的设计都获得了绝大部分学习者的认可，但在图书馆在线资源、在线互动和合作学习等方面还有待进一步改进。

（二）教职员工的评估

在开放大学的《平等性和多样性年度报告》的监测数据中对每年内部员工和辅导教师的年龄分布、招聘、晋升和培训发展情况进行了监测。2011—2015年，开放大学内部员工和辅导教师的人数情况如图3-11所示。②

从图3-11可以看出，2011—2015年开放大学的内部员工人数没有发生太大的变化，但辅导教师队伍则在急剧缩小。2015年的辅导教师人数比2011年少了近2000人。这不仅与信息通信技术的发展有关，同时也与自2014年以后开放大学的学习支持服务的重心由地理位置向学科和资格证书转移有关。随着学习支持与学科教学融合程度越来越高，辅导教师队伍会逐渐缩小，但不会完全消失。

在人员招聘上，根据2015年公布的数据显示：2015年共有7128人申请应聘内部员工，其中入围人数为2172人，占申请人数的

① The Open University, “Equality and Diversity Annual Report (2015)—Monitoring Data: Student Feedback” (paper presented by the Open University, 2015), pp. 7-8.

② The Open University, “Equality and Diversity Annual Report (2016)—Monitoring Data: Associate Lecturer Staff” (paper presented by the Open University, 2016), p. 8.

30.5%，而录取人数为 727 人，占入围人数的 33.5%，平均每 10 个应聘者中只有一人被录取。[①] 由此可见，开放大学在人员的聘任上是很谨慎的。

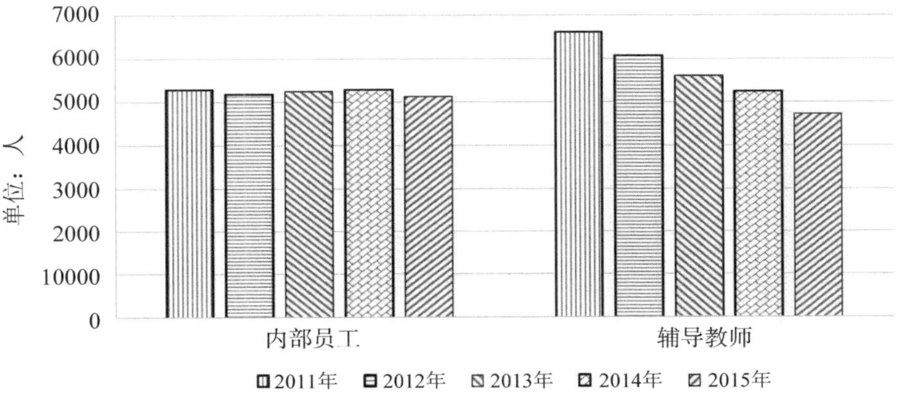

图 3-11　开放大学内部员工和辅导教师的人数统计（2011—2015 年）

在人员的培训和发展上，2015 年内部员工共选修课程 4425 门，平均人均选修课程 0.9 门。2011—2015 年内部员工共选修课程 38 146 门，人均选修课程约 7.3 门。[②] 此外，开放大学对辅导教师的发展也很重视。2014 和 2015 年辅导教师的发展基金申请结果如表 3-3 所示。由此可见，虽然辅导教师申请教师发展基金的人数不是很多，但成功率都在 90%以上。

---

① The Open University, "Equality and Diversity Annual Report (2016)—Monitoring Data: Internal Staff" (paper presented by the Open University, 2016), p. 7.

② The Open University, "Equality and Diversity Annual Report (2016)—Monitoring Data: Internal Staff" (paper presented by the Open University, 2016), p. 13.

表 3-3 辅导教师发展基金申请情况（2014—2015 年）

年度	辅导教师总人数	申请发展基金人数	申请成功人数	申请人数所占百分比	成功人数占申请人数的百分比
2014	5234	131	120	2.5	91.6
2015	4713	89	82	1.8	92.1

从员工的晋升情况看，2015 年有 343 人的职位获得提升（包括员工的内部调动、内部晋升、重新定级和借调四种情况），占总人数的 6.7%。从 2011—2015 年共有 1604 人获得升迁，平均人均升迁率为 30.7%。①

2015 年内部员工因抱怨、恃强欺弱或骚扰行为而被投诉的案例只有 2 件。2011—2015 年，这类案例累计也只有 44 件，占总人数的 0.8%。② 辅导教师因抱怨、恃强欺弱或骚扰行为而被投诉的案例也只有 31 件，占总人数的 4.1%；违纪事件 12 起，占总人数的 2.3%。③ 由此可见，开放大学对员工的管理是很明确的，鲜有违纪事件发生。

（三）学习支持的评估

对于学习支持的质量可以从《平等性和多样性年度报告》对学生的参与度、完成率、学业成就（对学习 1 级水平课程的学生而言是指 1 级课程的通过率，对学习 2、3 级课程的学生而言是课程学习达到“良”或“优”以上）以及学生抱怨等监测数据中得到结果。据 2015 学年的统计数据，2011—2015 年学生的课程完成率如图 3-12 所示。1 级水平

① The Open University, “Equality and Diversity Annual Report (2016)—Monitoring Data: Internal Staff” (paper presented by the Open University, 2016), p. 12.

② The Open University, “Equality and Diversity Annual Report (2016)—Monitoring Data: Internal Staff” (paper presented by the Open University, 2016), p. 14.

③ The Open University, “Equality and Diversity Annual Report (2016)—Monitoring Data: Associate Lecturer Staff” (paper presented by the Open University, 2016), p. 9.

课程的通过率和 2、3 级水平课程的优秀率如图 3-13 和图 3-14 所示。①

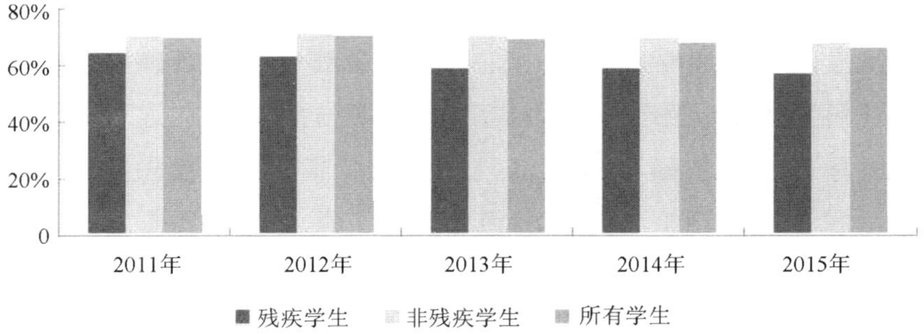

图 3-12　课程完成率（2011—2015 年）

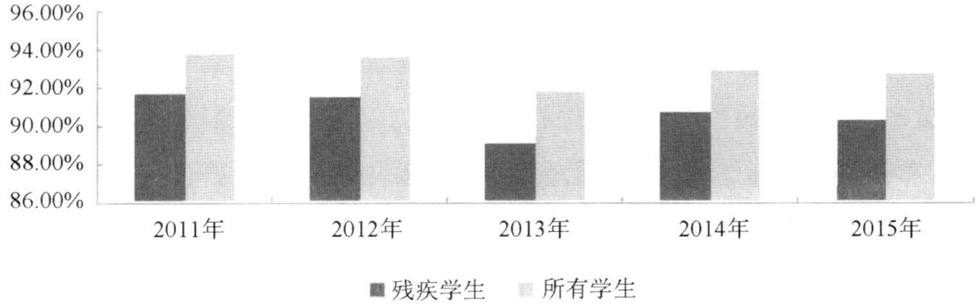

图 3-13　1 级水平课程的通过率（2011—2015 年）

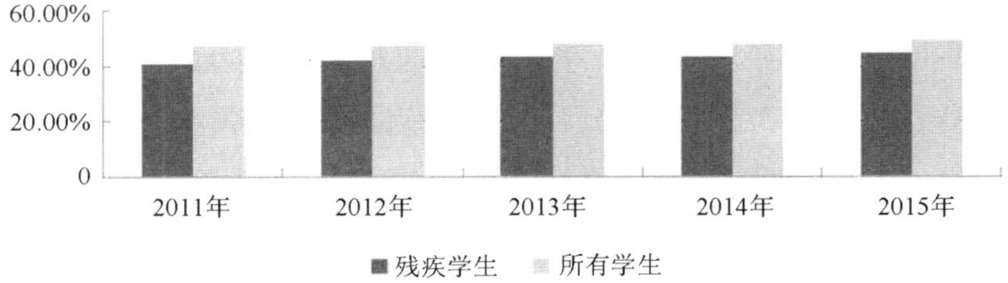

图 3-14　2、3 级水平课程的优秀率（2011—2015 年）

① The Open University, "Equality and Diversity Annual Report (2016)—Monitoring Data: Student Participation, Completion and Attainment" (paper presented by the Open University, 2016), p. 15.

从这三张图中可以看出，2011—2015 年，开放大学学生的课程完成率在 70%左右，1 级水平课程的通过率高达 90%以上，2、3 级水平课程的优秀率也接近 50%。残疾学生在这些指标上略低于平均水平，其中课程完成率比非残疾学生低了近 10 个百分点，但在 1 级水平课程的通过率上是接近平均水平的，只相差 2 个百分点，在 2、3 级水平课程的优秀率也只比平均水平低 5 个百分点。

另外，据 2015 学年学生抱怨的统计，共受理学生投诉 854 起，学生上诉 950 起，提交高等教育独立仲裁办公室案例 52 起，相对于该学年的在校人数（包括所有在开放大学攻读本科和研究生学位的英籍和非英籍学生）144 412 人而言，学生抱怨的比例就很低了。①

二、开放教育资源的外部评估

与内部评估不同，参与外部评估不仅有利于促进学术标准的一致性和可比性，同时它也将对学校的社会声誉产生直接的影响。由第三方进行的外部评估，具备更高的透明度和公正性，其结果更容易为利益相关者所信赖。因此，各大学都对此十分重视。本研究选取英国高等教育质量保障署和全国大学生满意度调查的评审结果来分析对开放大学各类开放教育资源的评价。

（一）高等教育质量保障署的评估

2015 年底，QAA 对开放大学进行了一次质量评审，其目的是调查由开放大学提供的高等教育，并判断其学术标准和质量是否符合英国期望。在对开放大学的评审报告中，QAA 给出的判断是开放大学在学

① The Open University,"Equality and Diversity Annual Report(2016)—Monitoring Data:Student Complaints"(paper presented by the Open University,2016),p. 7.

术标准的设置和维护、学生学习机会的质量、关于高等教育信息的提供以及学生学习机会的强化方面均符合英国期望。[①]

其中，在课程资源的开发上，QAA 的评审小组通过斟酌开放大学的质量保障程序，查阅与课程设计、开发和审批相关的文件（包括课程管理指南、阶段-关口程序以及相关委员会的会议记录），仔细检查了开放大学的课程开发过程。评审小组认为课程委员会的会议记录详细地记录了对新提议的讨论，包括来自校外专家的意见。课程说明书展示了合适的学习结果和课程地图。阶段-关口程序清晰而严谨，详细地考虑了课程开发和审批的每个阶段，被认为是开放大学的良好实践之一。同时评审小组还对正在进行的增加学生在课程和资源设计时的参与度工作进行了肯定。

在人力资源方面，评审小组通过与各类员工和学生进行会谈，调查了开放大学的教与学政策，同时也考察了一系列的文件，包括政策和程序、会议记录、学生指南和在线资源，对辅导教师的工作和开放大学的员工发展框架进行了赞赏。

在学习支持方面，评审小组通过查阅文件，包括开放大学的发展策略计划、扩大访问与成功战略、招生简章、诊断工具、“学生之家”及相关网站上的指导信息等，对开放大学的学生招生、选择和录取工作进行了考察。此外，还考察了开放大学的入职政策和学生的申诉和上诉程序，并大范围地与来自大学和相关机构的员工和学生进行会谈。评审小组充分肯定了开放大学为了实现其“为所有期望实现其潜力的人提供高质量的教育”的使命而实行的开放入学政策；指出开放大学为申请者提供许多支持来帮助他们做出合适的选择，例如，一些课程提供专门的诊断材料或通过阅读课程说明帮助学生做出决定，在线的

---

① QAA,“Higher Education Review of The Open University(2016)”(paper presented by the Quality Assurance Agency for Higher Education,2016),p. 2.

宣传广告和“帮助中心”以及离线的学生支持团队都可以为学习者提供建议和指导。在对残疾学生的指导上，评审小组认为，开放大学能在课程的设计、审批和传递过程中高效地嵌入残疾学生的需求是一种良好的实践；由教育技术研究所和相关部门采集的与课程和学习进程相关的数据可用于管理学生的学习进度、保持率和学业成就，并在适当的时候提供干预，这种将学生的成就作为强化活动焦点的行为也被视为开放大学的良好实践之一。另外，评审小组还肯定了开放大学为学生提供广泛的联系方式来解决投诉和上诉工作的做法。

同时，评审小组也指出，虽然开放大学为学生提供了许多资源，但这些信息大都是碎片化的，分散在无数文件中，有的甚至仅由支持团队口头提供。因此，评审小组也建议开放大学能聚集各种招生信息为申请者和员工提供一个全面的参考；可以通过出版所有学位阶段的所有课程描述，为未来的学生提供信息。

由以上结果看出，开放大学为保障开放教育资源质量的措施是有效的，符合高等教育提供者之间彼此的期望以及学生和公众对高等教育提供者的期望。

（二）全国大学生满意度调查的评估

全国大学生满意度调查始于 2005 年，是由英格兰高等教育基金委员会组织，学习就业部等机构提供资金，在全国学生会的积极配合下，面向英国所有高等院校应届毕业生的一项调查研究。它通过调查问卷的形式，向学生征求对就读学校在教学实施与管理方面的意见，并将统计结果向全社会公布。

NSS 使用的问卷是由英格兰、苏格兰、威尔士和北爱尔兰四家高等教育基金委员会组织设计的，实施由第三方机构伊普索斯·莫里（Ipsos MORI）公司完成。在每年的 1—2 月，英国所有高校的应届本科毕业生都会收到一份附有“满意度调查问卷”的电子邮件，学生也可以到学校领取纸质问卷，所有调查问卷都要求在规定时间内返回，

Ipsos MORI 将对所有问卷进行统计分析。通过这种来自学生视角的对大学和课程做出的比较，可以为大学的入学申请者提供适当的选择信息，同时也是各高等院校质量改进的催化剂和公众问责的依据。

随着参与 NSS 的院校逐渐增多，参与调查的学生规模稳步扩大，NSS 结果的影响力也在不断扩大。如今，NSS 的结果不仅是各高等教育机构考量自身服务质量的风向标，同时也是 QAA 外部审核和高等教育机构拨款的参考依据。

学生满意度调查问卷由 25 个问题组成，其中 1—22 题和最后一题为单项选择题，每题有 5 个选项（完全不同意、不太同意、不同意也不反对、比较同意和完全同意），被调查者可以从 5 个选项中任选一项。另外还有 2 个填空题，要求被调查者对所学课程产生的积极效果或负面影响进行说明。调查问卷的主要内容（1—22 个单选题）如表 3-4 所示。①

表 3-4　NSS 问卷的主要内容（2012 年）

The teaching on my course	
1	Staff are good at explaining things
2	Staff have made the subject interesting
3	Staff are enthusiastic about what they are teaching
4	The course is intellectually stimulating
Assessment and feedback	
5	The criteria used in marking have been clear in advance
6	Assessment arrangements and marking have been fair
7	Feedback on my work has been prompt
8	I have received detailed comments on my work
9	Feedback on my work has helped me clarify things I did not understand

① "National Student Survey Questions," HEFCE, accessed March 10, 2016, http://www.hefce.ac.uk/lt/nss/results/2012/.

续表

Academic support	
10	I have received sufficient advice and support with my studies
11	I have been able to contact staff when I needed to
12	Good advice was available when I needed to make study choices
Organisation and management	
13	The timetable works efficiently as far as my activities are concerned
14	Any changes in the course or teaching have been communicated effectively
15	The course is well organized and is running smoothly
Learning resources	
16	The library resources and services are good enough for my needs
17	I have been able to access general IT resources when I needed to
18	I have been able to access specialized equipment，facilities，or rooms when I needed to
19	The course has helped me to present myself with confidence
20	My communication skills have improved
21	As a result of the course，I feel confident in tackling unfamiliar problems
Overall satisfaction	
22	Overall，I am satisfied with the quality of the course

自 2005 年来，NSS 问题的主体部分基本没有变化，只是在 2012 年对填空题部分进行了微调。但随着调查的不断循环，关于调查问卷本身的问题也越来越明显。2014 年开始对 NSS 问卷的内容进行全面修订。新的调查问卷是根据英国高等教育资助机构进行的一项为期三年的研究计划制订的，该研究计划是对学习和教学信息以及学生体验进行审查（Review of Information about Learning and Teaching，and the Student Experience）的一部分。

2016 年 8 月公布新的调查问卷，2017 年开始使用新版问卷进行调查。2017年版的调查问卷对旧版本中一些问题的表述进行了修订。① 例如，旧版本中的I have received detailed comments on my work（我收到了详细的作业点评）修改为I have received helpful comments on my work（我收到对我有帮助的作业点评）。新版的调查问卷加强了对学生的体验和教与学的参与度方面的调查，增加了Learning opportunity（学习机会）和Learning community（学习共同体）两个指标，在问题的数量和排列上也有所变化，新版调查问卷详见附录A。②

英国开放大学自2005年起每年都参与NSS活动。2005—2016年英国开放大学NSS得分及排名情况如表3-5所示。从表3-5的数据可以看出，英国开放大学无疑是NSS评估的大赢家。在这十二年中，开放大学的排名有2次名列榜首，除2016年的满意度低于90%外，其他年度的满意度都在90%以上。

表3-5　开放大学NSS得分及排名（2005—2016年）

项目	年份											
	2005	2006	2007	2008	2009	2010	2011	2012	2013	2014	2015	2016
NSS得分	95	95	95	94	94	93	93	93	92	91	90	89
NSS排名	3	1	1	2	3	2	4	4	10	12	10	10

2012—2016年开放大学在NSS中各题（1—22个选择题）的得分

① "Review of Information about Learning and Teaching, and the Student Experience: Summary of Responses to Consultation on Changes to the National Student Survey, Unistats and Information Provided by Institutions," HEFCE, accessed May 10, 2017, http://www.hefce.ac.uk/lt/roiconsult/.

② "A new National Student Survey for 2017," HEFCE, accessed October 8, 2017, http://www.hefce.ac.uk/pubs/year/2016/CL,302016/.

和英格兰高校的平均得分如表 3-6 所示。①

从学生满意度调查问卷的内容看，与课程的设计和开发相关的项目包括：第 4 题（The course is intellectually stimulating）、第 5 题（The criteria used in marking have been clear in advance）、第 15 题（The course is well organized and is running smoothly）、第 19 题（The course has helped me to present myself with confidence）、第 21 题（As a result of the course，I feel confident in tackling unfamiliar problems）和第 22 题（Overall，I am satisfied with the quality of the course）。开放大学在这些项目上的历年得分都在平均水平之上，其中被调查对象对开放大学的课程运行和总体评价都相当高。但是课程对增强学习者的学习自信心和面对不熟悉问题的信心方面的数据低于平均值。

表 3-6 开放大学与英格兰高校 NSS 得分比较（2012—2016 年）

题号	2012 年		2013 年		2014 年		2015 年		2016 年	
	开放大学	英格兰高校	开放大学	英格兰高校	开放大学	英格兰高校	开放大学	英格兰高校	开放大学	英格兰高校
1	89	88	88	89	88	89	87	88	87	88
2	85	84	85	85	84	85	82	83	82	83
3	89	88	89	89	88	89	87	87	87	87
4	94	90	94	91	93	91	92	90	92	90
5	87	84	86	83	86	84	85	83	85	84
6	89	85	88	85	89	87	87	86	87	85
7	87	78	87	79	87	82	86	81	87	82
8	92	84	92	85	92	87	92	86	92	87

① "National Student Survey,"HEFCE, accessed October 8, 2017, http://www.hefce.ac.uk/lt/nss/results/.

续表

题号	2012 年		2013 年		2014 年		2015 年		2016 年	
	开放大学	英格兰高校	开放大学	英格兰高校	开放大学	英格兰高校	开放大学	英格兰高校	开放大学	英格兰高校
9	83	76	83	77	83	79	83	79	84	79
10	83	80	82	80	81	80	79	79	80	79
11	89	85	88	86	88	87	87	86	88	86
12	77	76	77	76	76	76	74	75	76	76
13	85	81	85	82	83	82	80	80	81	80
14	87	80	85	80	85	82	83	80	83	81
15	91	81	89	82	89	84	86	82	86	82
16	84	82	85	83	85	85	84	83	85	84
17	86	84	87	85	86	86	86	86	87	86
18	61	66	63	68	64	69	63	68	63	69
19	75	78	75	78	73	76	72	75	72	75
20	73	75	73	76	72	75	71	74	72	74
21	75	77	76	78	74	76	73	76	74	76
22	93	88	92	89	91	89	90	88	89	87

在 NSS 的问卷中与教职员工相关的项目包括：第 1 题（Staff are good at explaining things）、第 2 题（Staff have made the subject interesting）、第 3 题（Staff are enthusiastic about what they are teaching）、第 6 题（Assessment arrangements and marking have been fair）、第 7 题（Feedback on my work has been prompt）、第 8 题（I have received detailed comments on my work）和第 9 题（Feedback on my work has helped me clarify things I did not understand）。开放大学在这些项目上都获得了相对高分，尤其在测试、作业反馈和作业点评

等方面都明显高于平均值。

在 NSS 问卷中，涉及学习支持的选项相对较多，包括第 10 题（I have received sufficient advice and support with my studies）、第 11 题（I have been able to contact staff when I needed to）、第 12 题（Good advice was available when I needed to make study choices）、第 13 题（The timetable works efficiently as far as my activities are concerned）、第 14 题（Any changes in the course or teaching have been communicated effectively）、第 16 题（The library resources and services are good enough for my needs）和第 17 题（I have been able to access general IT resources when I needed to）。开放大学在这些项目上的得分都高于平均水平。但在提供专门的设备、设施或工作室方面（第 18 题：I have been able to access specialized equipment，facilities，or rooms when I needed to）得分低于平均值。

第四章　产业大学：促进终身学习的开放教育资源

“产业大学”是英国在21世纪初出现的新型教育组织机构，是“继开放大学以来教育组织方式的又一次深刻革命”。[①] 英国财政大臣戈登·布朗（Gordon Brown）曾指出：“正如60年代的开放大学通过人们家中的电视机为人们提供了无数接受高等教育的第二次机会，我们的产业大学也能在90年代通过卫星光缆和互动技术将终身学习的指导带到每一个家庭和每一处场所。”[②]

第一节　产业大学的成立与特色

产业大学的成立是为了践行英国政府关于“University for Industry”（为工业服务的大学）的理念，于1998年由英国教育与就业部（Department for Education and Employment，DfEE）负责筹划，2000年秋正式开始运营的。它是英国学习型社会建设的标志。在教育与就业部制订的有关产业大学的计划书——《英国的产业大学——使人人都参与终身学习》中，为产业大学设定了两个战略目标：一是激励企业和个人对终身学习的需求；二是提高这种有针对性的、高质量

---

① 黄丹青：《英国产业大学的发展及其特色》，《中国电化教育》2001年第8期。

② 洪明：《英国产业大学与学习化社会》，《开放教育研究》2001年第1期。

的和具有创造性的学习的有效性，通过对信息和通信技术的应用，拓宽接受这种学习的途径。

一、产业大学的成立背景

产业大学在世纪交替之际问世，既得益于国际社会对终身教育的关注，同时也与当时英国国内的政治、经济形势以及科技的发展密切相关。全球终身教育的发展、传统职业教育的缺陷、国内福利政策的改变以及现代信息科技的发展促成了产业大学。

（一）全球终身教育的发展

1965年12月，联合国教科文组织在巴黎召开“第三届促进成人教育国际委员会”，法国著名的成人教育家保罗·朗格让（Paul Lengrand）以“Education Permanent”为题进行学术报告，正是在这一报告中首次提出“终身教育”的提案。在他的代表作《终身教育导论》（*An Introduction to Lifelong Education*）一书中明确指出：“终身教育即教育这个词所包含的所有含义，包括了教育的各个方面，各种范围，包括从生命运动的一开始到最后结束这段时间的不断发展，也包括了在教育发展过程中的各个点与连续的各个阶段之间的紧密而内在的各种联系。”[①] 此后，1968年，美国教育家哈钦斯（R. M. Hutchins）出版的《学习社会》提出了“学习化社会”。1973年，联合国教科文组织在《关于成人教育发展报告》中，第一次明确提出了与终身教育并列的概念——终身学习。

一时间“终身教育”“学习化社会”“终身学习”的概念受到国际社会的热烈响应，许多国家都从本国的实际出发，出台了专门的终身学习政策。美国早在1976年就颁布实施了《终身学习法》。克林顿总统

---

① 保罗·朗格让：《终身教育导论》，滕星等译，华夏出版社，1988，第16页。

在 1994 年签署的《目标 2000 年：美国教育法案》第五项中，特别强调并鼓励终身学习机会的提供。日本在 20 世纪 80 年代进行教育改革时，"临时教育审议会"就把建立终身教育体系作为教育改革方案的一项重要内容。法国 1989 年《关于教育指导法的附加报告草案》中明确提出了，终身教育是学校及其他工作人员的一项使命。韩国也在 20 世纪 80 年代初将终身教育写进了宪法。

英国作为有着悠久成人教育历史的国度，对全民的终身学习也给予了高度重视。在 20 世纪末，相继发布了三份咨询报告和三份政策文件，将英国推入终身学习的大发展时期。三份咨询报告分别是《学习工程：扩大对继续教育的参与》（1997 年）、《学习型社会的高等教育》（1997 年）和《为 21 世纪而学习》（1997 年）。三份政策文件是《学习时代：一个新的大不列颠复兴的时代》（1988 年）、《学习成功：16 岁后学习的新框架》（1999 年）和《学习与技能法》（2000 年）。

这些文件是一脉相承的，政策文件以咨询报告为基础，构成一个从提出构想到征求意见，再到修改完善最后完成立法程序的整体。《学习工程：扩大对继续教育的参与》报告中指出要创造一个自我延续的社会，需要把发展终身学习的能力作为学习政策的中心问题；《学习型社会的高等教育》报告则强调未来社会是学习化社会，每个人都应该致力于终身学习，政府应该为终身学习创造条件；《为 21 世纪而学习》报告则关注 21 世纪国家和个人都将面临各种新的挑战，为了应对挑战，国家需要强化终身学习的理念，个人在学习态度、学习方法等方面也应有所改变。《学习时代：一个新的大不列颠复兴的时代》对如何实现学习化社会进行了规划，如加强对人力资本的投资、发展在工作中的学习，相关标准、质量和问责制的制定等；[①]《学习成功：16 岁后学习

---

① The Department for Education and Employment, *The Learning Age : A Renaissance for a New Britain* (London: Stationery Office, 1998), pp. 9-16.

的新框架》则是在对当时从业人员和技能差距进行分析的基础上，以当时的资格水平和最低技能需求为基础，提出了新的最低资格要求，并加以论证；[①]《学习与技能法》则以法律的形式保障这些改革措施的实施。

这系列的报告和文件向人们展示了21世纪学习型社会的美好图景，明确提出终身教育和终身学习是实现这一愿望的必然选择，并对如何开展终身学习和创建学习型社会的基本原则给出了相关建议和立法保障，同时也拉开了英国大力推进终身教育的序幕。

（二）传统职业教育的缺陷

英国早期的职业教育形式是学徒制，学徒制在英国有着悠久的历史，也曾经为英国工业的发展立下汗马功劳。英国在1562年就颁布了《工匠法》，将在当时就已经长期存在的师徒制的教育模式以立法的形式予以确立，并对其训练模式进行规范。也有人曾指出："18世纪英国的经济成就，并非依靠在公学和名牌大学啃古书的学究们，而是英国最先形成当时世界上最先进的学徒制技术教育模式。"[②] 但随着工业的发展，这种传统的学徒制教学模式无法满足产业革命对劳动力技能的需求。德国和法国在18世纪后半期就建立了大批的职业学校，而英国在19世纪末的大部分技术工人还是通过传统的学徒制培养的。

英国在工业上的衰退，特别是在两次世界大战期间，各国在军事和科技方面的竞争，更是给英国政府强烈的刺激。此后，英国政府开始对职业教育进行干预。在《哈多报告》和《罗宾斯报告》的影响下，英国建立了以文法中学、现代中学和技术中学为主的"三轨制"中等学校体系；在高等教育领域建立了普通高等教育和高等技术教育双轨

① The Department for Education and Employment, *Learning to Success: Training Standards in Post 16 Learning* (London: Department for Education and Employment, 2000), pp. 5-13.

② 冯增俊：《教育人类学》，江苏教育出版社，2001，第148页。

运行的高等教育，迎来了中等职业教育和高等职业教育的春天。

但受英国传统的“绅士教育”和“重文轻技”文化的影响，中等职业教育和高等职业教育的发展并不如人意。英国中等职业技术教育在中等教育中的比例十分低，甚至还不及很多发展中的国家。有关资料表明：1982 年，世界中等职业教育的比例平均为 14.7%，发达国家为 21.3%，发展中国家的比例也在 10.4%左右；1980 年，英国共有普通学校学生 508 万人，而职校学生只有 25 万多人，仅占 5%。① 职业教育与普通教育的结构比例严重失调，这种状况造成了专业技术人员来源的严重不足。受绅士文化传统的影响，很多英国人把职业教育看作下等教育和低等职业的代名词。要想提高社会地位，进入上等社会，就必须进入文法中学，而不能是技术中学。“据统计，大约有 87%的将军、83%的主教、67%的高级官吏、82%的殖民地总督、85%的法官、95%的高级外交官和 88%的大使，都曾就读于公学。”② 因此，在 20 世纪 60 年代，英国开始师从美国，着手改组中等学校，广泛建立兼顾升学和就业目标的综合中学以取代原来的“三轨制”，通过在综合中学中增设技术类课程来培养中级技术人才，这给英国学校中等职业教育的打击是毁灭性的。

高等职业教育也因生源问题而逐渐偏离原来的教育目标，希望升格为大学来改革生存窘境。1991 年 5 月，英国政府发布了《高等教育的框架》白皮书，鉴于高等教育的“双轨制”已成为高等教育进一步发展的障碍，政府建议废除“双轨制”，建立单一的高等教育框架。“愿意采用大学名称的多科技术学院可以改称大学，并制定相应的标准，符合这一标准的其他规模较大的高等院校也可以更名。”③ 高等职

---

① 赵卫：《英国职业技术教育滞缓发展的原因浅析》，《外国教育动态》1988 年第 1 期。

② 易红郡：《英国教育的文化阐释》，华东师范大学出版社，2009，第 112 页。

③ 易红郡：《战后英国高等教育政策研究》，湖南师范大学出版社，2016，第 133 页。

业教育向普通高等教育的这种“学术漂移”也严重阻碍了英国职业教育的发展。根据 1999 年的数据显示，与美国、法国和德国相比，英国的低技能水平劳动力占相当大的比例，而中等技能和高等技能水平的劳动力所占比例都比较低（如图 4-1 所示）。[①] 这里的高等技能水平相当于大学或以上学历，中等技能水平则相当于职业资格，而低技能水平相当于普通学校教育水平。

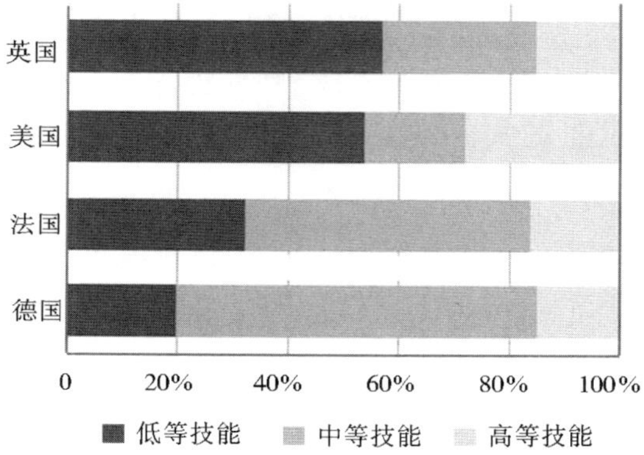

图 4-1 劳动力技能水平的国际比较

20 世纪 90 年代末，据英国教育与技能部（Department for Education and Skills，DfES）开展的“企业技能调查”（Employment Skills Survey，ESS）结果表明（如图 4-2 所示），在参与调查的十多个产业部门中，制造业、批发与零售业、商业服务业的企业技能性岗位空缺数量最多，分别占技能性空缺岗位总量的 16%、15%和 18%；而公共管理、教育和金融业等部门的技能性空缺岗位较少，均在 5%以下。[②]

---

① John Bourn，Extending Access to Learning Through technology：Ufi and the Learndirect Service（London：The Stationery Office，2005），p. 13.

② 王雁琳：《政府和市场的博弈：英国技能短缺问题研究》，浙江大学出版社，2013，第 39—40 页。

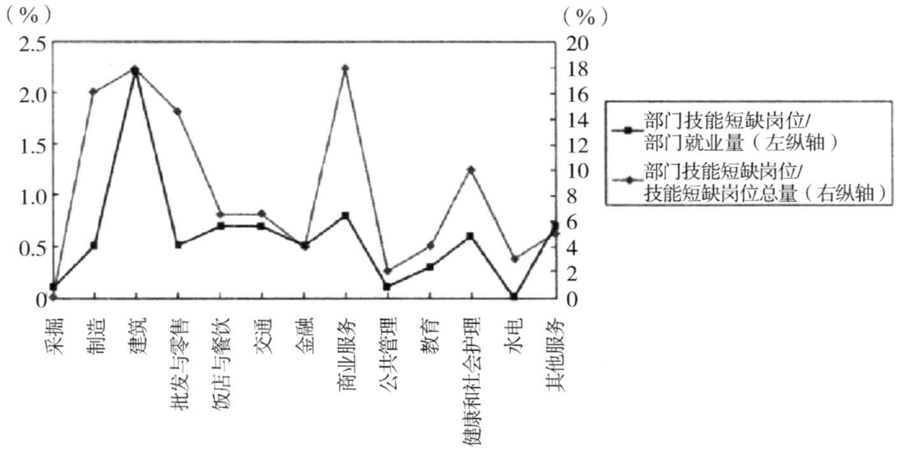

图 4-2　英国不同产业部门外部技能短缺分布状况（1999 年）

从这组数据可以看出，虽然制造业、建筑业以及商业服务业的技能短缺都比较突出，但公共部门的就业状况还是良好的。这也体现了英国社会的传统偏好："牛津-剑桥传统使'最好的学生'并不是就职于工商业部门——除非他们有类似的家庭环境——而是接受古典学习，然后从事政府管理。"①

不仅如此，随着科技的发展，企业对劳动力的技能需求结构和技能需求水平也发生了变化。迈克·坎普贝尔等人发现，"从 1986—1997 年需要劳动力具备某种资格的工作岗位从 62%提高到 69%，对 A 等级（A-Level）以上高水平资格的需求比例从 20%提高到 24%；而对没有资格要求的工作岗位从 38.5%降低到 31.5%"②。

职业教育不足导致的结果是，一方面企业因缺乏具有相应技能的

---

① Brenda Johnston and Lewis Elton, "German and UK Higher Education and Graduate Employment: The Interface between Systemic Tradition and Graduate Views," *Comparation Education* 41, no. 3(2005): 351-373.

② Mike Campbell, "Skills In England 2001: The Research Report"(paper presented by Learning and Skills Council, 2001), p. 34.

员工而不能充分发挥其经济效益；另一方面，员工由于缺乏必备的技能而导致大批失业。这些都严重阻碍了英国经济的持续发展。

（三）国内福利政策的改变

1941 年经济学家贝弗里奇爵士受命对现行国家社会保险方案及相关服务进行调查，并就战后重建社会保障计划进行构思。1942 年发布的《贝弗里奇报告》（“Beveridge Report”），第一次将社会福利作为一项国家责任确定下来。

1945 年，艾德里（C. R. Attlee）担任英国首相后便开始落实《贝弗里奇报告》中的有关建议，其后的保守党在执政期间也沿用了这种福利制度。经过数十年的发展，逐步形成了一套“从摇篮到坟墓”的社会福利体系。这一福利体系的基本特点：第一，具有广泛性，所涉及的保障范围从失业到疾病，从儿童照管到丧葬补助无所不包；第二，具有普适性，对所有公民一律平等；第三，其资金来源从国家一般税收中支付。这种追求“社会公平”的福利制度，不仅能帮助低收入人群获得基本的生活保障，而且在一定程度上抑制了贫富分化，为战后英国社会面貌的改变做出了贡献。

但是这一福利制度的背后也隐藏着重重危机。首先，这一包罗万象的福利制度需要国家买单，这对战后早已债台高筑的英国政府而言无异于雪上加霜。其次，这种无条件的福利体系很容易造成“福利依赖”。虽然政府提供的福利待遇不高，但有时维持一份低收入的工作不仅会失去失业福利，而且还需缴纳一定的税赋，实际收入与失业金相差无几。因此，有人宁愿选择失业。布莱尔在一次演说中就明确指出，这种福利政策是“鼓励受益者的依赖性，消磨他们的自尊心，同时也剥夺了他们的就业机会和社会责任感”①。

① Anthony Bevins,“We'll build a Welfare State for the 21st century,”accessed May 12,2017,http://www. independent. co. uk/news/blair-well-build-a-welfare-state-for-the-21st-century-1138878. html.

从20世纪60年代后期开始，英国的经济情况迅速恶化。英镑贬值、失业率居高不下、经济长期处于“滞涨”状态……为了扭转这一局面，1979年以撒切尔为首的保守党政府上台后进行了大刀阔斧的改革。这期间执政党的理念是“如果没有经济的发展，充分就业和福利国家都无从谈起”[①]。为了发展经济，减少国家的社会支出，政府一方面鼓励将民间资本引入福利体系，另一方面对全民性的福利计划进行削减。撒切尔的革命使英国的经济重新恢复了活力，同时也加大了英国的社会分化。医疗保健资金不足、教育不公平现象加剧、贫困问题恶化等现象严重削弱了英国经济可持续增长的能力。

1997年，克林顿率领的工党政府在18年后再次登上执政舞台，认为无论是旧工党奉行的“社会公平”型福利政策还是保守党奉行的“市场效率”型福利政策都存在着严重问题，他们极力倡导“第三条道路”。“第三条道路”推崇的是“没有责任就没有权利”。[②] 所以倡导积极的福利政策，以“工作福利”代替“消极福利”，力求在责任和权利之间取得平衡。

所谓“工作福利”就是通过工作来享受社会福利。它通过一系列的就业新政项目、减免或补贴工作税收、制定国家最低工资标准等措施来提高失业者就业动力，保证就业收入水平。在解决失业问题上，主张通过教育和培训来提高员工就业能力（Employability）而不是简单地提供工作机会。这样失业福利就成了一种国家投资，它不仅可以提高失业者就业能力，而且还能增强他们的自信心和责任感，同时还能从整体上提高劳动力的市场竞争力，促进经济发展。

---

① 彼得·詹金斯：《撒切尔夫人的革命》，李云飞等译，新华出版社出版，1990，第4页。

② 安东尼·吉登斯：《第三条道路：社会民主主义的复兴》，郑戈译，北京大学出版社，2000，第117页。

（四）现代信息科技的发展

到20世纪中期，收音机、电视机、录音录像机和计算机等相继问世，进一步提高了人们传递信息和处理信息的能力。到20世纪后期，这些技术不断改进和优化，开始进入家庭和教室。20世纪70年代，人们可以在教室或家中通过电视和收音机收看、收听各种话题的教育节目；1977年，苹果公司发布苹果Ⅱ桌面系统，允许学生通过计算机游戏学习地理和数学问题；CD-ROM进入教育领域后，学生可以存储视频和音频信息；在20世纪80年代早期，IBM公司的首台个人电脑问世，它进入教育领域后，人们可以用它来达成多种学习目的；到20世纪90年代中期，互联网开始向公众开放，人们可以通过电话线拨号与互联网联通获取信息。

英国虽然不是信息通信技术的领导者，但到20世纪末，英国家庭的信息通信设备占有率已经相当可观了。据英国通讯管理局（Office of Communications，Ofcom）统计，在2000年英国家庭的固定电话拥有率为94%，移动电话的拥有率为71%，因特网的接入率为30%。① 此外，也有大量成人开始使用这些信息通信设备进行学习。英国教育与技能部在2001年所做的“英国成人学习调查”结果表明，55%的被调查者家里有计算机，45%的人可以在家连接因特网；48%的人每周使用计算机的时间超过5天，每周使用因特网超过5天的也占33%。②

信息通信技术的飞速发展和在教育领域的广泛使用带来的最大便利是可以消除一些学习障碍，让学习者可以选择方便的时间和地点进行学习，提高参与学习的可能性，促进终身教育的发展。

在此种背景下，英国主管教育与就业的大臣戴维·布朗克（David

① Office of Communications,“The Consumer Experience”(paper presented by Office of Communications,2006),p. 10.

② Ivana La Valle and Margaret Blake,“National Adult Learning Survey 2001”(paper presented by Department for Education and Skills,2001),pp. 5-6.

Blunket）于 1998 年 2 月向国会提交了题为《学习的时代：一个新的不列颠复兴的时代》的报告，在有关终身学习社会的设想中，提出了建立个人学习账户、成立产业大学、提高基本技能、开展工作场所学习和地区合作等举措。为此，英国教育与就业部专门拟定了一份《英国的产业大学——使人人都参与终身学习》计划书。该计划书对产业大学的创立进行了全面、系统的规划。产业大学就是在这一背景下，于 1998 年春由英国教育与就业部组织筹建。在政府主导和社会广泛参与下，2000 年秋正式运营。经过二十多年的发展，现已成为英国著名的遍布全国的开放式网络学习品牌。

二、产业大学的特点

虽然产业大学被冠以“大学”之名，但它与传统意义上的大学不同，它既没有固定的校舍，也没有学位授予权，甚至连它提供的课程也不全由它自己开发，确切地说“产业大学是一个中介”（Broker）。[①] 它提供一个基于因特网和学习中心构建的学习网络框架，学习者可以通过它选择由不同供应商提供的不同课程，这些供应商可能是 Ufi 自身，也可能是学院、大学等各类学校教育机构，还可以是图书馆、地方学习中心、各种私营性质的教育提供者等教育组织，Ufi 的作用就是为双方提供机会。

（一）市场导向的运营理念

产业大学是一所服务型大学，它“最突出的特点就是与市场渠道的机构有类似之处。为了生存，服务型大学不得不开发能够在知识市

---

① Felisa Verdejo and Gordon Davies, *The Virtual Campus: Trends for Higher Education and Training* (London: Chapman & Hall, 1998), p. 52.

场里有竞争力的产品”①。产业大学最初的服务对象是失业个体或希望在职业上有所发展的个人和中小型企业，它所提供的学习产品和服务都是面向产业界的，所以它在运作模式上采用了许多市场化的运营理念。

1. 消费导向的商业运作

一方面，产业大学非常关注市场需要，以市场需求作为所提供产品和服务的风向标。它通过与政府和企业合作，利用自己调查和研究的结果，同时也借鉴政府专家小组和国家培训机构如英国产业联盟、英国教育与技能部等的分析结果，来明确技术和经济发展趋势、就业技能方面的缺陷、潜在学习者主要的学习障碍和学习态度、可用资源范围，从而及时地调整自身发展策略和实施计划。在产业大学成立之初，就将最初可能产生大范围需求的四个方面——第一，基本技能领域，如基本的读写能力和计算能力；第二，信息与通信技术；第三，中小规模的企业；第四，具体部门所需技能，包括汽车零部件、多媒体产业（侧重教育和培训）、环境技术与服务和批发与零售商业——列为产业大学主要的服务方向，并分别为其制订了五年的预期目标。②

另一方面，产业大学积极开展大规模宣传和销售优惠活动，充分开发学习市场，刺激学习需求。产业大学充分利用广播、电视、印刷和网络媒体，宣传终身学习理念和产业大学服务内容。人们可以从广播、电视，甚至公共汽车、奖票背面或超市账单上都可以看到产业大学的标语或联系方式。因此，Ufi 包括在它旗下的 Learndirect 品牌在成人教育领域都获得了很高的认知度。据 2005 年 Ufi 所做的对 Learndirect 品牌认知度调查结果显示，有 74%的成人知道 Learndirect

① Arild Tjeldvoll, "The Idea of the Service University," *International Higher Education* 13, no. 3(1998): 9-10.

② 英国教育与就业部：《英国的产业大学——使人人都参与终身学习》，曾子达、王晖译，《教育参考资料》2000 年第 15 期。

品牌，它的主要服务目标群体（不学习人群和低文化水平人群）对 Learndirect 品牌的认知度也超过了半数（如图 4-3 所示）。①

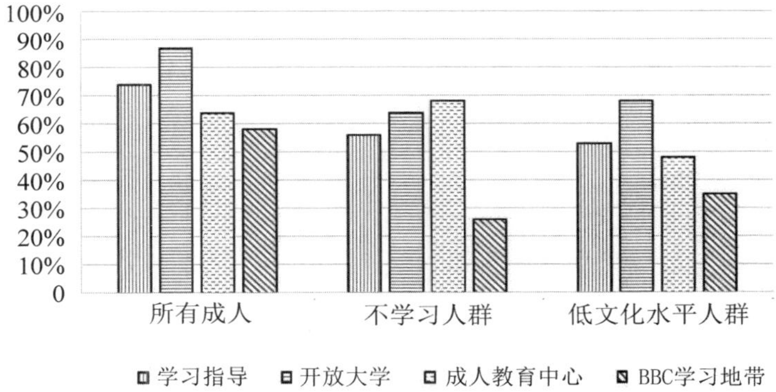

图 4-3　不同成人学习品牌的认知度

产业大学并不寻求由自己提供所有的学习内容和服务，也并非对所有产品拥有完全的所有权。它可能对新的客户需求进行相应的委托代理，或者直接充当中介，通过信息和咨询服务直接将个人和公司联系到一系列高品质的学习机会上；还有可能由产业大学提供详细说明的样板产品，然后以招标等形式与其他教育部门合作。由英国公共政策研究所（Institute for Public Policy Research，IPPR）设计的 Ufi 运作流程如图 4-4 所示。② 由于产业大学利用各种传媒和市场营销手段，充分开发学习市场，可以形成规模经济效应。Ufi 有效地将各类教育产品的提供者凝聚在一起，既能降低新产品的开发费用，也能使开发出来的教育资源得到最大限度的利用，从而降低教育成本，减少学习者的经济压力。

① John Bourn, *Extending Access to Learning Through Technology: Ufi and the Learndirect Service* (London: The Stationery Office, 2005), p. 27.

② Helen Milner, *Piloting the University for Industry: Report of the North East Project* (London: Institute for Public Policy Research, 1999), p. 18.

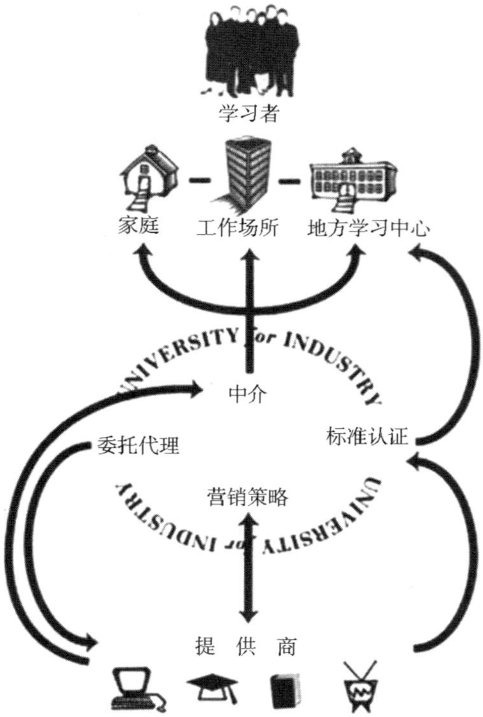

图 4-4 Ufi 运作流程（IPPR 模型）

2. 公私合营的资金运作

在资金运作上，产业大学既不是一个公立组织，也不是一个私营机构，它采用的是公私合营组织模式。在启动之初，由政府公共部门提供启动资金，充当产业大学初期的活动经费。建成后，产业大学以消费者和生产者双重身份，与相关的私营机构进行积极合作。随着私营机构资助的不断增加，政府部门投入将逐步减少。为了启动产业大学，政府在 1998—1999 年度投资了 1500 万英镑。① 其后每年的财政支持为（由英国教育与技能部负责）：2001—2002 年度 153 700 万英镑，2002—2003 年度 164 900 万英镑，2003—2004 年度 239 600 万英镑，2004—2005 年度 181 900 万英镑，2005—2006 年度 209 400 万英镑，2006—2007 年度 176 300 万英镑。②

经过二十多年的发展，产业大学的运作已基本成熟，旗下的 Learndirect 已经成为英国提供在线学习的领导者，它所提供的灵活、便利和受支持在线学习已经深入当地社区、工作场所和家庭。2011 年，

① 英国教育与就业部：《英国的产业大学——使人人都参与终身学习》，曾子达、王晖译，《教育参考资料》2000 年第 15 期。

② 张娜：《英国产业大学特色研究》，硕士学位论文，中央民族大学教育学院，2008，第 21 页。

Ufi 慈善信托基金将 Ufi 有限公司和 Learndirect 出售给劳埃德发展资本（Lloyds TSB Development Capital，LDC）。[①] 至此，Learndirect 与政府脱离关系，开始独立运作。Ufi 慈善信托基金只负责信托投资，而 Learndirect 则继续产业大学的工作。2012 年秋季 Learndirect 和 JHP[②] 合并为 Learndirect，[③] 但依然和政府保持合作伙伴关系。据 DfES 的数据显示，截至 2017 年 7 月，Learndirect 已获得价值 1.58 亿英镑的合同，其中包括成人教育的 6000 万英镑和学徒制的 4200 万英镑。[④]

（二）灵活多样的培训方式

产业大学的初衷是要提高个人的就业能力和雇员的生产力。根据 2003 年发布的《21 世纪的技能：实现我们的潜能》（“21st Century Skills：Realizing Our Potential”）报告，产业大学将其服务对象主要集中在两类人群：一类是不学习人群（通常指近三年未参加过任何学习/培训的人），另一类是文化水平低的人群。为了给这两类人群提供更好的学习机会，Learndirect 开发了多种灵活的培训方式，主要包括：资格证书教育、职业培训和学徒制。

1. 资格证书教育

职业资格证书是一种对劳动者具备从事某一职业所需学识和技能的证明，是劳动者求职、任职的资格凭证，也是雇主聘任劳工的主要

---

① Nick Summers，“Government Sells Online Learning Company to Lloyds，”FE Week，October 10，2011，p. 2.

② JHP 集团有限公司由 JH Pitman 创建于 1983 年，是有着近 200 年培训历史的家族企业，是英国在就业能力和技能培训方面最大和最成功的供应商之一，通过一系列的学徒制，国家职业资格证书和基础课程项目在英国、苏格兰、威尔士等地提供员工培训。——作者注

③ “Company History，”Learndirect，accessed May 29，2016，http：//www. learndirect. com/business/corporate-information-2/company-history/.

④ Kadhim Shubber，“UK Education Department to End Learndirect Contracts After Damning Ofsted Report，”accessed August 17，2017，https：//www. ft. com/content/33d41127-96f2-3295-9129-633af47df7a6.

依据。英国在1986年就开始推行国家职业资格证书（National Vocational Qualifications，NVQ）制度，目前共有17 000多个职业资格，涉及制造、服务、贸易、工程、建筑等11个行业。不具备相应的职业资格证书就意味着不具备从事该职业所需的学识和技能，因而不能从事相应的工作。

资格证书教育是产业大学传统的培养方式，不管是刚成立的产业大学还是现在的Learndirect都提供这种服务。资格证书教育可以满足个人就业和企业员工的培训需求。学员通过学习不仅可以获得知识，还可以获得职业资格证书，为个人就业提供机会。

Learndirect可以提供包括基础IT课程、商业管理、客户服务等在内的十多种类型的职业资格教育。[①] 选择在Learndirect进行职业资格学习，可以在Learndirect的任意一个学习中心注册。学习中心有专门的工作人员提供关于职业资格教育的专业咨询。学员在确定学习内容并完成注册后，可以选择在家、工作场所或任意一个可以连接互联网的地方学习。在学习过程中，学习中心会安排专门的导师与学员通过电话或电子邮件进行联系，对学员的学习过程进行全程跟踪，并定期对其学习进度进行评估，但学业的具体完成情况，则完全由学习者自己决定。

2. 职业培训

职业培训主要面向想要参加工作，但又没有太多工作经验的人群。希望参加职业培训的学员可以通过Learndirect的任何一个学习中心进行咨询。在学习中心会有工作人员对新学员进行起始能力测试，并就学员感兴趣的工作类型、目前具备的技能和经验，可能需要的课程和支持等得出一份个性化的学习计划。学习计划在与学员讨论同意后即

---

① "Qualifications," Learndirect, accessed July 15, 2017, http://www.learndirect.com/help/about-learndirect/our-products-and-services/qualifications/.

可进入培训阶段。

通常 Learndirect 的职业培训包含两个部分：一部分是在学习中心的学习时间，主要获得一些为工作做准备的技能，如日常英语、基本 IT 课程等；另一部分是在当地工作场所获得工作经验的机会。这种实际工作的经验将会让学员熟悉现实工作环境，获得进入职场的信心和技能。学员还可以申请在多个不同的工作场域尝试不同的工作，但每一种工作最少需要工作 6 周的时间。①

在培训过程中，学习内容由学习中心提供，实习场所由 Learndirect 负责安置。如果学员还未成年（年龄在 16—18 岁），还会有一对一的专业教练随时回答学员在实习中的任何问题。6 周的实习期结束后，学习中心将根据学员的学习情况、在工作场所的表现以及学员自己的意愿，为下一步学习提供建议。培训结束后，学员还可以从学习中心获得一些后续的帮助，如提供职业空缺信息、帮助更新个人简历、支持申请新的工作或进入有偿学徒制学习阶段等。

Learndirect 提供的职业培训能帮助失业者或缺乏工作经验的人获得工作所需的经验和技能，是职业生涯的良好开端。而且，这种职业培训对于 16—24 岁的失业/无业人群是免费的，所有费用由政府资助。超过 24 岁的失业群体想要参加职业培训也可以通过申请相关贷款的方式获得资助。②

3. 学徒制

学徒制是英国的一种古老而传统的职业培训方式，它曾经为英国的工业技术发展起到重要作用。但随着机器化大生产崛起，这种传统的学徒制培训方式逐渐衰退。1993 年英国政府为了重振自己世界霸主

---

① "Traineeships," Learndirect, accessed July 15, 2017, http://www.learndirect.com/help/about-learndirect/our-products-and-services/traineeships/.

② "Who can get an Advanced Learner Loan?," Learndirect, accessed August 12, 2017, http://www.learndirect.com/help/advanced-learning-loans/who-can-get-a-loan/.

的地位，宣布实施“现代学徒制”。现代学徒制采用企业与学校交替培养的模式，所有年龄在16—25岁，生活在英国而未能接受全日制教育的青年均可申请。

Learndirect是英国大型的学徒制培训提供商之一，它与包括Lloyds Banking集团和Poundland在内的100多家企业合作，每年为近2万人提供学徒制学习。[①] 由Learndirect提供的学徒制培训是全年运行的，学员可以随时加入，不管你在哪里都可以找到合适的岗位。与其他培训提供商一样，在Learndirect申请学徒制学习也要先通过一系列的评估，包括对学员现有能力的评估、对学员目前所从事工作的观察和讨论等。如果在评估过程中发现学员有功能性技能缺陷，学习教练将与学员一起计划如何获得这些技能。在整个学徒制生涯中（通常是12—24个月），专门的学习教练会通过电话或网络与学员保持联系，并定期去学员的工作场所拜访以提供相应的支持。

Learndirect提供的学徒制培训领域包括：企业管理、儿童看护、客户服务、牙科护理、社会保健、团队领导和管理以及零售销售等。

（三）快速便利的服务支持

英国的学分和资格证书体系相当复杂，为了给学习者提供快捷、便利的支持，Ufi在成立之初就致力于学习中心和咨询服务建设。

1. 随处可见的学习中心

在1998年，Ufi筹建之际，Ufi包含两个部分：一部分是Ufi慈善信托，是一家作为慈善机构注册的担保公司；另一部分是Ufi有限公司，它作为一家交易子公司，是由母公司全资拥有的股份有限公司，其目的是通过其旗下的Learndirect品牌来交易和创收，以实现其支持

---

① “Why choose us?,”Learndirect, accessed August 12, 2017, http://www.learndirect.com/help/about-learndirect/our-products-and-services/apprenticeships/why-learndirect-apprenticeships/.

慈善事业的目标。[1]

Ufi 有限公司的管理分四级：Ufi 总部、Ufi 区域办公室、枢纽中心和 Learndirect 中心。其中 Ufi 区域办公室共 11 个，包括英格兰的 9 个区以及威尔士和北爱尔兰各 1 个；枢纽中心包括三类：地方枢纽中心、部门枢纽中心和单个组织枢纽中心。地方枢纽中心负责管理由当地的学习供应商运营的 Learndirect 中心；部门枢纽中心负责为某个专门的工业部门提供 Learndirect 服务；单个组织枢纽中心则负责为某个单一的组织提供 Learndirect 服务。

2002 年，为了更好地为中小企业提供服务，Ufi 建立了总商务中心，主要为中小型企业定义他们的培训需要。另外还成立了虚拟学习中心以支持偏远地区的学习者在家或在工作场所学习；电子商务中心为在 Learndirect 网站上购买课程的学习者提供支持。2004 年，为了有效地区分 Ufi 中的公共活动和商务活动，成立了一个与之并列的 Learndirect 解决方案有限公司，专门负责其商务活动以获得更多的外部投资。同时，为了更好地利用 Learndirect 中心，Ufi 对 Learndirect 中心进行了重新分类，大型中心由 Ufi 资助的中心，提供 Learndirect 的所有服务；中型中心由 Ufi 资助的中心，能提供与资格证书教育和实现 Ufi 核心目标相关的比较流行和最新发布的课程；链接中心 Ufi 不提供资助，通过与大的社区联系，仅提供课程样本和链接到当地媒体或大型 Learndirect 中心的指导服务。

到 2005 年，Ufi 的各部门关系结构图如图 4-5 所示。Learndirect 中心主要分布在主要街道、购物中心、酒吧、大学学院、图书馆、足球俱乐部、游艺场等地方。

---

① John Bourn, *Extending Access to Learning Through Technology: Ufi and the Learndirect Service* (London: The Stationery Office, 2005), p. 14.

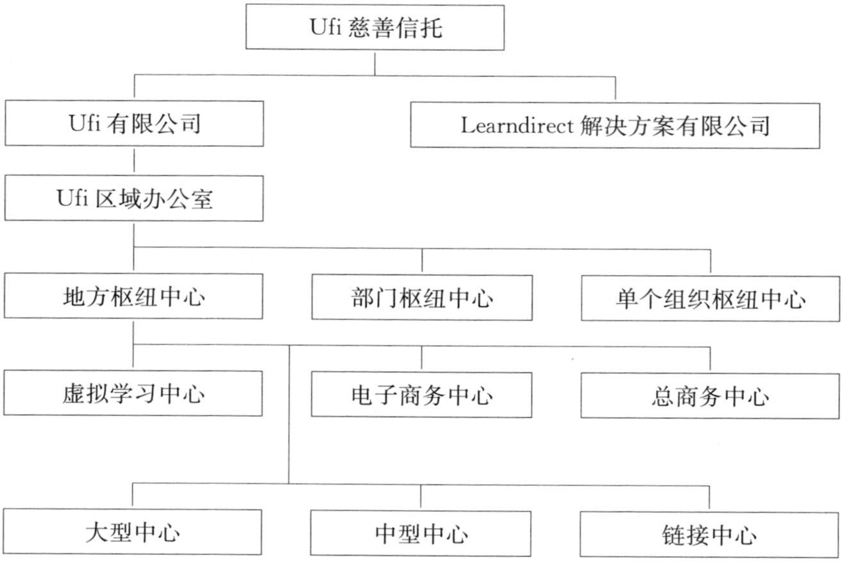

图 4-5 Ufi 结构图（2005 年）

除了 Ufi 设立的 Learndirect 中心外，2003 年教育与技能部授权 Ufi 管理和发展 UK Online（英国在线）网络。UK Online 主要提供与 ICT 和学习相关的服务，鼓励人们使用因特网来查询信息、获得帮助和继续学习。

据统计，到 2005 年 4 月，英国共有 6000 多个 UK Online 中心和 2400 多个 Learndirect 中心。[①] Learndirect 和 UK Online 的网点分布图如图 4-6 所示[②]，大约 99％的居民在其居住的 10 公里范围内有一家 UK Online 或 Learndirect 中心，89％的居民在其居住的 3 公里范围内有一

① 随着网络的发展，学习者在家就可以连接互联网，Learndirect 中心的数量也大大减少，现在的 Learndirect 中心有 240 多家。——作者注

② John Bourn, *Extending Access to Learning Through Technology: Ufi and the Learndirect Service* (London: The Stationery Office, 2005), p. 25.

家 UK Online 或 Learndirect 中心。①

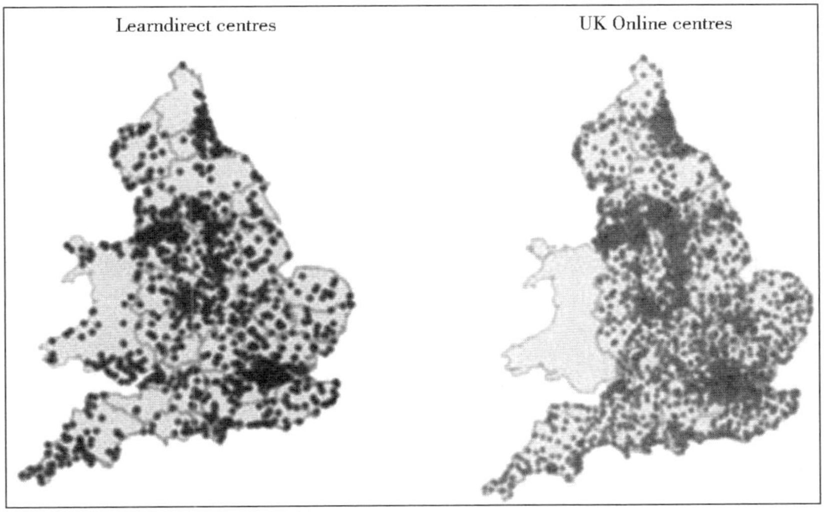

图 4-6　Learndirect 和 UK Online 的网点分布图

2. 多种渠道的咨询服务

1998 年 Ufi 与广播支持服务公司合作开通了遍及英国的国家咨询服务热线。它包含两个号码，其中一支热线 0800-100-900，它可以提供一般性的学习和职业咨询服务；另外一支热线 0800-100-901 则用来提供有关 Learndirect 的课程信息服务。据 2004 年冬季的一次调查结果显示，有 60%的电话咨询者在咨询后 6 个月开始了学习。②

2000 年成立了 Learndirect 咨询网站，学员可以通过网络数据库对课程信息进行查询。在该网站的课程数据库中，包含了来自 7000 多个

---

① John Bourn, *Extending Access to Learning Through Technology: Ufi and the Learndirect Service* (London: The Stationery Office, 2005), pp. 24-25.

② John Bourn, *Extending Access to Learning Through Technology: Ufi and the Learndirect Service* (London: The Stationery Office, 2005), p. 32.

不同供应商提供的950 000门课程的详细信息。[①] 这个数据库里的信息是每日更新的，人们可以通过 Learndirect 网站访问该数据库，也可以通过与该数据库有链接的70多个其他网站进行访问。此外，在 Learndirect 网站上还有700多份工作资料和一个在线的职业指导工具，它能帮助学习者进行技能、兴趣与工作机会的匹配。到2005年4月，Learndirect 网站成了英国第二大教育网站（从网站的点击数统计），仅次于 BBC School。[②]

与此同时，UK Online 每年也能吸引50万咨询者，许多都是来自弱势群体和低文化水平人群，并且有半数人在网上完成了网络入门内容的学习。

据英国国家审计局（National Audit Office）2005年对 Ufi 咨询服务的分析结果表明，截至2005年7月，Ufi 通过网络和电话提供的咨询次数已超过2500万次。虽然总的咨询次数在增加，但电话的咨询次数呈减少的趋势，而网络的咨询次数增长迅速。[③] 相关数据如图4-7所示。

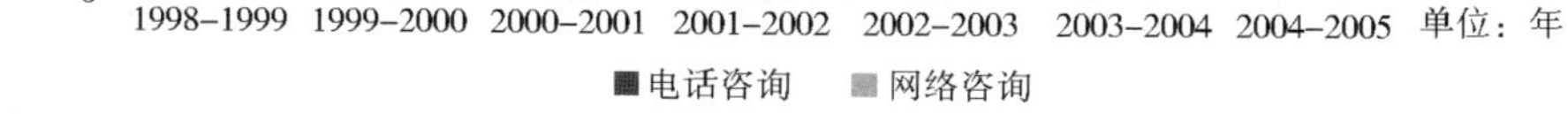

图4-7 Ufi的电话和网络咨询增长趋势

① John Bourn, *Extending Access to Learning Through Technology: Ufi and the Learndirect Service* (London: The Stationery Office, 2005), p. 22.

② John Bourn, *Extending Access to Learning Through Technology: Ufi and the Learndirect Service* (London: The Stationery Office, 2005), p. 22.

③ John Bourn, *Extending Access to Learning Through Technology: Ufi and the Learndirect Service* (London: The Stationery Office, 2005), p. 31.

第二节　产业大学中开放教育资源的质量保障

产业大学的开放教育资源主要包括由产业大学提供的信息、咨询和指导服务以及在产业大学组织的各类培训中担任各种角色的员工。产业大学提供的信息、咨询和指导服务是开启学习者在产业大学学习之旅的第一步，担任各种角色的员工将对学习者在产业大学的学习体验产生直接影响。这些资源的质量直接反映了产业大学的服务质量，进而影响其品牌质量和声誉，因此 Ufi/Learndirect 也非常重视这些资源的质量保障工作。

一、提供信息、咨询和指导服务

信息、咨询和指导（Information，Advice and Guidance，IAG）服务是指为咨询者提供相关的信息和指导，以帮助个人解决和克服学习障碍，并支持他们做出现实和明智的选择。有证据表明，通过 IAG 服务，可以增加个人参与学习的可能性，并有助于他们从学习中获得相关的资格证书。[①] 为了实现政府关于技能战略的承诺，Ufi 在 1998 年就开通了国家咨询服务热线提供 IAG 服务。为了确保 IAG 服务的质量，Ufi 不仅获得了矩阵标准质量认证，而且制订了 IAG 的三级指导模型，同时英国政府也制订了 IAG 的国家政策框架和行动计划，这些措施都为确保提供高质量的 IAG 服务提供了有力的保障。

（一）矩阵标准

矩阵标准是对提供 IAG 服务的组织进行评估并衡量他们的咨询和

---

① DfES, LSC and Ufi, "Information, Advice and Guidance for Adults: The National Policy Framework and Action Plan," accessed March 15, 2017, http://www.lifelonglearning.co.uk/IAG.

支持服务质量的一种国际标准。它通过制订一系列的实践标准来帮助服务供应商改进服务，并为符合标准的供应商提供认证。具有 Matrix 认证的组织可以展示 Matrix 质量标志，证明他们能提供高质量的 IAG 服务。英国政府希望所有由 DfES 和学习与技能委员会（Learning & Skills Council，LSC）资助的 IAG 提供商都能符合矩阵标准。在《IAG 国家政策框架和行动计划》中明确指出由 DfES 和 LSC 的 IAG 计划基金资助的 IAG 提供商必须在 2004 年 3 月前获得 Matrix 认证。①

1. 核心元素

矩阵标准有四个核心元素：领导与管理、资源、服务传递、持续的质量提升。②

其中“领导与管理”主要针对服务的组织领导和管理方式进行评估。这一元素下设八个二级指标，包括对服务目标和组织战略目标的制订；服务过程中关于平等、多样性、公平、机密性和专业完整性的政策；组织对现有和可能新出现的相关法律的遵守；对服务成功的度量，包括服务对象的设定、服务成功的标识以及评审办法；服务推广的方式；客户和员工对服务设计和开发的影响；组织与其他合作伙伴和网络关系的建立等内容。

“资源”是指投资或应用于提高有效服务的资产。该元素下设五个二级指标，包括可用来传递服务的人力、物力和财力资源；客户和工作人员可访问的信息类型及相关的质量保障；针对员工角色，制订了相应的技能、知识、能力和资格，且符合当前国家认可的专业资格和

① DfES, LSC & Ufi, “Information, Advice and Guidance for Adults: The National Policy Framework and Action Plan,” accessed March 15, 2017, http://www.lifelonglearning.co.uk/IAG.

② “Matrix Quality Standard for Information Advice and Guidance Services: Guidance for Organizations,” Assessment Services Ltd, accessed May 12, 2017, http://matrixstandard.com/view-the-standard/.

框架；员工可以在持续的职业发展中得到支持，并为职业发展提供机会；对新员工和角色转换者进行有效的引导，以帮助他们高效地完成工作等内容。

“服务传递”是指对服务有效传递方式的评估。该元素下设六个二级指标，包括对客户可得到的服务内容的明确定义；对服务有效传递目标的定义；确保服务传递的公正性和客观性，不受偏见和主观因素的影响；允许客户根据他对支持服务的理解做出适当的选择；客户在做选择时能为客户提供适当的资源，包括相关技术的使用；客户可能被推荐给其他合适的机构或组织并从中获益等内容。

“持续的质量提升”是指持续提供服务的方式，并对其进行改进的评估。该元素下设八个二级指标，包括组织能根据其所陈述的目标和方向来衡量和评估服务，并确定相应的改进方案；组织可以对客户服务结果进行监控和评估，以支持和改进服务提供；组织能对服务的反馈进行评估，以增强其优势，并解决任何有待改进的领域；组织能评估其合作伙伴和网络的有效性，以改善服务；定义相关用于改进服务的质量保证方法；将员工绩效与服务目标以及员工在服务中所起作用联系起来展开评估；在服务改善过程中对技术的有效利用；组织能持续跟进各项改进，有助于制订未来的服务宗旨和目标等内容。

2. 评估流程

矩阵评估分为两类：一类是 Matrix 认证，主要针对第一次申请 Matrix 评估的组织；另一类是 Matrix 审核，主要针对通过 Matrix 认证的组织，每隔一段时间要进行一次审核。评估的主要证据通过与直接参与 IAG 传递的工作人员（包括员工和管理者）及其利益相关者的访谈收集。Matrix 是一种成果导向的评估，它不仅关注 IAG 服务传递的过程，而且还关注服务所获得的结果。因此，在评估过程中，评审员不仅会判断 IAG 传递过程的有效性，而且还包括服务对客户的影响。

图 4-8 描述了 Matrix 评估的基本流程。①

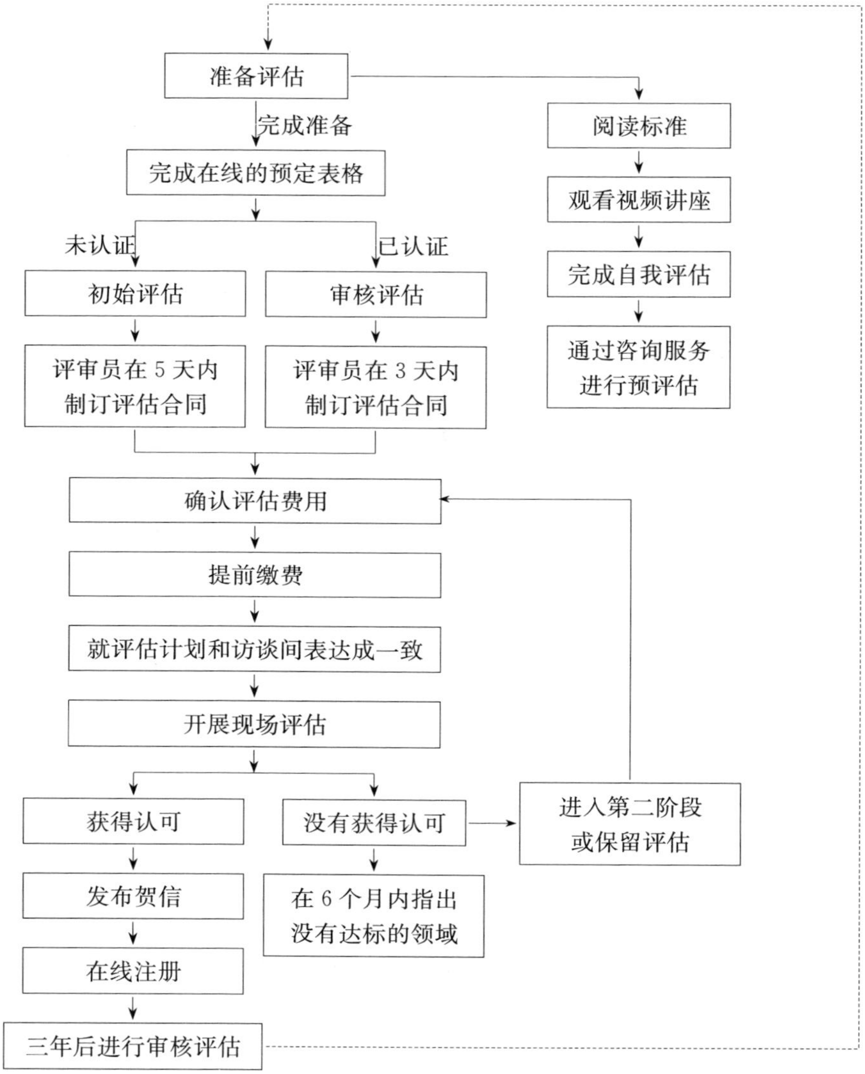

图 4-8 Matrix 的评估流程

① "Matrix Standard Journey,"Assessment Services Ltd, accessed May 12, 2017, http://matrixstandard.com/assessment-process/.

其中在申请评估前的自我评估非常重要。供应商按照标准的各项要求进行自查，当他们认为所有标准都符合要求时，可随时申请评估。访谈通常是一对一，面对面地进行，但对于在地理位置相对分散的访谈者也可以通过电话或视频进行联系。访谈对象在工作人员、管理者、客户和合作伙伴中产生。通常评审员在评估前会就访谈时间表和相关的后勤工作事项与供应商进行商榷，以确保在收集证据的过程中对正常工作的干扰减少到最小。

（二）国家政策框架

为了确保所有的公共服务都能提供高质量的 IAG 服务，2003 年教育与技能部联合学习与技能委员会和 Ufi 制订了关于成人的信息、咨询和指导的国家政策框架和行动计划，以确保每个咨询者都能获得最新的，易于理解的信息，同时也帮助人们解决在学习和技能发展中普遍关注的问题。该框架在国家层面上界定了成年人有权获得的信息和咨询服务以及这些服务应具备的标准，并列出了一个行动计划，规定如何为成年人提供一致、高质量和可访问的 IAG 服务。

国家政策框架主要关注的是 IAG 的核心服务。所谓 IAG 核心服务是指为任何领域 20 岁及以上成年人提供的咨询服务，使其获得关于学习和工作的全面、最新的信息，这些信息是免费的。对于没有二级资格证书的成年人，则提供免费的、高质量的建议，以支持二级资格证书的普及。

1. 核心信息服务

信息是指关于学习和工作的信息，通常不包括对选项相对优缺点的讨论。从信息的表现形式上划分，信息包括如宣传手册类的印刷材料、视频等视听材料、CD-ROM 或互联网上的计算机软件以及与工作人员面对面的交流或通过帮助热线获得的口语信息等。从内容上划分，信息可以分为获得机会的信息、支持信息、赋能信息和指示信息。

获得机会的信息主要包括学习和工作机会，如继续教育、高等教育、成人学习社区以及其他本地学习提供商提供的学习机会；国家或当地的职位空缺；学习者可以获得的激励或福利政策，如财政支持的来源等；如何自己获得关于工作、培训和证书的信息；残疾人员的就业以及如何获得更进一步的帮助信息等。支持信息主要指国家和当地劳动力市场的信息和情报，这些信息要求是最新的和最准确的，包括当地的雇用信息和相关趋势。赋能信息主要包括如何申请工作，如填写工作申请、完成个人简历、面试技巧、典型行业特定的面试问题、学习和职业规划及管理工具的使用等。指示信息则包括从当地的 LSC 资助的技能和培训项目中可以获得什么，不能获得什么；如何获得学习和工作方面的免费信息；关于照顾孩子的信息、交通信息；残疾人歧视法及其相关法案等。

2. 核心咨询服务

咨询通常需要与服务使用者进行更多的交互，通常建立在一对一的基础上，它需要对提供的信息进行必要的解释，包括怎样访问和使用信息，以及识别使用者是否需要更深入的服务。①

核心咨询服务通常包括：在考虑个体咨询者处境的基础上对信息进行解释，根据客户的需求量身定制个性化服务；帮助客户将个人的兴趣和技能与他们所期望的工作或职业的要求联系起来，确定其技能需求，并将这些客户推荐给可以帮助他们在读写、语言和计算能力等方面取得基本技能的机构；为成人学习者提供财务和其他方面支持的建议，包括如何获得免费的二级资格水平培训的机会，如何申请成人学习基金等；关于求职方法的建议，如简历的书写、面试的技巧或为其推荐进一步服务等；了解客户可以获得的信息、不能获得的信息以及可能得到的信息，并与客户一起讨论相关的替代方案。

---

① DfES, LSC & Ufi, "Information, Advice and Guidance for Adults: The National Policy Framework and Action Plan," accessed March 15, 2017, http://www.lifelonglearning.co.uk/IAG.

作为“无错门”政策的一部分，所有一线工作人员都应有能力识别服务使用者的需求，并在必要的时候将他们推荐给其他业务或服务提供者，提供核心 IAG 服务的人员必须能胜任这一工作。

（三）三级指导模型

Learndirect 的目标是为近 10 万用户在 18 个月的学习中提供指导。[①] 它希望每个致电 Learndirect 接受指导服务的人都能获得一份个性化的行动计划，其中将详细描述电话的内容和所讨论的行动，包括再次联系客户的日期等。

为了更好地提供信息咨询服务，Ufi/Learndirect 设置了一个三级指导模型。提供咨询的工作人员分为三类：信息顾问、学习顾问和终身学习顾问。信息顾问主要提供来自数据库的基本信息，同时判断咨询者是否需要更专业的咨询。学习顾问能提供数据库中没有的信息和建议，如想要成为一名教师要如何进行培训等。终身学习顾问经过培训，可以处理更复杂的咨询，如当咨询者想通过培训成为一名护士，并且希望在培训期间可以兼顾照看自己的孩子时，就需要有更专业的指导。如果有需要与顾问面对面交谈的客户将被转交给离他们最近的地方咨询机构。

信息咨询主要由信息顾问提供，信息顾问至少要求达到咨询与指导国家职业资格的 2 级水平；咨询服务通常涉及顾问与客户持续 5—10 分钟的对话，主要由学习顾问提供，学习顾问至少要求达到咨询与指导国家职业资格的 3 级水平；指导服务由终身学习顾问提供，终身学习顾问至少要求达到咨询与指导国家职业资格的 4 级水平。在指导服务中，客户有三次和终身学习顾问对话的机会：第一次对话将侧重于学习范围的界定和行动计划的制订，第二次对话将对学员的学习进展进

---

① Rosie Page and Becci Newton,“An Evaluation of the UfI/learndirect Telephone Guidance Trial”(paper presented by Department for Education and Skills,2007),p. 2.

行评估，第三次对话则主要侧重提供动机支持和结束交流。

二、严格要求的员工队伍

由于 Ufi 在运营机制上的特殊性，Ufi 的员工队伍不仅庞大而且复杂。与学员接触的员工既有教练，也有教学人员，还有教学支持人员和内部质保工作者，员工的分类繁多，其工作职责不尽相同。并且，Ufi 的许多课程和服务都是由与其合作的供应商提供，其相应的教育和指导工作也由供应商负责，Ufi 不负责其员工的招聘和培训工作。但是这些员工的工作能力和工作态度会直接影响学习者在 Ufi 的学习质量，因此 Ufi 不仅要求参与其工作的员工要满足国家继续教育教学资格标准，而且也为其涉及的多种教学/教辅职业制订了相应的最低资格要求和期望的资格水平。

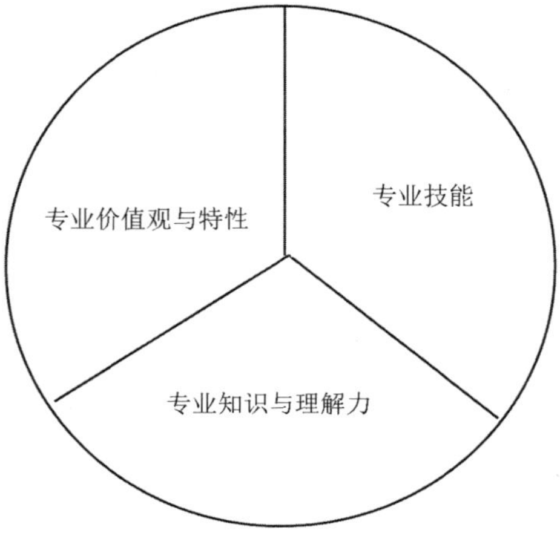

图 4-9 继续教育导师的能力结构图

（一）教师的国家专业标准

2014 年，教育与培训基金会（Education and Training Foundation，ETD）颁布了最新的英国教师与培训师专业标准。在新标准中明确地说明了继续教育导师所应具备的三个主要技能领域及关键能力，如图 4-9 所示。①

---

① "Professional Standards for Teachers and Trainers in Education and Training," Education & Training Foundation, accessed May 25, 2017, http://www.et-foundation.co.uk/wp-content/uploads/2014/05/ETF_Professional_Standards_Digital_FINAL.pdf.

1. 专业价值观与特性

专业价值观与特性是指在教学和培训中形成的独立判断什么是有效工作，什么是无效工作的能力。它主要包括：反思在教学和学习中什么是最有效的因素并以此来满足学习者多元化需求的能力；评估和挑战自己的实践、价值观和信仰的能力；通过自身的热情和知识，启发、激励和提升学习者志趣的能力；具有创造性和创新性地选择和调整策略来帮助学习者的能力；具有重视和促进社会文化多样性、机会均等性和包容性的能力；具有与同事和学习者建立良好的合作关系的能力。

2. 专业知识与理解力

专业知识与理解力是指在理论和实践过程中形成深度的和批判性的能力。它主要包括具有维持和更新所在专业/职业领域知识的能力；具有维持和更新教育研究的知识并发展以证据为基础的实践能力；具备在教学、学习和评估基础上，对有效实践进行理论分析的能力；与他人一起评价自身实践及其对学生学习影响的能力；管理和促进积极的学习者学习行为的能力；了解自己的教学和职业角色及相关职责。

3. 专业技能

专业技能是指发展自身的专业知识和技能，以确保学习者获得最佳成果的能力。主要包括激励和启发学习者发展他们的技能以促进他们进步的能力；在一个安全和包容的环境中，为不同群体或个人制订有效的学习计划的能力；促进技术的使用，并用它来支持学习者的能力；能解决学习者在数学和英语方面的需求，并创造性地帮助学生克服个人学习障碍的能力；促使学习者对自身的学习和评估承担责任并为自己设定有延伸性和挑战性目标的能力；具有采取适当和公正的评估方法，提供及时和有建设性的反馈意见，以支持学生进步的能力；通过与雇主合作，不断维护和更新自身教学和培训的专业知识和职业技能的能力；通过与他人合作，为组织的发展和质量改进做出贡献的能力。

（二）员工的资格要求

Learndirect 作为一个继续教育组织，时刻关注国家和社会对继续教育工作者的要求。在国家标准基础上也提出了对自己员工在资格方面的基本要求和期望以及相应的知识和能力需求。

1. 新员工的资格要求

所有新进员工本人都应具有英语和数学 2 级证书，有普通中等教育的 A*—C 级证书更好，或具有相关业务技能证书。对那些拥有合法的英语和数学方面证书，但获取时间比较久远的员工需要通过一个诊断评价。如果诊断不合格，则需通过学习尽快获得新的资格。①

通常情况下，所有员工都需具备相应的教学资格。在某些非常特殊的专业职业领域，当从业者具备该领域必要的专业知识并表现非常出色时，可以先接受其成为 Learndirect 的一员，但要求在受聘一年内尽快获得相应的资格证书，包括最低英语和数学证书以及相关教学资格。这类新员工在获得相关证书前，他们的工作必须受有资格的同事指导。

对经验丰富且具有相关资格的教学人员上岗前需提供认证证明，招聘经理需要确认现有资格与所从事教学工作的相关性。在决定资格的相关性时，需要考虑：第一，应聘者是否具备必要的专业知识；第二，应聘者是否拥有相关级别的教学资格；第三，如果应聘者是专门从事英语或数学专业的，但没有教学资格（拥有相同标准的其他相关资格）时，还应考虑应聘者是否具备成人核心课程所需的必要知识；第四，为了维持现状，应聘者应对个人持续专业发展（Continuing Professional Development，CPD）做出规划，这对没有经验或工作时间

① "Learndirect Delivery Staff Qualification Requirements," Learndirect, accessed March 21, 2016, http://www.learndirect.com/business/wp-content/uploads/2015/04/learndirect-delivery-staff-qualification-requirements-March-2015-v1.0-final.pdf.

较短的教学者非常重要。

2. 不同岗位员工的资格要求

由于 Learndirect 涉及的培训领域广泛，员工所在职位不同，要求的教学资格类型和最低水平也有区别。在 Learndirect 中典型的角色类型和相应的资格要求如表 4-1 所示。[①]

表 4-1　Learndirect 中典型的角色类型和相应的资格要求

角色类型	典型工作	教学资格类型和最低水平
IAG 职员	为学习者提供 IAG 服务	咨询指导的 3 级国家职业资格证书
评审员	资格评估	①评估工作能力方面的 3 级学位 ②理解评估的原则与实践方面的 3 级学位
内部质量保障人员	①内部质量验证工作 ②引导标准化过程	实践与过程评估的内部质量保障方面的 4 级学位
学习支持者/一般的支持导师	支持学习，但不教学	支持学习方面的 3 级资格
英语/数学支持导师	支持学习，但不教学	学科支持的 3 级资格
除数学/英语之外的其他支持导师	①支持学习 ②促进团体或个人的学习	教育培训资格的 3 级学位
除数学/英语之外的其他专业导师	①设计工作/课程计划 ②传递资源 ③为团体或个人提供学习	教育培训资格的 4 级证书

① "Learndirect Delivery Staff Qualification Requirements," Learndirect, accessed March 21, 2016, http://www.learndirect.com/business/wp-content/uploads/2015/04/learndirect-delivery-staff-qualification-requirements-March-2015-v1.0-final.pdf.

续表

角色类型	典型工作	教学资格类型和最低水平
英语/数学的专业导师	①设计工作/课程计划 ②传递资源 ③为团体或个人提供学习 ④支持其他导师 ⑤引导内部验证和标准化过程	包括相关专业教育培训方面的 5 级文凭

如果某个员工要执行多个角色，则必须遵守多个角色的要求。如在信息通信技术（Information and Communication Technology，ICT）教学领域的 ICT 学习支持者，其主要工作是支持 ICT 学习者的学习并帮助他们获得证书。对 ICT 学习支持者的教学资格类型和最低水平要求是持有教育与培训方面的 3 级学位加上 ICT 方面的 2 级资格。知识和能力方面的要求包括：了解学习者在 Learndirect 学习的过程；了解获得 Learndirect 学习资助所需的相关证据；有能力为学习者设置明智的学习目标；全面了解 Learndirect 提供的 ICT 课程、项目和资格证书，包括获得资格证书的标准和评估过程；知道如何使用所有学习平台、电子学档系统，包括采用适当的测试系统来处理学习者的测试过程和结果等。其他职位的要求可参见《Learndirect 的员工资格要求》（“Learndirect Delivery Staff Qualification Requirement”）。

第三节　产业大学中开放教育资源的质量评估

产业大学作为一种新型的教育组织机构，它所提供的开放教育资源的质量也备受关注。产业大学内部有自己的质量保障框架和调查研究机构，通过及时地获取客户反馈和不断地改善学习条件，以确保和不断提高产业大学的产品和服务质量。政府部门作为产业大学最大的投资者和合作商也会经常对产业大学的教学质量和服务质量进行评估，其评估结果将直接影响 Ufi/Learndirect 与政府相关部门的合作力度。

一、开放教育资源的内部评估

产业大学虽然最初是由政府投资建设，但最终要走向自负盈亏的道路，所以从成立伊始，不管是产业大学还是后面独立的 Learndirect 都非常注重品牌建设和品牌质量。在发展过程中，Ufi/Learndirect 逐步形成了自己的质量保障框架和调研机构。通过对调查结果的分析和总结，既可以帮助质量保障小组及时地控制和降低风险，也能帮助 Ufi/Learndirect 适时地调整教学和服务，以促进长期的发展。

（一）内部质量保障

Ufi/Learndirect 的内部质量保障结构由 4 级构成，其基本的结构如图 4-10 所示。[①]

处于最下层的是评估员，每个评估员都负责管理一定数量的学习者。其主要职能是熟悉 Ufi/Learndirect 学习流程，了解所有学习平台和电子学档的使用，理解相关证书标准和评价过程，能够根据证书授予组织的要求对学习者的学习过程进行评估。在评估员之上是质量保障员，每个质量保障员都有自己的评估团队。通常质量保障员的角色与某种具体的文凭或证书相关，他需要了解相关证书的标准和评价方法，详细了解内部评审和外部评审过程以及相关的标准化活动，能够根据电子学档和学习跟踪系统的信息及时地为学习者提供反馈信息和制订发展规划。

---

① "Internal Quality Assurance Using Electronic Systems,"Learndirect, accessed April 24, 2016, http://www.sqa.org.uk/files_ccc/LearndirectPresentationNov2014.pdf.

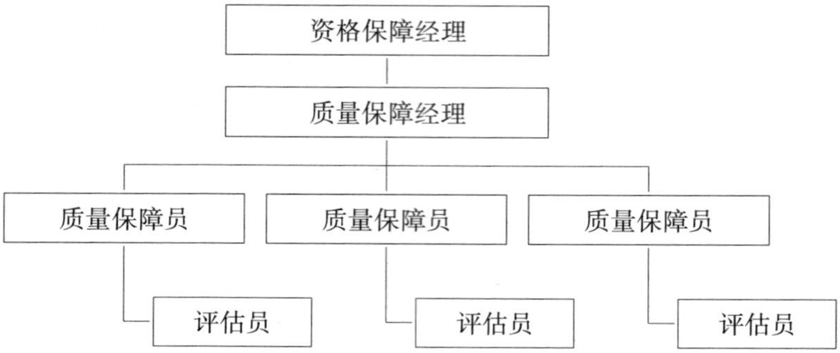

图 4-10　Ufi/Learndirect 的内部质量保障结构图

处于第二层的是质量保障经理，主要负责质量保障工作，他不仅需要了解 Ufi/Learndirect 提供的所有资格的标准，而且还需熟悉所有的学习管理系统、电子学档的操作和学习跟踪系统的使用，并且能在标准化过程中为他人提供帮助。

处于最顶层的是资格保障经理，他是该区域质量治理保障的负责人，不仅需要了解 Ufi/Learndirect 提供的所有资格的标准，而且还需要领导本地区的整个质量保障团队，使所有的评估者都能及时地获取相关反馈信息并通过培训获得标准化的资源。

在这种结构的质量保障框架中，质量保障小组的角色是识别风险，并提供有效的控制措施来控制或减轻风险。其目的在于确保评估者决策的一致性和可靠性，同时确保学习者获得公平和平等的评估。

（二）内部评审原理

内部评审是一种基于同行支持和审查的质量保障方法。它有助于确保所有工作人员都了解相应的标准，并能正确运用这些标准，以确保公平、准确和一致的评估判断。运用内部评审可及时地捕获和处理质量问题，以帮助评估人员应对专业评判的挑战，为成功的外部评审做准备。[①]

通常内部评审有三种方法：第一，受引导的内部评审是同行评议的一部分，通常的做法是指定特定成员对特定单位进行内部审核，由内部评审员对其他评估者进行评估；第二，同行评议则是指所有员工都参与了解标准的活动，并对他人的评估进行交叉标记；第三，成立独立的评估部门是一种基于网络的内部评审方法，它允许不同中心的评估员进行专业对话和交叉标记。

在内部评审中主要由两种角色：评估者和内部评审员。评估者根据自己对标准的理解，对学习者的学习进程（包括学习前、学习中和学习后）做出相应的判断；而内部评审员则负责检查评估的方法、评估的设计，通过抽样对评估结果做出相应的判断，以确保评估结果的有效性和可靠性。

在 Ufi/Learndirect 中，基本的内部审核过程是通过“e-Track”软件来完成的。[②] 在内部评审中，质量保障员在抽样时可以对评估员的评估或设计做出“同意”或“不同意”的判断。对学习档案的抽样通常是根据事件、单元或两种的结合来进行。如果样本中某些记录不完整，系统会高亮显示。评估员需要在 4 周内将记录补充完整或重新评估或删除记录。内部评审对抽样给出的反馈意见将详细记录，并反馈给评估员。每个月的内部评审活动都将记录在案，地区资格保障经理将根据内部评审的反馈意见来确定是否需要修改评估方法，规划进一步了解标准所需展开的活动以及对内部评审流程的改进等。

（三）内部评估程序

产业大学专设的调查研究机构包括市场调查组、调查和开发组、

---

① “National Qualifications Internal Verification Toolkit,” SQA, accessed September 20, 2017, https://www.sqa.org.uk/sqa/74671.html.

② “Internal Quality Assurance Using Electronic Systems,” Learndirect, accessed April 24, 2016, http://www.sqa.org.uk/files_ccc/LearndirectPresentationNov2014.pdf.

学习调查和开发组，三个组各司其职。[①] 产业大学常用的内部评估程序包括：[②]

第一，每两个月对 Learndirect 品牌认知度的调查：包括对 Learndirect 品牌和 Learndirect 广告的认知强度，以及人们对 Learndirect 提供服务（包括由 Learndirect 提供的在线帮助服务和在 Learndirect 的学习）的认识。

第二，每两个月一次的学习者满意度调查：主要了解学习者对 Learndirect 服务中的多个元素的满意度。

第三，一个季度一次的网站使用者调查：主要了解网站使用者的一些概况以及他们使用网站的行为和对网站的满意度。

第四，半年一次的对学习咨询热线使用者的跟踪调查：主要调查帮助热线的信息咨询服务的质量，以及这种咨询服务对学习者后来参与培训和学习态度的影响。

第五，一年一次的对学习者和网络员工深度满意度调查：主要了解学习者的满意度和在 Learndirect 学习的短期影响。

通过这些调查，可以让产业大学及时地了解市场动态、学员满意程度、学习者特点和学习动机以及现存的学习障碍。使用者对 Learndirect 服务的看法能有效地帮助产业大学制订合理的发展规划和行动指南，为扩大产业大学的影响、刺激人们的学习需求和推动英国终身教育的发展做出贡献。

① 张娜：《英国产业大学特色研究》，硕士学位论文，中央民族大学教育学院，2008，第 25 页。

② John Bourn, Extending Access to Learning Through Technology: Ufi and the Learndirect Service(London: The Stationery Office, 2005), p. 21.

二、开放教育资源的外部评估

Ufi/Learndirect 参与和接受的外部评估种类繁多。由政府部门组织的评估有教育与技能部对 Ufi/Learndirect 的评估、教育标准办公室（Office for Standard in Education，Ofsted）的评估等。此外，Ufi/Learndirect 还有为实现服务专业化而自己申请的评估，如 Learndirect 在 2014 年和 2015 年获得了由品牌分析中心授予的“超级品牌”称号。[①] 品牌分析中心从 2001 年起评定英国最强的商业品牌，每年的超级品牌都是根据最新的年度调查报告得出。此外还有众多专业评估，如对产品供应链进行的 Merlin 评估、对建议和支持服务质量进行外部认证的 Matrix 评估以及 ISO 系列评估等。Learndirect 已经在质量管理系统、环境管理系统、信息安全管理系统、信息技术服务四个方面获得国际标准。[②] 本研究主要以政府部门的评估为例介绍其对 Ufi/Learndirect 的开放教育资源进行的外部评估。

（一）教育与技能部的评估

为了实现《技能：在企业中进步，在工作中提高》（*Skills* ：*Getting on in Business* ，*Getting on at Work*）白皮书中提出的长期目标：为成人在工作、学历、培训及相关支持如育儿等方面提供广泛获得的，优质适用的服务。[③] 教育与技能部在 2005 年启动面向成人的 IAG 服务审核。在该审核中，有一项就是对 Ufi 电话服务质量的检测，并对 Ufi 的

---

① “learndirect voted a Business Superbrand 2014,” learndirect, accessed March 12, 2016, http://www.learndirect.com/business/news-events/press-releases/2014-press-releases/february-2014/learndirect-voted-a-business-superbrand-2014/.

② “Our quality accreditations,” learndirect, accessed March 12, 2016, http://www.learndirect.com/business/corporate-information-2/our-quality-standards/.

③ DfES, *Skills* : *Getting on in Business* , *Getting on at Work* (Norwich: Stationery Office, 2005), p. 20.

三级指导和行动计划模型进行了测试。其目的在于评价 Ufi 在形成和满足电话指导需求方面的满意率、通过电话进行指导服务的可行性和这种电话指导产生的短期正面效果如何，以及与面对面的指导服务相比，电话指导服务的经济优势等。

为了达到评估的目标，获得一定范围内利益相关者（包括电话咨询客户、合作商和咨询师）反馈的经验，评估小组开展了多项研究，包括文献回顾、与终身学习顾问和合约经理的访谈、电话客户的调查、电话案例分析以及对管理和财务信息的分析等。

文献回顾是查阅政府报告和与职业指导相关的学术论文，这有助于评估小组了解测试的背景和评估的内容。与终身学习顾问和合约经理的访谈都是半结构化的，主要了解他们对电话指导的一些看法，如通过电话进行指导的可行性以及如何提高服务质量等。电话客户的调查是通过合作商 bss 获得 2006 年 1—6 月间使用这一服务的 1000 个用户进行调查。电话案例分析则是由国家职业教育咨询协会（National Institute for Careers Education Counselling，NICEC）利用一个评估框架对 100 个客户与 LLA 的第一次通话记录进行评价。评估框架分为四个部分，包括对电话过程的评价、对咨询者技能的评价、客户获得的短期进步和客户的长期成就等的评价。对管理和财务信息的分析则是通过比较 Learndirect 和 Nextstep 的管理和财务信息来评价电话服务指导是否经济。

在 2006 年的 1—6 月，约有 46 000 人使用了 Learndirect 的电话服务，其中约有 14 000 人在咨询师的指导下制订了学习的行动计划。① 虽然客户在一般情况下希望收到行动计划，但实际上只有约 30%的人获得了这一服务，当然这也不排除客户没有 E-mail 账号或 E-mail 地址错

① Rosie Page and Becci Newton, "An Evaluation of the UfI/Learndirect Telephone Guidance Trial" (paper presented by Department for Education and Skills, 2007), p. 11.

误而没有收到行动计划的情况。根据 Learndirect 的客户调查结果显示，在获得行动计划的人群中也只有 44%的被调查者表述对收到的行动计划满意，56%的被调查者并不赞同咨询师给出的行动计划。① 这说明客户与 LLA 在对行动计划的理解上是有分歧的，有可能是客户并不清楚他们自己的目的，也有可能是 LLA 并没有完全理解客户的目的。在对行动计划满意的原因上，有 35%的人认为行动计划增长了他们采取行动的动机，32%的人认为行动计划可以帮助他们更好地理解对自己职业的选择，25%的人认为行动计划可以帮助他们促进职业的发展，22%的人认为行动计划的步骤是可行的。②

行动计划的完成率如图 4-11 所示。只有约三分之一的客户完成了行动计划。但在部分完成和还没有执行行动计划的被调查者中，有 32%的人认为他们没有完成计划的原因是时间不够，还有 15%的人表示他们没有完成计划的原因是要学习的课程暂未开始。由于这些数据是在 6 月 30 日前获得的，随着时间的延长，行动计划的完成率还有可能增加。③

在三级指导模型中，LLA 认为 1—2 次的电话回访将有助于客户完成其行动计划。但在实际调查中，在制订了行动计划的被调查者中只有 58%的人与咨询师有过一次电话联系，与咨询师通话 3 次以上者只占 16%。这表明三级指导咨询并没有被有效利用。并且调查还发现，在为数不多的进行过 3 次以上咨询的客户中，没有一个案例的 3 次咨询都是同一个咨询师。虽然理想的情况是在回访时客户每次都能与同一

---

① Rosie Page and Becci Newton, "An Evaluation of the UfI/Learndirect Telephone Guidance Trial" (paper presented by Department for Education and Skills, 2007), p. 40.

② Rosie Page and Becci Newton, "An Evaluation of the UfI/Learndirect Telephone Guidance Trial" (paper presented by Department for Education and Skills, 2007), p. 41.

③ Rosie Page and Becci Newton, "An Evaluation of the UfI/Learndirect Telephone Guidance Trial" (paper presented by Department for Education and Skills, 2007), pp. 42-43.

个咨询师交流，但在实际操作中，LLA 表示受上班时间、人员流动等因素的影响，这一点很难实现。

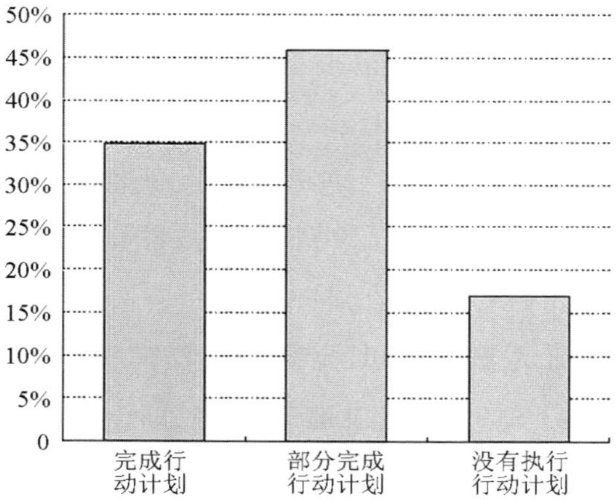

图 4-11 行动计划的完成率

在总体评价上，86%的被调查者对 Learndirect 提供的咨询服务表示满意，74%的人认为他们接受的指导有助于做出明智的决定，87%的人认为他们得到了公正的建议，81%的人表示他们会再次使用 Learndirect 提供的电话服务，85%的人表示愿意将这些服务推荐给他们的朋友。[①] 可见绝大部分使用者对 Learndirect 提供的咨询服务是认可的，表示不满意的人群主要是不能有效使用计算机的人群或英语不是其母语的客户。

（二）教育标准办公室的评估

从学校到家庭，从托儿所到监狱，在英国有数以千计的组织在提供教育、培训和护理服务。教育标准办公室的角色就是确保这些机构

① Rosie Page and Becci Newton,"An Evaluation of the UfI/Learndirect Telephone Guidance Trial"(paper presented by Department for Education and Skills,2007),pp. 49-52.

能为所有年龄段的学习者提供卓越的教育和技能服务，使下一代实现其全部潜力。[①] Ofsted 成立于 1992 年，主要负责对照看儿童和年轻人以及为所有年龄段学习者提供教育和技能的服务进行检查和规范。作为一个独立的检查和监管机构，Ofsted 通过检查提供独立的质量评估，通过监管确定供应商是否适合继续提供相应的服务。Ofsted 每周都要发布数以百计的检查报告，这些检查报告可以帮助父母在为孩子选择教育服务时做出明智的决定，也可以帮助供应商改善其服务或引发一些政府行为。Ofsted 检查的范围包括继续教育学院、独立的专业学院、非营利组织、独立的学习供应商、舞蹈与戏剧学院、国家事业服务提供商等。[②]

通常 Ofsted 会提前两天以电子邮件的形式通知供应商将要进行检查，随后检查小组组长会尽快与供应商取得联系。Ofsted 以检查摘要的形式通知供应商将要检查的内容。检查小组通过电话会议的形式与供应商沟通，确认接下来的检查计划和内容。在供应商方面需要委派一名资深员工与检查小组直接联络。

一个完整的检查会持续 2—5 天，短期检查（Short inspections）通常不超过两天，现场监控需要 1—2 天。检查小组的人数和检查的内容将根据供应商提供服务的规模和性质决定，通常包括领导与管理的有效性、学习者的学习结果、教—学—评的质量及个人的发展与福利。[③]

---

① "Ofsted Strategy 2017-22,"Ofsted, accessed May 12, 2018, https://www.gov.uk/government/uploads/system/uploads/attachment_data/file/648212/Ofsted_strategy_2017-22.pdf.

② "Further Education and Skills Inspection Handbook,"Ofsted, accessed May 12, 2018, https://www.gov.uk/government/uploads/system/uploads/attachment_data/file/683094/Further_education_and_skills_inspection_handbook_for_use_from_February_2018.pdf.

③ "Further Education and Skills Inspection Handbook,"Ofsted, accessed May 12, 2018, https://www.gov.uk/government/uploads/system/uploads/attachment_data/file/683094/Further_education_and_skills_inspection_handbook_for_use_from_February_2018.pdf.

检查员的工作是通过观察教学、培训和访谈等手段收集大量第一手证据。这些证据包括：与学习者的讨论与分析；给学习者和雇员发放调查问卷或从 LearnerView 和 Employerview 网站上获取信息；与学习者、员工、雇员、管理者、委托人以及合作商进行访谈等。① 在此过程中收集的任何简报、计划、复印件、电子邮件、学习者和供应商的反馈意见等都可以作为证据。检查组组长负责保证证据的质量。

检查结束后，检查组组长将撰写一份报告，概述检查的结果。这份报告草稿将发送给供应商，讨论其评价的真实性和准确性（讨论时间为 2 个工作日，期间草稿的内容是保密的）。Ofsted 将在检查后 19 个工作日在线发布检查报告。如果对检查报告的内容有异议，可在检查报告公布后 10 个工作日内向检查组组长提出申诉。② 此外，Ofsted 通常还会在检查结束后邀请供应商完成一个在线的检查调查（Inspection Survey）。调查要求供应商提供对检查过程的看法，包括检查所产生的影响和可能的改进措施等。

Ofsted 的检查结果分为四个等级：1 级为优秀，2 级为好，3 级为有待改进，4 级为不足。通常新的供应商在接受资助的 3 年内要完成第一次完整的检查。被评为“优秀”的供应商其最近一次被评为优秀的内容不会被再检查，但如果 Ofsted 发现它有潜在的问题可能导致服务的性能下降则将进行新一轮的检查。被评为“好”的供应商将会有一个短期检查，如果再次被评为“好”，则可每 3 年进行一次短期检查。如果检查人员发现供应商的性能有下降，则短期检查会转为完整检查。

---

① “Further Education and Skills Inspection Handbook,”Ofsted, accessed May 12, 2018, https://www.gov.uk/government/uploads/system/uploads/attachment_data/file/683094/Further_education_and_skills_inspection_handbook_for_use_from_February_2018.pdf.

② “Further Education and Skills Inspection Handbook,”Ofsted, accessed May 12, 2018, https://www.gov.uk/government/uploads/system/uploads/attachment_data/file/683094/Further_education_and_skills_inspection_handbook_for_use_from_February_2018.pdf.

被评为“有待改进”的供应商将在 1—2 年内进行一次完整的复检。被评为“不足”的供应商，Ofsted 会对其进行监管，在 15 个月内对其进行复检并公布最新检查报告。①

Ufi/Learndirect 从 2003 年开始以独立的学习提供者的身份接受 Ofsted 的检查。早期的 Ufi 有限公司是分区域接受检查，2010 年后以 Learndirect 或 Learndirect 有限公司的身份接受检查。如 2009 年 3 月 Ofsted 对 Ufi 有限公司的西北地区的检查报告显示，Ufi 提供服务的整体效果是令人满意的，但其参与检查的三个主要领域：健康、公共服务与护理的评价结果是不足，工程和制造技术的评价结果是满意②，零售业和商业的评估结果是良好③。随后 Ofsted 对该地区的服务进行了集中监控，2010 年 3 月发布监控结果报告，认为该地区的自我评价和提升计划是合理的，学习者的学习结果有所提高，但在健康与社会保健方面仍然是偏低的，提供教学的质量是合理的，其领导和管理水平进展显著。④ 2010 年 7 月对其评估结果为不足的项目（健康、公共服务与护理）进行复检，复检结果为满意。⑤ 2013 年，Learndirect 的检查

① “Further Education and Skills Inspection Handbook,” Ofsted, accessed May 12, 2018, https://www.gov.uk/government/uploads/system/uploads/attachment_data/file/683094/Further_education_and_skills_inspection_handbook_for_use_from_February_2018.pdf.

② 早期的评价等级为：1 级 outstanding，2 级 good，3 级 satisfactory，4 级 inadequate。——作者注

③ Ofsted, “Inspection Report: Ufi Ltd (North West Region) 13 August 2009” (paper presented by Ofsted, 2009), p. 5.

④ Ofsted, “Focused Monitoring Visit: UfI Ltd North West, 17 March 2010” (paper presented by Ofsted, 2010), pp. 1-4.

⑤ Ofsted, “Partial Reinspection Report: UFI Ltd (North West Region), 28 July 2010” (paper presented by Ofsted, 2010), p. 2.

结果整体有效性评价为好，其管理和领导的有效性还获得了优秀。①

但 Learndirect 在 2017 年的检查结果很不令人满意。学习者的学习结果被评价为不足，领导和管理的有效性、教—学—评的质量、个人的发展与福利三项内容被评为需要改进。参与检查的三类服务：学徒制被评为不足，成人学习计划、实习项目被评为需要改进。② 为此，Learndirect 在 2018 年 7 月前终止了和教育与技术资助机构（the Education and Skills Funding Agency，ESFA）的所有学徒制和成人学习的合同，其没有完成学业的学员将由政府接管。③

① Ofsted,"Inspection Report: Learndirect, 12-21 March 2013"(paper presented by Ofsted,2013),p. 1.

② Ofsted,"Inspection Report:Learndirect Ltd,20-23 March 2017"(paper presented by Ofsted,2017),p. 1.

③ Kadhim Shubber,"UK Education Department to End Learndirect Contracts after Damning Ofsted Report,"accessed August 17,2017,https://www.ft.com/content/33d41127-96f2-3295-9129-633af47df7a6.

第五章　开放学习项目：向全世界免费的开放教育资源

OpenLearn 项目是英国开放大学在休利特基金会的资助下启动的一项开放教育资源项目。OpenLearn 项目以“免费向全世界任何人开放教育”为宗旨，将开放大学部分优质的教育资源免费提供给全世界使用。它是英国开放大学在新世纪开放教育内容和学习资源的一个新举措，也被公认为是探索 OER 应用的成功典范。

第一节　开放学习项目的动因和特点

OpenLearn 项目使英国开放大学成为英国第一所提供开放课件的大学。虽然这与开放大学一贯坚守的“开放”理念是一脉相承的，但正如丹尼尔（John Daniel）所言：“麻省理工学院借助外部资金将教师的课堂讲稿在网上发布，这并不会威胁其核心业务……然而，对于一个大型的，高质量的，像英国开放大学这样的远程教学机构而言，让它的自学材料可以免费获得的行为会对它的核心业务造成明显威胁。”[1] 开放大学启动 OpenLearn 项目有自己的动机，并且它也确实通过 OpenLearn 项目走出了一条与 MIT 的开放课件不同的特色之路。到目

---

① Sir John Daniel, Paul West, Susan D' Antoni and Stamenka Uvalić-Trumbić, “eLearning and Free Open Source Software: The Key to Global Mass Higher Education?” accessed April 20, 2016, http://oasis.col.org/handle/11599/1428.

前为止，OpenLearn 已经拥有了 4600 万独立访客。[①] 作为一个平台，它从提供本科和研究生课程模块中的内容样本，发展为一个专门提供音频、视频、教育互动活动和免费在线课程以及提供免费证书和数字徽章的开放教育资源库。

一、开放学习项目的动因

英国开放大学是英国第一个加入开放课件联盟[②]的高等院校，其承担的 OpenLearn 项目是欧洲远程教育机构发起的“三大开放学习计划”之一。[③] 开放大学启动 OpenLearn 项目一方面源自教育界对非正式/非正规学习的广泛关注，另一方面网络技术的革新也为其实现自己的构想助了一臂之力。

（一）对非正式/非正规学习的关注

非正式/非正规学习的形式由来已久，最早可以追溯到卢梭在《爱弥儿》中对爱弥儿的教育描述。美国成人教育之父——诺尔斯（Malcolm Knowles）在他的著作《成人的非正式教育：管理者、领导者和教师指南》（*Informal Adult Education: A Guide for Administrators, Leaders, and Teachers*）中第一次正式提出了非正式教育的概念。他指出：“正规教育是指那些由确定的教育机构，如大学、高中和贸易学校主办的教育，这些正规教育主要针对拿学分的学生，但许多成人参与学习并不是为了学分……。反之，非正式课程通常适合一些组织和机构提供的大众教育。这些机构包括基督教青年会、基督教女青年会、

① Patrina Law and Leigh-Anne Perryman, “How OpenLearn Supports a Business Model for OER,” *Distance Education* 38, no. 1(2017): 5-22.

② 现已更名为开放教育联盟（Open Education Consortium）。——作者注

③ 李亚婉：《开放教育资源：国际远程开放教育领域的热点话题》，《中国远程教育》2007 年第 9 期。

社区中心、工会、工厂和教堂等。”[①]

此后，许多学者开始关注非正式教育，并相继给出了许多相关的定义，虽然侧重点各有不同，但都强调与学校教育的区别。随着国际教育界对“教育”和“学习”两个概念的厘清，有学者指出“非正式教育”的概念具有内在的矛盾性。“教育”通常是指有计划、有目的的学习，而“非正式教育”却指向发生在所有计划的学习场所之外的学习，“非正式教育”的概念应该由“非正式学习”代替。[②]

到20世纪六七十年代，非正式学习越来越被人们关注。有研究表明，非正式学习可以满足个体的大部分学习需求——达到个体在工作中学习需要的70%。[③] 在某些学习领域，如语言学习，非正式学习的效果较正规学习有明显优势，但在这期间人们并未完全理解通过非正式学习方式获取知识的价值。

2000年，在欧共体经济委员会的一份工作文件中，将所有的学习分为三类：正规学习、非正式学习和非正规学习。正规学习通常发生在教育和培训机构，会有被认可的文凭和证书；非正规学习发生在非主流的教育和培训机构，没有文凭或证书；非正式学习则发生在日常生活中，与正规学习和非正规学习不同的是，非正式学习通常是无意

---

① Malcolm Knowles, *Informal Adult Education : A Guide for Administrators , Leaders , and Teachers* (Chicago: Assoeiation Press, 1950), p. 23.

② Rogers Alan, “Looking Again at Non-formal and Informal Education-towards a New Paradigm,” accessed March 19, 2017, http: // file. upi. edu/Direktori/FIP/JUR. _ PEND. _ LUAR_ SEKOLAH/196111091987031001-MUSTOFA_ KAMIL/nonformal% 20education% 20alan%20rogers% 202. pdf.

③ 余胜泉、毛芳：《非正式学习——e-Learning研究与实践新领域》，《电化教育研究》2005年第10期。

识的，即使是学习者本人也不一定意识到学习的发生。[①]

正规学习的重要性是不言而喻的，对非正式和非正规教育的关注可促进终身教育的发展。2001 年 4 月，MIT 在“Proof-of-concept”网站上提供了 50 门课程，其想法很简单：把所有的课件发布到网上，让每个人都可以使用这些课件。[②] 这是 OCW 运动的开端，到 2005 年，MIT 已经免费发布了超过 1000 门课程。[③] 由 MIT 发起的开放课件运动，以“使用、共享和支持”为理念，为非正式和非正规学习提供了实验场所，也促进了其他国家的 OCW 项目建设。

虽然英国开放大学提供的主要是正规教育，但如果通过某种方式能让正规学习的学习资源被非正式和非正规学习利用，不仅可以检验这些学习资源的质量，而且可以提高这些正规学习资源的使用价值。正如罗布·哈珀（Rob Harper）在他的博客中提到的：我们的税收有很大一部分用于支持大学系统，包括开放大学……这将明显有利于国家的教育，虽然是免费发布这些材料，但我感觉我们会更加物有所值。[④] 另外，如果通过这种免费的非正式和非正规学习，实现非正式和非正规学习向正规学习的转化，不仅可以拓展学生队伍，而且还将有助于提高学习的完成率。

开放大学在网络学习方面有得天独厚的优势，其在远程教育领域

---

① “A Memorandum on Lifelong Learning,”Commission of the European Communities, accessed May 23, 2015, https://www.ucc.ie/archive/hdsp/Memorandum%20on%20Lifelong%20Learning_memoen.pdf.

② “About OCW,”MIT OpenCourseWare, accessed October 23, 2017, https://ocw.mit.edu/about/.

③ “MIT OpenCourseWare Celebrates 15 Years of Open Sharing,”MIT Open Course Ware, accessed October 23, 2017, https://ocw.mit.edu/about/media-coverage/press-releases/mit-opencourseware-celebrates-15-years-of-open-sharing/.

④ Downes and Stephen,“Places to Go: OpenLearn,”accessed October 23, 2017, http://nsuworks.nova.edu/innovate/vol3/iss2/7.

半个多世纪的实践经验让它比其他大学更系统地了解成人或自学者的学习特征和学习模式，对网络教学也有更多的体会。正如 OpenLearn 项目的第一任负责人 Andy Lane 所言："OpenLearn 给了我们一个很好的探索机会，当我们解除了许多禁锢，如版权、费用、位置后会发生什么？我们认为开放教育资源具有革命的潜质，我们必须学习，同时它也是进一步创新的基础。"①

因此，2006 年 3 月，开放大学在休利特基金的资助下投资 565 万英镑，开始了为期两年的实验研究。目前，OpenLearn 网站已经从一个受外部资助的试点项目发展为开放大学开放媒体部的一项核心业务，每年吸引超过 500 万的独立访问者。

（二）网络技术更新的推动

世纪伊始，冲出互联网泡沫的公司开启了一个互联网的新时代：Web 2.0 时代。Web 2.0 是与 Web 1.0 相对的概念，是相对于 Web 1.0 的新一代互联网应用的总称。Web 2.0 不是一组新的工具，而是一种描述新事物的模式。自 2004 年 10 月在美国旧金山召开了全球第一次 Web 2.0 大会后，"Web 2.0"一词便得以广泛传播，但关于 Web 2.0 的具体定义尚无权威界定。W3C（World Wide Web Consortium，万维网联盟）上的两张图片（图 5-1 和图 5-2）② 可以帮助我们简单理解 Web 2.0 和 Web 1.0 的区别。

Web 1.0 以静态、单向阅读为主，由各商业公司的技术精英将内容搬到网上，使用者则通过浏览器阅读网页内容；而 Web 2.0 是以分享为特征的实时网络，注重用户的交互作用。用户在互联网上拥有自

---

① Patrick McAndrew,"Motivations for OpenLearn: the Open University's Open Content Initiative,"accessed April 25, 2016, http://www.oerafrica.org/sites/default/files/resources/7673/motivations-openlearn.pdf.

② "Web 1.0 和 Web 2.0 解读,"CSDN, accessed October 23, 2017, https://blog.csdn.net/u011392148/article/details/9317787.

己的数据，既是网站内容的浏览者，也是网站内容的制造者。在 Web 1.0 里，互联网是“阅读式互联网”，而 Web 2.0 是“可写可读互联网”。

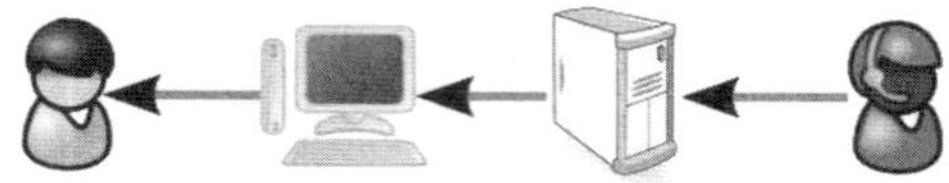

图 5-1 Web 1.0 我已经提供了，你阅读吧！

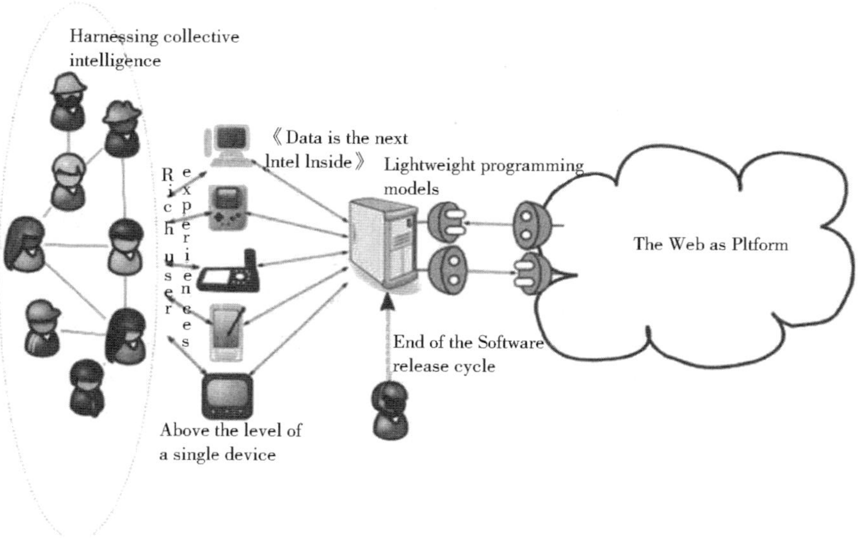

图 5-2 Web 2.0 这里有个平台，你们自由交互吧！

Tim O'Reilly 在 2005 年撰写的文章“What is Web 2.0”中将几种经典的 Web 1.0 和 Web 2.0 应用（Netscape vs. Google，Double Click vs. Overture 以及 AdSense，Akamai vs. BitTorrent）进行比较，得出 Web 2.0 的八个特征：①

① Tim O'Reilly，"What Is Web 2.0：Design Patterns and Business Models for the Next Generation of Software，"accessed October 23，2017，http://www.oreilly.com/pub/a/web2/archive/what-is-web-20.html? page=5.

第一，长尾效应：众多小网站集体的力量提供了互联网的大多数内容，所以利用客户的自服务可以使系统的数据管理延伸到整个互联网，到达边缘而不仅仅是中心，到达长尾而不仅仅是头部。

第二，数据是内核：应用程序越来越多地由数据驱动，因此为获得竞争优势，应设法拥有一个独特的，难于再造的数据资源。

第三，用户增值：互联网应用程序的竞争优势在于用户多大程度上会在已有数据中添加他们自己的数据。因此，不要将“参与的架构”局限于软件开发，而是要让用户们隐式和显式地为程序增添价值。

第四，默认的网络效应：源于用户贡献的网络效应是在 Web 2.0 时代中统治市场的关键。但只有很小一部分用户会不嫌麻烦地为程序增添价值，因此将聚合用户数据作为默认设置，让用户在使用程序的过程中让程序增值。

第五，保留部分版权：知识产权保护限制了重用，也阻碍了体验。因而，在优势来自于集体智慧而不是私有约束时，应采用低门槛。遵循现有标准，并以尽可能少的限制来授权，使设计的程序具备可编程性和可混合性。

第六，永久的β版：当设备和程序连接到互联网时，程序就不仅是软件作品而是一种持续的服务。因此，不要将各种新特性都打包到一个集成的版本中发布，而应将这些新特性作为普通用户体验的一部分来经常添加，以此吸引用户来充当实时的测试者，并记录这些服务，以便了解人们是如何使用这些新特性的。

第七，合作而不是控制：Web 2.0 的程序是建立在合作的数据服务网络之上，因此程序应提供网络服务接口，允许内容聚合并可重用他人的数据服务，支持松散结构的小型编程模型。

第八，软件不局限于单一设备访问：PC 不再是访问互联网应用程序的唯一设备，而且局限在单一设备使用的程序其价值将小于跨平台的程序。因此，从设计伊始，应用程序就应考虑跨越手持设备、PC 机和互联网服务器等多种服务。

Patrick McAndrew（开放大学研究和评价 OpenLearn 的主任）认为，Web 2.0 的这些特征能很好地契合 OpenLearn 平台的开发。[①] 比如，利用 Web 2.0 的长尾效应，OpenLearn 可以提供许多专业科目，把每个人都看成是潜在的用户；允许用户通过参与论坛、书写日志和在 LabSpace 上提供新内容等形式可以为现有内容增值等。

二、开放学习项目的特色

OpenLearn 网站于 2006 年 10 月正式上线，它用开源软件 Moodle（Modular Object Oriented Dynamic Learning Environment，模块化面向对象的动态学习环境）搭建学习平台，网站包含两个部分：学习空间（LearningSpace）和实验空间（LabSpace）。[②] 其中 LearningSpace 主要面向自由学习者，提供由开放大学正规课程资源改编后的学习资源；LabSpace 主要面向教育工作者，允许对资源下载、修改、混合和再利用。OpenLearn 网站的启动，在一定程度上弥补了 MIT 开放课件的不足。它不仅提供免费的课程资源，同时还发布一些实用的学习工具，这将有助于丰富学习者的学习体验并促进学习社区的建立。网站自开通以来受到了全球各界的极大关注，第一周浏览量就达 23 000 次，通过电子邮件和网站论坛收到的反馈信息就有上千条。[③]

---

① Patrick McAndrew, "Motivations for OpenLearn: the Open University's Open Content Initiative," accessed April 25, 2016, http://www.oerafrica.org/sites/default/files/resources/7673/motivations-openlearn.pdf.

② 2012 年 11 月底 OpenLearn 尝试将 LabSpace 移除，独立运行 LabSpace 网站。2014 年，该网站更名为 OpenLearn Works，2017 年 1 月改版，网站更名为 OpenLearn Create。——作者注

③ 罗琳霞、丁新：《英国开放大学“开放学习”项目评述》，《开放教育研究》2007 年第 4 期。

（一）免费的学习资源

OpenLearn 提供的学习资源源自英国开放大学已有的优质教育资源（也有部分课程是专门为 OpenLearn 开发的）。开放大学将已有的部分教材进行适当改编，转换为开放环境下的网络学习资源，免费向全世界任何人开放。最初 OpenLearn 平台上的资源主要来自从开放大学已有资源中选出的 900 学时的内容。① 如今，在 OpenLearn 平台上有近 1000 门免费课程，涵盖文学、历史、教育、自然科学、环境等 15 个学科。②

为了便于学习者选择自己合适的课程，OpenLearn 将课程分为三个层次：第一级为入门级，主要面向学习该课程的新手，通过一系列的主题学习该课程的基础知识和核心概念；第二级为中间级，主要面向对某一主题领域有一定了解的学习者，如果想知道更多，可以选择二级课程；第三级为高级，主要面向对某个主题有较多认识的学习者，如果想要获得对该主题的更具批判性的理解，可选择第三级课程。OpenLearn 的课程选择界面如图 5-3 所示。其中图标表示该课程为免费课程，图标表示课程级别为第一级，图标表示该课程完成后可以授予

图 5-3　OpenLearn 的课程选择界面

① 刘志芳：《英国开放大学 OpenLearn 项目发展模式研究》，《中国远程教育》2013 年第 8 期。

② "Why Study a Free Course on OpenLearn?," The Open University, accessed March 23, 2018, http://www.open.edu/openlearn/about-openlearn/try.

数字徽章（digital badge），图标表示建议完成该课程所用的时间。

OpenLearn 提供的课程单元采用引导式组织结构。学习者进入课程后，可根据自己的需要和兴趣选择内容模块，系统会根据学习者的学习进程自动标识已学内容和学习进度。每门课程都设计了相关的学习活动，既可以提高学生学习参与度，也可以增强学生学习体验，从而激发学习者学习热情。学习者还可以就课程内容和自身学习体验发表评论并对课程进行星级评定。学习者按要求完成课程学习后，可以获得数字勋章（只有部分课程有数字勋章）或参与证明，这是 OpenLearn 平台对学习者非正式学习的认可。[①] 系统通过收集学习者的反馈和评价，自动计算平均星级（五星为最佳），供其他学习者在选择课程时参考。此外，OpenLearn 还为离线学习提供了多种格式：Word、PDF、RSS、HTML、SCORM 等，学习者可以根据自己需要选择不同的格式，在不同的设备上使用。

（二）实用的学习工具

OpenLearn 与其他 OER 项目相比，其主要的特色是依靠英国开放大学多年远程教育的经验和先进的信息通信技术，为学习者提供了许多实用的学习和交流工具，这将有助于增强学习者的学习体验，促进学习共同体的形成。OpenLearn 提供的学习工具主要包括三类：基于文字的交流工具、基于图形的交流工具、基于视音频的交流工具。

基于文字的交流工具包括 Learning journal（学习日志）、LearningSpace forums（学习空间论坛）和 Learning clubs（学习俱乐部）。Learning journal 是一款日志记录工具。它可以做学习笔记，帮助学习者记录在学习过程中的一些感悟和体会，可与他人分享。在学习空间

---

① Patrina Law, "Digital Badging at The Open University: Recognition for Informal Learning," *Open Learning: The Journal of Open, Distance and e-Learning* 30, no. 3(2015): 221-234.

论坛中可以阅读或添加自己的评论，也可以为他人的评论点赞。Learning clubs 是一个与其他学习者一起讨论共同话题的场所。

基于图形的交流工具包括 Compendium 和 Cohere。Compendium 是一款免费的知识管理工具。学习者可以利用 Compendium 创造概念、问题、论点甚至网站之间相互连接的关系视图。[①] 学习者只需要拖动网络资源，就可以将概念、数据或会议添加到自己的知识地图中，也可以利用 Compendium 来设计自己个性化的学习路径，轻松记录自己的学习历程。[②] Compendium 图可以与他人分享。Cohere 是一款实验版的在线知识地图工具。Cohere 可以将持相同或相似观点的学习者联系起来，体现“谁支持这一观点”“这一现象的实例”和“该方法的局限性”等问题。Compendium 和 Cohere 都是知识管理工具，但 Compendium 是离线工具，学习者需要手动绘制视图，而 Cohere 是在线工具，可以自动帮助学习者生成视图。

基于视音频的交流工具包括 MSG、FlashMeeting 和 FlashVlog。MSG 是 OpenLearn 提供的一款即时聊天工具。MSG 可以即时显示当前有哪些人在线（联系人列表根据注册课程的用户信息自动生成），只需双击列表中联系人的昵称就可以与其进行即时的信息交流。MSG 还可以提供交互地图，学习者可以通过交互地图轻松地找到学习伙伴所在的地理位置。MSG 可以为学习者之间的相互指导提供可能，这对没有专门辅导教师的学习情境是至关重要的。[③] FlashMeeting 是一款视频会议工具。它允许世界各地的学习者在不需要安装任何软件

---

① Alexandra Okada and Teresa Connolly, “Designing Open Educational Resources through Knowledge Maps to Enhance Meaningful Learning,” *International Journal of Learning* 15, no. 7(2008):209-220.

② Alexandra Okada, “Knowledge Media Technologies for Open Learning in Online Communities,” accessed March 12, 2017, https://www.researchgate.net/publication/42795895.

③ Alexandra Okada, “Knowledge Media Technologies for Open Learning in Online Communities,” accessed March 12, 2017, https://www.researchgate.net/publication/42795895.

（FlashMeeting 自带 Adobe Flash Play 插件）的情况下进行交流和讨论。使用 FlashMeeting 的视频会议需要先进入课程然后预定会议。在预定会议时，需要设定会议日期、预计持续时间、参加人数和是否允许访客进入等。预定成功后，系统会自动向相关的会议参与人发送会议信息，参与者只需在会议时间内点击链接便可进入会议室。① 视频会议的过程可以录制，供其他感兴趣的学习者观看或重播（也可以选择不公开）。FlashVlog 是一款基于视音频的博客工具。利用 FlashVlog 可以快速、轻松地录制和编辑流媒体视频，创建即时视频博客，并在几秒钟内将其提供给网络观众。FlashVlog 在 FlashVlog 编辑器中被记录和编辑，通过一个单独的 FlashVlog 监视器来观察结果。FlashVlog 编辑器和监视器都可以在安装了 Flash 插件的标准网页中运行。

随着 OpenLearn 版本的变更，这些工具大多被一些社会性软件所代替（如 YouTube 可以替代 FlashVlog 的功能），一些软件已不再提供（如 Learning journal、LearningSpace forums 和 Learning clubs），但由开放大学自主开发的 Compendium 和 Cohere 还可以继续使用。②

（三）共享的许可协议

许可协议是指许可人同意受许可人使用、制造或销售其专利物，或同意受许可人使用其商标，而由受许可人支付一定的报酬作为取得此项使用权代价的一种合同。③ Creative Commons（知识共享）许可协议是一类相对宽松的版权协议。使用知识共享许可协议，并不意味着放弃作品的著作权，而是在特定的条件下将著作人的部分权利授予公

---

① Nicole Schadewitz, Steve Garner and Giselle Ferreira, "Utilising Flash Meeting Software in Collaborative Design-learning," accessed February 20, 2017, http://hci4tel2008.blogspot.com/2008/08/utilizing-flashmeeting-software-in.html.

② "Looking for LearningSpace tools?," OpenLearn, accessed March 23, 2018, http://www.open.edu/openlearn/about-openlearn/frequently-asked-questions/looking-learningspace-tools.

③ 冯大同：《国际贸易法》，北京大学出版社，1995，第 182 页。

共领域内的使用者。使用者可以明确知道著作人的权利，在不侵犯对方版权的前提下使作品得到有效传播。

著作人可以选择以下1—4种权利组合：①

第一，署名（Attribution，简写为BY）：允许他人对享有著作权的作品和演绎作品进行复制、发行、展览、表演、放映、广播或通过信息网络向公众传播，但在这些过程中对方必须保留原作品的署名。

第二，非商业用途（NonCommercial，简写为NC）：允许他人对享有著作权的作品和演绎作品进行复制、发行、展览、表演、放映、广播或通过信息网络向公众传播，但仅限于非商业性目的。

第三，禁止演绎（No Derivative Works，简写为ND）：允许他人对作品原封不动地进行复制、发行、展览、表演、放映、广播或通过信息网络向公众传播，但不得进行演绎创作。

第四，相同方式共享（Share Alike，简写为SA）：只有在他人对演绎作品使用与原作品相同的许可协议的情况下，才允许他人发行其演绎作品。

虽然这些条件共有16种组合模式，除去互斥组合和无效组合，CC 2.0以上版本在简化后得到六类核心知识共享许可协议：①署名（BY）；②署名（BY）—相同方式共享（SA）；③署名（BY）—禁止演绎（ND）；④署名（BY）—非商业性使用（NC）；⑤署名（BY）—非商业性使用（NC）—相同方式共享（SA）；⑥署名（BY）—非商业性使用（NC）—禁止演绎（ND）。②

OpenLearn采用的是知识共享协议中的署名—非商业性使用—相同方式共享（BY—NC—SA）模式。此协议允许他人以任何媒介或格

---

① 《许可协议说明》，知识共享（中国大陆），http://creativecommons.net.cn/licenses/licenses_exp/，访问日期：2018年3月24日。

② 《知识共享许可协议文本》，知识共享（中国大陆），http://creativecommons.net.cn/licenses/licenses_exp/，访问日期：2018年3月24日。

式对资源进行复制、重新发布，或在原有资料的基础上进行重新组合、转换，但必须标注著作者名字，且不能用于商业性目的。如果对原资源进行了重新组合、转换，则新作品也要求采用与原资源相同的协议，以相同的方式共享。[①] 这是知识共享协议中相对比较宽松的一种协议，目前绝大部分 OER 都使用该协议，并组成了知识共享联盟。遵循 BY—NC—SA 协议的资源可以在著作者的支持下进行共享、使用和修改，既有效地保护了著作者的权益，同时也放宽了资源在版权方面的约束，有利于促进资源在更大范围内共享。

第二节　开放学习项目中开放教育资源的质量保障

英国开放大学因其高质量的学习资源和全方位的学习支持而誉满全球。OpenLearn 项目中的大部分学习资源都源自开放大学的现有课程，是开放大学课程的微缩版。通过 OpenLearn 平台可以让更多的人接触到开放大学和开放大学的课程，因此，开放大学高度重视 OpenLearn 中学习资源的开发。

一、严谨的课程材料转换流程

开放大学付费课程的学习资源以"主题"为基础，涉及知识面很广，可能跨越多个学术领域，一门课程的学习通常需要 300—600 个小时。而 OpenLearn 中的学习资源以"单元"为基础，通常只保留了开放大学付费课程资源 10%左右的内容，但保留的内容基本与付费课程

① "Attribution-NonCommercial-ShareAlike 4.0 International (CC BY-NC-SA 4.0)," Creative Commons, accessed March 24, 2018, https://creativecommons.org/licenses/by-nc-sa/4.0/deed.en_GB.

一致。[①] 所以，OpenLearn 中学习材料的生产成本相对较低（主要来自已有的课程资源），其主要的成本消耗来自课程材料的转换。这个将印刷材料转换成在线自主学习资源的工作绝不简单。

（一）课程转换的关注重点

1. 学习情境的变化。开放大学的远程学习被称为是一种受支持的开放学习（Supported Open Learning，SOL），在 SOL 中，基于材料的学习、导师支持和各种评价相互结合，提供了一种综合的学习体验，并且这种学习体验已经被证明是非常有效的。因此，在设计 SOL 材料时就隐含了与课程、学习群体规模、外部支持、评价等相关内容。而 OpenLearn 是一种开放的学习环境，整个学习过程既没有导师的支持也没有严格意义上的学习评估。付费学习过程与 OpenLearn 中学习过程的比较如图 5-4 所示。[②] 这就意味着学习者不能直接利用原始材料进行学习，OpenLearn 中的学习材料需要根据 OpenLearn 提供的自主学习情境进行调整。

2. 媒体形式的转化。开放大学学习材料的一个引以为傲的特征是其内容和媒体的多样性。通常情况下，一门课程可能包括印刷、视听、软件、交互式 CD 或 DVD 等多种媒体形式。例如，开放大学付费课程中有一门课程《交互设计基础》(*Fundamentals of Interaction Design*)，其课程材料包括：课程指南、4 个材料包、索引、词汇表、评价表、DVD 以及一整套独立开发的书籍（共 4 本）。[③] 这套书和材料包中包括

---

① 刘志芳：《开放教育资源（OER）在英国的应用研究及对中国的启示》，《现代远距离教育》2014 年第 3 期。

② Patrick McAndrew, Andreia I. Santos and Andy Lane et al., "OpenLearn Research Report 2006-2008" (paper presented by the Open University, 2009), p. 33.

③ Wilson and Tina, "Transformation for an Open Education Repository: Issues Associated with IT and Computing Distance Learning Course Materials," accessed February 20, 2017, http://vddb.laba.lt/fedora/get/LT-eLABa-0001:P.03 2007 ISBN 978-9955-9779-4-0. PG 143-147/DS.003.1.01.PAPER.

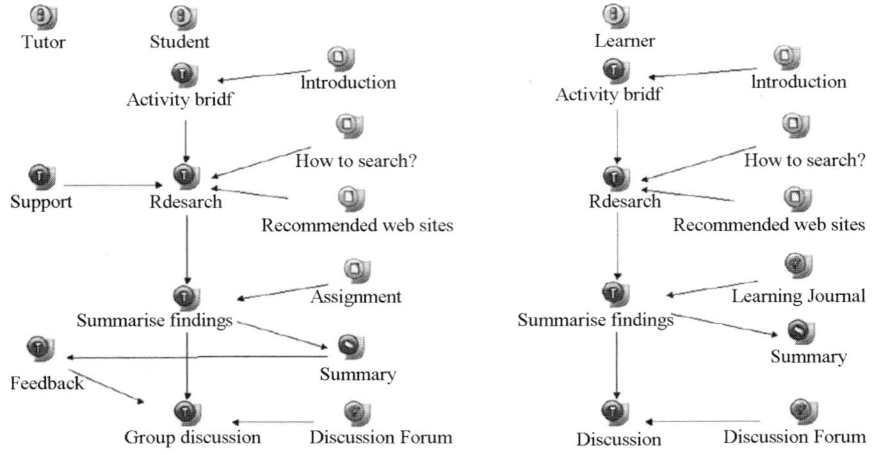

付费学习过程　　　　OpenLearn 学习过程

图 5-4　付费学习过程与 OpenLearn 学习过程的比较

许多有反馈的自我评估和评论问题，在 DVD 中也包括一些视频剪辑和编辑活动，同样也配有反馈功能。学习材料的丰富性和多样性也给转换工作带来挑战。除了要考虑媒体格式是否适合在线传播、交互和反馈活动是否体现了在线学习的特点外，更需要考虑的是 OpenLearn 中的材料是允许重用的（在遵守 BY—NC—SA 协议的基础上）。因此，OpenLearn 的材料不仅要充分体现在线学习的特点，同时也应便于学习者获取和重用。

3. 知识产权的清理。开放大学的课程开发是由课程团队集中完成，是集体智慧的结晶。这种合作产物的知识产权的清理任务是巨大的。由于 OpenLearn 上的材料是遵循 BY—NC—SA 协议，它允许他人对作品进行复制、重新组合、转换和重新发布，但需要署著作者的名字、不用于商业目的并新资源应与原作品一样以相同的方式共享。因此，在 OpenLearn 中出现的所有内容都要进行版权清理，获得原著作人授权。对某些没有获得授权或版权不明确的材料需要进行替换或特别申明。

（二）课程转换的基本模式

目前，在 OpenLearn 网站上大部分“单元”都是以 Lane 提出的“完整性模式”（Integrity Model）进行转换的。所谓“完整性模式”是指单元中所有的材料都与原始材料非常相似，并且尽可能完整，能够以与原始材料相同的顺序来学习。[①] 它包括将内容从一种传播媒体转换为另一种传播媒体，不改变现有结构和教学法。最常见的一种以完整性模式转换的“单元”是从原来的课程中选取了垂直的“切片”或“片段”，而不打乱原始材料的线性特征。

完整性模式并不仅仅意味着传输文字材料，在某些情况下，用户体验可能会被更改或增强。如用点击和显示活动的答案替代在书后面查找答案、在页面上集成视听材料、将静态图替换为交互式动画等。但也有一些情况需要进行适度调整，如将印刷媒体中允许学习者和内容之间进行一些互动（在页面上填写缺失的单词），这不适合复制到 Moodle 的测试功能中，需要根据 Moodle 平台的特点进行修改。这种模式对原始内容只做了极少改变，可有效地保障学习资源质量。它为开放大学在两年时间（2006.4—2008.4）内提供 13 500 个学时 OER 立下汗马功劳。[②]

在具体实践过程中，完整性模式还发展了一些“变体”。这些转换模式的材料更多是来自原课程的水平“切片”和许多非常小的垂直“切片”，由课程团队将他们连接在一起，创造出与原课程不同的线性流。“精华模式”是指将原材料削减成只包含一些基本特性的学习材料。原文本被大量地剪辑成适合于一个或两个页面的小块，增加新的

---

① Patrick McAndrew, Andreia I. Santos and Andy Lane et al, “OpenLearn Research Report 2006-2008”(paper presented by the Open University, 2009), p. 30.

② Patrick McAndrew, Tina Wilson and Dave O'Hare et al., “Repurposing Resources as Open Content: Studying the Experiences of New Providers,” accessed March 20, 2017, https://www.researchgate.net/publication/42798559_Repurposing_resources_as_open_content_studying_the_experiences_of_new_providers.

活动来增强互动性和更改或补充一些其他资源，如图片或动画。“导游模式”是指在“单元”中提供一个简单指南和一些额外活动来补充一些其他课程或相关网站上的教学材料。在“主题”中寻找信息的一系列“单元”都遵循这个模型。

另一种模式是非完整模式或混合模式。在这种模式中，原材料被当作教学内容的一个起点或早期草稿，但是这个“单元”是基于新的在线学习情境从头开始设计。重新混合会使得一个“单元”内资源的顺序、学习设计、交互类型和内容主旨都发生变化，而不仅仅是对媒介和格式的改变。可能的改变涉及教学或学习设计，以及内容的表示方式，如从文本切换到动画，使用 Moodle 测试进行自我评估，以及与外部资源的链接等。该模式下的学习资源是从头设计，它能很好地适应 OpenLearn 的学习环境，但同时对原教学内容进行了大幅度地修改，无论是从教学法的角度还是从材料有效性角度其质量都要重新论证，并且在转换时该模式的效率相对较低，开发成本也有所增长。

（三）课程转换的基本步骤

OpenLearn 中材料的转换工作也是由一个团队完成。团队成员包括：学术专家、媒体工作人员、XML 技术人员、知识产权专家等。通常情况下，材料转换工作包括：选择与评估、制作和出版三个环节。[①]

第一，选择与评估。在选择与评估环节通常需要与学院和课程管理者联系，确定可用材料格式；OpenLearn 学术专家要研究材料，考查其是否适合加入 OpenLearn 项目；出于对知识产权的考虑，材料要送给媒体工作人员和版权部门进行双重检查以明确材料的知识产权问题。

对现有材料进行转换的难度很大程度上取决于原材料本身的性质

① Tina Wilson, Rose Webb, Giselle Ferreira and Teresa Connoly, “Repurposing for an Open Educational Repository: Quantity, Quality and Processes,” accessed March 20, 2017, https://aisantos.wordpress.com/2007/11/01/repurposing-for-an-open-educational-repository quantity-quality-and-processes/.

特点。通常情况下，为网络编写的材料基本上是为在线研究而设计的，但转换到 Moodle 中可能会有不同的技术处理和设计。基于资源的学习而设计的多媒体材料，其结构化程度较高，需要在 Moodle 中重新配置以适于在线环境；而对于大的、层次性不明显的印刷文本则需要更多的努力来改造。①

2006 年，Lane 列出了一个比较宽泛的适合于 OpenLearn 学习单元的选择标准②，包括：①在学习时间上需要 3 到 15 个小时，约 1 个晚上到 1 周的学习时间；②有明确的高等教育等级（1，2，3 或 M），该等级符合 QAA 的高等教育资格框架内的描述并与开放大学的级别框架文件一致；③具有自我包含性，没有被引用到其他单位，并且只有有限的外部 URL 的引用；④可以再细分为更小的部分或不超过 3 小时学习时间的长度；⑤通常每 3 小时学习时间内只有一个学习成果或能力获取；⑥可以包含多种媒体，但在学习中会使用比传统教学更多的活动；⑦每个单元将包括材料学习时间和学习者思考时间。

第二，制作过程。制作过程主要包括文本、图形、声音等的制作。所有选择出来的媒体都要求清理版权，获得 BY—NC—SA 知识共享协议许可。然后，将所选择的媒体按规范转换成 XML 标识语言，转换后的 XML 文件将返回媒体部门进行检查。这个过程比较耗时，通常需要 6 周，且大部分时间都用于清理版权。OpenLearn 早期对材料转换形成的理想规范包括：①由文本和静态图形（图片，图表）组成的 web 页面，在任何时候都不超过两个屏幕以防止过度滚动；②Web 页面应以最简单的方式连接起来，其层次结构不超过两级；③像 pdf 等用于屏幕阅读或打印的文本，其长度通常不超过 5 个 A4 纸的页面；④所有文字

---

① Patrick McAndrew, Andreia I. Santos and Andy Lane et al, "OpenLearn Research Report 2006-2008" (paper presented by the Open University, 2009), p. 28.

② Frank Banks, "Using a Structured Approach to Authoring OER Content: An Evaluation of Two Cases," accessed March 20, 2017, http://www.ucel.ac.uk/oer10/index.html. .

内容，无论是网页还是 pdf 格式，阅读量不能超过 1000 字/小时；⑤已有的动画、音频和视频材料都可以被使用，但数量有限，且必须与主题相关，而不仅仅是为了填充页面；⑥已有的且适于网上使用的开放内容、软件应用程序也可以被包括进来，同样要求与主题相关。[①]

除了这些资源外，每个单元通常还包括自我评估任务、致谢部分和讨论空间。自我评估任务可能是交互式测试或反思活动（在学习日志中进行）；致谢部分则主要用于详细说明作者和可能的材料来源，包括版权状态；讨论空间可用于不同的学习者发表评论，包括对单元的评价（现在论坛功能已经被取消，对单元的评价以星级评定的形式进行）。

第三，出版。学习单元的出版通过 Moodle 平台完成。Moodle 是一个开源学习平台或称课程管理系统。开放大学使用的 Moodle 平台经过升级改造，据称已经能够支持 19 万在线用户。[②] 所有单元都需由 OpenLearn 项目组和学院教师对单元材料进行检查，合格后方能上传到 OpenLearn 网站。由于教学内容本身没有被修改（主要以完整模式进行转换），学术质量保证工作更侧重于媒体表现的准确性。

具体的流程图如图 5-5 所示。[③] 虽然流程图上标识了 29 个步骤，但图上平行显示的许多工作是可以并行的，数字只是为了更好地说明转换的过程，而不是固定操作的顺序。

① Frank Banks,"Using a Structured Approach to Authoring OER Content: An Evaluation of Two Cases,"accessed March 20,2017,http://www.ucel.ac.uk/oer10/index.html.

② 祝智庭、余平：《OER 典型项目的剖析研究》，《电化教育研究》2009 年第 10 期。

③ Schuwer Robert,Lane Andrew and Andy Lane et al.,"A Comparison of Production Processes for OER,"accessed March 20,2017,http://conference.ocwconsortium.org/index.php/2011/cambridge/paper/view/126.

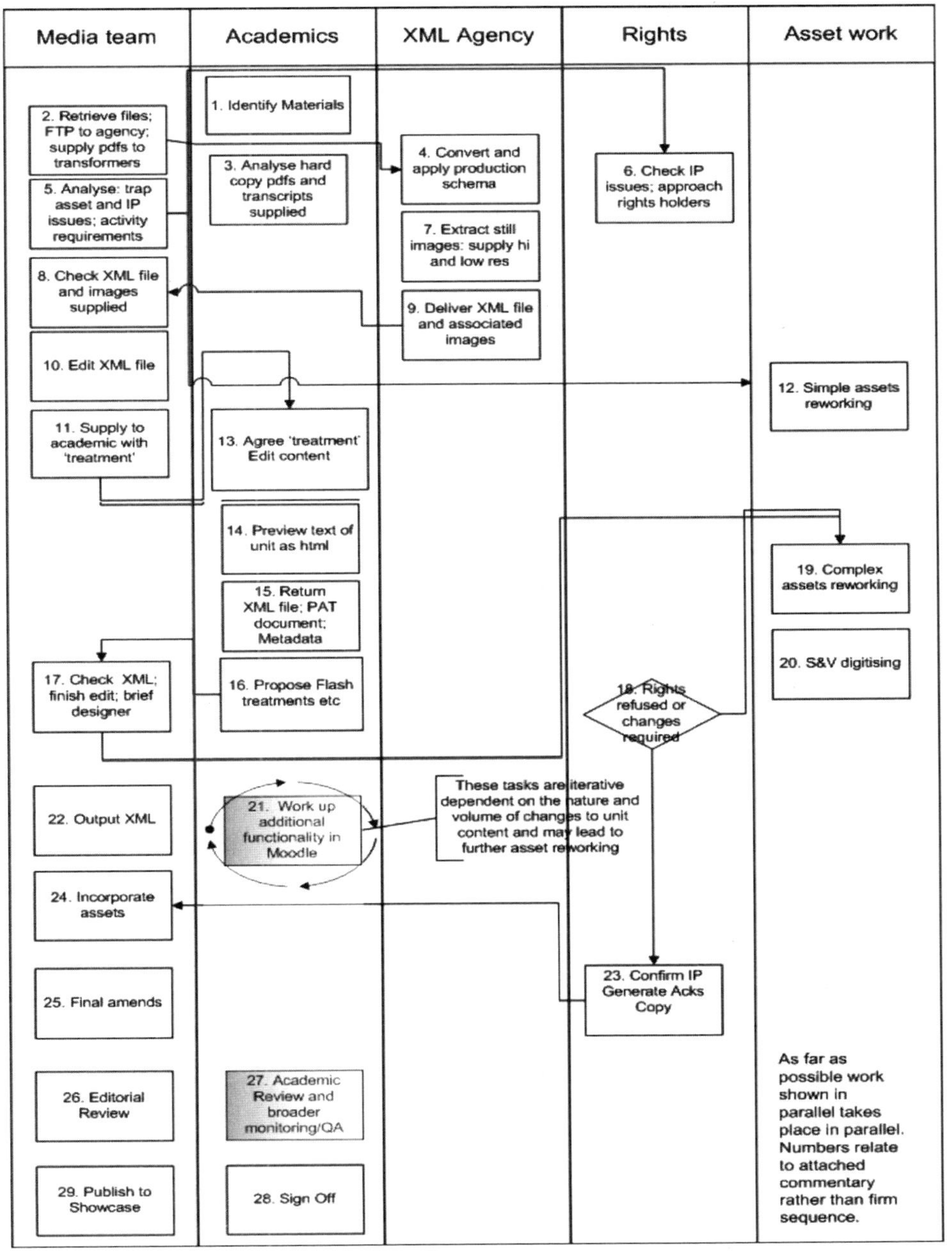

图 5-5　英国开放大学 OER 制作流程

二、明确的第三方材料使用标准

OpenLearn平台中的资源除了整合开放大学课程资源外，还有一部分是由第三方开发。所谓第三方是指除开放大学以外的其他课程或资源开发者。开放大学采用的第三方材料通常包括两种形式：委托开发和选择发布。

委托开发是指由开放大学委托某个组织或个人就具体内容开发的资源。通常情况下，受托人由开放大学选择，根据项目大小有一笔酬劳，但内容版权将归开放大学所有。委托开发的资源与OpenLearn平台上的其他资源一样，遵循相同的知识共享协议，允许他人重用。在出版之前，委托开发的资源将由相关学术专家从学术角度进行审核，以确保没有学术问题（如引用名誉扫地的研究等），同时内容还将接受OpenLearn编辑团队的审查，以确保资源中所有内容没有违规性问题（如版权侵犯等）。

选择发布则是指从其他的出版物中挑选出来，由OpenLearn重新发布。选择发布高质量的第三方内容可以让OpenLearn迅速地对时事事件做出反应、扩大在OpenLearn上发表内容的人的范围（年龄、性别和种族背景）、提供第一手资料、拓展开放学习覆盖地域范围、让OpenLearn所涵盖的主题中有机会包含其他观点或意见。通常情况下，这些资源将与其他相关的OpenLearn内容链接在同一或类似主题上，构成内容包的一部分。

这些资源主要来自伦敦经济学院和牛津大学、科学发展网等网站的博客。[①] 这些高质量出版物通常是由其他学术团体或专业作家出版，

---

① "How OpenLearn Uses Third-party Content," OpenLearn, accessed August 20, 2017, http://www.open.edu/openlearn/get-started/how-openlearn-uses-third-party-content.

且大都遵循相同知识共享协议。

OpenLearn 编辑团队将对任何被选中发表的资源进行审查，以确保它与直接委托的作品一样具有相同的编辑标准。编辑团队将确保作品的作者明确；作品来源明确，如果是网络作品，有明确原始链接；作者的从属关系明确，他们从属的学术团体和专业领域有准确的说明(随着时间的推移，作者的角色或工作单位会发生改变，这些细节变化不会直接反应，除非 OpenLearn 出版了同一作者更多的新资料或者作者特别要求改变)；初始版权明确并受到尊重；在 OpenLearn 发布的日期清楚，如果有重大修订，再版日期明确，如果在原版后有重大修改，应指出修改的原因。但是，此类资源的出版并不意味着赞同这些资源中表达的任何想法或意见，也不支持来源出版物、文章作者或任何与他们有关联的组织或团体。①

第三节　开放学习项目中开放教育资源的质量评估

虽然开放大学在远程教育领域有强大的实力和丰富的经验，但对开放教育资源的研究也是一个新的课题。如何丰富非正式学习者的体验、如何处理正式学习和非正式学习的关系、如何通过 OER 让大学获得更多利益等，开放大学也是且行且思。从某种角度而言，OpenLearn 项目本身就是一个实验场，它为政策、技术、可用性、实用性及教学等领域的研究提供了一个具有挑战性的环境，因此，对 OpenLearn 的质量评估也从未间断。

---

① "How OpenLearn Uses Third-party Content," OpenLearn, accessed August 20, 2017, http://www.open.edu/openlearn/get-started/how-openlearn-uses-third-party-content.

一、开放教育资源的内部评估

英国开放大学一如既往地关注 OpenLearn 的质量。通过评估可以收集到许多重要的信息，这些信息将直接影响到 OpenLearn 平台和课程的改进。从 2006 年 OpenLearn 平台正式上线至今，OpenLearn 平台已经经历了多次调整，不管是网站界面还是组成模块都发生了大的变化，而这些变化的依据就来源于开放大学对 OpenLearn 平台的相关评估。其中最典型的有开放大学在与休利特基金合作结束时对 OpenLearn 的调查研究和 2013—2015 年英国开放大学对开放教育资源和开放学习平台进行的三次大规模用户调查。

（一）2006—2008 年研究报告

OpenLearn 与休利特基金合作结束后，2009 年开放大学发布了《OpenLearn 研究报告（2006—2008）》（“OpenLearn Research Report 2006—2008”），对 OpenLearn 的使用者类型、开放内容设计以及所取得的成就和未来可持续发展方案进行了系统研究。为了对 OpenLearn 这样一个大型开放资源获取平台进行系统研究，开放大学的研究小组采用了多种研究方法，包括行动研究、直接和远程研究、试验、调查和访谈等。

研究报告显示，通过跟踪 Moodle 日志、对开放大学其他网站的数据相关性分析和谷歌分析器自动收集到的数据，可以得出用户主要通过三种方式到达 OpenLearn 平台。其中，45.7%的用户是通过推荐网站，另外 43.6%的用户是通过搜索引擎，只有 10.6%的用户是直接输入 URL 到达该平台（另有极小量通过其他方式）。[①] 有趣的是，许多用

① Patrick McAndrew, Andreia I. Santos and Andy Lane et al, “OpenLearn Research Report 2006-2008”(paper presented by the Open University, 2009), p. 36.

户通过搜索结果登录了 OpenLearn 平台，他们发现在 LearningSpace 上的内容比主页更有吸引力。主页、LearningSpace 和 LabSpace 的访问比例大约是 2∶12∶1。① 这意味着绝大多数用户都只体验了 LearningSpace 的内容，而绕过了出现在主页上的详细说明，有的甚至从来没有到 LabSpace 上去看看它的特殊功能。OpenLearn 平台设置 LearningSpace 和 LabSpace 两个空间的目的是为了满足不同受众的需要。LearningSpace 主要面向个体学习者，满足自主学习的需要；LabSpace 主要面向教育工作者，满足教育工作者对 OER 进行创作、修改和合作的需要。从访问比例也可以看出，LearningSpace 的使用频率远高于 LabSpace。

用户对 OpenLearn 网站的反应研究使用了一系列的技术，包括眼球追踪、专家评估以及远程的和面对面的用户研究。除了详细的使用说明和可获得性外，用户认为免费的教育材料是一个很好的想法，但是却很难克服对开放大学已有的认识，觉得它的教育不可能免费。另外，开放大学还通过一份在线调查问卷对 6196 名注册用户进行调查。调查问卷的内容包括用户的背景、访问 OpenLearn 的原因、对 OpenLearn 中学习内容的态度、对工具的体验以及对未来的打算。

其中有一个调查项目重点关注 OpenLearn 的使用目的并要求被调查者对建议的设施进行排序（其中一些是在 OpenLearn 上提供的，有些则没有）。这种设计的目的是了解用户需求，并探索 OpenLearn 可能吸引的用户类型。调查结果表明，用户认为 OpenLearn 最重要的特性排名前三的是：内容选择度大、有测试和评估学习的途径以及学习内容的交互性。② 其中有大量学习内容供选择被认为是 OpenLearn 最重要的特性；而有测试和评估学习的途径则是 OpenLearn 中不具备的一个

---

① Patrick McAndrew, Andreia I. Santos and Andy Lane et al, "OpenLearn Research Report 2006-2008"(paper presented by the Open University, 2009), p. 26.

② Patrick McAndrew, Andreia I. Santos and Andy Lane et al, "OpenLearn Research Report 2006-2008"(paper presented by the Open University, 2009), p. 39.

特性，说明学习者在非正式和非正规学习中也有指导、评估和反馈的需求或者说有被认可的需要。

在对内容的使用、创造和再利用方面，OpenLearn 鼓励与国内其他的高等教育机构以及世界各地高等教育机构合作。许多机构都成了合作者，如 U3A（The University of the Third Age；一个世界性的运动，鼓励老年人在不再从事全职工作后，在一种友好的、非正式环境下继续从教育中获益）、Unisual Virtual（巴西圣卡塔琳娜南部大学的远程教育校园，自 2007 年 3 月起与 OpenLearn 项目建立合作关系）等。另外也有一些小的学习团体或个人参与到与 OpenLearn 的合作。这种合作与开放大学以往的合作最大的不同就在于，以往的合作都是通过正式法律合同来明确合作方的责、权、利关系，而在 OpenLearn 中的合作是遵循开放协议的。这种模式下的开放教育资源不再受独立合同的约束，在遵守相同的共享协议的基础上，每个合作者都可以自由使用这些资源。

通过与这些机构的合作，OpenLearn 也可以更好地理解如何有效支持在共同体中使用和重用开放教育资源。在这种合作中，指导者扮演了非常重要的角色。通常合作者是自我激励的，他们有很多想法，但一般情况下他们并不完全了解如何在 OpenLearn 上实现这些想法。指导者通常来自 OpenLearn 的员工团队，他们可以为合作者的创作提供建议和帮助，如发布材料、创建论坛、组建合作共同体等。

同时，本次研究也发现在资源的重用上存在文化适应问题，许多教育者不习惯资料重用的概念。教育者对资源的重用主要存在两个方面的问题：理念和技术。① 在 OpenLearn 中资料的再利用通常是合作的产物，已有思维模式会认为修改他人作品是一种不尊重他人劳动成果

---

① Patrick McAndrew, Andreia I. Santos and Andy Lane et al, "OpenLearn Research Report 2006-2008" (paper presented by the Open University, 2009), p. 58.

的行为，特别是当这些材料是由开放大学提供的高质量的内容时，会让修改者感到不自信。另外，对资源进行重用需要有一定的技术素养，包括熟悉 XML 语言、了解开放内容的许可类型等。大部分教育者在资源的重用上都存在技术障碍。对此，研究小组也给出了一些建议，如明确重用的概念、展示一些成功的重用案例、通过竞争或比赛鼓励重用、开发一些替代格式或工具集、降低技术门槛等。

《OpenLearn 研究报告（2006—2008）》是对 OpenLearn 最早的一次全面的质量评估，其研究结果对 OpenLearn 的后续发展产生了较大的影响。如，自 2010 年后，OpenLearn 平台更加关注学习者在 LearningSpace 环境中的学习，尝试将其建设成为引导学习者进入正规高等教育的平台；2012 年将 LabSpace 从 OpenLearn 平台中移出，建立独立的网站，后更名为 OpenLearn Works（2017 年改名为 OpenLearn Create）；2013 年开始研究数字认证和数字勋章等。

（二）2013—2015 年用户调查

2013 年，英国开放大学对开放教育资源和开放学习平台的用户进行了大规模的调查。在 2014 年和 2015 年，对 OpenLearn 的调查再次进行。2013—2015 年的调查都是使用 SurveyMonkey 平台进行的。每次调查都包含了李克特量表（Likert-scale，一种心理反应量表）、多项选择和开放式问题。通过遍历 OpenLearn 课程的所有链接，对所有的情况都进行了调查，其目的是为了研究学习者访问该网站学习整个课程的情况，而不仅仅是观看短视频、编辑内容或学术博客。调查包括由 OER 研究中心①（OER Research Hub，OERRH，由威廉和弗洛拉休利特基金会在 2012 年资助的项目，位于开放大学，其目的是研究 OER 对学习和教学实践的影响，以及提高该领域内 OER 研究的知名度

① L. Shear, B. Means and P. Lundh et al., "Research on Open: OER Research Hub Review and Futures for Research on OER" (paper presented by SRI International, 2015), pp. 1-2.

和质量）开发的标准问题，以便将来与 OER 研究中心收集到的全球数据进行比较。

收集到的调查数据每年都进行分析，以建立关于学习者人口统计、选择和假设的关键信息。这些数据与从谷歌分析、Moodle 分析和开放大学自己的网站分析软件收集的数据相结合，提供了一幅关于学习者停留时间、页面间移动、搜索源和搜索词的图景。每年都有报告为大学内部使用，其中包括关于对委任优先级、应急预案、系统可用性和可访问性特征等的建议。此外，这些调查结果还向各学院提供深入分析，以便其更详细地了解特定科目和特定课程的数据，确定改进或更新课程的机会。

在 2013 年，开放大学试图了解利用 OpenLearn 进行非正式学习与正式学习之间的关系，进行了两项大规模的调查研究。其中一项是与 OERRH 合作进行的，目的是为该平台的未来发展提供信息，并测试开放学习的商业模式。另一项是在线调查，被用来收集学生、教育工作者和非正式学习者使用 OpenLearn 平台的数据，主要探索学习者开放学习的动机和重点是什么，他们是如何使用这个平台的。

2013 年 4—6 月，开放大学联合 OERRH 对开放大学的 iTunes U 频道的用户和 OpenLearn 平台的用户进行大规模研究。调查结果显示，访问这两个平台的用户在人口统计数据（性别、年龄、国籍、最高学历、是否残疾、母语、工作类型等）上有些不一样；非正式学习的动机大致相同（80%受访者是根据个人兴趣选择学习内容，40%受访者是为了专业发展，30%左右是与工作/学习相关）；不同类型学习者（教育者、正式学习者、非正式学习者）最感兴趣的科目各不相同。同时建议，以多种形式将其开放内容聚合在多个平台上，以满足不同人群的需求；由于非正式学习的学习者来自不同群体，有着不同的需求，提供的 OER 科目要多样化；可以提供更多入门级的内容来培养学习者的信心，尤其是对那些英语不是他们第一语言的人而言将有助于他们更好地参与学习。[①]

开放大学利用 SurveyMonkey 平台对 OpenLearn 使用者进行的调查结果表明，大学提供的 OER 可以帮助学习者更好地了解开放大学，同时也为学习者提供了一个通往正规教育的桥梁，允许他们在正式课程注册之前尝试相关学习材料，并帮助他们建立作为学习者在学习能力方面的信心。[②] 同时研究建议，提高低学历人群对平台的认识和 OpenLearn 资源的可发现性；扩大作为 OER 发布内容的范围；使内容更吸引学习者。

2014 年开放大学再次利用 SurveyMonkey 平台对 OpenLearn 的使用者进行调查。调查结果显示，OpenLearn 作为尝试器的功能得到进一步加强，67％的受调查者表示他们在注册一个正式学历前都利用 OpenLearn 来尝试大学的学习（比 2013 年提高了 25 个百分点）。并且，不仅新学员使用 OpenLearn 作为尝试器，已经注册的学员也利用 OpenLearn 来尝试某个学科或更高级课程的学习材料，以帮助他们选择下一个付费模块。

与 2013 年调查结果相似，2014 年的调查结果也表明 OpenLearn 是一个展台。45％的受调查者表示他们通过 OpenLearn 进一步了解了开放大学，并且 42％的受调查者表示在使用 OpenLearn 后他们对开放大

---

① Law Patrina, Perryman Leigh-Anne and Law Andrew, "Open Educational Resources for All? Comparing User Motivations and Characteristics across The Open University's iTunes U Channel and OpenLearn Platform," in *Proceedings of the Open and Flexible Higher Education Conference* 2013, ed. European Association of Distance Teaching Universities (EADTU) (Maastricht: European Association of Distance Teaching Universities, 2013), pp. 204-219.

② Leigh-Anne, Law Patrina and Law Andrew, "Developing Sustainable Business Models for Institutions' Provision of Open Educational Resources: Learning from OpenLearn Users' Motivations and Experiences," in *Proceedings of the Open and Flexible Higher Education Conference* 2013, ed. European Association of Distance Teaching Universities (EADTU) (Maastricht: European Association of Distance Teaching Universities, 2013), pp. 270-286.

学的看法变得更加积极，26％的人表示看法变得比较积极，只有24％的人表示他们的看法没有改变。2014年的调查数据同样支持OpenLearn作为学习加速器的结论。65％的受调查者（正式学习者）认为通过使用OpenLearn获得了自信，80％的人表示对进一步学习更有信心。

2013年的调查中有80％的受调查者表示他们使用OpenLearn平台的动机是它能提供免费的学习机会，2014年这一数据上升到95％。这与2012年底英国高等院校的学费上涨有关。2013年英国有94所高校学费高达9000英镑，而开放大学的学费是5000英镑每年，是少有的几个低学费的大学之一。① 学费上涨无疑提升了接受高等教育的门槛。OpenLearn提供这种免费的学习平台能扩大接受高等教育的机会，与开放大学服务社会的使命是一致的。另外，在2013年调查中提出的为非正式学习提供免费认证的建议，在2014年也进行了相关调查。其结果显示，每年450万人次的OpenLearn访客中有13％的人会点击进入询问如何成为一名正式学生。对于提供开放大学徽章认证的开放课程，点击进行同样咨询的人在30％—35％，高出平均水平2倍。②

2015年该项调查继续进行。这次调查的对象是最近在开放大学完成了一个正式模块学习的本科生和研究生。2015年调查的目的是为了了解已注册学生对OpenLearn的了解程度，以及他们对其他免费资源（不是由开放大学提供的）的使用情况；使用OpenLearn对他们在学习准备和信息方面的影响以及学生在OpenLearn平台上主要使用什么类型的资源（整个课程、视频、音频、活动等）。调查结果显示，在这些

---

① "The Open University Announces new Fees of £5,000 in England," the Open University, accessed December 13, 2015, http://www3.open.ac.uk/media/fullstory.aspx?id=21596.

② Patrina Law, "Recognising Informal Elearning with Digital Badging: Evidence for a Sustainable Business Model," *Open Praxis* 7, no. 4(2015): 299-310.

已注册的受调查者中，48%的人使用过OpenLearn，他们主要利用平台提供的免费课程（占72%）；在使用过该平台的受调查者中，有48%的人表示OpenLearn平台的学习有助于提高他们研究的信心。[①] 同时，调查结果也表明在2013年提出的提高OpenLearn资源可发现性问题依然没有得到有效的解决。[②]

开放大学很快对这些调查结果进行了回应。在对2013年研究数据进行分析的3个月内，研究人员的建议在内部得到了执行：要求进行的相关治理获得批准；成立了徽章开放课程（Badged Open Course, BOC）项目团队，并启动了IT需求。[③] 2014年提出提高学习者学习体验的建议，促进了BOC项目进一步发展。[④] 2015年调查结果直接导致了2017年对OpenLearn平台资源大范围调整。开放大学通过这种方式，建立了机构研究与非正式学习供给业务之间的密切关系。

二、开放教育资源的外部评估

OpenLearn作为开放大学的一个提供开放教育资源的平台，鲜有专门针对OpenLearn的外部评估，但作为探索ORE应用的典范，它经常被用来与其他开放教育资源库进行比较。由于研究的目的和价值取

---

① Patrina Law and Anne Jelfs, "Ten Years of Open Practice: A Reflection on the Impact of OpenLearn," *Open Praxis* 8, no. 2(2016): 143-149.

② Patrina Law and Leigh-Anne Perryman, "How OpenLearn Supports a Business Model for OER," *Distance Education* 38, no. 1(2017): 5-22.

③ Patrina Law, "Digital Badging at The Open University: Recognition for Informal Learning," *Open Learning: The Journal of Open, Distance and e-Learning* 30, no. 3(2015): 221-234.

④ Patrina Law, "Digital Badging at The Open University: Recognition for Informal Learning," *Open Learning: The Journal of Open, Distance and e-Learning* 30, no. 3(2015): 221-234.

向不同，再加上选择的样本空间的差异，比较结果各异，不足以构成对 OpenLearn 的评价。本研究选取 COL（政府间组织）和 MOOCLab（非政府组织）对 OpenLearn 的评价以简要说明 OpenLearn 的外界影响。

（一）英联邦学习共同体的评估

英联邦学习共同体成立于 1988 年，总部设在加拿大不列颠哥伦比亚省的伯纳比，是世界上唯一一个只关注远程教育和开放学习的政府间组织。COL 的使命是在 52 个英联邦成员国中促进和发展开放学习和远程教育的知识、资源和技术的使用。[①] COL 主要关注两个部分：教育、生活与健康。通过聚焦教育质量保障、教师发展、高等教育的新途径、信息化学习专业创新，帮助成员国达到各层面的优质教育，协助成员国鉴定哪些生活需要被提高，并创造与之匹配的学习机会。目前，COL 已经发展成为世界领先的远程教育提供者之一，与联合国教科文组织共同引领远程教育在国家间的发展。

为了表示对远程教育领域卓越成就的敬重，COL 设立了“远程教育卓越奖”（Excellence in Distance Education Awards，EDEA），该奖项主要用于表彰那些在远程教育领域有卓越成就的机构、组织和个人。[②]“远程教育卓越奖”通常包括三个奖项：

第一，“机构卓越成就奖”（Award of Excellence for Institutional Achievement）用于表彰在开放和远程教育中进行创新和有效应用技术支持学习的机构，他们的方法能为那些没有参与学习或培训的学生提供机会。

第二，“开放和远程教育卓越材料奖”分为两类，一类是印刷、数字资源或其他低成本的媒体材料，如音频、视频或这些材料的组合；

① “About the Commonwealth of Learning,”COL，accessed November 15，2017，https://staging. col. org/about/what-commonwealth-learning.

② “Excellence in Distance Education Awards,”COL，accessed November 15，2017，https://staging. col. org/about/pan-commonwealth-forum/excellence-distance-education-awards.

另一类是开放教育资源使用、再利用和创新。

第三，“远程学习的卓越经验奖”也分为两类，一类颁给在学位授予计划中的学习者，表彰他们通过远程教育进行学习的经验；另一类颁给在困难情况下的学习者，表彰他们通过国际组织进行数字化学习的经验。

“远程教育卓越奖”的每个奖项都有 3 个名额，由 COL 的评审小组评定。评审小组是由 COL 主席任命的 3 人小组组成，其中 1 名是董事会成员。评审小组有权在一个或多个类别中不设奖励，设置奖励数目一般不会超过每个类别所规定的最高奖项数目（3 个）。① 这是对英联邦国家的机构/组织和个人成就的认可，EDEA 已经成为一种被高度重视和追求的目标，其获奖结果将在每三年举行一次的泛英联邦开放学习论坛上公布。

开放大学的 OpenLearn 网站由于“提供的交互式数字传输材料，可以成为其他媒体开发的材料的补充”在 2008 年第五届泛英联邦开放学习论坛上被授予“开放和远程教育卓越材料奖”。②

（二）慕课实验室的评估

慕课实验室（MoocLab）成立于 2014 年 9 月，是一个免费的社区网站，它主要提供在线学习的论坛，同时也为在线学习提供建议、帮助、评论和指导。③

MoocLab 根据从学习平台获取的信息、使用者的观点、学生的课程评价、公共论坛和博客的反馈等编制了一系列排行榜，包括开放课

---

① “Excellence in Distance Education Awards,” COL, accessed November 15, 2017, https://staging.col.org/about/pan-commonwealth-forum/excellence-distance-education-awards.

② “Fifth Pan-Commonwealth Forum on Open Learning (PCF5),” COL, accessed November 15, 2017, https://staging.col.org/about/pan-commonwealth-forum/fifth-pan-commonwealth-forum-open-learning-pcf5.

③ “Learn how MoocLab can help you,” Mooclab, accessed October 14, 2016, https://www.mooclab.club/.

程提供者排行榜、MOOC 平台排行榜、在线课程提供商排行榜、在线编程课程排行榜、在线编码训练营排行榜等，其目的是为独立学习者和终身学习者在选择合适学习平台时提供指南。

所有排行榜的每一个衡量标准都有权重说明，并且可以根据选择标准重新排序。例如，使用者将鼠标移动到“课程数量”上，可以显示该标准的权重指数；单击该列，可以获得按“课程数量”标准进行排序的结果。图 5-6 显示的是综合排名结果，而图 5-7 则显示的是根据提供课程质量排名结果。学习者可以对照这个排行榜来选择他们看重的因素，根据自己的衡量标准来选择合适的学习平台。

Rank 2016	Platform	Nº Courses	Institution	Course Format	Materials	Instruction	Assessment	Accreditation	Social Tools & Features	Interface usability	Overall
1	OpenLearn	5	4	4	5	4	3	3	4	4	4.00
2	UC Irvine OpenCourseWare	4	4	4	4	4	4	5	1	5	3.81
3	JHSPHOPENcourseware	4	5	4	4	4	4	1	3	4	3.69
4	Gresham College	5	5	4	5	4	1	1	2	5	3.63
5	Open.Michigan	4	5	4	4	4	4	1	1	5	3.50
6	MIT OpenCourseWare	5	5	4	4	4	4	1	1	3	3.44
6	The Open Learning Initiative (OLI)	1	5	4	4	4	4	2	2	3	3.44
7	Harvard@Home	3	5	3	4	5	3	1	1	3	3.38
8	Webcast.berkeley	4	5	4	4	4	1	1	1	4	3.25
9	Open Yale Courses	2	5	4	4	4	1	1	1	4	3.13
10	Tufts Open Courseware	3	4	3	3	4	4	1	1	4	3.00
11	Open Education Consortium	5	4	3	3	3	2	1	1	3	2.75
12	UMass Boston Open Courseware	2	3	3	2	4	3	1	1	3	2.50
13	Utah State Open Courseware	3	3	2	3	3	3	1	1	3	2.44

图 5-6　2016 年开放课程提供者排行榜（综合排名）

Rank 2016	Platform	Nº Courses	Institution	Course Format	Materials	Instruction ▾	Assessment	Accreditation	Social Tools & Features	Interface usability	Overall
13	Utah State Open Courseware	3	3	2	3	3	3	1	1	3	2.44
11	Open Education Consortium	5	4	3	3	3	2	1	1	3	2.75
1	OpenLearn	5	4	4	5	4	3	3	4	4	4.00
5	Open.Michigan	4	5	4	4	4	4	1	1	5	3.50
2	UC Irvine OpenCourseWare	4	4	4	4	4	4	5	1	5	3.81
3	JHSPHOPENcourseware	4	5	4	4	4	4	1	3	4	3.69
12	UMass Boston Open Courseware	2	3	3	2	4	3	1	1	3	2.50
6	The Open Learning Initiative (OLI)	1	5	4	4	4	4	2	2	3	3.44
6	MIT OpenCourseWare	5	5	4	4	4	4	1	1	3	3.44
9	Open Yale Courses	2	5	4	4	4	1	1	1	4	3.13
10	Tufts Open Courseware	3	4	3	3	4	4	1	1	4	3.00
8	Webcast.berkeley	4	5	4	4	4	1	1	1	4	3.25
4	Gresham College	5	5	4	5	4	1	1	2	5	3.63
7	Harvard@Home	3	5	3	4	5	3	1	1	3	3.38

图 5-7　2016 年开放课程提供者排行榜（提供课程质量的排名）

2016 年，MoocLab 从提供课程的数量，提供课程合作机构的质量和声誉，课程在促进学习方面的结构化程度，提供课程内容的媒体质量（视频、学习指南、电子书等），所提供教学的质量（包括教学内容和传播方式），在测验、作业和反馈的提供与质量方面的评价，促进同伴和员工的社会互动工具的提供和质量（社会工具及其特征），网站界面的质量和可操作性（界面可用性）等九个方面对 13 个开放课程资源提供平台进行比较，OpenLearn 获得了综合评价的最高分，如图 5-6 所示。[①]

从以上排行榜可以看出，OpenLearn 在提供课程的数量和提供课程内容的媒体质量方面获得了满分（5 分，代表 Excellent），在测验、作业、反馈的提供与质量方面及课程证书/学分的授予、认可方面只获得了一般的评价。

开放大学的博客对此进行了回应，认为 OpenLearn 平台能获得综合排名第一的成绩归因于以下几点：①可以随时进入学习，OpenLearn 上的学习无须等待，既没有开始日期也没有结束日期；②从小段的文章或视频开始，这些文章或视频可能会激发学习者学习的欲望；③它有开放大学开发的高质量、免费的课程，还提供有意义的结果，包括对学习的非正式认可（如数字徽章）；④除了大约 800 个免费课程外，OpenLearn 还提供文章、音频、视频和活动，并且提供多种下载格式供离线学习；⑤可以先学习然后再注册等。[②]

---

① "Open Courseware Provider League Table," Mooclab, accessed October 14, 2016, https://www.mooclab.club/pages/ocw_league_table/.

② Andrew Law, "OpenLearn is Number 1," accessed October 14, 2016, http://www.open.ac.uk/blogs/OpenMedia/.

第六章　英国慕课：以社会互动为特色的开放教育资源

大规模在线开放课程（Massive Online Open Courses，MOOCs，中译名：慕课）是开放教育理念在高等教育领域的新发展，被誉为“数字海啸”，席卷全球。全球各精英大学纷纷粉墨登场，抢占滩头。英国虽不是 MOOC 的引领者，但也在这个舞台上扮演了举足轻重的角色。由英国开放大学牵头创建的 FutureLearn，是第一个北美以外面向全球的 MOOC 平台。FutureLearn 平台以其简洁的设计、强大的社交功能和充满趣味的课程吸引了大量合作伙伴和学习者。目前，FutureLearn 平台有 143 个合作伙伴和 780 多万学习者。①

第一节　英国慕课的产生及发展

MOOCs 是方兴未艾的开放教育运动的延续，在互联网技术的支持下，已经发展成为一项重要的创新。虽然 MOOCs 尚未对世界高等教育格局造成影响，但其带来的机遇和颠覆性影响不容小觑。英国是开放教育领域的领军人物，虽未能成为 MOOC 的引领者，但作为后起之秀，英国的 MOOC 建设也取得了重大进展并初步形成了自己的特色。

---

① “Why FutureLearn?,”FutureLearn, accessed January 20, 2018, https://www.futurelearn.com/.

一、慕课的产生

自2008年加拿大学者提供的在线课程通过免费注册的方式吸引了2000多名学习者参与后，人们对MOOCs的兴趣越来越浓厚。MOOC作为“数字革命”的一部分，是一个相对较新的在线学习现象，被描述为“开放教育的一个新阶段”。它与其他开放教育资源一样，秉承教育资源开放共享的哲学理念，认为知识应该被自由地分享，学习的欲望应该不受人口、经济和地域的限制。

（一）慕课的产生背景

“大规模在线开放课程”这个术语，是由加拿大爱德华王子岛大学的学者Dave Cormier和Bryan Alexander在2008年创造的，用以描述由加拿大曼尼托巴大学学者George Siemens和Stephen Downes开发的一种特定的在线课程模式。George Siemens和Stephen Downes设计的在线课程《联结主义与联通知识》（*Connectivism and Connective Knowledge*，CCK08）主要用于已注册缴费的25名在校学生的学习（可获得学分）。同时，该课程在线开放，全球有2300名学习者通过网络注册参与了学习（不授予学分）。课程内容可以通过简易信息聚合（RSS）订阅，学习者可以选择Moodle论坛、视频会议、博客等多种形式参与学习。[①] 从MOOC创始者的实践可以看出，MOOC最初的实践实质上是一种基于互联网的开放课程，它与OCW和OpenLearn一样，代表着开放教育运动的持续发展。

早期的MOOC是基于联结主义原则设计的，这类课程被称为联结主义MOOC（cMOOC）。与传统课程相比，在cMOOC中，学生的学

---

① 刘芳、孙福万等：《MOOCs背景下的开放大学课程建设》，《中国远程教育》2015年第1期。

习和知识都来自于一个连接网络，知识在不同认知的交互中生成，学习是对网络信息的构建和遍历，教师提供的资源只是知识探究的出发点。这就意味着学习者可以基于课程的已有知识以及自己的理解和新的想法来创造新的内容，并且可以和课程中其他学习者或课程外的所有人分享自己的创作，引发更多回应或评论，这将极大限度地拓展知识的边界。

同时，对于课程组织者来说，建构一门基于联结主义的 MOOC 课程不仅需要发起者具有相当扎实的专业知识，更需要优秀的组织和协调能力。Downes 认为 MOOC 课程的学习者和资源都分散在网络中，只有在课程开放、学习者达到一定规模的情况下，联结主义学习形式才会更有效。[①] 分散在各地的学习者，在年龄、学习风格、知识背景和习惯等方面都会有较大差异，兼顾和协调各种学习者群体将面临很多障碍。而且，通过联结网络生成的信息是海量的，学习者不可能遍历所有的内容，如何选择合适的信息而不至于迷失在联结网络中，也是对学习者学习能力的巨大考验。因此，成功的 cMOOC 案例不多，也没有受到广泛的关注。

真正将 MOOC 推到风口浪尖的是另一种形式的 MOOC——基于认知行为主义的 MOOC（xMOOC）。xMOOC 的出现是以 2011 年秋季斯坦福大学的 Sebastian Thrun 和 Peter Norvig 教授联合开设的免费在线课程《人工智能导论》（*Intro to Artificial Intelligence*）为标志。该课程吸引了来自全球 16 万人的参与，从此触发了 MOOCs 的高速发展。

xMOOC 与 OCW 有许多相似之处，都采用数字媒体的形式通过互联网将传统教学进行网络迁移。xMOOC 也是以课堂讲授、课后练习和测验评价为主线，只是它的课堂讲授以视频讲座形式提供，课后练习

① Stephen Downes, "Places to Go: Connectivism & Connective Knowledge," *Innovate: Journal of Online Education* 5, no. 1(2008): Article 6.

和测验评价都是在线进行。与 OCW 不同的是，xMOOC 不仅仅提供课程教学材料，它还包含一个课程的完整教学过程。

xMOOC 的这种与传统教学模式的相似性，使得课程的批量化制作成为可能。在线测试孕育的巨大商机也吸引了大量风险投资，一种全新的产业链正在逐步形成。2012 年 2 月，由 Sebastian Thrun 和 Peter Norvig 创办的营利性在线教育机构 Udacity 正式成立，旨在重塑新的教育模式，为全世界带来便捷、实惠、高效的高等教育。2012 年 4 月，斯坦福大学的 Andrew Ng 和 Daphne Koller 教授创办的另一家在线教育机构 Coursera 正式上线。Coursera 与全球一流大学和机构合作提供在线课程，旨在普及全世界最好的教育。[①] 2012 年秋，由麻省理工学院和哈佛大学出资创办的非营利性在线学习网站 edX 正式启动，以“增加每个人接受高质量教育的机会，通过研究在线教育来推进校园的教学和学习”为主旨。[②] 这三大专业平台的建立，大大降低了高校建设 MOOC 课程的门槛和经费投入，吸引了更多一流大学纷纷加入到 MOOCs 提供商的行列，从而引发了 xMOOC“井喷”式发展。2012 年也被《纽约时报》命名为“MOOC 元年”（The Year of the MOOC）。[③]

在 2013 年，北美以外的其他国家和地区也纷纷建立了自己的 MOOC 平台。2013 年 4 月，由欧洲远程教育大学联盟（EADTU）牵头创建的首个遍及欧洲的 MOOCs 项目 OpenupEd 正式启动；2013 年 9 月，由英国开放大学等 12 所大学联合发起的 MOOCs 平台——

---

① “We Envision a World Where Anyone, Anywhere can Transform Their Life by Accessing the World’s Best Learning Experience,”Coursera, accessed January 20, 2018, https://about.coursera.org/.

② About edX: The Mission,”edX, accessed January 20, 2018, https://www.edx.org/about-us.

③ Laura Pappano,“The Year of the MOOC,”accessed January 20, 2018, https://www.nytimes.com/2012/11/04/education/edlife/massive-open-online-courses-are-multiplying-at-a-rapid-pace.html?r=0.

FutureLearn 正式上线。此外，澳大利亚、德国、中国等都有自己特色的 MOOC 项目问世。MOOC 发展的时间线如图 6-1 所示。①

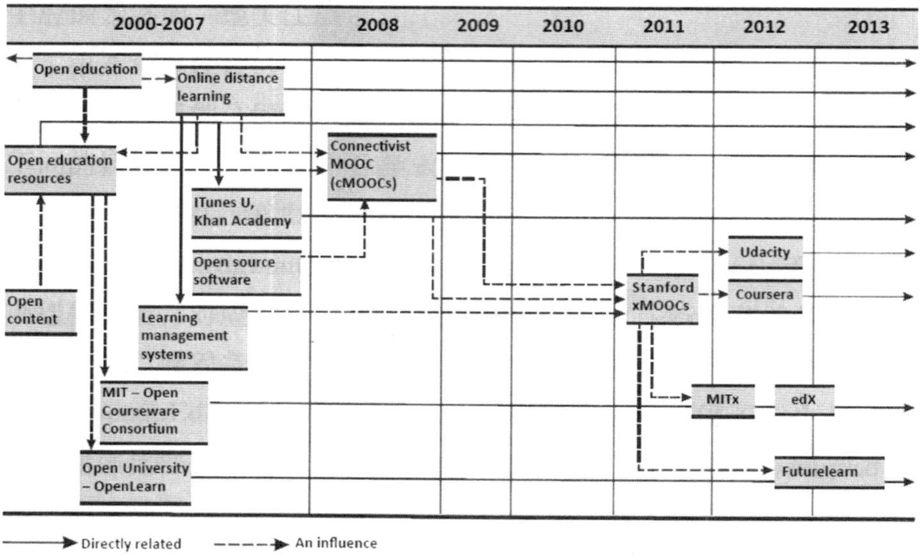

图 6-1　MOOC 发展的时间线

MOOC 的另外一个进展是开始对 MOOCs 进行资格认证的尝试。2013 年 5 月，Udacity 与美国乔治亚理工学院和美国电报公司合作，正式开发第一个全面资格认证，大规模、开放、在线的计算机科学硕士学位课程（Online Master of Science in Computer Science，OMS CS）。学生完全通过大规模在线课程模式获取硕士学位，学费仅为 7000 美元

① Barnaby Grainger,"Introduction to MOOCs: Avalanche, Illusion or Augmentation?" accessed January 20, 2018, http://citeseerx.ist.psu.edu/viewdoc/download?doi=10.1.1.650.4611&rep=rep1&type=pdf.

（传统课程的学费是45 000美元）。[①] 通过大规模在线开放课程的学习也可以获得资格认证，这对高等教育的影响巨大，有人认为MOOC是高等教育的颠覆性革新。[②]

到2013年后期，随着MOOC实践的不断深入，也响起了许多对MOOC质疑的声音。一些新的在线学习的模式不断涌现，如SPOC（Small Private Online Course，小规模限制性在线课程），被认为是“后MOOC时代”的一种典型课程方式[③]，另外，还有DLMOOC（Deep Learning MOOC，深度学习公播课）、MOOL（Massive Open Online Labs，大规模在线开放实验室）、MOOR（Massive Open Online Research，大规模在线开放研究课）等多种形式。[④] 这些新的在线学习模式虽各有特点，但都遗传了MOOC“免费、开放、在线”的基因，因此，它们也可视为MOOC的延续与创新。

MOOC在这种言过其实的赞美声中和谨慎质疑的态度下一路走来，迄今已建设了4500多门慕课，注册人数约5800万。[⑤] 有专家断言MOOC已经渡过了技术成熟曲线的危险期，其后期走势将偏离早期所宣称的革命性和破坏性。MOOC在后期发展中可能会出于营利目的而偏向职业类课程和企业培训，为确保学有所获而放弃大规模招生，自

---

① 李曼丽、张羽、叶赋桂：《解码MOOC：大规模在线开放课程的教育学考查》，清华大学出版社，2013，第3页。

② 嘉德·泰斯托泰：《国际视野下的大规模开放与在线课程（MOOC）：全球高等教育改革新日程》，杨志坚等译，中央广播大学出版社，2014，第6页。

③ 陈然、杨成：《SPOC混合学习模式设计研究》，《中国远程教育》2015年第5期。

④ 祝智庭：《“后慕课”时期的在线学习新样式》，《中国教育报》2014年5月21日，第11版。

⑤ “State of the MOOC 2016: A Year of Massive Landscape Change for Massive Open Online Courses,”Online Course Report, accessed January 18, 2017, http://www.onlinecoursereport.com/state-of-the-mooc-2016-a-year-of-massivelandscape-change-for-mas-sive-open-online-courses/.

动化和分析技术的盛行，会有越来越多的算法对 MOOC 学习造成影响。①

（二）慕课的特点

MOOC 的最初目标是开放教育，为尽可能多的学生提供免费的大学教育。与传统的大学课程相比，MOOC 有以下四个方面的关键特征：

第一，规模大。“规模大”指的是 MOOC 的潜在规模，它最常被用于指代学习者的数量巨大且具有无限的可伸缩性。“大规模”的特点通常是与“开放”紧密联系，意味着任何人都有可能通过 MOOC 获得学习机会。

但 Downes 指出，MOOC 在“大规模”上的成功并不在于吸引了众多的人数，而在于它设计的元素可以让更多的人接受教育。② 如斯坦福大学的《人工智能导论》课程就吸引了来自 190 多个国家的 16 万学习者，最终有 2.3 万人完成了这门课程的学习。虽然课程的完成率与在校学生的完成率相比是很低的，只有 14%，但就完成者的绝对数字（2.3 万人）而言则是传统大学教育无法企及的。斯坦福大学每年招收的新生也不过几千人，2.3 万可能接近当时斯坦福大学所有的在校学生人数。对于一名教师而言，能在短短的几个月时间内，得天下英才而教之，是多么激动人心的事情；对于学生而言，没有 MOOC，他们或许终身无缘聆听斯坦福大学教授的教诲。

第二，开放。“开放”是指 MOOCs 的学习除了需要计算机或移动设备和互联网之外，没有任何先决条件。进入 21 世纪后，人们对高等教育的需求日益增长，而高等教育的成本也不断攀升，许多人需要穷其一生来更新他们的知识和技能。开放教育在一定程度上为高等教育

---

① 杰里米·诺克斯：《慕课革命进展如何：慕课的三大变化主题》，《中国远程教育》2018 年第 1 期。

② Stephen Downes, “The Quality of Massive Open Online Courses,” accessed January 20, 2018, https://www.downes.ca/post/66145.

需求者提供了一种减少经济、地理和社会参与障碍的方案。

MOOC 中的“开放”具有多重含义：首先，“开放”可以指访问，任何人，无论他/她所处的地理位置、先前的经验或文化背景如何，都可以报名参加 MOOC 课程；其次，“开放”也可以指成本，MOOC 教育是免费的；再次，“开放”也与 MOOCs 中知识获取的开放性有关，包括在知识共享许可下使用 OER 或 OCW；最后，“开放”也与知识的再生产相关，包括讲师和学习者在创造自己新知识过程中对资源的重新混合和重用的机会。① 不同形式的 MOOC，在开放的维度上会有所不同。比如，Coursera 平台就宣称 Coursera 拥有这些课程材料的版权，因此在未经许可的情况下，它们不能被重用。Coursera 决定哪些机构可以在其平台上发布课程，当课程结束时，材料可能会被删除。而 edX 则是一个开源平台，任何加入 edX 的机构都可以发布自己的 MOOCs 和制定关于材料版权的规则。

第三，在线。美国巴布森调查研究集团在一份研究报告中就将在线课程、面授课程和混合课程进行了界定：在线课程是指至少有 80% 的课程内容是网上发布的课程；而面授课程，其在线发布的内容为 0%—29%；介于这两者之间的是混合课程，有 30%—80%的课程内容在线。② MOOC 最初是完全在线提供的，“在线”的特征可以使 MOOC 课程摆脱物理位置的局限，能够拓展“开放”的范围，也能为“大规模”奠定基础。但 MOOC 并不要求是一种完全在线学习的体验，在学习过程中也不排除进行额外的脱机交互的可能。目前，利用 MOOCs 与课堂教学进行混合，也是 MOOC 发展趋势之一。

---

① Colin Milligan, Allison Littlejohn and Anoush Margaryan, “Patterns of Engagement in Connectivist MOOCs,” *MERLOT Journal of Online Learning and Teaching* 9, no. 2(2013): 149-159.

② I. Elaine Allen and Jeff Seaman, “Changing Course: Ten Years of Tracking Online Education in the United States”(paper presented by Babson College, 2013), p. 7.

第四，课程。MOOC 与其他开放教育资源最大的不同在于它们被组织成一个完整的课程。Downes 提出了一门课程必须满足的三个标准：①它被一个开始和结束日期所限制；②以共同的主题或话语团结在一起；③这是有序事件的发展。[①] 课程是 MOOC 的基本单元，通常情况下包括明确的开始和结束日期，课程的风格与传统课程教学基本一致。教学过程通过视频材料提供，为了便于学习，视频材料通常被分切成许多连续的片段（通常是 5—10 分钟）；教学互动可以通过平台提供的论坛或在社会性网络上建立学习社区，通过讨论分享彼此的知识和经验；课后练习是在线进行的，客观题的反馈由计算机直接给出，主观题的反馈是通过学生互评进行的。有研究表明，学员互评的结果与教师批改的分数在统计意义上几乎是吻合的。[②]

MOOC 与普通高等教育机构和其他开放教育资源（以 OCW 和 OpenLearn 为例）进行比较的结果如表 6-1 所示。

表 6-1 MOOC 与普通高等教育机构和其他开放教育资源的比较

项目	普通高等教育机构	MOOC	OCW	OpenLearn
开放存取	×	√	√	√
不限进度	×	×	√	√
不限地点	×	√	√	√
不限时间	×	√	√	√
课程开放	×	√	√ （只提供课程内容）	√ （不提供反馈）
免费获取	×	√	√	√
任意修改	×	×	×	√

① Stephen Downes,"The Quality of Massive Open Online Courses,"accessed January 20,2018,https://www.downes.ca/post/66145.

② Philip M. Sadler and Eddie Good,"The Impact of Self-and Peer-Grading on Student Learning,"*Educational Assessment* 11,no. 1(2006):1-31.

二、英国慕课的发展及特点

战后英国在教育国际化和信息化领域一直走在世界前列，虽然在 MOOC 的发展中没有充当先锋，却有后来者居上之势。由开放大学发起创建的 FutureLearn 平台被称为是英国“fight back”的机会[①]。开放大学在 2012—2013 年年报中，雄心勃勃地提出“开放大学的革新，必将让世界跟随”。[②]

（一）英国慕课的发展

媒体报道的英国慕课的发展大都是从爱丁堡大学于 2012 年 7 月宣布加入 Coursera 阵容，成为该平台在北美以外的首批成员开始。但英国高等教育学院发布的研究报告《大规模在线开放课程教育：英国视角》（“The Pedagogy of the Massive Open Online Course：the UK View”）中指出，英国高等教育提供 MOOC 的历史比媒体报道的要稍微长一点。从 2011 年开始，考文垂大学就开始提供开放课程。第一门可以被称为 MOOCs 的课程是由牛津布鲁克斯大学开设的“高等教育教学入门”（First Steps into Learning and Teaching in Higher Education）。该课程第一次开课时间是 2012 年的 5—6 月，从 2013 年开始该课程可以提供学分认证。开放大学在 2012 年底也开设了一门 MOOC 课程——开放翻译（Open Translation，OT12）。[③]

2013 年 1 月，爱丁堡大学在 Coursera 上发布了 6 门 MOOC 课程，

---

① Kelly Cooper,“FutureLearn is UK's Chance to ‘fight back’,Says OU Vice-chancellor,” accessed January 18, 2017, https://www.theguardian.com/higher-education-network/blog/2012/dec/20/futurelearn-uk-moocs-martin-bean? INTCMP=SRCH.

② The Open University,“The Open University Annual Report 2012-2013”(paper presented by the Open University,2013),p. 7.

③ Siân Bayne and Jen Ross,“The Pedagogy of the Massive Open Online Course: The UK View”(paper presented by the Higher Education Academy,2014),p. 12.

它们都是一些短期的完全在线课程，每门课程持续时间为5—7周，首次开课吸引了来自203个国家的学习者，注册人数超过30万人，12.3万人参与了第一周的学习，3.6万人参与了第五周的测评，课程平均完成率为29%。[①]

2013年6月，伦敦大学国际课程项目组在Coursera发布了4门课程，每门课程都是为期6周的简短学科介绍，吸引了160个国家，超过21万人注册，有9万人参与了第一周的课程，8843人拿到完成证书，学生满意度为91%。[②]

2013年9月，由开放大学发起创建的FutureLearn平台正式上线。FutureLearn在性质上属于私营公司，成立于2012年12月，它的创始单位是包括开放大学在内的12所高校，另外，大英图书馆和英国文化协会也分别在2013年2月和3月加盟。[③] FutureLearn最初提供了20个短期的免费课程，学生可以通过手机或者电脑访问。[④]

到2015年11月，英国共发布MOOC课程182门，其中77%的课程通过FutureLearn发布，19%的课程通过Coursera发布，另外2%的课程通过独立平台发布，还有2%的课程是通过Canvas Network和iversity等平台发布。通过Coursera发布的课程吸引的注册学生人数较多，平均每门课程有3.1万学习者注册，FutureLearn平台上课程的平均注册人数为1.4万。牛津布鲁克斯大学在其自己平台上发布的3门课程的注册学生人数不多，但其课程完成率高达35%。FutureLearn平台

---

① The University of Edinburgh, "MOOCs @ Edinburgh 2013-Report # 1" (paper presented by the University of Edinburgh, 2013), p. 1.

② University of London International Programmes, "Massive Open Online Course (MOOC) Report 2013" (paper presented by University of London, 2013), pp. 1-5.

③ 孙敏：《英国网络教育平台建设势头强劲》，《世界教育信息》2013年第11期。

④ 陶媛：《英国加入全球在线大学竞赛》，《世界教育信息》2013年第21期。

上课程的平均完成率为 13%，Coursera 的平均完成率为 6%。①

（二）英国慕课的特点

鉴于英国在国际高等教育领域的崇高声望以及英国开放大学在教育技术和远程教学管理上的丰富经验，虽然英国 MOOC 的发展时间不长，但不管是其提供 MOOC 课程还是 FutureLearn 平台的特征都已初显。

1. 慕课课程的特点

（1）MOOC 课程持续时间短。英国的 MOOC 课程持续时间大都在 2—7 周，提供包括生命科学、社会科学、人类学、教育学、计算机科学等在内的多个学科。其中，最受学习者欢迎的学科包括教育、个人发展、计算机科学和人文艺术（其注册人数占总注册人数的 19%、16%、15%、10%），完成率较高的学科包括生命科学、人类学和教育学（其完成人数占总注册人数的 16%、15%、13%），完成率较低的是贸易学和计算机科学（其完成人数占总注册人数的 8%和 5%）。②

（2）较早地关注 MOOCs 的认证。英国早在 2013 年初就有两门课程提供学分选择：一个是由牛津布鲁克斯大学开设的“高等教育教学入门”，另一个是由边山大学开设的“吸血鬼小说”。这两个课程都不是通过商业平台提供的。另外，2013 年 10 月，英国中央兰开夏大学商学院规定非全日制学生可以选择任何一个大学的 MOOCs 学习，只要达到课程要求（需要通过中央兰开夏大学组织的考核）并提交一份相关作业，便可以获得中央兰开夏大学的学分。中央兰开夏大学成为英

① Carolyn McIntyre,“UK MOOC Report 2016: An Insight into MOOCs Provided by UK Institutions”(paper presented by MoocLab. club, 2016): 5-8.

② Carolyn McIntyre,“UK MOOC Report 2016: An Insight into MOOCs Provided by UK Institutions”(paper presented by MoocLab. club, 2016): 14-20.

国第一所承认外校 MOOCs 学分的高校。[①]

（3）学习者规模多样化。英国 MOOC 课程的学习者规模可大可小。例如，牛津布鲁克斯大学的 Open Brookes 项目明确表示其目标是开发面向较少授课群体的课程，以维持某些教学价值；FutureLearn 在推出 MOOC 课程时采取了相对谨慎的态度，在其测试阶段，将每门课程的人数限制在 1 万人；[②] 而爱丁堡大学和伦敦大学则在 Coursera 上探索数以万计的学习者同时参与同一课程的学习时会发生什么。

2. 慕课平台的特点

FutureLearn 的首任 CEO Simon Nelson 说："什么样的 MOOC 平台是好的？我们有四个标准。第一，能够适应基于移动设备的学习；第二，要有比较强的社交功能；第三，可以满足海量学习；第四，用户体验要简单，界面设计要漂亮。我们用这几个标准去评判了一圈当时的 MOOC 平台，发现没有一个可以符合所有的条件，因此，我们自己做了 FutureLearn。"[③] FutureLearn 通过与优质机构合作，为学习者提供了一种全新的在线学习体验。

（1）优质多元的合作机构

与 FutureLearn 合作的机构多元而优质，既包括大学和文化机构，也有企业和专业组织的加盟。在与大学的合作中，FutureLearn 最初只与全球排名前 1%的大学合作，其中包括 40 所英国大学。如今，该平台希望扩大合作，发挥其他大学的优势与专长。据英国《泰晤士高等教育》2015 年 6 月 11 日报道，FutureLearn 将提供一些排名虽低但专

① Chris Parr, "Uclan to Offer Credit for Moocs," accessed July 15, 2017, https://www.timeshighereducation.com/news/uclan-to-offer-credit-for-moocs/2008086.article.

② Siân Bayne and Jen Ross, "The Pedagogy of the Massive Open Online Course: the UK View" (paper presented by the Higher Education Academy, 2014), p. 15.

③ 王左利：《FutureLearn：以社交为标签——专访欧洲最大 MOOC 平台 FutureLearn CEO Simon Nelson》，《中国教育网络》2014 年第 7 期。

业突出大学的课程。新合作伙伴将分为两个类别：卓越中心（因特定专长而全球知名的院系）和专业组织（在本专业领域，全国或全球知名的机构）。①

除了和大学合作以外，FutureLearn 的合作授课伙伴还有大英博物馆、英国文化委员会、大英图书馆、国家影视学院、英国工程技术协会和注册会计师协会等权威机构。其中，大英图书馆是世界上著名的研究型图书馆之一，它的加入也开启了全球国家图书馆提供 MOOC 资源的先例；英国文化委员会是英国负责教育和文化关系的主要国际组织之一，在全世界 100 多个国家和地区有分支机构。② 这种多元而优质的合作不仅能丰富课程的内容和学习的角度，对扩大 MOOC 平台的覆盖面和影响力也有非常重要的意义。

（2）讲故事的设计

FutureLearn 提供的课程都是由该领域的顶尖学者提供的，他们为学习者设计了一个完整的学习体验。与播放长时间的课堂演讲不同，FutureLearn 提供的课程大都通过高质量的视频和文本进行呈现。然后，学习者可以与其他人讨论学到的东西，用互动的小测验来测试所学到的新知识，这些小测验可以提供及时的反馈。如果回答是错误的，学习者还有机会再试一次。每一门课程都如同讲述一个故事，一步一步地，在前进的道路上提出挑战和有用的建议，以帮助学习者不断自我评价和逐步建立对新知识的理解。

（3）与社交同步

当学习者能与他人分享和辩论自己的想法时，学习效果最好。通过分享和辩论，学习者可以理解他人不同的经历和观点，也能填补自身知识的空白。在 FutureLearn 平台上，每个用户都有自己独立的档案

---

① 任丽：《英国 FutureLearn 将推出优势专业课程》，《世界教育信息》2015 年第 14 期。

② "About Us,"The Institution of Engineering and Technology, accessed July 12, 2016, https://www.theiet.org/about/index.cfm? origin=foot-about.

袋，里面记录了用户的学习课程、论坛活动、粉丝和关注者。考虑到并不是每个人都喜欢参与社会交往活动，FutureLearn将讨论和学习内容放在同一个页面上，学习者可以从阅读别人对这个话题的评论开始，然后在准备好的时候加入到相关的讨论中，而不是把学习者带到单独的讨论论坛。① 另外，为了进一步强化社交功能，FutureLearn参考了Facebook的"follow（关注）""like（赞）"等概念。用户在评论区可以专门去找自己关注的人所做的回复，也可以看到最热门的评论。

（4）关注用户体验

在用户体验上，FutureLearn关注两个方面：一是用户界面设计简洁。FutureLearn平台的整个交互界面只有三个部分：待办、活动、过程。在"待办"中通过列表形式给出课程概述、已完成的内容和待完成的内容。这是一种让学习过程可见的方法，这样学习者就能知道接下来会发生什么，同时还能了解在这门课上自己已经走了多远。在"活动"中可以看到所有人的发言，也可以查看自己的发言或关注者的发言。在"过程"中可以查看学习完成情况，包括考试成绩等。二是提供移动终端服务，让课程在手机和电脑上一样好用。FutureLearn平台是当时第一个不需要安装任何App就可以在移动终端上直接访问的MOOC平台。2015年FutureLearn获得了由UXUK（The User Experience UK）颁发的"最佳用户体验奖"。②

第二节　英国慕课中开放教育资源的质量保障

目前，MOOC课程大都由一些有声望的大学、公司或政府等与专

---

① "Why FutureLearn Is an Effective Way to Learn,"FutureLearn, accessed June 2, 2017, https://www.futurelearn.com/using-futurelearn/why-it-works.

② "2015 Winners,"UXUK, accessed July 15, 2017, http://www.uxukawards.com/past-awards/2015-winners/.

业的学习平台合作，免费向全球开放。一门完整的 MOOC 课程不仅包括相应的课程资源，而且还包括在线的学习过程。如何将课程资源有效地组织和利用并服务全球访问者是专业 MOOC 平台成功的关键。MOOC 平台的组织结构和运作方式直接影响 MOOC 的特性、范围和可及性。因此，MOOC 运动中的开放教育资源包括发布的 MOOC 课程和支持其运作的 MOOC 平台。虽然在线教育并不是新事物，但要面向全球且规模弹性变化的学生一起授课，不管是对 MOOC 课程的提供者还是平台的提供者都是一次新的挑战。

一、慕课课程的组织方式

虽然 MOOC 课程有一些共同的特点，如短视频、小测验、同伴学习、自定步调和在线论坛等，但在同一个平台上的课程，教学法也会有所不同。课程提供者们为了确保课程的质量，在课程的组织方式上也各有差异。本研究选取爱丁堡大学与 Coursera 的第一次合作和开放大学与 FutureLearn 的合作为例介绍 MOOC 课程的组织方式。

（一）爱丁堡大学的慕课组织方式

爱丁堡大学是英国的古典大学之一，素有利用科技实现教育创新的传统。在英国教育界对 MOOC 还只是观望和争论之际，爱丁堡大学于 2012 年 7 月宣布与 Coursera 建立正式合作关系，是英国第一个借助第三方平台发布 MOOC 课程的教育机构。根据合同要求，爱丁堡大学于 2013 年 1 月在 Coursera 平台上推出 6 门 MOOC 课程，为了确保能很好地管理和监督与 Coursera 的合作及随后的 MOOC 课程，爱丁堡大学建立了强健而灵活的保障体系。

1. 管理策略

爱丁堡大学在与 Coursera 签约后，为了能在 6 个月内推出高质量的 MOOC 课程，成立了专门的 MOOC 项目组。该项目组由曾经负责过在线研究生课程的副校长杰夫·海伍德（Jeff Hayword）教授领衔，隶属于副校长办公室。同时，该项目还与大学已有的远程教育项目Distance Education Initiative（DEI）[①] 合作，实现协同效应。

项目组设有中央支持团队（其成员主要来自学校信息服务部），负责课程的质量监控；教研小组，主要负责课程内容设计；媒体制作团队，配合教研小组成员完成专门的媒体制作；版权管理员，负责为课程中所有材料的来源和版权许可提供建议。另外，还有一个小团队专门负责各部门间的协调工作。[②]

所有 MOOC 课程的审核都按大学普通课程的检验过程进行，以确保 MOOC 课程内容与普通大学课程一样，符合爱丁堡大学的标准。虽然与要求授予学分的课程相比，MOOC 课程的要求相对要低一些，但也应达到相当高的标准。[③] 大学法庭（The University Court，爱丁堡大学的最高管理机构）、评议委员会（Senates Academics，爱丁堡大学的最高学术委员会）和高层管理人员定期获得项目情况汇报。

在资金保障上，爱丁堡大学一开始就将该项目确定为非盈利项目，为项目分配了专项经费，且不依赖任何类型的收入。[④] 爱丁堡大学在第一轮 MOOC 课程开发中为项目提供了 25 万美元的总成本，主要开销来自教学助教和员工的工资、设备费用和视频制作方面的费用，其他

---

① DEI 项目是爱丁堡大学在以往在线学位课程的基础上提供的一系列研究生阶段的在线远程课程。——作者注

② The University of Edinburgh, "MOOCs @ Edinburgh 2013-Report # 1" (paper presented by the University of Edinburgh, 2013), p. 8.

③ The University of Edinburgh, "MOOCs @ Edinburgh 2013-Report # 1" (paper presented by the University of Edinburgh, 2013), p. 8.

④ Evgenia Teplechuk, "Emergent Models of Massive Open Online Courses: An Exploration of Sustainable Practices for MOOC Institutions in the Context of the Launch of MOOCs at the University of Edinburgh" (Master's Diss, The University of Edinburgh, 2013), p. 48.

费用包括媒体/新闻费用、旅行费用和管理费用，费用分配如表 6-2 所示。[①] 在 Coursera 提供的盈利模式中，爱丁堡大学选择的是证书认证模式。学生在完成课程内容的学习后，支付一定费用可以获得证书。所有潜在的利润都将被重新投入到课程的生产成本和助教的工资支付。[②] 但第一轮课程运行没有收入，所有费用由大学支付。

表 6-2 爱丁堡大学 6 门 MOOC 课程的花费

类型	支出/美元
员工工资	46235
视频制作	44326
设备费用	25122
助教工资	19565
其他费用	114752

2. 课程设计

爱丁堡大学的首批 MOOC 课程涵盖其三大学院（爱丁堡大学的学术架构以三大学院为基础，下设 20 个专业院系），虽然每个学院刚好有 2 门课程，但这只是巧合，不是平均分配的结果。课程的选择依据各院系对潜在的学术兴趣的识别和以往在线课程的经验。[③] 爱丁堡大学首批

① Evgenia Teplechuk,"Emergent Models of Massive Open Online Courses: An Exploration of Sustainable Practices for MOOC Institutions in the Context of the Launch of MOOCs at the University of Edinburgh"(Master's Diss, The University of Edinburgh, 2013), p. 78.

② Evgenia Teplechuk,"Emergent Models of Massive Open Online Courses: An Exploration of Sustainable Practices for MOOC Institutions in the Context of the Launch of MOOCs at the University of Edinburgh"(Master's Diss, The University of Edinburgh, 2013), p. 37.

③ The University of Edinburgh, "MOOCs @ Edinburgh 2013-Report # 1" (paper presented by the University of Edinburgh, 2013), p. 9.

MOOC 课程及所属院系如表 6-3 所示。

表 6-3　爱丁堡大学首批 MOOC 课程及所属院系

学院	院系	课程
科学与工程学院	信息系	人工智能计划
	物理与天文系	天体生物学和对天外来客的探索
医学与兽医学学院	生物医学系	全球挑战中的批判性思维
	兽医系	马的营养学
艺术、人文和社会科学学院	哲学、心理学、语言科学系	哲学导论
	教育系	数字化学习与数字文化

根据以往在线课程教学经验和对早期 MOOC 课程的总结，爱丁堡大学决定开发短期 MOOC 课程，学习时间为 5—7 周。在课程设计方面，大学认为模板式设计是不可取的，将权利全部归属各教研小组，允许各教研小组为各自的开发主题选择合适的结构。有的教研组采用 Coursera 中典型的以视频为中心的结构，有的则尝试由大量学习者生成内容的设计，如“数字化学习与数字文化”课程。6 门课程的结构都各有特色。

此外，各教研组还积极探索在 Coursera 平台上第三方软件的使用。“人工智能计划”中就使用了 Second Life 举行会议；“数字化学习与数字文化”课程中使用了同步的 Google Hangout（谷歌视频群聊）会议，通过该系统可以和学习者进行即时交流，同时还能将答疑过程同步录制，并嵌入到以后的点播中。爱丁堡大学在 Coursera 上首次推出的

6门MOOC课程的基本信息如表6-4所示。①

表6-4 爱丁堡大学在Coursera上首次推出的6门课程的基本信息

项目	人工智能计划	天体生物学和对天外来客的探索	全球挑战中的批判性思维	马的营养学	哲学导论	数字化学习与数字文化
教师人数	2人	1人	5人	1人	7人	5人
助教人数	3人（另加20名社区助教）	2人	2人	4人	4人	—
课程长度	5周	5周	5周	5周	7周	5周
视频数量	80个	32个	15个	14个	36个	没有专门录制的视频，使用开放存储的内容
视频总长	674秒	326秒	109秒	211秒	239秒	
评价方式	①小测验 ②编程作业 ③作品创作	小测验	小测验	小测验	小测验	同伴评价
教师可见	2位教师全程出现	1位教师全程出现	1、2、5周2位教师；3、4周4位	1位教师全程出现	每周一位教师	—
每周视频长度	2小时15分	1小时5分	22分	42分	34分	26分
教师参与论坛	是	是	是	是	是	是

① The University of Edinburgh, "MOOCs @ Edinburgh 2013-Report # 1" (paper presented by the University of Edinburgh, 2013), pp. 11-13.

续表

项目	人工智能计划	天体生物学和对天外来客的探索	全球挑战中的批判性思维	马的营养学	哲学导论	数字化学习与数字文化
第三方软件使用	①Wiki ②Second ③Life ④Twitter ⑤YouTube	—	—	①Google ②Hangouts	—	①Google ②Hangouts ③Blog ④Twitter ⑤YouTube

3. 课程传播

课程的传播是由 Coursera 和爱丁堡大学共同完成的。按照合同，Coursera 负责为课程提供空间、确保课程的可访问性、管理学员的注册、允许课程组访问本课程的管理数据和学习者数据（包括学习者的人口统计信息、每周学习者的参与程度、学习成绩分布等）①。

爱丁堡大学负责开发高质量的课程并提供相应的学习支持。爱丁堡大学为每门 MOOC 课程配备一定数量的助教（相关专业的博士研究生），主要负责课程答疑、监控论坛和课程直播时的一些管理工作。

4. 教学支持

为了确保开发团队间的沟通顺畅，爱丁堡大学为 MOOC 项目建立了两个电子邮箱通道。一个用于内部邮件，包括所有 MOOC 课程团队的成员；另一个用于外部沟通，包括大学的协调团队和 Coursera 的团队成员，为开发团队与 Coursera 的交流提供便利。这两类通信中都包含中央支持团队，这有助于提高对质量保障的监督，同时也可以通过跨团队的观察来了解课程的开发情况。

此外，团队的社区建设也是一项重要的举措。每个团队都有定期

① Austin Tate, "Coursera AI Planning MOOC Statistics 2013," accessed July 15, 2017, http://blog.inf.ed.ac.uk/atate/2013/03/12/coursera-ai-planning-mooc-statistics/.

且频繁的会议，通过集中分享课程建设的想法和进展，讨论 MOOC 的发展战略，促进团队和团队成员从彼此的经验中获得更好的发展。

虽然在参与 MOOC 课程开发的团队中，有 5/6 的人直接体验过在线课程的教学，剩下的 1/6 的成员也对开发在线课程兴趣十足，但对于大多数助教而言，这是一个新的领域。因此，为满足团队的需要，大学创建了许多培训课程，如媒体培训课程，以及在线辅导支持和指导。此外，还通过大学的学术发展研究所（Institute for Academic Development，IAD），建立了一个为助教提供支持的网络。IAD 还支持课程团队的几名成员在线学习部分或全部的数字教育硕士课程。①

（二）开放大学的慕课组织方式

开放大学在提供开放教育资源方面有着丰富的经验，其 OpenLearn 平台上的资源和 FutureLearn 平台上的课程有许多相似之处，在课程开发的过程中可以实现协同效应。

1. 管理策略

MOOC 课程的开发与开放大学的其他课程开发一样，遵循着相似的过程。同样需要各部门的通力合作，但在员工数量和开发周期上相对要少和短一些。通常一门 MOOC 课程的开发由 1—2 位学科专家负责，但可以获得多个部门的支持，如有经验的导师会对课程草稿进行批判性阅读；开放媒体部门（Open Media Unit，OMU）会为每个学科专家指定一个合作伙伴，以鼓励教师开发可开放获取的资源；学与教的解决方案部门（Learning and Teaching Solutions，LTS）可以为课程开发提供建议。②

---

① The University of Edinburgh, "MOOCs @ Edinburgh 2013-Report # 1" (paper presented by the University of Edinburgh, 2013), p. 14.

② Mohamed Jemni, Kinshuk and Mohamed Koutheair Khribi (eds.), *Open Education: from OERs to MOOCs* (Berlin: Springer, 2016), pp. 269-270.

2. 课程设计

新课程的批准首先需要获得学科专家的建议，再由 OMU 审批。此外，在 FutureLearn 平台上发布的 MOOC 课程还需要通过一个 FutureLearn 的审批流程，该流程适用于 FutureLearn 的所有合作伙伴已发布和准备发布的课程。这种双重确认过程，可以使课程提案在早期得到充分论证，并以“课程描述”的形式记录下来，可为具体的教学设计提供指导。①

教学设计是以开放大学为主导，但 FutureLearn 平台提供了一个强大的教学设计指南指向特定的教学模式。在 FutureLearn 上的 MOOC 课程，通常每周有 20 分钟左右的学习时间，包括一系列的学习步骤，如观看视频、互动和讨论等。通过一根讨论线将所有步骤联系起来，鼓励学习者之间的交互。在每周的学习结束时，有一个小测试，帮助学习者检查他们对知识的理解程度。这种模式有成功之处，它可以让学习者和管理者及时了解学习的进展情况。讨论线与学习步骤的紧密结合，有效提高了学习者的保持率。② 但这种特定模式的设计在一定程度上也限制了开发者选择其他方法的自由。

3. 课程传播

课程经起草、编辑和审阅后，通过 FutureLearn 平台发布。在发布前，课程开发者要对其进行最后的检查。课程发布后，由开放大学的在线协助者监督讨论的内容，在合适的时候与学习者进行交流。FutureLearn 也会监控论坛，尽量减少攻击性的言论。

课程上线后，FutureLearn 负责记录和监控学习者的活动，相关数据以可视化的形式提供给课程开发者。其中涉及许多关键数据，如学

---

① Mohamed Jemni, Kinshuk and Mohamed Koutheair Khribi(eds.), *Open Education: from OERs to MOOCs* (Berlin: Springer, 2016), p. 277.

② “The Free Learning Revolution,” JISC, accessed March 12, 2018, https://www.jisc.ac.uk/news/the-free-learning-revolution-simon-nelson-futurelearn-22-jul-2015-inform.

习者的保持率和活动频率等。FutureLearn 平台可以识别学习者在学习某个具体内容时有困难，这就意味着与该内容相关的材料或活动需要改进，也可以提示在线协助者如何帮助当前的学习者。OMU 也会审查讨论线，以调查学习者对课程不同部分的反应。在课程结束时，FutureLearn 将邀请学习者完成一项反馈调查。如果学习者中途退出，平台也会请他们在退出时提供一些反馈意见。

所有的调查数据，连同学生的保持率、学生的活动数据以及通过讨论线收集到的反馈信息都将用于课程第一次运行后的评估。课程开发者及管理人员将在评估的基础上讨论如何更有效地支持学习者，以及决定课程是否可以再次运行。

4. 教学支持

在 MOOC 课程开发的早期都要召开学习设计讨论会。学习设计讨论会被认为是确保学习设计质量的有效手段。[①] 通常参加讨论会的人员包括整个设计团队，有学术专家和课程管理人员、来自 LTS 的技术顾问、图书管理员、可访问性顾问、媒体研究员等。通过面对面的或在线讨论，为每周的学习设定学习目标/结果，设计相关的学习资源和活动。学习设计讨论会的形式可以激发团队的创造力，能有效地保证教学内容、教学策略和评价之间的一致性。

同时，为了提高学习资源的质量，开放大学的视听部门为所有需要出现在视频中的教职员工提供培训。在线协助者也需经过一些特定的 MOOC 和媒体培训才能上岗。

---

① Rebecca Galley,"Learning Design at the Open University: Introducing Methods for Enhancing Curriculum Innovation and Quality,"accessed March 12,2018,http://www.open.ac.uk/iet/learning-design/sites/www.open.ac.uk.iet.learning-design/files/files/ecms/web-content/Learning-Design-at-the-Open-University.pdf.

二、《慕课质量保障与认证指南》

2016 年 6 月，英联邦学习共同体发布了一份《MOOCs 质量保障与认证指南》（*Guidelines for Quality Assurance and Accreditation of MOOCs*，以下简称《指南》）。这是英国开放大学的 Allison Littlejohn 教授和新西兰奥克兰大学的 Nina Hood 博士一起在回顾当前与 MOOCs 相关的文献与实践以及对相关专家观点进行调查的基础上完成的。

COL 认为 MOOC 课程能与普通学位课程一样授予相同学分的关键在于质量。但通过文献回顾与调查发现，质量措施与 MOOC 的目的有关，而且还会因利益相关者的视角不同而有所不同。① 例如，政府部门可能更关注学习的结构，教学机构和教学设计者则更关注学习之前的一些变量，如内容和教学设计；而学习者则更关注其在学习过程中的一些学习体验。因此，任何对 MOOC 质量的讨论或量化尝试，都需要探索设计、教学、目的、教师的经验和角色、参与者的动机、期望和行为等的复杂性和多样性。②

《指南》利用比格斯（Biggers）的 3P（Presage，Process，Product）模型来探索 MOOC 质量的定义和维度，主要为四类利益相关者（政府、MOOC 提供者、学习者和认证机构）怎样保证 MOOCs 质量提供了清晰的指南。本研究以 MOOC 提供者为例，介绍为了确保 MOOCs 的质量，MOOC 提供者/机构应采取的质量措施，如图 6-2 所示。

---

① Nina Hood and Allison Littlejohn, *Quality in MOOCs*: *Surveying the Terrain* (British Columbia: The Commonwealth of Learning, 2016), p. 10.

② Nina Hood and Allison Littlejohn, "MOOC Quality: The Need for New Measures," Journal of Learning for Development-JL4D 3, no. 3(2016): 28-42.

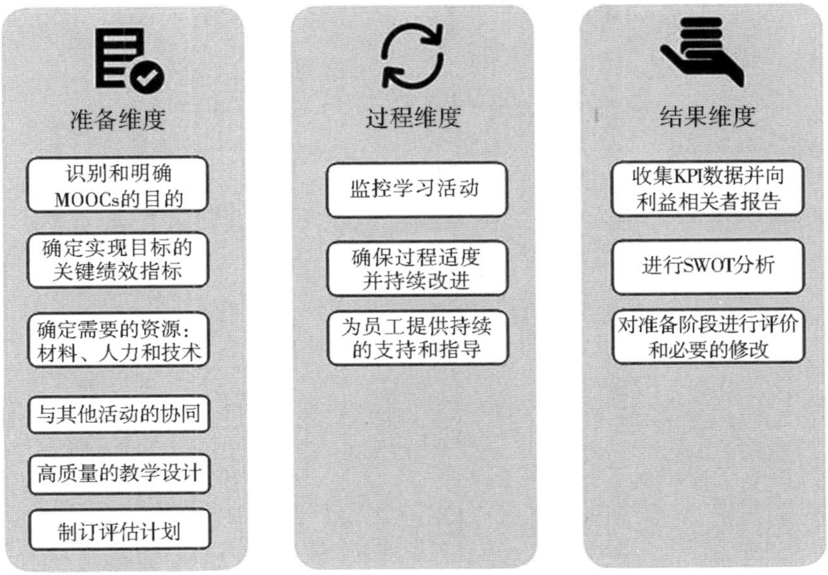

图 6-2 与 MOOC 提供者相关的质量维度

比格斯将教育看作是一个由一系列复杂交互组成的生态系统，按照生态系统的划分（输入、环境、输出），将教育分为三个维度：准备、过程和结果。《指南》指出，MOOC 也是这样一种复杂的生态系统，每个维度都应有相应的质量保障措施。

（一）准备维度

准备维度涉及机构在开发大规模在线课程的过程之前和整个过程中应该采取的步骤，这些措施为机构开发和实施 MOOC 课程建立了战略框架。主要包括：

第一，识别和明确 MOOCs 的目的。由于随后的质量过程将与这些目的密切相关，因此开发 MOOC 课程的目的识别非常重要。而且，开发 MOOC 课程的目的可能有多种，MOOC 提供者/机构的相关人员需要认真识别和区分主要目的和次要目的。

第二，确定实现目标的关键绩效指标。关键绩效指标（Key

Performance Indicators，KPIs）是在创建和运行 MOOC 目的的基础上形成的，用于评估 MOOC 质量和成功的指标。

第三，确定需要的资源：材料、人力和技术。考虑开发和运行 MOOC 课程所需的资金、材料、技术和人力资源等的配置对准备、过程和结果维度以及 MOOC 的可持续发展所带来的影响。

第四，与其他活动的协同。从系统层面进行 MOOC 开发，可以使 MOOC 提供者/机构探索 MOOC 课程开发与其他活动的交叉融合，以及它如何在更广泛的层面上与机构建立联系。

第五，高质量的教学设计。在规划和开发阶段，需要考虑 MOOC 的总体设计和结构。设计的内容包括使用工具和资源、教学方法、评估和反馈机会。教学设计为评估 MOOC 教学和学习提供方法。教学设计框架作为设计新课程的路线图，可以成为教师和机构对课程进行自我评价的工具，或者作为一种检验 MOOC 课程中提供的教学和学习机会的方法。

第六，制订评估计划。这有助于在教学和学习过程中对 MOOC 进行持续的评估和迭代改进，并进行总结评估。为了能对 MOOC 质量进行综合评估，通常需要包含一系列的评价量规，某个单一的指标，如课程完成率，不足以衡量 MOOC 课程的质量。

（二）过程维度

过程维度确定了机构在运行 MOOC 时应该采取的措施，主要包括：

第一，监控学习活动。目前有许多正在开发的新技术，如眼球跟踪技术、点击流分析、学习分析技术等，可以向教师/机构提供关于学习者和学习的实时反馈，并支持收集个人和群体的数据。机构应该考虑如何利用这些新技术，结合其他传统的方法，如调查法等来监控学习过程。

第二，确保过程适度并持续改进。开发用于分析和处理通过各种方式收集到的学习数据的系统，以持续改进 MOOC 课程。

第三，为员工提供持续的支持和指导。利用数据和反馈，为员工提供持续的支持和指导。

（三）结果维度

结果维度是机构评估和报告 MOOC 成效的环节，这一过程与准备和过程维度中所采取的措施紧密相关，通常包括：

第一，收集 KPI 数据并向利益相关者报告。根据在 MOOC 开发前确定的关键绩效指标，应用一系列与准备、过程和结果维度相关的许多数据，向利益相关者报告 MOOC 的运行和成效。

第二，进行 SWOT 分析。SWOT 分析是指考察 MOOC 课程的优势、劣势、机会和威胁。通过与参与 MOOC 课程的关键人员（包括学习者、教学者、教辅人员等）接触，从他们的经验中学习，以此来支持未来的规划和发展。

第三，对准备阶段进行评价和必要的修改。根据收集到的关键绩效指标数据和对 SWOT 分析的结果，对照在准备阶段设定的目标和计划进行评估，必要时可以对相关措施进行改进。

从以上分析可以看出，作为一个支持工具，《指南》没有提供一个明确的答案或罗列一系列的尺度来评价 MOOC 课程的质量，但它指出了一些与 MOOC 课程质量相关的维度，不同的人员在讨论 MOOC 课程的质量和对质量进行评估时可以考虑这些维度。在清楚地了解 MOOC 课程质量的基础上，《指南》可以敦促利益相关者制定自己的质量保障措施。

第三节　英国慕课中开放教育资源的质量评估

MOOC 是一项有巨大潜力的创新，它可以扩大参与学习的范围和促进终身学习。QAA 也认为这是一个“更普遍地提升高等教育机会的途径”。[①] 然而 MOOC 课程要获得与高等教育机构提供的传统课程同等地位，首当其冲的就是其质量问题。虽然对 MOOC 质量尚未有成熟的定义和统一的标准，但各类学者和学术机构从未间断对 MOOC 课程和 MOOC 平台的评估。

一、开放教育资源的内部评估

对 MOOC 中开放教育资源的内部评估主要是指 MOOC 提供者，包括 MOOC 课程提供者/机构和 MOOC 平台提供者，对自己所提供的课程进行的质量评估活动。通常情况下，MOOC 课程提供者/机构在经过一轮教学后会对所提供的课程进行评估，但其评估结果不一定公开发布。本研究以爱丁堡大学与 Coursera 第一轮合作后发布的评估报告和由 OpenupEd 发布的质量标签为例，介绍对 MOOC 中开放教育资源的内部评估。

（一）爱丁堡大学的慕课报告

爱丁堡大学于 2013 年 1 月在 Coursera 上发布了 6 门 MOOC 课程，在第一轮教学结束后，于 2013 年 5 月 10 日发布了对这 6 门 MOOC 课程的评估报告“MOOCs @ Edinburgh 2013-Report ＃1”。该报告中涉及的数据包括 MOOC 学习者的人口统计数据、课程开放期间学习者的活动数据和课程评价数据。

为了尽量减少注册的障碍，当时在 Coursera 创建账户时不需要提供任何人口统计信息，因此，爱丁堡大学 MOOC 学习者的人口统计数据是通过预备调查收集的。预备调查通过 Bristol 在线调查工具创建，是一套标准化的调查问卷，共 10 题。问卷通过课程网站的沟通渠道，

---

① Sarah Hayes，“MOOCs and Quality：A Review of the Recent Literature”（paper presented by QAA，2015），p. 4.

统一通过电子邮件传播。调查时间持续 14 天，从课程开始前一个星期到开课后第二周截止。[①] 考虑到有些学习者可能参加多个爱丁堡的 MOOC 课程，为了准确地获取人口统计数据，避免学习者重复参与调查，在调查问卷中专门设置了一个问题：你注册了哪些爱丁堡大学的 MOOCs?（可多选）。在电子邮件中也强调，无论注册了几门爱丁堡的 MOOCs，该项调查都只需回复一次。在调查的启动过程中，爱丁堡大学的 MOOC 课程共有 266 213 人注册，通过对电子邮件地址进行分析，确定有 217 512 个不重复的电子邮件地址。有 45 182 人完成了预备调查，响应率为 20.8%（以不重复的电子邮件地址的个数为基数），约占最大注册人数的 15%。[②]

在预备调查中，75.1%的受访者表示，这是他们第一次参加 MOOC 课程，而有 90.5%的受访者在爱丁堡大学注册了一门课程，53%的人表示，他们当时只注册了一门 MOOC 课程（即爱丁堡的 MOOC 课程）。受访者人群中以 25—34 岁的人数居多（33%），有七成的学习者有大学以上学历，参与者的性别随课程的不同变化较大（注册“人工智能计划”课程的学习者 80%是男性，而在“马的营养学”中有 87%是女性学员），参与 MOOC 课程的主要目的是学习新东西。[③]

课程开放期间学习者的活动数据来自课程网站，包括实时的注册人数、活跃学习者的数量、论坛参与情况、作业完成情况和获得完成报告的情况。由于爱丁堡大学的所有 MOOC 课程在整个课程的开放期间内都允许注册，因此，注册人数随时间的变化会有波动。在高峰期，

---

① The University of Edinburgh, "MOOCs @ Edinburgh 2013-Report # 1" (paper presented by the University of Edinburgh, 2013), p. 15.

② The University of Edinburgh, "MOOCs @ Edinburgh 2013-Report # 1" (paper presented by the University of Edinburgh, 2013), p. 15.

③ The University of Edinburgh, "MOOCs @ Edinburgh 2013-Report # 1" (paper presented by the University of Edinburgh, 2013), pp. 16-20.

总注册人数达到 309 628 人。如图 6-3 描述了前五周每门 MOOC 课程的活跃学习者的变化情况。

根据 Coursera 的设计，为每门课程都开辟了论坛区域来促进课程讨论。考虑到在线学习环境的特点，爱丁堡大学的 MOOC 课程并不要求所有学习者都必须参与论坛活动。各门课程的论坛活跃程度都不高，平均只有 15%的活跃学习者参与了论坛，论坛参与率最高的是“马的营养学”(32%)，最低的是“人工智能计划”(4%)。① 并且，研究结果表明论坛的活跃程度与教师是否在场无关，例如，“人工智能计划”课程和“马的营养学”课程教师参与论坛的频率相当，但论坛的活跃程度相差甚远。

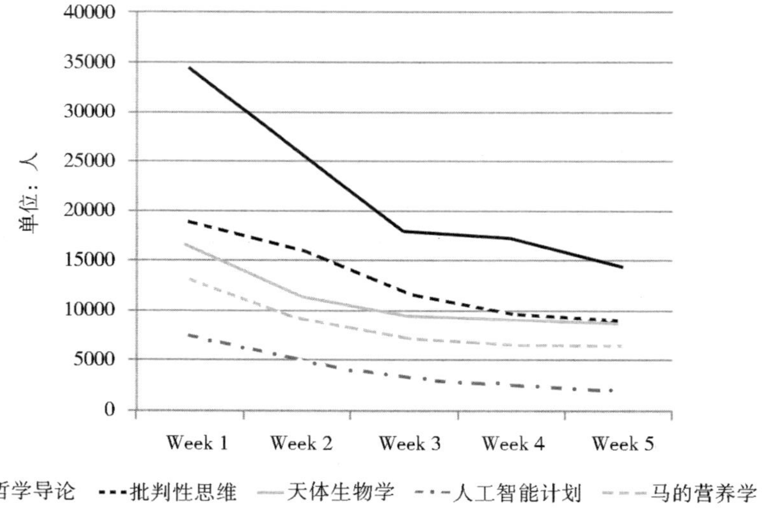

图 6-3 每周观看和下载视频内容的学习者人数（前五周）

虽然各门课程的评价方式有所不同，但通常有两次提交作业的机

① The University of Edinburgh, “MOOCs @ Edinburgh 2013-Report # 1” (paper presented by the University of Edinburgh, 2013), pp. 22-23.

会。除“哲学导论”外，其他课程都要求在第五周结束前提交作业才能获得成就声明（只有“哲学导论”课程在第七周结课，可以在第七周结束前提交）。在第三周，有24%的学习者提交了作业材料，23%的学习者在第五周提交了作业材料，总共提交了36 507份符合课程评分标准的作业，有资格申请成就声明。① 考虑到所有的MOOC课程都不授予学分，爱丁堡大学认为，对于参与每周内容的学习者来说，获得完成报告的门槛应该设置在一个现实的水平。根据评价标准和等级政策，将最低合格率设定在40%到65%。在这六门课程中，共有34 850人获得完成报告，占总人数的21%。②

课程评价数据是通过结束调查获得的。课程结束后，每个在册的学习者都会通过电子邮件获得一份结束调查。每门课程都有一份调查问卷，其中包含15个标准化问题，另外各门课程可以有特定的附加内容。调查问卷在3月份发布，具体时间由课程团队决定，开放时间为一个月。在这六门课程调查中，共收到15 210个回应，约占总人数的4.9%，占活跃学习者的9.2%。③

调查结果显示，在被调查的人群中，有绝大多数学习者（95%）认为课程符合他们的预期，其中有32%的学习者认为课程非常出色，超出了他们的预期，只有2%的学习者对课程比较失望；大多数人声称他们每周花2—5个小时学习MOOC课程，认为这种学习负荷是比较合理的；在课程难度上，有超过六成的学习者认为难度恰到好处，约

① The University of Edinburgh, “MOOCs @ Edinburgh 2013-Report # 1” (paper presented by the University of Edinburgh, 2013), p. 24.

② The University of Edinburgh, “MOOCs @ Edinburgh 2013-Report # 1” (paper presented by the University of Edinburgh, 2013), pp. 24-25.

③ The University of Edinburgh, “MOOCs @ Edinburgh 2013-Report # 1” (paper presented by the University of Edinburgh, 2013), p. 26.

两成的学习者觉得课程过于简单。① 关于学习者学习 MOOC 课程的愿望，在预备调查中绝大多数的学习者是希望学习新的知识，在结束调查中，学习新知识还是最主要的愿望，但其他选项也有不同比例的提高（如图 6-4 所示）。这可能表明学习者根据他们对 MOOC 的体验，可能会改变他们对 MOOC 课程的期望。

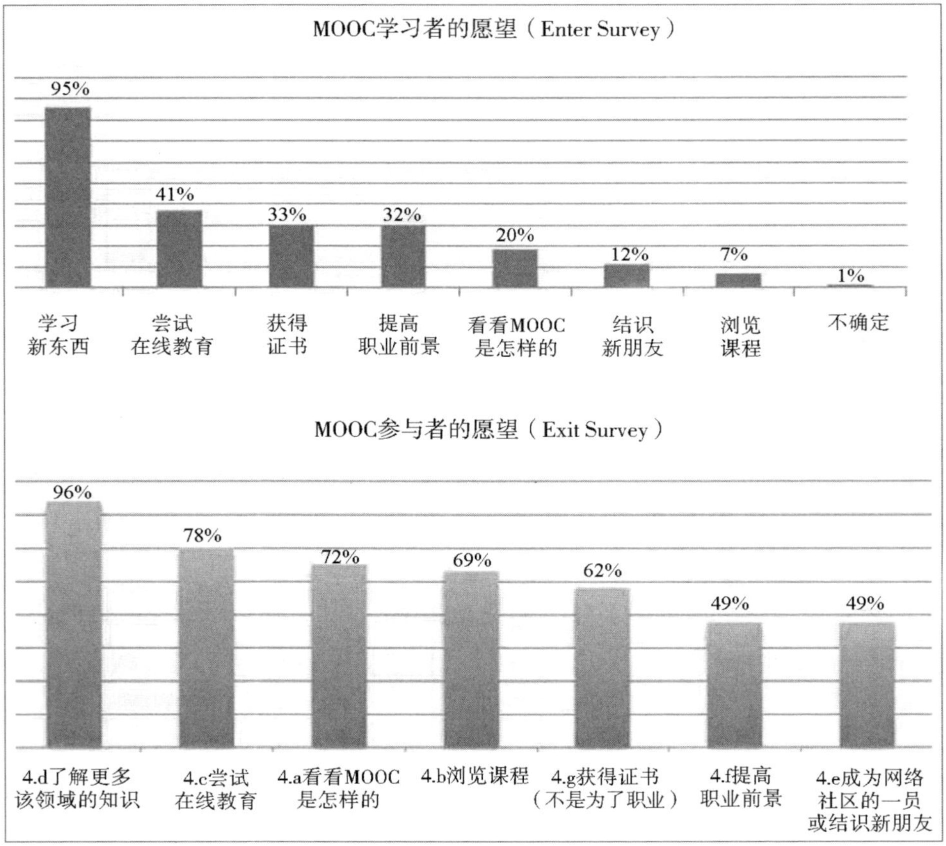

图 6-4　MOOC 参与者愿望的变化

① The University of Edinburgh, "MOOCs @ Edinburgh 2013-Report # 1" (paper presented by the University of Edinburgh, 2013), pp. 26-30.

（二）欧盟的质量标签

OpenupEd 是由欧洲远程教育大学协会（the European Association of Distance Teaching Universities，EADTU）牵头，在欧盟委员会的支持下，由 11 个国家（法国、意大利、立陶宛、荷兰、葡萄牙、斯洛伐克、西班牙、英国、俄罗斯、土耳其和以色列）联合推出的首个遍及欧洲的 MOOC 项目。OpenupEd 于 2013 年 4 月正式启动，是一个开放的、非盈利的合作团体，其合作伙伴承诺通过开放教育，使学习者和全社会受益，同时也向人们展示欧洲的价值观，如公平、质量和多样性。① OpenupEd 提出的愿景是为所有有兴趣参与在线高等教育的学习者提供帮助，以满足他们的需求并适应他们的特殊情况。②

OpenupEd 的一个独特之处在于，它承诺提供高质量的教育体验，可以在非正式和正式学习之间架起一座桥梁，并为学生的成就提供认可。这个承诺被封装在一个质量标签中，即 OpenupEd 质量标签，这个标签于 2014 年 1 月正式出版。与此标签相关的机构测试指标主要是作为一种改进工具，将机构现有成绩与当前的最佳实践相比较，并采取措施提高 MOOC 及其运作的质量。OpenupEd 的合作伙伴正在将 OpenupEd 标签集成到他们自己的质量过程中，OpenupEd 的新合作伙伴需要在进入后的三年内获得 OpenupEd 标签。

OpenupEd 质量标签以 E-xcellence 在线课程质量保证的方法为基础，建立在开放和远程学习机构经验基础上的数字化学习质量保证。E-xcellence 从 2005 年开始已经进行了一系列的项目，其主要资源包括一个手册和快速扫描工具。E-xcellence 手册目前已更新到第三版，它

---

① "Vassiliou Welcomes Launch of First Pan-European University MOOCs (Massive Open Online Courses)," European Commission, accessed March 12, 2018, http://europa.eu/rapid/press-release_IP-13-349_en.htm.

② "About OpenupEd," OpenupEd, accessed March 12, 2018, https://www.openuped.eu/39-about-openuped.

以数字化学习的六个关键领域（战略管理、课程申请、内容设计、课程传递、员工支持和学生支持）为框架，共包含 35 个指标，支持基于许多指标的审查过程。该手册提供大量的支持文本和一系列的实践指导。① 快速扫描工具（Quickscan）可以作为对一个机构的数字化学习质量进行自我评估的起点。Quickscan 包含 35 个 E-xcellence 指标，自评者可以针对每一个指标自评等级，并根据要求提供相应的支持材料。②

OpenupEd 质量标签采用了类似的方法，建立在 E-xcellence 之上，但它采用了更轻量级的过程，并调整了相关指标以使该标签能更好地适应 MOOC。OpenupEd 质量标签包含两类指标：一类适用于机构一级，另一类适用于课程。机构类的指标有 21 个，以 E-xcellence 手册中的六个关键领域为框架；课程类指标有 11 个，具体内容见附录 B。

OpenupEd 质量标签的这套指标可用于初步的自我评价，MOOC 提供者可以根据每个指标对其实现程度进行判断，其评价表如图 6-5 所示。③ 其中 A 列表示指标序号，B 列表示指标内容，C 列表示该指标在 E-xcellence 手册中对应的指标序号，D 列罗列了 OpenupEd 的八大特征，E 列表示该指标的达到等级。

其中列出 E-xcellence 手册中相应的指标的序号，便于评估者参考手册中相关指标背景和详细的说明。等级包括四级：没有达到（Not Achieved，NA）、部分达到（Partially Achieved，PA）、大部分达到（Largely Achieved，LA）、完全达到（Fully Achieved，FA）。OpenupEd

① Karen Kear and Jon Rosewell, *Quality Assessment for E-learning: A Benchmarking Approach* (Maastricht: European Association of Distance Teaching Universities, 2016), pp. 8-17.

② Karen Kear, Keith Williams and Jon Rosewell, "Excellence in e-learning: A Quality Enhancement Approach," accessed March 12, 2018, http://www.learning-innovations.eu/sites/learning-innovations.eu/files/2014/LINQ 2014 Proceedings final.pdf.

③ Jon Rosewel, "OpenupEd Label, Quality Benchmarks for MOOCs," accessed June 22, 2018, https://www.openuped.eu/images/docs/OpenupEd_quality_label_-_Version1_0.pdf.

A	B	C	D									E			
	Benchmark/indicator		OL	DO	LC	IL	MI	RO	QF	SD		NA	PA	LA	FA
	Course level														
22	A clear statement of learning outcomes for both knowledge and skills is provided.	10				x									
23	There is reasoned coherence between learning outcomes, course content, teaching and learning strategy (including use of media), and assessment methods.	11			x	x	x		x						
24	Course activities aid students to construct their own learning and to communicate it to others.				x										

图 6-5　OpenupEd 质量标签的评价表（部分）

的八大特征是指为了确保开放课程符合 OpenupEd 愿景，合作伙伴被要求认可的八个显著特征①，包括：

第一，对学习者的开放（Openness to Learners，OL）：这包括注册开放（没有正式的入学要求），学习时间、地点、步调和路径可以自由选择等。从一个更广泛的视角强调对学习者需求开放的重要性，并为各种各样的终身学习者提供帮助。

第二，数字开放（Digital Openness，DO）：课程应该在网上免费提供，但同时也应提供开放许可，这样材料和数据就可以被重复使用、重新混合、重新修改和重新分配（如使用 CC—BY—SA 许可协议等）。

第三，以学习者为中心的方法（Learner-centred Approach，LC）：课程应该帮助学生在丰富的环境中构建自己的学习，并与他人分享和交流，而不仅仅专注于将内容传递给学生。

第四，自主学习（Independent Learning，IL）：课程应提供高质量的材料，以帮助自主学习的学习者通过自学取得进步。

第五，媒体支持的交互（Media-supported Interaction，MI）：课程材料应该充分利用在线的特征（互动、交流、协作）以及丰富的媒体（视频和音频）来吸引学习者参与学习。

① Jon Rosewell and Darco Jansen, "The OpenupEd Quality Label: Benchmarks for MOOCs," *INNOQUAL-International Journal for Innovation and Quality in Learning* 2, no. 3(2014): 88-100.

第六，认可选项（Recognition Options，RO）：成功地学完课程应该被认为是有价值的教育成就。

第七，质量关注（Quality Focus，QF）：在课程的制作和展示过程中应该始终如一地关注质量。

第八，多样性（Spectrum of Diversity，SD）：课程应该是包容的，可以被更广泛的公民所接受。多样性包括允许使用不同的方法和适应不同的情境，考虑到各种语言、文化、背景、教学和技术的不同。

在图 6-5 中，第 22 项指标“A clear statement of learning outcomes for both knowledge and skills is provided”与 E-xcellence 手册中第 10 项指标相关，对应的特征是“IL”，意味着与这一指标相关的证据收集应证明这门课程适合于自主学习。

OpenupEd 质量标签为 MOOC 课程和开发者提供了一个基于过程的质量强化框架。通常情况下，自我评估不仅仅是根据 OpenupEd 质量标签所给的指标进行等级评定，而且是一个包括不同的利益相关者，如教师、管理者、课程设计师和学生的一个协商和讨论的过程。在这个过程中，应该为每一个指标收集证据来支持等级评定的结果，包括这些证据在多大程度上支持 OpenupEd 的特性，同时还有一份详细的改进计划。有支持材料的自我评估报告和改进计划是外部评估人员进行最后审查和讨论的基础，外部评估人员随后准备了一份最终报告，对是否授予 OpenupEd 质量标签提出建议。

OpenupEd 质量标签作为一种改进工具，将机构绩效与当前的最佳实践进行比较，并提出促进 MOOC 及其运营质量改善的措施，可以为机构的课程审批程序和评价与监控提供有益的补充。① 西班牙国家开放大学的 Rodrigo 等人利用 OpenupEd 质量标签对 20 多门 MOOC 课程进

① “OpenupEd Quality Label,”OpenupEd, accessed March 12, 2018, https://openuped.eu/quality-label.

行了自我评价。使用OpenupEd的质量标签的过程表明，最初的自我评估可以用来突出那些不完全适合高等教育机构的指标（如不是所有的MOOC都给出了一个明确的学习成果描述，而且材料是在一个限制的而不是开放的许可下发布的），并发现额外的指标来促成良好的实践（对各种学术角色的界定、各种认证方式等）。因此，Rodrigo和他的同事们得出结论，OpenupEd质量标签是一种通用的工具，它提供了足够的灵活性来满足机构的愿望，而不是一种束缚。①

欧洲远程教育大学协会的Darco Jansen和英国开放大学的Jon Rosewell等人也利用OpenupEd质量标签对英国开放大学和FutureLearn在MOOC的开发、交付和评估过程进行了测试。测试结果指出随着MOOC课程供应的全球合作日益扩大，以及新型伙伴关系的出现，OpenupEd质量标签所要求的“对学习者的开放”和“数字开放”等国际维度的重要性可能会增加。②

二、开放教育资源的外部评估

由于对MOOC质量的研究尚未达到统一的认识，目前还没有专门的机构对MOOC中的开放教育资源进行官方评价。但这并不影响研究者/机构，从不同角度对MOOC课程和MOOC平台的评价探索。对MOOC中开放教育资源的外部评价主要有两类：一类是对慕课课程的评估；另一类是对慕课平台的评估。

① Covadonga Rodrigo, Tim Read and Miguel Santamaria, “OpenupEd Label for MOOCs Quality Assurance: UNED COMA Initial Self-Evaluation” (paper presented at International Workshop MOOC: The impact and reach, Antigua, Guatemala, May 15-16, 2014).

② Mohamed Jemni, Kinshuk and Mohamed Koutheair Khribi (eds.), *Open Education: from OERs to MOOCs* (Berlin: Springer, 2016), p. 277.

（一）慕课课程的评估

MOOC 课程是 MOOC 中主要的开放教育资源，对 MOOC 课程的评估是对 MOOC 评估的主要环节。本研究选取 MoocLab 发布的《英国慕课 2016 报告》（“UK MOOC Report 2016：An Insight into MOOCs Provided by UK Institutions”）和苏格兰格拉斯哥喀里多尼亚大学的学术团队对 MOOC 的教学质量评估为例，介绍对 MOOC 课程的外部评估。

1.《英国慕课 2016 报告》

MoocLab 是一个通过论坛、信息、指南、独立评论和最新的新闻，将人们与在线学习联系起来的社区网站。其发布《英国慕课 2016 报告》的目的是为英国 MOOC 市场提供基于证据的分析。2016 年 2 月，MoocLab 发布了这份研究报告。它获取数据的方法是利用 Internet 编辑一份在 2012 年 2 月到 2015 年 11 月间由英国大学提供的 MOOC 课程的清单，共有 182 门 MOOC 课程，通过《自由信息法》（*Freedom of Information Act*）与提供 MOOC 课程的 30 家高等教育机构联系，获得相关信息。这些信息包括课程首次发布的日期、课程运行次数、课程长度、参加该课程的学生人数、完成课程的学生人数。除此之外，还收集了以下信息：课程所属的学科分类、运行课程的平台、完成课程的推荐时间、教学机构在《英国卫报》的 2016 年排名。[①]

根据这项研究收集的数据显示，虽然《纽约时报》提出 2012 年是“MOOC 元年”，但英国的“MOOC 元年”在 2014 年。在 2014 年由英国提供的 MOOC 课程比其他任何一年都要多。尽管数字上看，MOOC 课程在 2015 年还在继续增长，但是新 MOOC 课程的上线率下降了 20%。课程供应商的数量在 2014—2015 年也只增长了 8%，但在一年

① Carolyn McIntyre,“UK MOOC Report 2016:An Insight into MOOCs Provided by UK Institutions,”(www. mooclab. club,2016):3.

前这个增长比例是 150％。[①] 将每门课程的平均注册人数与课程的平均完成率进行比较发现，在一门课程中注册的学生人数越少，完成率就越高。由此得出，将课程的注册人数减少，可能带来更好的成功率。从课程的所属学科分析，教育类的课程的注册人数和完成率都比较高，说明教育类课程有学习需求，并且能吸引学习者完成学业。这一结论与麻省理工大学在 2015 年 3 月发布的一项研究结果一致。那项研究发现，近 40％的在线课程学习者是教师。[②]

对课程结构相关数据的分析显示，较短的课程，尤其是那些为期两周的课程，其课程完成率最高。同样的，每周的学习时间约为 2 小时的课程，其完成率也是最好的。[③] 这些结果表明，MOOC 课程的内容最好以一种模块化的方式，在相对较短的时间内完成，可以达到最好的学习效果。另外，研究结果还显示，大学排名对学生注册人数和完成课程的学习者数量没有影响，而课程的主题和课程结构在 MOOC 的吸引力和结果中发挥了更重要的作用。

2.《慕课的教学质量》

格拉斯哥喀里多尼亚大学的 A. Margaryan 教授和他的团队在 Coursera、FutureLearn 和 Udacity 三大平台上随机选取了 76 门 MOOC 课程，从首要教学原理和教学设计专家的角度对这些课程的质量进行了分析。

关于样本空间的选择遵循以下原则：一是课程是用英语进行的

---

① Carolyn McIntyre,"UK MOOC Report 2016:An Insight into MOOCs Provided by UK Institutions,"(www. mooclab. club,2016):24.

② Jon Rosewell and Darco Jansen,"HarvardX and MITx:Two Years of Open Online Courses Fall 2012-Summer 2014,"accessed July 20,2018,file:///C:/Users/Administrator/Downloads/SSRN-id2586847. pdf.

③ Carolyn McIntyre,"UK MOOC Report 2016:An Insight into MOOCs Provided by UK Institutions,"(www. mooclab. club,2016):25.

(这是研究人员最熟悉的语言)；二是课程开放时间在2013年9月—12月（该项目的运行时间)。利用搜索引擎和相关博客的推荐，满足这两项原则的MOOC课程共有344门，其中318个xMOOCs，26个cMOOCs。由于cMOOCs数量较少，所有的cMOOCs都被纳入研究范围；xMOOCs的样本是在这318门课程中随机抽取50门，同时也考虑了各MOOC平台在样本空间的比例。最后的样本空间是50门xMOOCs和26门cMOOCs，共计76门课程。①

研究人员通过一份课程扫描问卷对每门课程的教学设计质量进行评估。课程扫描问卷包括三个部分：①课程细节，包括课程的七个开放式问题，如课程名称、课程开放时间、课程教师等。②课程的目标和组织，包括课程是否有指定的学习目标、学习目标是否可测、课程材料组织是否有序、是否有清晰的课程要求和课程描述等，要求进行是非（yes/no）或程度选择（0—完成没有，1—某些程度，2—较大程度，3—非常大的程度)。③首要教学原理。

首要教学原理是犹他州立大学的梅里尔教授（M. David Merrill）在2002年提出的。首要教学原理中的基本原则支持当代所有教学设计的理论和模型。Gardner在对22个当代教学理论进行系统回顾时证实了首要教学原理对当代教学理论的支持。② 首要教学原理包括五条基本原则③，①问题中心原则（Problem-centred)：当学习者在现实世界的问题中获得技能时，学习才能得到提升；②经验激活原则(Activation)：将学习者现有的知识和技能作为新技能的基础时，才能

---

① Anoush Margaryan, Manuela Bianco and Allison Littlejohn, " Instructional Quality of Massive Open Online Courses(MOOCs)," *Computers & Education* 80, no. 1(2015): 77-83.

② Joel Gardner, "Investigating Theoretical Support for First Principles of Instruction: a Systematic Review," *Midwest Journal of Educational Communication and Technology*, no. 1(2011): 8-17.

③ M. David Merrill, "First Principles of Instruction," *Educational Technology Research and Development*, no. 3(2002): 43-59.

够促进学习；③知识展示原则（Demonstration）：强调向学习者展示在新情况下他们可以如何应用新信息或技能，而不仅仅是向他们展示如何做的信息；④知识应用原则（Application）：当学习者运用他们新获得的技能来解决问题时，才能促进学习；⑤知识整合原则（Integration）：当学习者反思、讨论和使用他们新获得的技能时，学习才能得到提升。

首要教学原理主要关注学习活动，为了让问卷更符合 MOOC 课程的特点，研究组还借鉴了科利斯（Betty Collis）等人对首要教学原理的扩充，从学习资源和学习支持角度对首要教学原理进行了扩充[①]，增加了另外五条原则：⑥为集体贡献；⑦协作学习；⑧差异性；⑨资源的真实性；⑩专家反馈。

根据课程扫描问卷的结果，绝大部分课程在首要教学原理和组织标准上的得分都偏低。每门课程可能的分数范围是 0—72 分，0 表示课程中没有反映任何原理和组织标准，72 表示所有原理和标准都得到很好的体现。这 76 门课程的得分范围是 0—28 分，平均分是 9 分，标准差是 5.93，其中 xMOOC 课程的得分范围是 3—25 分，平均分是 8 分，标准差是 4.46；cMOOC 课程的得分范围是 0—28 分，平均分是 11 分，标准差是 7.24。[②] 关于课程的目标和组织以及首要教学原理的各项得分细节如图 6-6 和 6-7 所示。

这些数据可以看出，MOOC 课程的教学设计质量很低，一些课程实现了部分原则，没有一门课程包含了所有原则。[③] 但几乎所有的 MOOC 课程都有良好的包装，如课程材料组织有序，课程要求和课程

① Betty Collis and Anoush Margaryan, "Design Criteria for Work-based Learning: Merrill's First Principles of Instruction expanded," *British Journal of Educational Technology* 36, no. 5(2005): 725-738.

② Anoush Margaryan, Manuela Bianco and Allison Littlejohn, " Instructional Quality of Massive Open Online Courses(MOOCs)," *Computers & Education* 80, no. 1(2015): 77-83.

③ Anoush Margaryan, Manuela Bianco and Allison Littlejohn, " Instructional Quality of Massive Open Online Courses(MOOCs)," *Computers & Education* 80, no. 1(2015): 77-83.

描述清晰明确等。

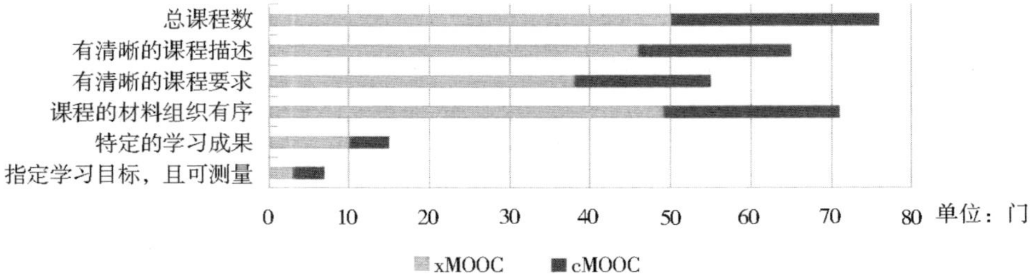

图 6-6 满足课程目标和组织标准的课程统计

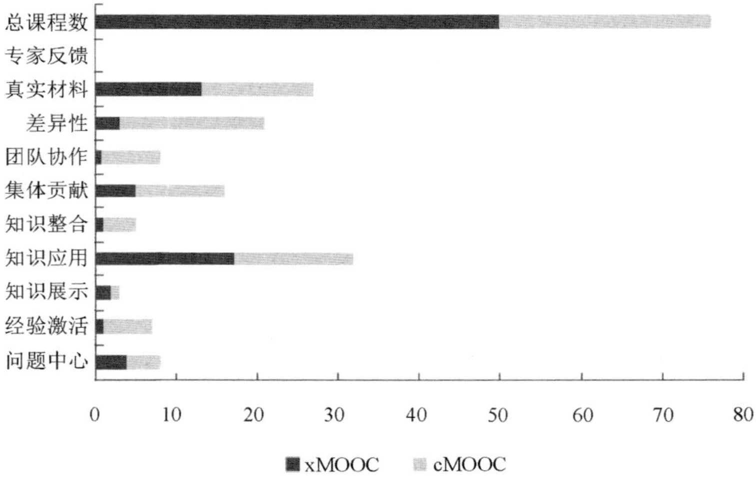

图 6-7 满足首要教学原理各项原则的课程统计

（二）慕课平台的评估

与不断增长的 MOOC 课程一样，MOOC 平台的数量也在不断增加。2012 年美国的三大平台独占鳌头，到 2017 年全球共有 57 个

MOOC平台。[①] 但英国始终只有FutureLearn一个平台。虽然没有官方对MOOC平台给出评价，但也有一些非官方组织，如MoocLab，独立编制了一些排行榜，作为选择合适MOOC平台的指南，供学生和终身学习者使用。

图6-8显示的是2018年MoocLab给出的MOOC平台排行榜。MoocLab从提供课程的数量、提供课程合作机构的质量和声誉、提供证书的类型、有一系列相关课程组成的学习途径、课程可转换为大学学分、可获得认可的大学学位课程、方便与同伴和教师进行交互的方式、界面质量好且站点导航便利等八个方面对13个MOOC平台进行了比较。这13个平台都是英语平台且提供综合类课程。更多的平台排名可以参见它的另外一个排行榜"MOOC Platform Comparison Table-2018：A List of MOOC Platforms Around the World"[②]。

从图6-8可以看出，在这13个平台中，FutureLearn平台综合排名第二，仅次于Coursera和edX，这两个平台并列第一。FutureLearn平台主要在提供课程的数量上落后于Coursera和edX，目前它只提供了400多门课程。与其他排行榜一样，这个排行榜也可以根据所选择的标准重新排序。图6-9是按照界面质量和站点导航便利性排行的结果，FutureLearn平台的界面质量和站点导航便利性名列前茅。

---

① "MoocLab Report：The Global MOOC Landscape-2017，"MoocLab，accessed April 22，2018，https：//www. mooclab. club/resources/mooclab-report-the-global-mooc-landscape-2017. 214/.

② "MOOC Platform Comparison Table-2018：A List of MOOC Platforms Around the World，"MoocLab，accessed April 22，2018，https：// www. mooclab. club/pages/mooc_comparison_2018/.

Rank 2018	Platform	N° Courses	Partner Institutions	Certificates	Pathways	College Credit	Degree	Social Tools & Features	Interface usability	Overall ▲
1	Coursera	5/5	5/5	2/2	1/1	1/1	1/1	4/5	5/5	4.90
1	edX	5/5	5/5	2/2	1/1	1/1	1/1	4/5	5/5	4.90
2	FutureLearn	4/5	5/5	2/2	1/1	1/1	1/1	4/5	5/5	4.85
3	Saylor Academy	4/5	4/5	1/2	1/1	1/1	1/1	3/5	4/5	4.13
4	Udacity	4/5	5/5	2/2	1/1	0/1	1/1	4/5	5/5	4.10
5	iversity	3/5	4/5	2/2	1/1	1/1	0/1	4/5	4/5	3.80
6	OpenLearning	5/5	3/5	1/2	1/1	1/1	0/1	4/5	3/5	3.28
7	FUN-MOOC	4/5	5/5	2/2	0/1	1/1	0/1	4/5	4/5	3.25
8	OpenUpEd	4/5	5/5	1/2	0/1	1/1	0/1	3/5	3/5	2.68
8	Open2Study	3/5	4/5	1/2	0/1	0/1	1/1	4/5	4/5	2.68
9	SWAYAM	5/5	4/5	1/2	0/1	1/1	0/1	3/5	2/5	2.48
10	NPTEL	4/5	4/5	2/2	0/1	0/1	0/1	4/5	3/5	2.25
11	Janux	1/5	3/5	0/2	0/1	1/1	0/1	4/5	2/5	1.85
12	Stanford Online	4/5	5/5	1/2	0/1	0/1	0/1	2/5	3/5	1.83
12	EMMA	3/5	4/5	1/2	0/1	0/1	0/1	4/5	3/5	1.83
13	Canvas Network	4/5	3/5	1/2	0/1	0/1	0/1	2/5	3/5	1.53

图 6-8　MOOC 平台综合排名（2018 年）

Rank 2018	Platform	N° Courses	Partner Institutions	Certificates	Pathways	College Credit	Degree	Social Tools & Features	Interface usability ▲	Overall
2	FutureLearn	4/5	5/5	2/2	1/1	1/1	1/1	4/5	5/5	4.85
1	edX	5/5	5/5	2/2	1/1	1/1	1/1	4/5	5/5	4.90
1	Coursera	5/5	5/5	2/2	1/1	1/1	1/1	4/5	5/5	4.90
4	Udacity	4/5	5/5	2/2	1/1	0/1	1/1	4/5	5/5	4.10
8	Open2Study	3/5	4/5	1/2	0/1	0/1	1/1	4/5	4/5	2.68
5	iversity	3/5	4/5	2/2	1/1	1/1	0/1	4/5	4/5	3.80
3	Saylor Academy	4/5	4/5	1/2	1/1	1/1	1/1	3/5	4/5	4.13
7	FUN-MOOC	4/5	5/5	2/2	0/1	1/1	0/1	4/5	4/5	3.25
12	EMMA	3/5	4/5	1/2	0/1	0/1	0/1	4/5	3/5	1.83
10	NPTEL	4/5	4/5	2/2	0/1	0/1	0/1	4/5	3/5	2.25
8	OpenUpEd	4/5	5/5	1/2	0/1	1/1	0/1	3/5	3/5	2.68
13	Canvas Network	4/5	3/5	1/2	0/1	0/1	0/1	2/5	3/5	1.53
12	Stanford Online	4/5	5/5	1/2	0/1	0/1	0/1	2/5	3/5	1.83
6	OpenLearning	5/5	3/5	1/2	1/1	1/1	0/1	4/5	3/5	3.28
11	Janux	1/5	3/5	0/2	0/1	1/1	0/1	4/5	2/5	1.85
9	SWAYAM	5/5	4/5	1/2	0/1	1/1	0/1	3/5	2/5	2.48

图 6-9　MOOC 平台按界面质量和站点导航便利性排名（2018 年）

第七章　战后英国大学开放教育资源的审思

战后半个多世纪以来，英国大学的开放教育资源极大地缓解了高等教育的供需压力，促进了教育公平，改善了教育资源分布不均等状况，也为所有希望通过学习获得发展的人们开启了一道新的曙光。英国大学的开放教育资源在其发展过程中受国际、国内多种因素的影响，并逐步形成自己的特色。如今，英国大学的开放教育资源已然成为英国高等教育的新名片，向全世界彰显其高等教育的优越性。

第一节　战后英国大学开放教育资源的特点

战后英国大学在开放教育领域进行了诸多大胆的尝试，提供的开放教育资源不仅在开放维度上趋向多元，而且在表现形式上也越来越多样。不管教育资源开放的维度和表现形式如何变化，英国大学对开放教育资源质量的坚守是不变的永恒。不仅在各高校内部有严格自律的内部质量保障体系，而且还有专门机构、专业团体和民间组织等多方参与的外部质量评估，这为维护英国教育的品牌形象奠定了基础。

一、丰富多彩的开放资源

欧盟委员会提出，开放教育就是通过新技术和开放教育资源为所有人提供创新的教学和学习。① 开放教育需要通过技术和开放教育资源来实现，开放教育资源的形式与开放教育的目的以及开放教育的开放维度息息相关。不同的开放目的和开放维度会影响开放教育资源的表现形式。

（一）开放维度的多元化

从战后英国大学在开放教育领域的诸多实践可以看出，“开放”是个不断演变的概念，在不同的语境和话语中有着不同的含义。从传统意义上讲，“开放”意味着开放获取，可以更容易地获得学习，如开放大学不设入学门槛，向所有希望实现其理想和抱负的人开放。随着时间的推移，开放的概念已演变为开放的内容、开放的教学、开放的研究等多个方面。

1. 开放获取

开放获取是指消除或降低经济、技术、地理、制度等阻碍知识获取的门槛，它允许学习者参与教学内容或课程的学习，参加社区实践或其他类型的知识共享活动，它还可以使非正式和独立的学习者能够寻求并获得对其学习的认可。通过开放获取，可以扩大信息和知识的传播范围，是开放教育资源的主要目标之一，也是开放的一个最基本的维度。

基本上所有的开放教育资源都包括开放获取的维度，但由于开放教育资源目的的不同在这个维度上的表现形式也不尽相同。海外办学是将本国的教育资源向其他国家开放，它消除了学习者在地理位置上的障碍，允许学习者不出国门就能获得其他国家的学习体验和学位证书，并且在学习成本上也有所降低。但学习者要想攻读这类学校或项

---

① “Opening up Education: Innovative Teaching and Learning for All through New Technologies and Open Educational Resources,”European Commission, accessed October 22, 2018, https://eur-lex.europa.eu/legal-content/EN/TXT/PDF/?uri=CELEX:52013DC0654&from=EN.

目不是无门槛的，在很多情况下其入学条件相对还很苛刻。以宁波诺丁汉大学为例，作为诺丁汉大学在中国的分校，该校连续五年（2010—2015 年）本科生的录取平均分都高于一本分数线。[①] 由于学校使用英语授课，所以对学生在入学时的最低英语水平也有规定，通常要求学生的英语水平达到雅思 6.5 分。[②]

而英国开放大学则以向所有希望实现其理想和抱负的人提供优质的高等教育为目的，在建校伊始就以“人的开放”“地点的开放”“方法的开放”和“理念的开放”为己任，引领着开放教育的潮流。开放大学的入学是无门槛的，凡年满 21 周岁的成人不论职业、资历和社会地位均可报名，无须考试，按报名的先后顺序录取。开放大学在地点的开放上是渐进的。20 世纪 70 年代主要面向英国本土的学习者，80 年代后期服务拓展到所有驻外的英国公民，到 90 年代才开始全方位面向世界。

产业大学成立的目的是为了提高个人的就业能力和雇员的生产力，为工业服务。为此，这些培训对所有年龄在 16—24 岁的失业/无业人群都是免费的，所有费用由政府承担，超过 24 岁的失业群体也可以通过申请相关贷款的方式获得资助。产业大学的培训也不设门槛，学员在与学习中心的专业人员进行咨询后确定学习内容便可开始学习。

OpenLearn 项目和 MOOCs 的内容通过网络向所有人开放，无入学门槛，只要能与因特网连接都可以参与学习。但不同的是，OpenLearn 的内容是可以随时访问的，MOOCs 则受开课时间的限制。因为 OpenLearn 项目的目的是在正规教育和非正规教育间建立桥梁，

---

① 宁波诺丁汉大学：《宁波诺丁汉大学：2015 年度报告》，宁波诺丁汉大学，2015，第 42 页。

② “Minimum English Language Entry Requirements,”The University of Nottingham, accessed July 15, 2018, https://www.nottingham.ac.uk/academicservices/qualitymanual/admissions/minimum-english-language-entry-requirements.aspx.

所以它的内容任何人随时随地都可以访问；而 MOOCs 的目标则是为尽可能多的学生提供免费的大学教育，因此，它的内容与传统的大学课程一样有开课时间的限制，在授课时间内学习者可以随时访问，授课结束后课程的访问是受限的。

2. 开放内容

开放内容是指教学和学习的材料以及研究成果，对所有人都是免费的。开放教育资源的内容包括各种文本、教科书、课程材料、图片、游戏、播客、视频讲座、软件、数据、研究论文等。这些资源用于教学和学习，可以是开放所有权的，任何人都可以对其进行修改和再利用；也可以是公开的，在公共领域受版权保护，但仍然是免费的，并且任何人都可以不受限制地访问。因此，开放内容分为两类：自由内容和免费内容。

自由内容是指遵循知识共享许可协议的内容，它可以是教学中使用的图片也可以是完整的课程。这种内容根据许可权限的不同给予公共领域的使用者一定的权利。使用自由内容进行教学和学习的好处之一是它减少了使用者侵犯版权的可能性。与此同时，它还授予对内容使用的更大权限，如改编、翻译、混合、重用和再分配，这取决于具体赋予的许可类型。

免费内容是指使用者可以不付费访问，但依然受版权保护的内容。在未经版权所有者许可的情况下，这些内容是不允许重复使用、修改和共享的。免费内容的粒度也可以从学习对象到完整的课程。

战后英国大学提供的开放教育资源中，产业大学、OpenLearn 项目以及 MOOCs 所提供的开放教育资源都是开放内容的。产业大学提供的咨询和部分学习内容可以免费访问但受版权保护。产业大学在启动之初是由政府提供启动资金的，2011 年后 Learndirect 开始独立运作，但依然与政府保持合作伙伴关系，可以从政府部门获得数千英镑的合同经费。利用这些经费，产业大学为其服务对象提供学习内容和服务。但是，产业大学本身并不提供所有的学习内容和服务，它不一定对所有产品拥有版权。因此，虽然它为所有人提供免费的咨询服务，同时也为16—24岁的失业/无业人群提供免费的学习内容，但这些内容都是受版权保护的。

而OpenLearn提供的则是自由内容。OpenLearn早期的内容都是利用英国开放大学已有课程改编而成，在对已有课程进行转换的过程中有一项重要的任务就是清理原课程的知识产权。在OpenLearn中出现的所有内容都进行了版权清理，获得原著作人的授权，某些没有获得授权或版权不明确的材料以替换或特别申明的方式进行了处理。推出OpenLearn项目以后，开放大学在编制新的教材时都充分考虑了在OpenLearn上发布内容的特点。在OpenLearn上发布的内容都遵循知识共享协议中的署名—非商业性使用—相同方式共享。此协议允许他人以任何媒介或格式对资源进行复制、重新发布，或在原有资料的基础上进行重新组合、转换，但必须标注著作者名字，且不能用于商业性目的。如果对原资源进行了重新组合、转换，则新作品也要求使用与原资源相同的协议，以相同的方式共享。[①]

慕课虽然号称要为尽可能多的学生提供免费的大学教育，但这种免费也仅仅是可以不付费访问，不同的慕课平台对其课程的版权管理是不同的。美国的三大平台都对通过其平台发布的课程保留所有权利，英国的FutureLearn平台则部分使用了BY—NC—SA许可。[②]

3. 开放教学

教学的开放性指的是使用技术来拓展教学方法，使教学和学习的

---

① "Attribution-NonCommercial-ShareAlike 4.0 International (CC BY—NC—SA 4.0)," Creative Commons, accessed March 24, 2018, https://creativecommons.org/licenses/by-nc-sa/4.0/deed.en_GB.

② 嘉德·泰斯托泰：《国际视野下的大规模开放与在线课程（MOOC）：全球高等教育改革新日程》，杨志坚等译，中央广播大学出版社，2014，第61—62页。

实践更加透明、可分享和可见。[①] 开放教学实践的目的是通过信息通信技术拓展教学实践的范围，从而提高学习设计的有效性，加强学生的参与和合作。开放教学为学习者提供了广泛的资源，使其可以设计自己的学习路径。同时，它还通过提供学习设计的基本原理、评估和学习成果，使教学实践变得可见、透明和可得。

教学的开放性适合于以学习者为中心的教学。在开放教学中，学习者主动承担学习的责任，自行决定学习的主题、选择学习资源和方法并管理学习时间，同时他们可以从机构获得媒体、资源和实践的支持。这类学习可以在任何时间、任何地点进行，但通常需要学习者能严格自律，按照设定的目标积极参与学习活动。

英国开放大学、产业大学、OpenLearn 项目和 MOOCs 都采用了开放的教学，但在具体实施中略有区别。

开放大学在招生和录取上是无门槛的，其采用的是“先到先得”的政策。学习内容是由学习者自由选择的（根据每学期学校的开设课程），学生支持团队和招生部门可为学生或咨询者提供关于课程和证书选择的信息、建议和指导，但最终的决定权还在于学生本人。确定学习内容后，学生可以根据学校提供的资源和信息自主学习。在这个过程中，辅导教师可以为学生提供支持服务，如帮助学生掌握课程的学习技能；监督学生的课程学习过程，包括在一些关键点（第一次提交作业的时间、课程考试前）与学生提前联系；及时反馈作业的提交情况和作业质量等。除了从辅导教师那里获得专业的学术指导外，开放大学的学习支持从申请者的咨询开始，到学生录取、注册、选课、教学、考试以及职业规划，可谓面面俱到。其服务的形式既包括面对面

---

① Andreial I. Santos, Yves Punie and Jonatan C. Muñoz, “Opening up Education: A Support Framework for Higher Education Institutions” (paper presented by European Union, 2016), p. 26.

的或以通信设备为媒介的人工服务，也有通过信息管理系统或网络平台的自助服务；既有印刷的小册子，也有丰富的数字资源可供学习者按需选择。所有这些服务的目的都是为了有效地帮助学习者获得优质的学习体验，顺利完成学业。

在产业大学中，客户可以在任何一个学习中心与专业的工作人员进行咨询，工作人员通过一对一的交流或起始能力测试等手段获得客户的工作愿景和起始能力。经过工作人员和客户的多次协商形成一个由客户认可的学习计划。根据用户选择的培训方式的不同，Learndirect 提供的服务也有所不同。参加资格证书教育的学员在确定学习内容并完成注册后，可以选择在家、工作场所或任意一个可以连接互联网的地方学习。在学习过程中，学习中心会安排专门的导师与学员通过电话或电子邮件进行联系，对学员的学习过程进行全程跟踪，并定期对其学习进度进行评估，但学业的具体完成情况，则完全由学习者自己决定。参加职业培训的学员在培训过程中，其学习的内容由学习中心提供，实习场所由 Learndirect 负责安排。对未成年的学习者在实习中会有一对一的专业教练随时回答学员在实习中的任何问题。

OpenLearn 项目中的学习者则是一种严格意义上的自主学习。整个学习过程既没有导师的支持也没有严格意义上的学习评估，OpenLearn 平台通过提供多种实用的学习和交流工具来增强学习体验，促进学习共同体的形成。

在 MOOC 的学习中，学习者可以自主选择学习内容。为了有效地支持学习者，MOOC 平台和课程开发者都提供了相应的支持服务。FutureLearn 平台使用讲故事的教学设计，每一门课程都像在讲述一个故事一样，一步一步，在前进的道路上提出挑战和有用的建议，帮助学习者不断自我评价，逐步建立对新知识的理解。为了让学习者能更好地与他人分享和辩论自己的想法，FutureLearn 强化了自己的社交功能，将讨论和学习内容放在同一个页面上，学习者可以从阅读别人对这个话题的评论开始，然后在准备好的时候加入讨论。在开课期间，大部分 MOOC 课程都配备了一定数量的助教负责课程答疑和论坛监控，还有许多课程开发者也积极参与课程讨论，以便为学习者提供更真实的学习体验。①

4. 开放研究

研究的开放性是为了消除获取数据和研究成果的障碍，以及扩大参与研究的范围。它意味着研究和科学的运作模式的转变，将影响整个科学研究过程。其基本思想是通过分享和合作，尽可能快地推进研究，而不是为了获得知识产权和独创性而试图独占相关的研究成果和数据。欧盟委员会将这种开放的研究活动称为“科学 2.0”，指出研究人员无论是作为项目参与者，还是作为研究思想和进展的评论员都可以从开放的研究活动中获益，因为拓展的研究网络提供了更丰富的专业知识和更多的研究数据。②

在战后英国大学提供的开放教育资源中，只有 OpenLearn 项目中的开放教育资源可供开放研究。OpenLearn 平台在设计时设置了 LearningSpace 和 LabSpace 两个空间以便满足不同受众的需要。LearningSpace 主要面向个体学习者，满足自主学习的需要；LabSpace 主要面向教育工作者，满足教育工作者对 OER 进行创作、修改和合作的需要。比较典型的项目有与巴西圣卡塔琳娜南部大学的远程教育校园（Unisul Virtual）的合作。Unisul Virtual 将 OpenLearn 平台上的一些资源用于自己的课程，同时也在 LabSpace 上发布一些自己开发的学习内容，使其能广泛地覆盖葡语区。此外，Unisul Virtual 的一些材料也被翻译成英语，英国国家的学习者们也能对这些材料进行混合、利

① Austin Tate, “Coursera AI Planning MOOC Interview,” accessed March 24, 2018, http://blog.inf.ed.ac.uk/atate/2013/09/24/coursera-ai-planning-mooc-interview/.

② “Public Consultation, Science 2.0: Science in Transition,” European Commission, accessed October 17, 2018, https://ec.europa.eu/research/consultations/science-2.0/background.pdf.

用和分享。[①]

（二）资源形式的多样化

通过开放教育资源，每一个人在他生活的每个阶段和职业发展生涯中都可以获得适当、有益的教育机会，同时也要求提供开放教育资源的机构能以灵活的方式提供内容、课程、支持、评估和认证，并满足学习者不同的需求。战后各类技术开始在教育领域得到充分地利用，为开放教育资源的提供大开方便之门。

1. 有形资源

根据物质存在与否可将资源分为有形资源和无形资源两大类。有形资源是指可见的、能用货币直接计量的资源，主要包括实物资源和财务资源。[②] 具体到开放教育资源则主要体现在实物资源上，包括教科书、课程材料、图片、游戏、播客、视音频讲座、软件、数据等。有形资源的类型在很大程度上与技术的发展相关。

在二战结束前，通信技术和信息处理技术有限且在教育领域的应用也尚未普及，能够提供的开放教育资源的形式相对比较单一，如早期由伦敦大学提供的开放学位。到 20 世纪 60 年代，传播技术开始在教育领域大显身手。开放大学在成立之初倚仗 BBC 电台通过广播进行教学，随后发展到电视、电话教学。由开放大学提供的开放教育资源除了传统的印刷媒体外，还包括广播、电视、录音、录像等。20 世纪 80 年代，微型计算机开始进入家庭，信息存储技术进一步发展，开放教育资源的表现形式也越来越丰富。开放大学关于教学材料的设计与开发原则是：以教学需要为第一衡量标准，与媒体的“新”“旧”，简单或复杂不直接相关。如开放大学教育技术研究所的硕士课程《远程开

① 刘志芳：《开放教育资源（OER）在英国的应用研究及对中国的启示》，《现代远距离教育》2014 年第 3 期。

② 付泉主编《管理信息系统》，华中科技大学出版社，2013，第 5 页。

放教育中信息技术的应用》提供给学习者的学习材料包中就包括1份课程指南、1份学习指南、1份作业指南、6本教学参考书、1盘录像带、2盘录音带、1张光盘，以及学习进度表、作业评分表、课程交流网站等。①

产业大学提供的开放教育资源包括其提供的学习中心和咨询服务。在产业大学成立之初，多媒体计算机尚未普及，人们需要到学习中心进行学习，产业大学在英国境内建立了数千个学习中心，89%的居民在其居住的3公里范围内都会有一家学习中心可以为他提供学习和咨询服务。随着网络技术的发展和互联网的普及，大部分学习者都可以利用网络在家或其他场合进行学习，Learndirect 学习中心的数量急剧减少。产业大学早期的咨询服务是通过电话或直接到学习中心面谈进行的，后来产业大学开通了两个国家咨询服务热线。到2000年，产业大学成立了 Learndirect 咨询网站，通过网络进行咨询的次数急剧增加，而电话咨询的数量则呈减少趋势。②

在 OpenLearn 项目中，除了提供许多免费的学习课程外，还提供许多实用的学习工具，促进学习者之间的交流和共享。这些软件中既有基于文字的，也有基于图形的，还有基于视音频的协作工具。这些工具都是开放大学的知识媒体研究所开发的，学习者可以免费使用。而且，知识媒体研究所还开放了这些软件的源代码，其他使用者也可以根据自己需要对其进行改造或再利用。随着许多社会性软件的功能越来越健全和稳定，这些学习工具的大部分功能都可以用社会性软件来实现，有的甚至比这些学习工具更有优势。因此在 OpenLearn 版本的变更中，许多工具都被建议使用其他社会性软件所代替，如用

---

① 孙福万、杜若、刘永权等编著《英国开放大学研究》，中央广播电视大学出版社，2015，第139页。

② John Bourn, *Extending Access to Learning Tthrough Technology*: *Ufi and the Learndirect Service*(London: The Stationery Office, 2005), p. 31.

YouTube 替代 FlashVlog，除 Compendium 和 Cohere 还可以继续使用，很多软件已不再提供。

2. 无形资源

无形资源是指植根于组织历史，伴随组织的成长而积累起来的，以独特的方式存在，并且不易被竞争对手了解和模仿的资源。这类资源的外在特点是无形，看不见摸不着，但其存在是可以意会和感知的。[①] 企业中的管理者和员工所掌握的知识与技能、相互间的信任程度、交往方式、思想观念、创新能力、领导风格、管理制度、产品或服务的声誉等都可归于无形资源。

与有形资源相比，开放的无形资源更值得珍惜。有形资源的获取相对是比较容易的，但长期形成的无形资源的优势却很难被超越。如导师制最早起源于英国的牛津大学，被誉为“牛津皇冠上的宝石”。[②] 它不仅是牛津本科教学的核心和基础，也被认为是卓越教学质量得以保障的关键因素。现在导师制已然成为英国大学核心的教学方式。还有校外检查员制度是英国大学所特有的考试和学位质量监控制度，最早可以追溯到 19 世纪 30 年代。[③] 虽然这一制度源于新建大学自我教学质量证明的需要，但是在实践中因效果显著而被推广至英国所有的大学。如今校外检查员制度已经成为实现大学间学术标准的一致性和可比性，确保学生评价和学位授予的公正性的重要保障措施之一。这些成功的教学经验和成熟的管理模式，随着英国的海外办学被推广到与其合作的东道主国家，对帮助建立适合东道主国家高等教育发展的管理制度，促进其大学教育质量的提高等方面将发挥积极的作用。

---

① 付泉主编《管理信息系统》，华中科技大学出版社，2013，第 6 页。

② 大卫·帕尔菲曼：《高等教育何以为“高”：牛津导师制教学反思》，冯青来译，北京大学出版社，2011，第 1 页。

③ 方鸿琴：《英国大学的质量文化与质量保障体系》，经济管理出版社，2017，第 106 页。

另外，开放大学提供的学习支持服务和产业大学提供的咨询服务也是无形的资源，它们能为学习者提供适当的信息，帮助其做出符合自身需要的选择，消除或减少其在学习过程中的障碍，是学习者获得成功的坚强后盾。

3. 人力资源

人力资源在广义上可以理解为一个社会具有智力劳动能力和体力劳动能力的人的总和，包括数量和质量两个方面。① 在狭义上则是指组织所拥有的用以制造产品和提供服务的人力。由于其不同于其他资源的特点，人力资源被称为组织发展最重要的第一资源。在开放教育资源中的人力资源也很重要，是点睛之笔。

在海外办学中，教师在教学过程中扮演着举足轻重的角色，是教学质量的基本保障。同时，通过和来自不同国家的教师接触，既可以培养学生的跨文化沟通能力和国际理解力，也能开拓学生的视野，其许多优秀品质对学生还有潜移默化的作用。宁波诺丁汉大学的毕业生就颇有感触地提到："诺丁汉大学的老师都是那么有责任感，从课堂教学到布置作业再到检查和批改作业，都是一丝不苟，尽心尽职，真正做到了对每一位学生负责。"② 教师的优秀品质将影响学生的一生。

在开放大学，虽然专职教师很少与学生接触，但他们承担了学校的课程开发和管理以及学术创新的工作，由开放大学提供的优质课程资源就是他们智慧的结晶；辅导教师就像是开放大学的门脸，代表大学与学生个体接触，为其提供个性化的教学服务。英国开放大学之所以能够以较高的教学质量和名列前茅的学生满意度誉满全球，与庞大的辅导教师团队所提供的高质量、个性化的教学服务密不可分。另外，还有一些与学术相关的工作人员，他们支撑着开放大学的学习服务支

① 张卫星：《人力资源管理》，北京工业大学出版社，2009，第 2 页。

② 教育发展研究编辑部：《英国高等教育模式的本土化实践——记宁波诺丁汉大学》，《教育发展研究》2010 年第 3 期。

持体系有效运转，默默地为学习者完成高等教育的学习而提供帮助。

产业大学以及其后独立的 Learndirect 的主要业务是为客户提供信息咨询和指导服务（其培训工作包括课程的开发工作都可以与提供商合作），在 Ufi/Learndirect 里有三类咨询人员：信息顾问、学习顾问和终身学习顾问。他们的服务宗旨是希望每个接受 Ufi/Learndirect 指导服务的人都能获得一份个性化的行动计划，帮助学习者更好地理解对自己职业的选择并促进其职业的发展。

在 OpenLearn 项目和 MOOCs 课程中，开放的人力资源的作用不如其他情境那样突出，但也不容忽视。OpenLearn 中虽然学习过程没有导师的支持，但在对内容进行合作创作和再利用方面，有来自 OpenLearn 员工团队的指导者为合作者的创作提供建议和帮助，如发布材料、创建论坛、组建合作共同体等。在 MOOCs 中，许多 MOOCs 课程开发者坚持教师应该出现在视频材料中，认为这样更像传统的课堂教学。同时，绝大多数 MOOCs 课程都配备了一定数量的助教，负责课程答疑、监控论坛和课程直播时的一些管理工作。除此以外，在 OpenLearn 项目和 MOOCs 中，一种更重要的人力资源是建立学习共同体。学习共同体将有共同兴趣和爱好的人聚集在一起，在与他人分享和辩论自己想法的过程中获得进步。

二、严格自律的内部质量保障

英国的高等教育质量保障体系中最显著的特征就是“学术自律”。英国的大学十分重视和珍惜学校的质量声誉，他们认为在质量监控的过程中需要有外部的参与，但更重要的是自我监控。甚至有学者指出，院校的自我评估必须是一切质量监控行动的基础，因为来自外部的监控有时并不奏效。[①] 内部质量保障能够体现质量保障过程的灵敏性，审查标准和方法的有效性，可以确定质量提高的范围并通过激励性的自我评价来促进专业领域的发展。不能自觉执行的质量监控只能是空中楼阁，其质量保障也只能是一纸空文，流于形式。因此，英国的高等教育机构都在加强内部质量保障上投入了巨大的精力，建立了相应的内部质量保障程序和实施规则。

（一）实施规则制度化

对于教育质量和学术标准的管理，建设全面、明了和严谨的质量保障规章制度显然极为重要。质量保障的规章制度通常包括两类：一类是全国性的质量保障政策和标准。通常是专门机构或专业团体颁布的一些政策性文件，旨在宏观上保障高等教育的质量，所有高等教育机构都必须遵循这些标准。另一类是各院校自己制定的质量保障政策。它们是在遵循“国家标准”的前提下，由各高等院校自己制定的，通常情况下比“国家标准”更详细，更具特色。这些政策和标准以制度的形式流传，既有助于教职员工理解和执行相关的政策，也有助于机构内部质量文化的形成。

1. 全国性质量保障政策和标准

英国的大学素有自治的传统，为了规范教学，同时也让不同层次和类型学校的学习具有可比性，相关专门机构或专业团体会制订一些确保质量的阈值标准，以期从宏观上确保高等教育的质量。这些政策和标准既有面向所有教学领域的，如学术规范体系、高等教育资质框架、学科基准声明等，也有针对具体教学情境或内容的，如《远程学习质量保障指南》《信息、咨询和指导的国家政策框架和行动计划》等。与开放教育资源最相关的、应用最广泛的是学科基准声明和高等

① Diana Green. *What is Quality in Higher Education* (Buckingham: Society for Research into Higher Education & Open University Press, 1994), p. 109.

教育资格框架。

（1）学科基准声明

学科基准声明（Subject Benchmark Statement）是在高等教育质量保障署的协助下，由各学科的专家编写的，是《英国高等教育质量标准》（UK Quality Code for Higher Education）的一部分。为了确保学科基准声明的持续流通，QAA 在第一次发布五年后，以及随后每七年对其内容进行一次定期审查。

在学科基准声明中，描述了学习的性质和特定学科领域的毕业生期望达到的学术标准，即从培养对该学科的理解和所需能力的角度，定义了毕业生在学习结束时应该知道、能够做和理解的事情。

目前的学科基准声明共对 61 个学科的学士学位和 17 个学科的硕士学位的标准提出了期望。[①] 每个学科的学科基准声明文件包含的内容非常广泛，涵盖了大量的技能。例如，生物科学包括智力技能（Intellectual skills）、分析和数据解释技能（Analytical and data interpretation skills）、沟通技能（Communication，presentation and information technology skills）、人际关系技能（Interpersonal and teamwork skills）和专业发展技能（Personal and professional development skills）以及该学科所期望的核心知识、理解和技能（Core biosciences knowledge，understanding and skills）。在学科基准声明中还按照一般标准（Generic standards）和特定科目标准（Subject-specific standards）进行表述，每一个标准都分为阈值标准（Threshold standard）和典型标准（Typical standard）。[②]

---

① "Subject Benchmark Statement—Full List," QAA, accessed October 22, 2018, https://www.qaa.ac.uk/en/quality-code/subject-benchmark-statements.

② "Subject Benchmark Statement: Biosciences," QAA, accessed October 22, 2018, https://www.qaa.ac.uk/docs/qaa/subject-benchmark-statements/sbs-biosciences-15.pdf?sfvrsn=4eef781_26.

在学术课程的设计、实施和评审中，学科基准陈述被用作参考点。它们为相关课程的学习成果提供一般指导，但并不代表一门学科的国家课程或规定教学、学习或评价的既定方法。相反，它们允许在学科商定的框架内，灵活地创新方案的设计。

（2）高等教育资格框架

高等教育资格框架是英国为确定其高等教育资格体系而采用的正式结构。它按照升序确定资历级别的层次结构，并说明在每个级别的资历应该满足的一般要求。在这个框架中显示了相同级别的资格证书，并指出从一个资格证书如何获得另一个相同级别或更高级别的资格证书。[①] 高等教育资格框架描述的是一个连续不断的学习过程，每一个层次都包含一系列的资历并且非常宽泛，使得任何新的资格证书都可以包容在其中。

在英国，教育责任被下放到四个司法管辖区（英格兰、威尔士、北爱尔兰和苏格兰），这四个司法管辖区在现有的教育制度、所提供的资格以及管理制度方面都存在差异，而且这种差异在普通教育和中等教育中最为明显。因此，在英国有许多不同的资格和学位。为了在不同层次、类型的教育间建立起畅通的衔接与沟通的关系，并且更好地实现国际间资格互认和对等关系，建立国家的资格框架十分必要。

目前，英国学位授予机构的高等教育资格有两个平行框架，一个适用于苏格兰（The Framework for Qualifications of Higher Education Institutions in Scotland，FQHEIS），另一个适用于英国其他地区（The Framework for Higher Education Qualifications of Degree-Awarding Bodies in England，Wales and Northern Ireland，FHEQ）。这两个框架于 2001 年首次发布。FHEQ 在 2008 年被修订，FQHEIS 在 2014 年被

① QAA,*UK Quality Code for Higher Education Part A : Setting and Maintaining Academic Standards*(Gloucester:QAA,2016),p. 5.

修订。所有在2003年或以后开始的课程所获资历均须符合有关高等教育资格架构。

在高等教育资格框架体系中，每个框架是由逐渐递进的资格层次和资格持有者在每个级别上预期的资格描述（Qualification Descriptors）构成。FHEQ一共有五个层次，分别用数字4—8代表。其中，4、5、6相当于本科层次，7、8相当于研究生层次中的硕士和博士水平。FQHEIS有六个层次，分别用数字7—12代表，其中，7、8、9、10是本科层次，11、12是研究生层次。[①] 资格描述是对不同级别的学习成果的说明，同时也列出不同级别资格之间应达到的能力程度和特征。它分为两部分：一是学习成果的叙述，被授予资格或学位的学生只有取得规定的学习成果，才能获得相应的资格；二是学生获得某一资格后应具备的能力和个人品质的描述，这有助于雇主或其他利益相关者了解有关学术资格的毕业生具备的能力及其程度。

这些框架是英国高等教育学术标准的主要国家参考点，也是《质量标准》的正式组成部分。同时，这些框架还是专业、法定和监管机构在专业认可及课程认证的范畴内界定及使用资格的重要工具。[②] 资格框架规定了资格获得（授予）的标准既可以促进学位授予机构对资格进行准确、一致的描述，又可以促进不同层次、类型的教育之间的沟通和衔接。同时，它也为学术标准的国际可比性提供了信息，特别是在欧洲范围内，提高国际竞争力，促进学生和研究生的流动方面起到至关重要的作用。

2. 院校相关的质量保障政策

除了全国性的质量保障政策和标准外，各院校都会根据自身的特

---

① QAA, *UK Quality Code for Higher Education Part A: Setting and Maintaining Academic Standards* (Gloucester: QAA, 2016), pp. 15-19.

② QAA, *UK Quality Code for Higher Education Part A: Setting and Maintaining Academic Standards* (Gloucester: QAA, 2016), p. 7.

点，编制质量保障方面的规章制度，以便在院校内部进行推广。诸如院校质量保障手册、学生手册等指导性文本作为教职员工和学生获取所需信息的主要来源，不仅要求清楚、简单明了，还要容易获得。

院校的内部质量保障政策通常包括入学标准、课程的审批与评估、人员的选拔、考评与发展、校外检查员制度、学生的考核标准与体系、日常的监控与反馈等。虽然各院校具体政策的内容各不相同，但都非常全面，确保各项工作都有章可循。

以英国开放大学为例，为了保证其课程开发的质量，有仅供其内部使用的《课程管理指南》，其中详细地介绍了课程的管理理念和开发流程。在员工的管理上，英国开放大学的人力资源网站上包括一系列与人力资源相关的政策、程序和指南，如招聘的相关法律依据，招聘、选拔和聘任的流程，工作业绩的评价政策与流程，与工作相关的工作时间、薪水、培训、职业健康与安全规定，部门间工作调动以及奖惩和申诉程序。在学生的支持服务系统中，除了设置专门的学生支持团队外，开放大学还提供多种关于课程和证书的宣传资料。这些资料将详细地介绍课程与文凭的基本情况、往年的录用信息、学分转换的要求等。《学生守则》则包含了学校的注册条件，相关的法规、政策及声明等。一些开放的网站，如“开放大学的学习”网站包括开放大学提供的所有课程的介绍、学习方法的选择、开放大学的优势等模块帮助学习者或咨询者了解开放大学的课程内容、学习方法和特色；“学生之家”网站提供“学习技能”“帮助中心”等学习支持模块来支持学生在开放大学学习的全过程；“职业咨询服务”网站上列出了职业计划过程概要、专业组织的链接、招聘信息以及开放大学的课程与文凭和职业的关系等信息。

与开放大学保障制度的零散性不同，诺丁汉大学的质量保障制度都涵盖在《质量手册》中。一本《质量手册》从招生到学术规范、学生支持、教学与学习、学校管理以及学生参与及投诉，无所不包。这种以专栏的形式在校园网上公布的质量保障政策，既方便了广大师生的查询与使用，也便于对相关内容进行及时、有规律的更新。

院校的内部质量保障政策的另一个显著特点是细致。以学生的上诉制度为例，在开放大学的学生上诉制度中，说明了什么是上诉，上诉包括学术上诉和行政上诉，哪些行为可以学术上诉，哪些行为可以行政上诉，上诉提交给什么部门，上诉的一般流程，如果不满意上诉处理结果该如何处理等都有详细的说明。

（二）质量监控常态化

二战后，高等教育逐步进入大众化阶段，高等教育的质量问题受到越来越多的利益相关者的拷问。作为一种应对高等教育质量问题的制度和措施，各高校也形成了将其内部运作向外部利益相关者做出解释、说明并提供相关数据的共识。随着现代信息技术和数据处理技术的发展，开放教育资源的许多客观状态和关键指标都可以实现实时监控、系统分析和持续反馈，为科学决策提供依据。

1. 质量管理——草根参与

从管理机构上看，英国高校负责质量与标准保障的最高管理机构通常是董事会下的学术委员会，他们对全校的教育质量保障工作负主要责任。学术委员会下设有若干参谋性质的委员会，如教学质量保障委员会，他们将为学术委员会的质量管理工作出谋划策。这些机构在各个学校的名称可能不同，但其职责大都相仿。

将学校的权力机构在学术和管理方面的政策付诸行动的是相应的行政管理机构。通常学校都有一位副校长分管教学，副校长下设质量保障办公室，负责处理和开展质量保障工作。“高深学问需要超出一般的、复杂的甚至是神秘的知识，那么自然只有学者能够深刻地理解它的复杂性，因而，在知识问题上，应该让专家单独解决这一领域中的问题。”[①] 基于这种学术自治的逻辑，英国大学通常在学院一级设有学院委员会，负责本学院的质量管理工作，其职能类似于学术委员会，但仅对本学院的质量保障工作负责，院长是主要责任人。另外，学院委员会还负责与学校的学术委员会沟通，就与本学院相关的质量问题提出意见和建议。再具体到各个系或专业也有专门的质量保障机构，系主任或专业领导对专业质量负责。

这是一种自顶向下的质量管理模式，随着“保障教育质量”作为一种观念和文化逐步深入人心，质量管理模式的重心也在不断下移，特别在开放教育资源方面，教师和学习者在质量保障中的作用越来越被重视。

一方面，教师和学生被纳入各级质量保障机构，参与质量管理决策。各学院可以推荐教师代表进入学校的学术委员会，参与校内的质量保障活动；学生代表以观察员的身份进入学术委员会，他们作为广大学生利益的代表，参与学校事务的决策。在日常管理上，教师和学生的作用也被放大。例如，在开放大学，课程开发的主要成员——课程写作团体的构成除了包括学科专家、教学设计专家外，还包括来自区域学习中心的责任教师、辅导教师和学习者。他们的加入，可以使课程组更科学地设置学习者的初始学习状态和学习需求，同时也能让课程组及时地了解到课程材料具体的使用情况、辅导教师和学生对教材的看法，为教材的编写提供很好的建议和补充，使教材更加符合学习者的需要。

另一方面，学生的反馈，不仅有学生的学习成果，还包括学生的学习体验，这些都是质量决策的主渠道。按照杰弗逊的理论，所有政府的合法权力都来自被统治者的同意，他们主张，所有与学生有关的

---

① 约翰·S. 布鲁贝克：《高等教育哲学》，王承绪等译，浙江教育出版社，2002，第31页。

重要决策都应该征求学生意见。[①] 学生作为教育系统中数量最多的利益相关者和开放教育资源的“消费者”，他们对质量的认可和在质量保障中的作用被日益重视。例如，产业大学常用的内部评估程序：Learndirect 品牌认知度的调查、学习者满意度调查、网站使用者调查、学习咨询热线使用者的跟踪调查、学习者和网络员工深度满意度调查，都是面向学习者的体验。通过这些调查，可以让产业大学及时地了解市场的动态、学习者的特点、学习者的学习动机、学习者现存的学习障碍，以及学习者对 Learndirect 服务的看法，能有效地帮助产业大学制订合理的发展规划和行动指南，为扩大产业大学的影响、刺激学习者学习需求服务。在 OpenLearn 项目中，连续三年（2013—2015）的用户调查数据成为分析系统可用性和可访问性，以及确定项目优先级和制定应急预案重要等级的重要指标。同时，这些数据还为各学院提供更深入的分析，以便更详细地了解特定科目和特定课程的数据，确定改进或更新课程的机会。

2. 质量数据——常态监测

质量保障是高校通过严格的教育质量监控向外界证明其具备保证教学和学生培养质量的能力。[②] 但在这一过程中，高等教育提供者与高等教育服务对象之间的质量信息是不对称的。为了保护高等教育消费者不受不可靠、模糊信息的误导，社会各界对高等教育质量保障提出“质量数据”的诉求。要求高等教育机构收集、整理并公开与教育质量相关的数据，以增强利益相关者对高等教育的质量期待，同时也有利于对消费者进行经济保护。

---

① 约翰·S. 布鲁贝克：《高等教育哲学》，王承绪等译，浙江教育出版社，2002，第42页。

② G. Harman, *Quality Assurance for Higher Education: Developing and Managing Quality Assurance in Higher Education System and Instruction in Asia and the Pacific* (Bangkok: UNESCO, 1996), p. 6.

开放教育资源由于其“开放”的属性，更需要相关的质量数据。质量数据不仅可以为资源使用者，同时也可以为资源提供者的决策提供依据。开放大学每年都会发布一套全面的监控统计数据，其中包括：学生的参与度、完成率和学业成就，学生对课程的反馈信息以及学生抱怨；内部员工和辅导教师的年龄分布、招聘、晋升和培训发展情况。另外还包括管理层、住宿学校和咨询顾问的相关信息（每年的监控数据包括的内容不尽相同，但员工和学生的数据都包含其中）。① 这些数据从多个角度描述了员工、学生及相关的管理信息，通过这些信息可以帮助相关者了解学校近年的师资变化，学生的学习表现和成就。它能为学校改善教职员工和学生体验的活动提供证据，同时也为利益相关者在决策时提供准确的信息。

随着技术的发展，许多在学习过程中生成的数据可以自动收集，为更客观地评价开放教育资源的质量提供了依据。例如，在 OpenLearn 项目中就使用了 Moodle 日志、开放大学其他网站的数据相关性分析和谷歌分析器自动收集到的数据，对用户到达 OpenLearn 平台的方式进行分析；利用眼球追踪技术获取用户在网页不同位置的停留时间，利用这些数据分析用户对 OpenLearn 网站的反应。FutureLearn 平台对学习者活动的许多关键数据，如学习者的保持率和活动频率等，是实时监控的。它利用这些数据识别学习者在学习某个具体内容时是否有困难，并适时地提示在线协助者。同时，这些数据还能为课程开发者对相关材料和活动的改进提供依据。

---

① “Monitoring Reports,”The Open University, accessed October 17, 2018, http://www.open.ac.uk/equality-diversity/content/monitoring-reports.

三、多方参与的外部质量评估

高等教育进入大众化发展阶段后，政府、社会、经济等多种因素对其影响日甚，外部质量评估作为一种实现问责和提高质量的工具，已然成为整个高等教育系统在不确定的环境中通过协商而共同构建的一种制度。开放教育资源由于其“开放”的特性，涉及众多的外部利益相关者，自然也会有许多不同的机构和组织从不同的视角对其进行质量评估。

（一）外部评估机构的类型

与开放教育资源相关的外部评估机构主要有三类：专门机构、专业团体和民间组织。专门机构从问责的角度代表利益相关者对开放教育资源的质量进行审查或评估；专业团体则从专业发展的角度对开放教育资源进行认证或评估；而民间组织则通过收集一些公开数据为社会大众提供开放教育资源的相关排行榜。

1. 专门机构

对开放教育资源进行评估的专门机构既有来自政府部门的公共机构，也有由政府授权的第三方机构。对开放教育资源进行评估的政府部门，包括高等教育基金委员会、教育标准办公室等，其主要目的是满足公众问责的需要。最主要的第三方机构是高等教育质量保障署，由大学提供的开放教育资源作为大学工作的一部分，不可避免地要接受 QAA 的评估。

高等教育质量保障署成立于 1997 年 3 月，是英国高等教育外部质量保障体系统一运作的产物，它受英格兰、苏格兰和威尔士高等教育基金委员会的委托，全面负责英国高等教育的质量保障工作。英国的海外办学和高等院校的教育质量保障都属于 QAA 的工作范围，在这些领域提供的开放教育资源也必须符合 QAA 的质量标准。由于 MOOC

课程既不授予学分也没有特别的入学要求，所以在 QAA 的院校审计中不会被正式检查。但是，QAA 认为英国大学和其他学位授予机构应对他们提供的所有课程的质量负责，建议 MOOC 提供者可以将 MOOC 课程的开发作为教学发展的例子列入自评文件中，并且指出《英国高等教育质量标准》的 Part C 部分的相关内容可以为供应商及其课程在信息的可获得性方面提供综合指导。①

当开放教育资源作为社会教育服务的一部分时将被纳入教育标准办公室的管理范围。Ofsted 成立于 1992 年，现在是教育部下的一个非部级部门（Non-ministerial department）。教育标准办公室的职能就是确保提供教育、培训和护理服务的机构能为所有年龄段的学习者提供卓越的教育和技能服务。Ofsted 检查的范围包括继续教育学院、独立的专业学院、非盈利组织、独立的学习供应商、舞蹈与戏剧学院、国家事业服务提供商等，它通过独立的质量评估以确定供应商是否合适提供相应的服务。Ofsted 的评估虽然也要求供应商提供自评报告，但它更注重由检查员收集到的一手信息，如绩效数据，资助机构、政府监管机构、雇主、家长、护理人员和学习者提供的信息，通过在线问卷收集了学习者、家长、护理人员和雇主的意见，提供的服务类型和学习者数量的重大变化等，Ofsted 通过这些信息对提供商的服务评定等级。这个等级可以帮助家长在为孩子选择教育服务时做出明智的决定，也可以帮助供应商改善其服务或引发一些政府行为。

此外，由英格兰高等教育基金委员会组织的全国学生满意度调查中也有多个项目涉及对开放教育资源的评价。通过学生视角对大学课程、师资和服务做出比较，可以为大学新生提供适当的选择信息，同时也是各高等院校质量改进的催化剂和公众问责的依据。

---

① "Statement on Massive Open Online Courses," QAA, accessed October 22, 2016, http://dera.ioe.ac.uk/19652/1/QAA-position-statement-MOOCs.pdf.

这类由专门机构组织的评估目的在于为利益相关者提供相关的质量信息，代表相关的利益主体实现一定程度的问责。因此，这些专门机构的官方网站都会公布相关评估报告并提供评估结果的查询服务。相关的利益主体可以通过网站免费获取这些信息，为其决策做出参考。

2. 专业团体

对开放教育资源进行评估的专业团体有很多，包括专业、法定和监管机构以及一些跨国组织如英联邦学习共同体、无国界高等教育观察站等，它们从促进专业发展的角度对其专业领域的开放教育资源的质量进行评价。

这类专业团体大都实行会员制，其评估报告通常只在行业内共享，并不对外公开。但通常情况下，通过专业团体认证或评估的机构都会获得相应的证书，这些证书可以成为获得机构向外界证明其质量的证据。

3. 民间组织

民间组织包括一些新闻媒体和社区网站，它们通过拟定若干指标和权重，利用可以收集到的公开数据，发布各类与开放教育资源相关的排行榜。虽然这些排行榜的指标体系不一定合理，数据来源也不一定权威，但是它提供的信息简单明了，通俗易懂。这一点迎合了社会大众的心理，因此民间组织的排行榜具有较大的影响力，也成了促进开放教育资源质量提升的一种手段。

排行榜的每一项得分都采用了一定的方法进行处理，并且不同的指标其权重各不相同。因此，在使用排行榜时，不仅要看总分的排名，各项指标的排名也具有参考价值。如慕课实验室提供的“开放课程资源平台排行榜”中涉及九个指标，学习者可以根据自己的喜好获得不同的排名结果。

（二）外部评估机构的特点

英国的评估机构虽多，但都是独立的检查和监管机构，拥有自己独立的评估标准和程序，在自己的管理领域里行使监督权力。同时为了促进教育质量的持续改善，其评估标准和程序也在不断的反思中改进。

1. 独立监管

各种外部质量监管机构，不管它依据何种制度或规范成立，也不论其经费来源于政府还是会员的会费，保持独立性都是提高质量保障机构专业性和权威性的基本前提。①

作为一个专门的质量保障机构，QAA 是英国政府授权的第三方机构，但它与政府之间是一种平等的契约关系。QAA 代替政府行使部分职能，同时政府也赋予并尊重其自我管理的权利。因此，Ofsted 和 QAA 可能会对同一所学校进行评估，但其侧重点并不相同。QAA 关注的是学术质量和高等院校内部质量保障体系的可靠性和有效性，通过鉴别高校内部质量保障体系是否存在风险，并为其改进提供相应的指导意见；而 Ofsted 则主要检查其责任范围内的内容，如职前教师教育检查、继续教育教师培训检查等。

在专业团体提供的评估中，虽然制定评估标准时需要以 QAA 制定的学科基准为基础，但学科基准描述的是特定学科领域的阈值或一般标准，与从业要求还有差距。相关的专业协会通常会在 QAA 制定的学科基准的指导下，从培养专门职业人才的角度，针对各专业的特点，出台更详细的标准，对相应专业的教育进行认证，促进相关专业教育质量的提高，确保这些专业的教育质量能满足行业要求。

由社会媒体提供的排行榜通常都是一家之言。不管是高等教育的质量还是开放教育资源的质量，其质量的界定都会因相关者视角的不同而有所不同，这使得任何排行榜都不可能做到准确、客观，因此政府和专门的评估机构都不进行排名。现有的排行榜都由社会媒体运作。

---

① 袁益民：《“管办评分离”改革与教育质量保障》，《高教发展与评估》2016 年第 1 期。

这些媒体机构既不参与各类开放教育资源的内部质量保障过程，也不直接参与其外部评价。各类排行榜的评价指标由媒体机构自行拟定，相关数据通过公共渠道收集，从严格意义上这类排行榜并不归于质量管理体系之列。但在信息社会，随着信息传播的速度越来越快，这种社会舆论对开放教育资源质量的提高也能起到很大的促进作用。

2. 持续改进

不管是哪种类型的评估机构都非常注重评估工作的效果，其评估标准和程序也在不断地反思中持续改进和完善。相关的管理部门通过对现行评估方法的中期效果检查，及时地发现问题，总结经验和调整状态，注重评估对质量保障的实际效果。

英国高等教育质量保障署的成立就是对持续完善和改进评估工作的最好诠释。1964 年成立的全国学位授予委员会是英国首个明确以质量保障为目标的高等教育组织，其主要职责是对多科技术学院和其他院校的教育质量进行监控和评估，而大学则由自己制定学术标准和落实对教育质量的保障。随着 20 世纪 80 年代高等教育经费的削减和高等教育大扩张，英国政府在高等教育管理体制和经费分配方面颁布了一系列的新规，在 20 世纪 80 年代末形成的以大学拨款委员会（负责大学的经费分配）、多科技术学院和其他学院拨款委员会（负责高等教育公共部门拨款）及全国学位授予委员会为主体的“三足鼎立”的外部质量保障体系。

1992 年英国政府颁布了《继续教育与高等教育法》，取消了高等教育“双轨制”，建立统一的高等教育体制。因此，全国学位委员会宣布解散，取消大学拨款委员会与多科技术学院和其他学院拨款委员会，成立了高等教育基金委员会。HEFC 下设质量评估委员会（QAC），代表政府负责学科层面的教学质量评估。同年大学校长和副校长委员会以及多科技术学院院长委员会成立了高等教育质量委员会（HEQC），代表大学在院校层面上进行教育质量和学术标准的审计。至此形成了英国高等教育保障体系中“二士争霸”的局面，有以 HEQC 和 QAC 为代表的两套高等教育质量外部评估体系。

HEQC 和 QAC 的评估工作有很多交叉且重复的地方，而且其质量评估标准不同，评估结果也有明显差异，让社会大众很难辨别不同学校的办学质量，同时也让各高校疲于应付评估。1993 年 1 月《泰晤士报》公布的一项对大学校长的调查显示，82%的校长认为目前的质量保障措施“过于官僚化”。[①] 为了保持各高校在质量标准方面“广泛可比性”，同时减轻高等院校的外来负担，建立单一的高等教育质量保障组织势在必行，最终导致了高等教育质量保障署的成立，从此形成了大学外部质量保障体系的统一运作模式。

虽然这些外部评估机构都致力于持续改进，但无论是专门的评估机构还是专业团体或民间组织，对质量评估方法和程序的修改都十分慎重。每一次修改的目的都是为了更好地服务公众，致力于满足公众的知情权和监督权，并将技术问题交给专门的部门或组织解决。2014—2016 年全国学生满意度调查问卷的修订就是一个很好的例证。

由英格兰高等教育基金委员会组织的全国学生满意度调查始于 2005 年，其调查问卷预期使用 10 年。其实，在使用期满的早些时候对 NSS 的调研和信息收集工作就开始了。

2013 年 7 月至 2014 年 2 月，受英格兰高等教育基金委员会的委托，由英国国家社会研究中心联合伦敦大学教育学院和就业研究所对 NSS 进行了综述研究。研究在广泛文献调研基础上对高等教育的利益相关者以及过去、现在和未来的学生进行了调查和访谈，提出了一系列关于 NSS 的建议以及如何去改变它。在这份文件中进一步明确进行 NSS 的目的是：为未来学生提供选择信息、加强学生在高等教育机构的学术体验、确保公众问责，并强调未来的 NSS 将进一步加强学生的

① 方鸿琴：《英国大学的质量文化与质量保障体系》，经济管理出版社，2017，第 37 页。

学术体验。① 2014 年 7 月，HEFCE 发布了《2005—2013 年全国学生满意度调查结果和趋势分析》（“National Student Survey results and trends analysis 2005—2013”）。该报告介绍了 NSS 前九年数据分析的结果和趋势。这个研究通过调查反应模式来考量 NSS 结果的稳健性，并根据种族、性别和学科的不同来考量 NSS 结果间的差异。②

在 2014 年 10 月至 2015 年 5 月，对来自 13 个英国高等教育学院的 105 名学生进行了三个阶段的认知测试。其中前两次分别在 2014 年 10 月和 11 月进行，根据对潜在问题的认知测试结果制订了一套修订版问卷，并在 2015 年春进行了大规模的试点试验。有超过 16 500 名学生参与了试点项目，约占被邀请参加 2015 年全国学生满意度调查总人数的 4%。③ 第三次认知测试是在大规模试点试验后进行的。根据 2015 年试点调查的分析结果，以及 2015 年秋季对潜在问题的认知测试方案，制订了一套修订后的 NSS 问题，并形成了 2016 年试点调查的基础。

在 2015 年，Ipsos MORI 还针对在《2005—2013 年全国学生满意度调查结果和趋势分析》发现的“越来越多的学生对所有问题做出了相同的回答”现象对 NSS 数据进行分析，以调查学生是否充分考虑了他们的反应。虽然这部分回答没有被认为对 NSS 得分有显著影响，但这是个值得关注的领域。因为它表明被调查者可能缺乏对调查的参与，并提高了这些回答可能无效的可能性。Ipsos MORI 通过对被调查者完成调查所花费的时间、完成调查的方法、附加和可选问题的完成情况

---

① Claire Callender, Paul Ramsden and Julia Griggs, “Review of the National Student Survey”(paper presented by Higher Education Funding Council for England, 2014), pp. 6-13.

② HEFCE, “UK Review of the Provision of Information about Higher Education: National Student Survey Results and Trends Analysis 2005-2013”(paper presented by Higher Education Funding Council for England, 2014), p. 3.

③ HEFCE, “UK Review of the Provision of Information about Higher Education: Results and Analysis for the 2015 Pilot of the National Student Survey”(paper presented by Higher Education Funding Council for England, 2015), p. 5.

以及开放式问题的使用等数据进行分析，得出的结论是并非所有说“是”的人都表现出了不投入的迹象。同时该报告还就如何减少说“是”提供一些技术方面的建议。[①] 2015 年 10 月 1 日—12 月 4 日，在加的夫、爱丁堡和伦敦举办了咨询活动，广泛获取对 NSS 的修改建议。

2016 年 1 月—4 月再次进行试点试验，以测试新开发的问题和问题分组（量表）在更广泛的学生范围内的稳健性。由于 NSS 的在线版本可以在多种类型的设备上使用，因此试点调查还测试了其他的接口和响应量表，试图找到最适合每种设备的布局。IFF 研究有限公司对 2016 年 NSS 试点试验的认知测试进行了分析，研究不同的界面和响应量表选项。

HEFCE 将根据 IFF 的报告和 Ipsos MORI 的建议对 2017 年 NSS 所有形式的（台式电脑、移动设备和平板电脑）的调查界面进行修改，以最大限度地提高学生的参与度，并鼓励学生做出深思熟虑的回应。2016 年 8 月正式公布新的调查问卷，并宣布从 2017 年开始使用新版问卷进行调查。同时发布了《2017 年全国学生满意度调查高等教育机构和替代提供者指南》和《2017 年全国学生满意度调查继续教育学院指南》，就调查的范围、学生数据收集程序、调查的管理、问卷的发放以及调查结果公布的时间和方式等事项进行说明，让所有利益相关者熟悉新问卷调查的内容和程序，并调整状态，为新一轮调查做准备。

整个修订过程持续三年，涉及多次调查、试验和咨询活动，共发布了八份研究报告，多个专业机构涉及其中。其中负责 2015 年认知测试的是英国市场调研局，这是英国历史上持续时间最长的社会研究公司，80 多年来一直主导着英国社会、政治和商业领域的变化。负责 2016 年认知测试分析的是 IFF 研究有限公司，它是一家提供全方位服

---

① Ipsos MORI,“UK Review of the Provision of Information about Higher Education: Further Analysis into ‘Yea-saying’ in the National Student Survey”(paper presented by Higher Education Funding Council for England,2015),pp. 7-12.

务的研究公司，成立于1965年，拥有超过50年的经验，在为公共和私营部门的各种组织提供高质量的战略研究方面有良好的记录。

第二节　战后英国大学开放教育资源的动因

英国大学的开放教育资源丰富而特色鲜明，这既是战后教育理念和教育技术发展的结果，也与英国的文化传统和国内大学供需关系的变化息息相关。

一、文化传统：英国大学开放教育资源之本

鲁洁先生曾指出："文化是我们研究教育、全面了解教育这种社会现象和具体正确把握教育规律的一个不可忽视的因素。"① 文化对不同国家之间教育体制、模式、质量观念等方面的差异影响巨大，即便是在政治体制和经济发展模式比较接近的国家间，由于文化差异的存在，其教育特征也会有重大区别。"在文化的传承中，生生不息绵延不尽的东西，不是每个具体的文化现象或每个时代的文化总体本身，而是由古至今而形成的文化传统。"② 英国大学的开放教育资源也被深深地印上了其文化传统的烙印。

（一）自由主义奠定开放的基调

在世人眼中，英国是一个稳重的民族。它注重实际而不耽于空想，长于宽容而不爱走极端，在世界历史的长剧中，属于英国的惊心动魄的场面着实不多见。③ 正是这个稳重的不爱走极端的民族，在锲而不舍

① 鲁洁主编《教育社会学》，中国人民大学出版社，2006，第20页。

② 张应强：《文化视野中的高等教育》，南京师范大学出版社，1999，第51页。

③ 钱乘旦、陈晓律：《在传统与变革之间——英国文化模式溯源》，浙江人民出版社，1996，第1页。

地探索减少和消除教育障碍的途径，尝试让更多的人有机会受教育，受更高层次的教育。这都源于“生而自由”的英国人对自由的追求。

在英国，自由的传统起源于国王与贵族长期不分上下的抗衡。对英国人而言，自由的含义就是权力。英国历史上所有争取权利的斗争都是以“自由”为号召的。自由主义的主旨在于将人心从各种形式的束缚中解放出来，它强调个人的价值与权力。

英国的自由主义传统经由几代思想大师在理论和实践上的总结和提炼，其基本原则主要包括政治自由、经济自由、个人主义和思想自由四个方面。[①] 其中个人主义是自由主义传统的基石。自由主义者认为，个人由于其天生的潜能而具有某种超越万物的价值，因此，每个个体都应该享有某些基本的权力并获得基本的尊重。正是因为他们认为人是生而平等的，所有人在一切方面都应享有平等的权利。每个人的天赋、潜力不同，由此决定了适合个体的教育种类和受教育的程度也有所不同。社会能否提供让每个人自由选择适合自己的教育，则是社会公正的体现。为了捍卫每个人自由选择适合自己教育的权力，他们在不断地尝试减少/消除个人受教育的障碍，提供的开放教育资源从开放获取，到开放内容、开放教学、开放研究，开放的维度在不断扩大。

（二）精英情结坚守质量的底线

精英情结是隐藏在英国人心里最固执的情感，是研究英国社会、历史和文化不可回避的重要因素。西班牙作者桑塔耶纳（George Santayana）曾经这样描述：“决定英国人性格的乃是他的内在氛围，是些无言的本能和默默的执著，是对具有质量的生活的热爱，包含着许多固执的坚持和摒弃。”[②] 这就是英国人固执坚守的精英情结，它很大

---

① 易红郡：《英国教育的文化阐释》，华东师范大学出版社，2009，第 208 页。

② 桑塔耶纳：《英伦独语》，邱艺鸿、萧萍译，三联书店出版社，2003，第 32 页。

程度来源于绅士文化中贵族精神的积淀。

在英国，贵族一般都是有一定社会地位的人，与出身、血统和财产有关。贵族凭借其优越的社会地位、雄厚的经济实力、显赫的政治权势、特有的文化素养和强烈的社会责任感，在英国的社会变迁中独领风骚，盛极一时。① 身为贵族，对自己的特殊地位和职责有明确的意识，那就是自己是上等人，在言行举止、生活方式上都要与下等人不同，以便成为民众的“表率”。这意味着贵族不仅是一种地位和头衔，同时也是社会追随的目标。这种认同与追求沉淀出一种深藏于英国人心中的情怀，那就是追求卓越和有品质的生活，成为精英式的人物。精英情结在英国长期占据着重要地位，英国人的人生观、教育观以及获得这些观念的思维模式都是“精英情结”的具体体现。

在开放教育资源领域，开放教育资源的探索者们一方面利用先进的技术不断地为受教育者打破藩篱，另一方面在开放教育资源上严格把关。不管是提供资源的各类高等教育机构还是其他的外部监管机构都将维护英国高等教育的声誉，为学习者提供优质的学习体验视为己任。他们一方面设定高标准的教育质量要求，另一方面采用客观务实的评估态度，为英国开放教育资源的质量保驾护航。

（三）理性思维孕育严谨的态度

英国人是个讲究实效的民族，他们认为现实的目标是靠自己的力量而非幻想，靠科学而非迷信，靠实干而不是空谈去达到。英国人理性思维的种子在中世纪就已经孕育。17 世纪英国的自然科学得到蓬勃发展，涌现了像牛顿、波义耳、哈维等伟大的科学家，有力地加强了英国理性主义的地位。

英国人的理性思想有其独特之处，它既不同于宗教的盲从与迷信，也有别于德国人那种过于抽象的形而上的理性主义，是一种对经验极

① 易红郡：《英国教育的文化阐释》，华东师范大学出版社，2009，第 114 页。

为尊崇的理性思维方式。“英国人对任何未被经验证明的事物，都习惯于用一种冷淡的，默然的态度对待，绝不像有些民族那样轻易地热烈拥抱一种新理论或扑向一种新事物。”① 对事实进行实事求是的科学观察与分析，是英国人据以行事的依据，也是这个民族自己极为珍视、几乎带着一种宗教似的虔诚心情来看待的精神财富。“当英人讲求事实时，他的方法是以严肃的态度，集中注意力，冷静的观察，精密的分析，要见微知著。”②

从战后英国大学提供开放教育资源的实践看，几乎所有的实践活动都不是英国首创的，但英国人总能通过冷静的观察和精密的分析走出一条英国特色的道路，这都归功于其理性的思维方式。在英国开放大学成立前，国际上已经有四种有代表性的远程教学模式（“芝加哥模式”“莫斯科模式”“南非模式”和“威斯康星模式”），英国开放大学在筹建之初就对这四种模式进行了详细的考察，从学校的运作模式到学习材料的设计，都是考察的内容，它从不同模式中吸取其精华。在筹建过程中，大到学校定位，小到招生名额的设置，都是建立在广泛研究和科学论证的基础之上。正是这种严谨的、科学的态度，让英国的远程开放教育备受各国关注和推崇，英国开放大学也被视为世界开放教育的楷模。另外，这种严谨的态度在其质量管理制度上也可见一斑。不管是学院内部的质量保障还是来自外部的质量评估，所有的操作都有明确的管理目标和详细的实施规则，真正做到有章可循。

（四）保守主义造就审慎的美德

保守主义是英国传统文化的显著特色，它对英国的政治发展和教育改革产生了深远影响。英国的保守主义是一种稳重守成的力量。它

---

① 钱乘旦、陈晓律：《在传统与变革之间——英国文化模式溯源》，浙江人民出版社，1996，第 345 页。

② 阎宗临：《欧洲文化史论》，广西师范大学出版社，2007，第 56 页。

并不一味顽固地反对进步，而是对变革的进程和方式持稳重态度。[①] 保守主义者不反对变革，但主张变革能小就不要大，宁慢勿快。任何变革都要求是审慎而渐进的，不仅要考虑民众的眼前利益，而且必须顾及其长远的后果。

所谓审慎就是在处理事务和协同各种矛盾时不应采取极端态度，而应对各方面的利益加以权衡和考量，从而寻求一种现实可行的妥协方案。[②] 埃德蒙·柏克（Edmund Burke）认为审慎在所有事物中都堪称美德，因为"它能把时间当作一种助因，能够缓慢地操作，并且在某些情况下甚至难以觉察到它的运作"[③]。这样，"我们能得到变化带来的一切好处，免遭突变的一切不便，一切都是水到渠成"[④]。

英国的高等教育机构及其他的外部质量管理机构在对待教育质量，包括开放教育资源质量的变革上都是十分审慎的。通常在需要对质量标准或质量评估章程进行调整前就开始了全面的调研和信息收集工作，成功的经验将会得到继承和发扬，需要调整的部分将在考虑利益相关者的意见后进行修正。修改部分进行正式使用前还需通过一定范围的试验，在试验结果可行的情况下，修改才能正式投入使用。而且，在修改正式使用前，还有一个心理准备期，让所有利益相关者能充分地了解因修改而产生的变化，以便及时调整工作状态以适应变化。

由此可见，英国的传统文化既赋予了英国人挑战新事物的自信，也孕育了以严谨、审慎、担当为特点的质量文化。正是这种面对挑战

---

① 钱乘旦、陈晓律：《在传统与变革之间——英国文化模式溯源》，浙江人民出版社，1996，第 144 页。

② 易红郡：《英国教育的文化阐释》，华东师范大学出版社，2009，第 248 页。

③ 埃德蒙·柏克：《自由与传统：柏克政治论文选》，蒋庆等译，商务印书馆，2001，第 127 页。

④ 埃德蒙·柏克：《自由与传统：柏克政治论文选》，蒋庆等译，商务印书馆，2001，第 144 页。

的自信和对质量的坚守，造就了英国大学开放教育资源的繁荣。

二、国际思潮：英国大学开放教育资源之缘

在现代教育这一大系统中，高等教育是其中一个与国际接轨最密切的子系统。这也决定了某一时期国际上流行的思想倾向会对这一时期的高等教育决策产生不可忽视的影响。二战结束后，随着经济复苏、科技进步、人们生活水平的不断改善和国际交往的加剧，人们对教育的期望值越来越高，各种新思潮层出不穷。这些思潮在很大程度上反映了国际社会发展和教育发展过程中存在的尖锐问题，其中国际社会倡导的教育平等、终身学习等思潮，在很大程度上就是为了缓解在现代化进程中教育与社会发展的矛盾。正是在这些国际思潮的影响和推动下，英国大学进行了基于教育公平、促进终身学习、向全世界免费等开放教育资源的尝试。

（一）教育机会均等：让所有人有机会享受同样的教育

虽然有关“平等”“机会均等”等概念有着悠久的历史渊源，但“教育机会均等”则是现代社会的产物，它是学校制度正式形成后才产生的。“教育机会均等”的概念在19世纪被明确提出，20世纪各国政府开始制定实现这一目标的相关政策，到20世纪下半叶关于这一论题的研究成为全球教育界的焦点话题。

瑞典教育家胡森（Torsten Husen）在《社会环境与学业成就》一书中指出，“教育机会”是指个人受外界影响的一组变量，具体包括学校外部的各种物质因素，即学生家庭经济状况、学习开支总额、学校地理位置和上学的交通工具；学校的各种物质设施，即学习建筑物总的质量、实验室、图书馆和教科书等；家庭环境中某些心理因素，主要包括家长对子女在学习方面的期待，家庭对掌握知识所持有的态度，家庭为子女提供的独立自主和口头表述等习惯；学校环境中某些心理

因素，如教师的能力、教师对各类学生的态度、教师希望学生所取得的成绩，以及学生的学习动机；学校情景中固有的机会及教学条件，如课时分配、实际课时数、课外作业量等。①

“均等”则包括三个方面的含义：一是起点的平等，二是过程中机会的均等，三是结果的均等。起点均等论在 20 世纪初西方一些工业化国家盛行，它指出上帝使所有人具有不同的能力，法律应保障人人受教育的权利，但不同能力的人应该接受不同性质的教育。到 20 世纪 50—60 年代，过程均等论开始在欧洲一些国家出现，其主要观点是每个儿童从出生起就具有某些天赋或相对稳定的能力，教育的作用是帮助儿童消除外部障碍，使其天赋和能力得到发展。因此，教育制度的安排要平等地对待每一位儿童，让他们有机会享受同样的教育。结果均等论则在 20 世纪 60 年代的美国比较流行，其主要观点是仅仅提供形式上的入学机会均等是不够的，还应因材施教，让学生在入学时就有的天赋得到发展，使儿童有更多机会获得进步，从而达到平等的教育效果。②

世界经济合作与开发组织则在相关报告中提出“教育机会均等”至少包括三个方面的内容：①能力相同的青年，不论其性别、种族、地区、社会阶级等的差异，均具有相等的机会，接受非强迫性的教育；②社会各阶层的成员，对于非强迫性的教育均具有相等的参与比率；③社会各阶层的青年，均具有相等的机会以获取学术的能力。③

联合国教科文组织国际教育发展委员会在 1972 年发布的报告《学会生存：教育世界的今天和明天》中指出：“给每个人平等的机会，并

---

① 托尔斯顿·胡森：《社会环境与学业成就》，张人杰译，云南教育出版社，1991，第 9—10 页。

② 托尔斯顿·胡森：《社会环境与学业成就》，张人杰译，云南教育出版社，1991，第 25—39 页。

③ 周洪宇等：《教育公平论》，人民教育出版社，2010，第 29 页。

不是指名义上的平等，即对每个人一视同仁，如目前许多人所认为的那样。机会平等是要肯定每一个人都能受到适当的教育，而且这种教育的进度和方法是适合个人的特点的。”①

（二）终身教育/学习：21 世纪的生存理念

终身教育和终身学习的概念都是在 20 世纪 60 年代中后期被提出的。经过联合国教科文组织的大力推动，在随后的几十年里这些概念一直影响着世界各国的教育发展。

终身教育的思想是由法国著名的成人教育家保罗·朗格朗在 1965 年联合国教科文组织召开的第三届成人教育促进国际会议上提出的。

通过反思和总结自己数十年成人教育实践，并且对现代社会变革进行深入分析，朗格朗指出，人的发展不再是生命某一阶段的问题，“教育过程必须贯彻于人的一生”②。人需要终身完善自己，发展自己的创造力，这就要终身学习。而传统教育无法负担如此重要的使命，出路只有一条，那就是建立终身教育体系，把早期教育、学校教育、成人教育、家庭教育、社会教育等有机地联系在一起，使之成为人类应付挑战，获得自身完善和发展的武器。

自 1965 年后，联合国教科文组织开始大力提倡终身教育，开展了一系列的活动，使终身教育思想在世界各国迅速传播。1968 年在联合国教科文组织第 15 届大会上确定了 12 个重大目标，其中之一就有“终身教育”。1970 年该组织着手实施的 49 项工程都与终身教育相关。③ 1972 年发布的报告《学会生存——教育世界的今天和明天》，使终身教育的思想进一步系统化和理论化，正式确立了终身教育思想的国际地位。

---

① 联合国教科文组织国际教育发展委员会：《学会生存：教育世界的今天和明天》，上海师范大学外国教育研究室等译，上海译文出版社，1979，第 116 页。

② 保罗·朗格让：《终身教育导论》，滕星等译，华夏出版社，1988，第 45 页。

③ 乔冰、张德祥：《终身教育论》，辽宁教育出版社，1992，第 16 页。

“终身学习”这一术语出现的时间与“终身教育”大致相同。如果说终身教育是对教育制度的变革与超越，那么终身学习理念则更倾向于对传统生存方式的超越。1971 年，当时联合国教科文组织国际教育委员会主席埃德加·富尔（Edgar Faure）和他的同事对 23 个国家进行实地考察，研究了 70 多篇有关世界教育形势和改革的论文后指出，在变化急剧的当代社会，虽然一个人在不断地接受教育，但他越来越不是被教育的对象，而是一个主体。因此，教育过程的中心要发生转移，应该“把重点放在教育与学习过程的‘自学’原则上，而不是放在传统教育学的教学原则上”[①]。“每个人必须终身不断地学习。”[②]

但“终身学习”成为广为人知的流行语则是在 1994 年全球首届终身学习大会后。在这次会议上提出了“终身学习是 21 世纪的生存理念”的观点，并将终身学习定义为：“通过一个不断支持的过程来发挥人的潜能，激励并使人们有权利去获得他们终身所需的全部知识、价值、技能和理解，并使人在任何工作中、任何条件和环境下，都有信心、有创造性和愉快地应用它们。”[③]

（三）学习型社会：同时享有工作和学习的便利

学习型社会的概念最早是由美国著名教育家，永恒主义教育思潮的代表人物罗伯特·赫钦斯（Robert M. Hutchins）提出的。他在其代表作《学习型社会》（*The Learning Society*）中提出了学习型社会的概念，但并未对其进行明确的界定。赫钦斯在对古代雅典教育史实进行分析的基础上，论证了学习型社会的可能性。

---

① 联合国教科文组织国际教育发展委员会：《学会生存：教育世界的今天和明天》，上海师范大学外国教育研究室等译，上海译文出版社，1979，第 219 页。

② 联合国教科文组织国际教育发展委员会：《学会生存：教育世界的今天和明天》，上海师范大学外国教育研究室等译，上海译文出版社，1979，第 240 页。

③ 潘懋元、李国强：《现代终身教育理论与中国教育发展》，高等教育出版社，2017，第 5 页。

学习型社会作为一个具有国际性影响的概念，最早是在联合国教科文组织1972年发布的报告《学会生存——教育世界的今天和明天》中提出的。该报告的“后记二：学习型社会：现在和未来”和“第三部分 向学习化社会迈进”都以学习型社会为论述重点。此后，学习型社会便成为继终身教育后又一个重要的国际性教育观念。

英国经济和社会研究委员会对学习型社会的界定为：“一个所有公民都可获得高品质的普通教育、适当的职业训练和在工作上个人可以终身继续参与教育和训练的社会。”[①] 由此可见，学习型社会的战略核心是要合理地清除学习的障碍，公平地提供教育机会，使社会变成一种学习形态的社会。

学习型社会是在终身教育思潮基础上出现的一种教育潮流，二者既有联系，也存在着一些区别。终身教育是学习型社会的基础，学习型社会的产生是终身教育影响的结果。两者的侧重点略有不同。终身教育更多地是从时间角度强调教育，而学习型社会则是从空间角度出发对教育进行探讨。终身教育力图解决教育终身化的问题，而学习型社会则着重解决社会教育化的问题。

到20世纪90年代，学习型社会依然是被广为探讨的主题，有相当多学者及组织分别提出了构建学习型社会的具体途径与策略，使学习型社会的理念逐步走向落实。欧盟在1995年发表名为《教与学：迈向学习型社会》（“Teaching and Learning：Towards the Learning Society”）的白皮书，提出了迈向学习社会的具体途径。英国政府对学习型社会的构建也给予了充分地重视，产业大学的建立是其创建学习型社会的重大创举。

---

① 高志敏：《终身教育、终身学习和学习化社会》，华东师范大学出版社，2005，第12页。

三、供需失衡：英国大学开放教育资源之因

如果说国际思潮对高等院校的作为有一定的引导作用，那么社会需求则是促进高等院校改革的直接动力。英国社会对大学的期望是推动英国大学开放教育资源的原生动力，其中社会需求与高等教育供给之间的关系对英国大学开放教育资源的影响甚大。

（一）大学教育供不应求：促进教育公平

战后的前30年是英国高等教育从精英教育向大众教育的过渡期。英国素有精英教育的传统，处于金字塔顶端的高等教育历来只有少数人享有。战后随着经济的发展和技术的进步，社会发展变化的速度日益加快，对高等教育的需求也越来越大，传统的高等教育在应对这种局面时显得力不从心。大学提供的开放教育资源能在一定程度上缓解这种供需矛盾，成为促进高等教育机会均等的工具。

战后对高等教育的需求是多方面的。二次大战后，英国失去昔日世界霸主的地位，往日的"日不落帝国"不复存在。英国各界人士，特别是实业界人士，深感英国高等技术教育的落后和科技人才的匮乏。特别是1957年苏联的人造地球卫星上天后，更让英国深刻地体会到在激烈的国际科技和军事竞争中，大力发展高等教育，改进和加强对人才的培养刻不容缓。

其次，战后英国经济开始复苏，特别是60年代后经济的突飞猛进，需要有越来越多具有更高学识的生产者。英国的大学以前的教育在二战前就得到了充分的发展。早在1870年英国就颁布了《初等教育法》，并于1880年在全国实行强迫入学制，要求对5—10岁儿童实行义务教育。到19世纪80年代，英国学龄儿童的入学率已达到90%。[①] 1902

---

① 王承绪、徐辉：《战后英国教育研究》，江西教育出版社，1992，第6页。

年通过关于中等教育的《巴尔福教育法》，确立了英国公立中等教育制度。1924 年工党提出了“人人受中等教育”的主张，1926 年发布《哈多报告》，推动了中等教育的普及。据统计，到 1938 年，有 65.5%的 11 岁以上儿童在经过改组的中学学习。① 人们在中等教育发展到相当水准后就有了更高水平的教育需求。

最后是受教育的适龄人口增多。战后英国出现生育高峰，到 20 世纪 60 年代这批人刚好到了上大学的年龄，加上战后英国采取福利国家的发展模式，对大学生的资助和津贴大幅增加，一些过去供不起子女上大学的家庭也可以把孩子送去读大学了。所有这些因素让英国高等教育系统的压力陡增。

英国的高等教育虽然历史悠久，但其发展速度并不快。19 世纪前英格兰只有牛津和剑桥两所大学外加苏格兰有圣安德鲁斯等四所大学；到 19 世纪 30 年代新建了伦敦大学和达勒姆大学，其后又建立了曼彻斯特大学、伯明翰大学等。到 20 世纪前后，英国总共也只有十几所大学。两次世界大战期间，英国的大学基本没有新的发展。因此，到 20 世纪 60 年代，英国适龄人口升入大学的比例仅为 4%，和许多发展中国家的水平一样。② 1963 年发布的《罗宾斯报告》是英国高等教育发展的转折点。20 世纪 60 年代是英国高等教育发展最快的十年，在这十年里，英国又新建了苏赛克斯等十所新大学，同时将原来的十所高级技术学院升格为大学，使大学教育规模空前扩大。这其中对促进教育机会均等贡献最大的要数英国开放大学。

开放大学不设入学门槛，向所有希望实现其梦想和潜力的人提供优质的教育资源，它的首批注册学生就有近 2.5 万人。据官方数据显示，从 1971 年到 2015 年，开放大学共招收学生 194 万人，这种学生规

---

① 王承绪、徐辉：《战后英国教育研究》，江西教育出版社，1992，第 7 页。

② 潘懋元、李国强：《现代终身教育理论与中国教育发展》，高等教育出版社，2017，第 94 页。

模是任何传统高校所不能比拟的。由于开放大学实现了规模化办学，并且始终坚持使用信息技术等传输手段开展教学，其教育成本比普通高校低很多。自 20 世纪 90 年代以来，英国共有 8%的本科生在开放大学学习，而开放大学的花费仅占英国高等教育总费用的 4%。①

虽然开放大学不设入学门槛，但在教学质量上一点儿也不输给普通的高等院校，在英国的大学生满意度评估中曾几度超过牛津等古典大学。开放大学在筹建期间，其筹建委员会的主要职员珍妮·李就指出开放大学在质量上是不能有任何退让的，这关系到开放大学的生死存亡。为了确保开放大学的学生能接受高质量的教育，大学中的个人和团体都投入极大的热情并采用适当的机制来促进其教育资源质量的提高。系统化的课程开发流程、科学的员工聘任和管理方案以及在学生支持服务领域的积极尝试，为开放大学的开放教育资源提供了质量保障。与此同时，随着高等教育的不断大众化，政府和利益相关者对高等教育的拷问也日趋强烈。为了有效地对学校教育质量进行评估，英国建立了相应的外部质量保障体系。在这种学校内部的高度自律和外部对高等教育质量的积极干预的共同作用下，英国开放大学已经成为世界成人高等教育的典范，所提供的开放教育资源也成为世人借鉴的榜样。

除了开放大学外，伦敦大学与非洲七所、加勒比海一所学院建立特殊关系期间，伦敦大学为这些学院提供的开放学位和师资也是在大学教育供不应求期间利用开放教育资源促进教育公平的有力证明。

（二）大学发展面临困境：成为大学展台

20 世纪 80 年代是英国高等教育发展的分水岭。如果说 20 世纪 60 年代是英国高等教育发展的黄金时期，到 80 年代初英国高等教育就进

---

① 潘懋元、李国强：《现代终身教育理论与中国教育发展》，高等教育出版社，2017，第 103 页。

入了所谓的“冰河时期”。[①] 此后，英国高等教育的发展步入慢车道。

财务危机和入学人数减少是英国大学发展缓慢的主要因素。1937年的经济危机对英国高等教育的发展影响巨大。面对严重的经济困难，英国政府收紧公共开支，其中教育经费是被削减的重要方面。据1989年9月经济合作与发展组织在一份报告中提供的数据显示，按照1980年的价格指数，英国政府对大学的拨款总额由1980—1981年度的9.8亿下降到1985—1986年度的7.3亿。而英国高等教育经费绝大多数来自公共开支。就大学来说，二战前，政府对大学的拨款不超过大学总经费的30%，到1946年增至50%，1953年达到70%，到了1980年，多数大学90%以上的经费均来自政府拨款。[②] 高等教育经费对公共资金的严重依赖必然导致其财务危机。

从人口变化上看，除战后初期出现了一个生育高峰期外，到20世纪60年代中期英国人口的出生率就开始下降。到20世纪七八十年代大学的适龄人口就相应下降。随着大学入学人数减少，政府对大学的财政资助也随着大幅削减；为了弥补财务空缺，大学开始大幅提高收费标准，而高额的学费无疑让处于经济衰退期的大学生雪上加霜，很多人因为经济原因而放弃上大学的念头，从而使大学入学人数进一步减少。这样英国高等教育的发展就陷入一个“怪圈”。

面对严重的经费缩减和生源不足的困境，很多大学选择通过开放教育资源另辟蹊径来拓展高等教育经费的筹措渠道，扩大入学途径，如拓展海外教育市场。在乌拉圭回合贸易谈判结束和《服务贸易总协定》签订后，英国在高等教育国际化方面取得显著成效。2013年英国政府公布的《国际教育战略》报告显示，英国教育出口产业获得的所有资金包括国际学生的学费及支付给英国学校海外分支机构的费用，

① 易红郡：《战后英国高等教育政策研究》，湖南师范大学出版社，2016，第136页。
② 李家永：《当今英国教育概览》，河南教育出版社，1994，第144页。

累计给英国经济带来 175 亿英镑的收益。① 2016 年发布的对英国跨国教育的调查结果也表明，高等教育机构提供跨国教育的主要驱动力排名前三的是增加学生人数、增加收入、提升机构的声誉。机构越大（跨国教育学生超过 5000 人）就越倾向于将“增加收入”和“提高地位/声誉”排在首位。② 近年来，跨国教育因不受国内签证制度的限制，也不与本国生源形成竞争，同时还能为东道国学生减少经济负担而倍受欢迎。2016 年英国高等教育统计署发布的数据显示，英国有 66 万多的跨国教育学习者。③

随着英国高等教育从“大众化”向“普及化”过渡，学生在学校和专业方面的选择权也越来越大。利用开放教育资源，可以引导学习者找到自己真正感兴趣的专业，给想读大学的人搭建一座桥梁，帮他们选择最适合自己的大学和课程。2013—2015 年，英国开放大学对开放教育资源学习平台 OpenLearn 的用户进行连续三年的大规模调查，结果都表明，大学提供的开放教育资源可以帮助学习者更好地了解学校，同时也为学习者提供了一个通往正规教育的桥梁，允许他们在正式课程注册之前尝试相关学习材料，并帮助他们建立在学习能力方面的信心。学习者不仅可以在注册一个正式学历前利用开放教育资源来尝试大学的学习，而且也可以通过这些资源来预先了解某个新课程，以便在选择付费模块时能做出明智的选择。英国的慕课课程也被认为是“开胃菜”。它提供的课程简短（学习时间通常是 4—7 周），专家主讲，目的是吸收对此课题感兴趣的学习者加入。学习者选课后，通常

---

① 罗朝猛：《英国新国际教育战略计划鼓励海外学生赴英留学》，《世界教育信息》2013 年第 20 期。

② HEGlobal, "The Scale and Scope of UK Higher Education Transnational Education" (paper presented by UK HE International Unit, 2016), p. 71.

③ HEGlobal, "The Scale and Scope of UK Higher Education Transnational Education" (paper presented by UK HE International Unit, 2016), pp. 20-21.

很快就会收到课程提供学校的邮件，询问是否有兴趣选读他们的学位课程或证书课程，并简明扼要地介绍学校的概况。因此，开放教育资源还可以作为大学展台，帮助想上大学的人了解学校风貌和专业特点，成为争取生源的利器。

四、技术发展：英国大学开放教育资源之力

任何开放都需要在原有基础上减少或消除部分障碍和限制，在这个过程中技术的支持是不可或缺的，它能帮助人们将开放的理念付诸实践。因此，技术是推动开放教育资源发展的直接动力。二战期间到战后，科学技术飞速发展，从广播电视到电子计算机再到信息技术的飞速发展，既给人类带来全新的知识传播方式，也推动了人类信息处理方式的更新。这些都对英国大学开放教育资源的发展产生了重大的促进作用。

（一）信息传播技术为多维度的开放提供可能

在信息传播技术中对开放教育资源影响最大的是新媒体的产生。正如麦克卢汉所言，媒体是人的延伸。“在机械时代，我们完成了身体在空间范围内的延伸。今天，经过了一个世纪的电子技术发展之后，我们的中枢神经系统又得到了延伸，以至于能拥抱全球。”① “任何媒介（即人的任何延伸）对个人和社会的任何影响，都是由于新的尺度产生的；我们的任何一种延伸（或曰任何一种新的技术），都要在我们的事务中引进一种新的尺度。”②

电话、电报等信息传播工具的相继问世，弥补了古老的邮政制度

---

① 赫伯特·马歇尔·麦克卢汉：《理解媒介：论人的延伸》，何道宽等译，商务印书馆，2000，第 20 页。

② 赫伯特·马歇尔·麦克卢汉：《理解媒介：论人的延伸》，何道宽等译，商务印书馆，2000，第 33 页。

存在的信息传递速度缓慢的缺陷，延伸了呼唤、烽火、骑马传递信息的距离，为人们提供了简便、快速、直接传播信息的手段，使信息能瞬间传遍全世界。广播、电影、电视所进行的信息传播方式与电话、电报及邮件传递这类点对点的通信又有着明显的区别，前者采取的是“一对多”的信息传递方式。这些技术的诞生开创了信息传播技术的新局面。“一对多”的传递方式使信息传播的范围拓宽了，信息获得的时间缩短了。人们可以在众多的信息中选择自己所需信息，开阔了人类的视野。电子计算机的诞生使人类处理信息的能力获得了巨大的提高。因特网的问世，彻底改变了人类过去的信息传播与获取方式，彻底消除了信息传播中时间、空间的制约因素，对人类社会、科技和经济的发展产生了巨大的推动作用。

开放教育资源正是利用媒体的这些新尺度来拓展开放的维度。产业大学中的开放教育资源利用电话、电子邮件等点对点的通信特点，实现信息获取的个性化；开放大学中的开放教育资源利用了广播、电视、媒体“一对多”的传输特点，极大限度地扩展了获取资源的范围；OpenLearn 项目和慕课中将计算机与因特网组合，极大地消除了教学过程中时空的限制，使开放教学和开放研究成为可能。

（二）信息处理技术为高质量的管理提供便利

信息处理技术包括信息的输入、识别、变换、运算、存储和输出技术，它们大都依靠计算机来进行，因此又称计算机信息处理技术。开放教育资源由于使用群体不确定、资源类型多样，对开放教育资源质量信息的收集和加工工作相对比较困难。信息处理技术的发展提升了收集开放教育资源质量信息的能力，同时利用计算机对信息进行加工可大大提高工作效率并确保分析结果的准确性。

信息收集的主要发展趋势是自动化和数字化。自动化可以在扩大信息收集范围的同时尽可能地减少人工的参与；数字化则为后期的信息存储和信息加工奠定基础。信息收集技术的发展对开放教育资源的质量管理中常用的现场观测和问卷调查手段的改进非常有利。例如，网络调查问卷的出现不仅可以降低问卷的制作成本，而且可以利用多种方式扩大调查样本，使调查者能洞悉被调查群体的想法和意见。开放大学在对 OpenLearn 的用户进行的三次大规模调查都是利用网络调查问卷工具 SurveyMonkey 进行的。SurveyMonkey 的问卷发放可以通过电子邮件、手机、网络、社会媒体等多种方式，使用者只需要将问卷的地址以链接的形式添加到网站、邮件等地方，就可以通知被调查者填写。[①] 另外，大部分教育资源都具有视觉性质，利用眼球追踪技术也能为现场观测提供一些人工无法企及的信息。如利用眼球追踪技术获得用户在网页的不同位置的停留时间，以此判断用户对网页内容的喜恶。

信息加工是个快速发展的领域。随着数字网络的兴起与广泛应用，数据的来源越来越丰富。为了使数据成为信息，信息变成知识，知识付诸应用，人们需要现代信息分析与推理的新途径和新方法。信息加工技术发展的主要趋势是可视化和智能化。

数据可视化不仅能帮助人们提高理解和处理数据的效率，而且还能洞察统计分析无法发现的结构和细节。同时可视化处理结果的解读对用户知识水平的要求较低，即便用户不了解统计学专业术语的本质含义也可以较好地理解数据可视化处理的结果。智能化则是指从数据中发现未知的、有价值的，可用于直接驱动某种行为的见解、规律、认知或新发现的能力，如数据挖掘、机器学习等技术就是关注将数据转换成实际行动的过程。

信息可视化在开放教育资源的管理中已经得到了广泛的应用。开放大学公布的《平等性和多样性年度报告》中的数据基本上都是用图

---

① "Ask More,Know More,Do More,"SurveyMonkey,accessed October 21,2018,https://www.surveymonkey.com/mp/take-a-tour/?ut_source=megamenu.

表来说明的；慕课中对用户来源的统计使用的是用户热度图。从普通的饼图、柱状图到用户热度图、社交图、鸟瞰图等，这些可视化的图表为人们创建了一条快速认识数据集的捷径。随着开放教育资源的用户越来越多，信息收集技术的发展，大数据技术也将应用到开放教育资源的管理中。目前FutureLearn平台就可以通过实时监控的数据识别学习者在学习某个具体内容时是否有困难，并适时地提示在线协助者适当地提供帮助，这些数据还能为课程开发者对相关材料和活动的改进提供依据。

第三节　战后英国大学开放教育资源的启示

细数我国的开放教育资源其实也不少。我国的高等教育海外办学起步较晚，但发展迅速。从2004年开始，我国在借鉴英、法、德、西等国推广本民族语言经验的基础上，探索在海外设立以教授汉语和传播中国文化为宗旨的非营利性教育机构“孔子学院”。截至2017年12月31日，全球146个国家（地区）建立525所孔子学院和1113个孔子课堂；[①] 2003年教育部启动“精品课程建设工程”，通过现代化信息手段将精品课程免费向全社会开放；截至2010年，全国已评审产生了3770门国家级精品课程，还有8000多门省级精品课程和大量校级精品课程；2011年9月，由国家教育部推出首批20门中国大学视频公开课，到2014年11月共有662门国家精品视频公开课上线。2013年5月，北京大学、清华大学等国内顶级高校相继加入国际MOOCs平台并提供数门线上课程；2013年10月，清华大学推出第一个本土的MOOCs平台——学堂在线。

---

① 《关于孔子学院/课堂》，孔子学院总部/国家汉办，http://www.hanban.edu.cn/confuciousinstitutes/node_10961.htm，访问日期：2018年10月20日。

从这些数据可以看出，在国际开放教育资源运动浪潮的引领下，我国的开放教育资源建设也获得了蓬勃发展，然而其利用情况不容乐观。据网易公开课的一份统计数据，在其所有视频公开课中，“国际高校公开课”和“TED 演讲”是最受欢迎的，占观赏人群的 80%，而“国内高校公开课”的人数仅占 13%。① 还有一些调查显示，像国家精品课程这类资源在知晓率、更新率②和使用率③上都不高。

战后半个多世纪以来，受英国民族文化传统和高等教育发展特色的影响，英国大学开放教育资源的发展有其个性化的一面。但我国与英国处在同样的国际思潮中，感受着同样的技术推动力量，并且我国的高等教育正在由“大众教育”向“普及教育”过渡，英国高等教育在这个过程中遇到的问题，很多也是我国已经或即将遇到的问题。因此，对英国大学开放教育资源的研究也可以给我国开放教育资源很多启示。

一、坚持开放资源的多样性

开放资源的多样性既包括开放维度的多元化，也包括资源形式的多样化。开放维度的多元化可以满足不同群体对开放教育资源的需求；资源形式的多样化则可以充分地发挥各种媒体的特长，使开放教育资源更好地满足使用者的需求。

开放是一个相对的概念，它是相对于以前某种封闭或禁止状态的

---

① 刘宇：《MOOC 冲击下国家精品视频公开课的 SWOT 分析》，《中国远程教育》2015 年第 4 期。

② 王龙：《中国高等教育精品课程资源共建共享的现状、问题、对策与相关分析》，硕士学位论文，首都师范大学，2006，第 38—42 页。

③ 张会杰：《网上精品课程如何让学生受益》，《中国教育报》2008 年 5 月 19 日，第 5 版。

开放。在当代，"开放"是个不断演变的概念，在不同的语境和话语中具有不同的含义。具体到开放教育资源，它既不一定要求免费，也不意味着要开放所有权。在海外办学中，供应商将本国的教育资源向其他国家开放，它消除了学习者在地理上的障碍，允许学习者不出国门就能获得其他国家的学习体验和学位证书，但是它既不免费也不开放教育资源的知识产权。即便是英国开放大学坚持"四个开放"为己任，它也只是消除了入学门槛，学分课程和许多服务仍是收费的。

另外，开放维度的多元化意味着多种开放维度是可以并存的，并不意味着开放程度越大就越有优越性。战后英国大学提供的这些开放教育资源中，开放研究的开放程度是最大的，它消除了获取数据和研究成果的障碍，扩大了参与研究的范围，同时也对开放教育资源的使用者提出了更高的要求。首先，它要求使用者有同等程度的开放意识，能够通过分享和合作，尽可能快地推进研究；其次，它对使用者利用资源的技术也提出了更高的要求，使用者在对开放教育资源进行再利用时需要有一定的技术素养。如果使用者不具备这些基本的素养，他就无法从这些开放教育资源中获益。

在开放教育资源的表现形式上也是可以各取所长，百花齐放的。通常我们认为，工具和媒介作为形式并不重要，重要的是工具为谁服务，媒介承载怎样的内容。而麦克卢汉则指出"媒介即是讯息"，媒介不仅是信息、知识、内容的载体，同时媒介对信息、知识、内容有强烈的反作用，它决定着信息的清晰度和结构方式。[①] 印刷媒体处理素材的方法是线性的，而超媒体则可以描述结构松散的内容；印刷媒体能够凸显素材的结构化特点，给学习者留下清晰的印象，而超媒体则需要学习者自主建立素材间的联系，否则将会迷失在素材的海洋里。

---

① 赫伯特·马歇尔·麦克卢汉：《理解媒介：论人的延伸》，何道宽等译，商务印书馆，2000，第001页。

而且，媒介还会对讯息的总体效果产生影响。在1960年尼克松对肯尼迪竞选总统的辩论中，听收音机的听众认为尼克松赢定了，而看电视的观众却认为他输定了。原因就是律师出生的尼克松善于辞令，在辩论中慷慨陈词，听收音机的听众自然给予他很高的评价。但尼克松并没有注意自己的视觉形象，镜头里的他神情紧张，效果欠佳。而他的对手肯尼迪从服饰衣着到举手投足都是经过精心策划的，给人的感觉是容光焕发，洒脱自如。这种形象的对比自然会让看电视的观众对他丧失信心。

由于开放教育资源的使用者是一个非常宽泛的群体，没有显著的学习者特征，其使用环境也具有不确定性，所以开放教育资源不能拘泥于某种固定的形式，而应该博采众长。英国开放大学的教育资源就不局限于某种形式，从传统的印刷媒体到广播电视、录音录像，再到电话、互动光盘，再到现在的互联网通信技术都是开放大学青睐的对象，以最佳的形式来展现资源是开放大学一直坚持的原则。我们可以看到开放大学提供给学习者的学习材料包中既有教学参考书、也有录像带、录音带，还有课程交流网站。这种多样化的开放教育资源既可以充分地发挥各种媒体的特长，也可以使开放教育资源更好地满足不同学习者的需要。

二、鼓励资源标准的内生性

资源标准的内生性是指在遵循国家标准的基础上，鼓励各院校制定更详细、更具特色的学术标准，促进其开放教育资源质量的持续改进。内生的质量标准既能体现各院校开放教育资源的特点也是培育质量文化的基础。

每个院校都有自己独特的发展历史、办学宗旨和开放教育资源的目的，这些内在因素自然会影响各院校的质量价值观、开放教育资源质量标准的制定及其管理风格。英国素有学术自治的传统，德国教育家凯兴斯泰纳（Georg Kerschensteiner）曾指出："英国是君主制国家，而英国的学校则充满自治精神。"① 院校自治主张学院的内部事务由学院自己管理，学术质量作为学院的内部事务也应由学院根据自身的特点来建立和维护。特别是各院系提供开放教育资源的目的不同，其开放的维度和资源的表现形式也不尽相同，其质量标准也不能以一概全。19 世纪伦敦大学的开放学位和大学推广运动中的开放教育资源的质量标准都是由大学制定并提供保障的。战后，随着各高等教育机构提供的开放教育资源越来越丰富，为了让不同层次和类型的学校提供的学习具有可比性，一些专门机构或专业团体会制定一些确保质量的阈值标准，以期从宏观上保障教育质量。各院校也会在这些阈值标准的指导下，根据自身特点设定其开放教育资源的质量标准并编制相应的质量保障制度，确保资源的质量从而维护学校的声誉。

同时，内生的开放教育资源质量标准也有利于共享的质量价值观的形成，是培育质量文化的基础。开放教育资源质量的维护需要学校全体员工齐心协力，内生的质量标准是执行者和管理者共同协商的产物，它有利于在学校内部达成对开放教育资源质量的一致性认识，从而促进资源质量的持续改进。而外在的质量标准难以被组织成员内化，还可能会破坏学术的原生态，容易形成"上有政策，下有对策"的局面。战后英国大学开放教育资源的质量保障虽然也经历了从院校主导到外部质量保障机构主导的过程，但实践证明，过分地强调院校对外部质量要求的顺从，不仅不利于院校按照自身的学术规律开展教学和科研，而且还可能加剧院校与管理部门的隔阂与矛盾，最终影响共享的质量价值观形成。因此，在 21 世纪初质量保障的重心又重新回归院

---

① 乔治·凯兴斯泰纳：《凯兴斯泰纳教育论著选》，郑惠卿译，人民教育出版社，1993，第 267 页。

校自身。

三、倡导资源管理的民主化

资源管理的民主化是指建立民主的管理制度，吸纳广大教师和学习者参与开放教育资源的质量管理，以增强教师和学生对质量标准的认同感。澳大利亚学者麦慷凯（Kevin McConkey）指出，虽然解决质量保障的最佳方案是建构一个公开、透明、独立、常态性的同行审查体系，但质量保障不仅仅如此，它还需要体现大学和置身其中的成员的理想、规划、希望和建议，并把对这些理想、规划、希望和建议的承诺付诸实践，最后沉淀为学校的基本文化要素。[①] 因此，民主化的管理制度是酝酿质量文化的土壤。

教师是开放教育资源的主要开发者也是其质量保障的执行者。只有当教师在理解学校开放教育资源的目的基础上，充分地认识到开放教育资源质量的重要性并作为质量保障主体有效地参与这一过程时，他可能主动地将外界的质量要求转化为自身的质量保障活动。否则，教师就只是相关质量政策的被动执行者，他们可能会弃开放教育资源的质量而不顾，消极抵触质量保障行动。

1998 年的《面向二十一世纪高等教育宣言：观念与行动》提出：国家和机构决策者应将学生及其需求置于其关注的中心，应将学生视为高等教育复兴的主要伙伴和负责任的利益攸关方。这应包括让学生参与学校的内部管理，参与课程和教学方法的改革与评价，并在现行体制框架内参与政策制定和体制管理。学生有权利参与管理，并且这

---

① 于杨：《后大众化阶段高等教育质量保障的特点及发展趋势》，《高等教育研究》2016 年第 3 期。

种权利应得到相应的保障。① 学习者作为使用开放教育资源的最大利益相关群体，他们全程感受开放教育资源带来的便利和影响，对质量最有发言权。吸纳学生为学校开放教育资源的质量管理献计献策，并积极参与各级质量保障活动，可以增强学习者的主人翁意识，有利于质量标准和质量保障活动始终如一地贯彻执行。同时，当学生成为学校内部管理的必要成员，可以减少学校内部管理的摩擦和内耗，增强凝聚力和向心力，促进学校管理的民主化和科学化。

“草根参与”作为21世纪英国大学质量保障的新思维，不管是学校的内部质量保障机制还是学校内、外的质量评估过程都广泛地吸纳教师和学习者的参与。在学校内部，教师代表可以加入学术委员会，参与开放教育资源质量标准的制定和质量保障活动；学生代表以观察员的身份进入学术委员会，参与学校事务的决策。外部质量管理中同行评议的专家都是各学科的专业学术人员；全国大学生满意度调查有效地弥补了QAA质量保障体系中学习者作为评价主体的缺失。这种自底向上的管理理念与原有自上而下的管理模式有机结合而形成民主化的管理制度，可以使质量管理的政策和策略上通下达，既能为开放教育资源的质量提供保障，也为学校内部共享的质量价值观的形成奠定基础。

四、关注资源质量的反馈性

对开放教育资源质量的评价是所有参与者共同努力的结晶。如果评价结果没有引发后续的行为改进，包括学生在内的利益相关者看不

① “World Declaration on Higher Education for the Twenty-First Century: Vision and Action,” UNESCO, accessed November 21, 2018, http://www.unesco.org/education/educprog/wche/declaration_eng.htm# world%20declaration.

到内部质量保障的积极成果，就会产生挫败感，对开放教育资源的质量及其相关的质量程序失去信心。因此，对开放教育资源的任何评估过程都应该有反馈，而且这些反馈应该指向促进开放教育资源质量的改进，而不是被视为控制机制或与惩罚有关。

美国著名的质量管理专家戴明曾提出一个促进质量改进的PDCA管理循环，也称“戴明环”。PDCA循环中的四个字母分别表示计划（Plan）、执行（Do）、检查（Check）、处理（Act），它反映了完成各项工作和质量改进必须经历的四个阶段。[①] 在企业界，PDCA循环被认为是一种能使任何活动有效进行的工作程序，在质量管理中得到了广泛应用。PDCA循环成功的关键就在于处理阶段。在处理阶段对检查的结果进行处理，对成功的经验加以肯定；对于失败的教训也要总结，引起重视；对于没有解决的问题，应提交给下一个PDCA循环中去解决。由此可见，评价反馈是促进质量改进的关键所在。

从战后英国大学开放教育资源的内、外部评价经验可以看出，他们对评价的反馈也极为重视。如诺丁汉大学会对个别学院所提供的教学和研究项目定期进行教育优化与保障评估。在评估结束时，评审组长将向学院管理团队提供口头反馈，并在四周后提供一份正式的评估报告。学院将对评估报告做出回应（包括后续行动和时间框架），并与评审小组合作，商定相关的行动计划。所有的评估报告、行动计划和学院回应将向教学和学习委员会报告，为学校的后续发展规划提供依据，而且学校也会持续关注学院后续计划的执行。教育标准办公室在对供应商进行评估后，检查组组长将撰写一份检查报告，报告的草稿会发给供应商讨论评价的真实性和准确性，并在19个工作日后在线发布检查结果。对“有待改进”的供应商，Ofsted会为其提供帮助和改进意见，并在1—2年内进行一次完整的复检，对“不足”的供应商，

① 胡子谷：《质量管理》，上海交通大学出版社，2004，第28页。

Ofsted 会对其进行监管，并在 15 个月内对其进行复检并公布最新检查报告。

作为评估机构也应重视对评估过程和评价标准的反馈意见。QAA 在海外评估结束后，会与被审查的供应商联系，组织一个研讨会，共同讨论并分享从审查访问中获得的经验教训，并且研讨会的成果概要将公开发布，向整个部门传播。Ofsted 也通常会在检查结束后邀请供应商完成一个在线的调查，要求供应商提供对检查过程的看法，包括检查所产生的影响和可能的改进措施等。

通过这种双向的反馈，可以让评估双方进行交流和对话，有助于所有的声音都得到充分的表达和必要的考虑，从而获得一个大家都可以接受的结果，以促进评估双方间共享关于质量的价值观、信仰和期望。当质量保障机构、院校管理部门、教职员工和学习者在相互信任的基础上形成关于质量、质量要素、质量保障动机和质量保障程序的一致看法时，开放教育资源的质量才能获得持续的改进。

结　语

2001 年麻省理工学院发布的“开放课件计划”揭开了开放教育资源运动的序幕。如今，开放教育资源的理念及其实践活动已引起了全世界的广泛关注，我们可以明显地感受到全球都在努力推进开放教育资源。作为推动教育日益开放规模最大、发展最为迅速的运动，开放教育资源的动力除了对免费共享资源的渴望和规模经济的激励外，最大的驱动力在于以最小的限制让越来越多各种类型的学习群体得到受教育的机会。① 虽然 2001 年被认为是开放教育资源运动的开端，“开放教育资源”这一概念到 2002 年才被提出，但这并不影响我们在一个更长的时空范围内对开放教育资源进行研究。

纵观英国大学在战后半个多世纪对开放教育资源所做的诸多尝试，我们可以看到开放教育资源在很大程度上解决了长期以来学习需求得不到满足的问题。它既可以让许多没有机会接受正规大学教育的学习者享受大学教育，也可以为初入职场或想要晋升工作的人创造机会；既可以在正规教育与非正规教育间搭建桥梁，也可以成为构建学习型社会的有力工具；既可以让“天下名师皆为我师”，也可以让“人人为师，人人为学”。随着社会的发展和技术的进步，学习者的学习需求是不断变化的，大学提供的开放教育资源也不尽相同。总的说来，开放

① 邦克等主编《慕课和全球开放教育》，焦建利等译，华东师范大学出版社，2018，第 46 页。

的目的决定了开放教育资源的开放维度。战后英国大学开放教育资源既是战后教育理念和教育技术发展的结果，也与英国的文化传统和国内大学供需关系的变化息息相关，其开放的维度主要表现为四个方面，即开放获取、开放内容、开放教学和开放研究。除了开放学习项目提供的开放教育资源在以上四个维度都有不同程度的开放外，其他的开放资源都有自己独特的开放维度和开放程度。

战后新生技术和媒体在教育领域的广泛应用促进了开放教育资源的蓬勃发展。20 世纪 50 年代以后，无线电广播的出现以及后来的电视、计算机辅助教学、智能导师系统、自动化测试等都被应用于开放教育资源，使开放教育资源能更好地满足学习者的需求。20 世纪 90 年代互联网的出现对开放教育资源的影响更大，它所提供的交流和互动形式为开放教育资源提供了无限的可能。网络化和数字化是开放教育资源发展的总趋势，但是从英国大学提供的开放教育资源来看，网络化和数字化绝不是开放教育资源唯一的表现形式。由于开放教育资源的使用对象和环境都具有很大的不确定性，所以开放教育资源不能局限于某种特殊的形式，而应博采众长，充分发挥各种媒介的特点，以适应不同学习者的需要。另外，为了更好地实现开放教育资源的目的，除了开放的有形资源外，无形资源和人力资源也不容忽视。在英国大学提供的开放教育资源中，其无形资源和人力资源有效地促进开放教育目的的实现。如海外办学中的外籍教师、开放大学的各类教职员工以及他们提供的学习支持服务、产业大学推行的信息咨询与指导服务等都在其开放情境中扮演着举足轻重的角色。

战后英国大学的开放教育资源广受青睐，与其长期以来对教育质量的坚守是分不开的。英国大学在开放教育资源方面的质量保障机制，特别是在对开放教育资源进行质量管理过程中形成的质量文化，无疑值得我们借鉴。质量文化是一个机构中人人都致力于质量提升的文化。按照欧洲大学联盟对质量文化的定义，它既包含传统技术层面的管理和质量保障手段，也包括文化观念层面上共享的质量价值观、信仰和期望。将质量管理从制度层面提升到文化层面，是支持开放教育资源动态变化，确保其质量及水平最有效也是最有意义的方式。相反，依赖于制度和第三方监管的质量会因人而异，不是从根本上促进开放教育资源质量改进的长久之道。

从技术层面上来看，在对开放教育资源进行质量管理的过程中，英国大学形成了严格自律的内部质量保障程序和多方参与的外部质量评估。通过内部质量保障能够体现质量保障过程的灵活性，审查标准和方法的有效性，可以确定质量提高的范围，并通过激励性的自我评价促进其在专业领域的发展；外部质量评估则能够促使高等教育机构肩负起提高开放教育资源质量的责任，并对其进行监督。在文化层面，它通过开放教育资源质量管理相关群体间的协作和对话，促进共享的质量价值观、信仰和期望的形成。其中，院校自治是培育质量文化的基础，民主的管理制度是酝酿质量文化的土壤，质量管理相关群体间的反馈循环则是促成质量文化形成的催化剂。

目前，我国的开放教育资源建设方兴未艾，其相关的质量管理制度也在紧锣密鼓地完善中。从战后英国大学开放教育资源的发展中可以得出以下启示：在设置全国性的开放教育资源质量标准的同时，为各院校的特色发展预留足够的空间，鼓励各院校制定更详细、更具特色的开放教育资源学术标准；将自上而下的严格管理与自下而上的民主参与有机结合，倡导民主化的管理制度，吸纳广大教师和学习者参与开放教育资源的质量管理，增强教师和学生对质量标准的认同感；关注开放教育资源质量管理相关群体间的评价反馈，让所有的声音都得到充分的表达和必要的考虑。

企业的实践已经证明，质量是可以管理的，质量文化是可以培育的。但质量文化不会因为院校领导的宣称而形成，也不能仅凭悬挂几条标语或短期的质量意识教育就可以建设好，它需要通过不断地理解质量的内涵和质量对学校实践的意义，并将这种质量思想植入实践而形成。[①] 因此，质量文化培育并非一日之功，而是一个历史传承和长期积累加践行的过程，它需要十年、二十年甚至更长的时间。另外，任何试图进一步完善和增强质量文化的尝试都必须考虑到已有的文化。战后英国大学的开放教育资源被深深地打上了其文化传统的烙印。因此，在发展我国开放教育资源及开展质量文化建设时，不能抛弃我国高校经过长期积淀已经形成的文化传统和高等教育发展实际，而应将西方先进的质量管理理念和技术与我国高等教育的实际合理“嫁接”，以不断提升开放教育资源的质量。

① Mantz Yorke, "Developing a Quality Culture in Higher Education," *Tertiary Education and Management* 6, no. 1(2000): 19-36.

参 考 文 献

一、译著

[1] 阿什比. 科技发达时代的大学教育［M］. 滕大春，等译. 北京：人民教育出版社，1983.

[2] 奥尔德里奇. 简明英国教育史［M］. 褚蕙芳，等译. 北京：人民教育出版社，1987.

[3] 奥罗克. 远程学习的辅导：教师手册［M］. 陈青，等译. 北京：中央广播电视大学出版社，2008.

[4] 柏克. 自由与传统：柏克政治论文选［M］. 蒋庆，等译. 北京：商务印书馆，2001.

[5] 邦克，等. 慕课和全球开放教育［M］. 焦建利，等译. 上海：华东师范大学出版社，2018.

[6] 布列钦卡. 教育科学的基本概念——分析、批判和建议［M］. 胡劲松，译. 上海：华东师范大学出版社，2001.

[7] 布鲁贝克. 高等教育哲学［M］. 王承绪，等译. 杭州：浙江教育出版社，2002.

[8] 布伦南，沙赫. 高等教育质量管理：一个关于高等院校评估和改革的国际性观点［M］. 陆爱华，等译. 上海：华东师范大学出版社，2005.

［9］邓特．英国教育［M］．杭州大学教育系外语教育研究室，译．杭州：浙江教育出版社，1987．

［10］弗莱克斯纳．现代大学论——美英德大学研究［M］．徐辉，陈晓菲，译．杭州：浙江教育出版社，2001．

［11］弗雷曼．远程教育机构的决策与管理［M］．陈丽，等译．北京：中央广播电视大学出版社，2008．

［12］弗雷曼．远程学习材料的设计与开发［M］．蒋国珍，译．北京：中央广播电视大学出版社，2008．

［13］高冈实．英国之成人教育［M］．陈清泉，译．上海：商务印书馆，1937．

［14］胡森．社会环境与学业成就［M］．张人杰，译．昆明：云南教育出版社，1991．

［15］霍恩比．牛津高阶英汉双解词典［M］．石孝殊，等译．北京：商务印书馆，2005．

［16］基更．远距离教育基础［M］．丁新，译．北京：中央广播电视大学出版社，1996．

［17］基更．远距离教育理论原理［M］．丁新，等译．北京：中央广播电视大学出版社，1999．

［18］吉登斯．第三条道路：社会民主主义的复兴［M］．郑戈，译．北京：北京大学出版社，2000．

［19］贾纳斯泽乌斯基，莫伦达．教育技术：定义与评析［M］．程东元，等译．北京：北京大学出版社，2010．

［20］金．别国的学校和我们的学校——今日比较教育［M］．王承绪，等译．北京：人民教育出版社，2001．

［21］凯兴斯泰纳．凯兴斯泰纳教育论著选［M］．郑惠卿，译．北京：人民教育出版社，1993．

［22］克伯蒂克．远程教育的质量保障［M］．侯建军，译．北京：

中央广播电视大学出版社，2009.

［23］克尔．高等教育不能回避历史——21 世纪的问题［M］．王承绪，译．杭州：浙江教育出版社，2003.

［24］克拉克．高等教育系统——学术组织的跨国研究［M］．王承绪，等译．杭州：杭州大学出版社，1994.

［25］克劳士比．质量免费：确定质量的艺术［M］．杨钢，林海，译．北京：中国人民大学出版社，2006.

［26］库伯．新产品开发流程管理［M］．刘崇献，等译．北京：机械工业出版社，2003.

［27］库伯．新产品开发流程管理——以市场为驱动［M］．青铜器软件公司，译．北京：电子工业出版社，2013.

［28］朗格让．终身教育导论［M］．滕星，等译．北京：华夏出版社，1988.

［29］麦克卢汉．理解媒介：论人的延伸［M］．何道宽，等译．北京：商务印书馆，2000.

［30］纳普尔，克罗普利．高等教育与终身学习［M］．徐辉，等译．上海：华东师范大学出版社，2003.

［31］帕尔菲曼．高等教育何以为“高”：牛津导师制教学反思［M］．冯青来，译．北京：北京大学出版社，2011.

［32］撒丽斯．全面质量教育［M］．何瑞薇，译．上海：华东师范大学出版社，2005.

［33］桑塔耶纳．英伦独语［M］．邱艺鸿，萧萍，译．北京：三联书店出版社，2003.

［34］史密斯，韦伯斯特．后现代大学来临？［M］．侯定凯，等译．杭州：浙江教育出版社，1994.

［35］泰斯托泰．国际视野下的大规模开放与在线课程（MOOC）：全球高等教育改革新日程［M］．杨志坚，等译．北京：中央广播大学

出版社，2014.

［36］维尔斯马，于尔斯．教育研究方法导论［M］．袁振国，等译．北京：教育科学出版社，2010.

［37］詹金斯．撒切尔夫人的革命［M］．李云飞，等译．北京：新华出版社，1990.

二、中文著作

［1］安心．高等教育质量保证体系研究［M］．兰州：甘肃教育出版社．1999.

［2］查代春．学的视角：开放大学质量保证实践研究［M］．北京：中央广播电视大学出版社，2015.

［3］陈学飞．高等教育国际化：跨世纪的大趋势［M］．福州：福建教育出版社，2002.

［4］丁新．国际远程教育研究［M］．北京：高等教育出版社，2008.

［5］董泽芳．高等教育的生命线：高等教育质量的理论与实践问题研究［M］．武汉：武汉大学出版社，2009.

［6］范文曜，马陆亭．国际视角下的高等教育质量评估与财政拨款［M］．北京：教育科学出版社，2004.

［7］方鸿琴．英国大学的质量文化与质量保障体系［M］．北京：经济管理出版社，2017.

［8］冯大同．国际贸易法［M］．北京：北京大学出版社，1995.

［9］冯国平．跨国教育的国际比较研究［M］．上海：上海人民出版社，2010.

［10］冯增俊．教育人类学［M］．南京：江苏教育出版社，2001.

［11］付泉．管理信息系统［M］．武汉：华中科技大学出版社，

2013.

［12］高志敏．终身教育、终身学习和学习化社会［M］．上海：华东师范大学出版社，2005.

［13］宫淑红，李逢庆，胡贝贝．开放教育资源比较研究［M］．济南：山东人民出版社，2014.

［14］顾建新．跨国教育发展理念与策略［M］．上海：学林出版社，2008.

［15］顾明远，梁忠义．英国教育［M］．长春：吉林教育出版社，2000.

［16］顾明远．教育大辞典：增订合编本［M］．上海：上海教育出版社，1998.

［17］贺国庆，王保星，朱文富．外国高等教育史［M］．北京：人民教育出版社，2003.

［18］胡子谷．质量管理［M］．上海：上海交通大学出版社，2004.

［19］教育大辞典编撰委员会．教育大辞典（第七卷）［M］．上海：上海教育出版社，1990.

［20］教育大辞典编撰委员会．教育大辞典（第一卷）［M］．上海：上海教育出版社，1990.

［21］李家永．当今英国教育概览［M］．郑州：河南教育出版社，1994.

［22］李建忠．战后非洲教育研究［M］．南昌：江西教育出版社，1996.

［23］李曼丽，张羽，叶赋桂．解码 MOOC：大规模在线开放课程的教育学考查［M］．北京：清华大学出版社，2013.

［24］李莹，等．开放教育资源的国际视野——域外观察与本土实践［M］．北京：中央广播电视大学出版社，2015.

［25］厉以贤．学习社会的理念与建设［M］．成都：四川教育出版

社，2004.

［26］联合国教科文组织国际教育发展委员会．学会生存：教育世界的今天和明天［M］．上海师范大学外国教育研究室，等译．上海：上海译文出版社，1979.

［27］刘徐湘．高等教育评估论［M］．昆明：云南科技出版社，2008.

［28］刘兆宇．19世纪英格兰高等教育变革研究［M］．合肥：中国科学技术大学出版社，2008.

［29］鲁洁．教育社会学［M］．北京：中国人民大学出版社，2006.

［30］马建生．高等教育质量保证体系的国际比较研究［M］．北京：北京师范大学出版社，2014.

［31］孟普庆．近代英国成人劳动教育运动史［M］．南京：国立中央大学新声社推广部，1930.

［32］潘懋元，李国强．现代终身教育理论与中国教育发展［M］．北京：高等教育出版社，2017.

［33］钱乘旦，陈晓律．在传统与变革之间——英国文化模式溯源［M］．杭州：浙江人民出版社，1996.

［34］乔冰，张德祥．终身教育论［M］．沈阳：辽宁教育出版社，1992.

［35］瞿葆奎．英国教育改革［M］．北京：人民教育出版社，1993.

［36］束定芳，陈素燕．大学英语教学成功之路——宁波诺丁汉大学“专业导向”英语教学模式的调查［M］．上海：上海外语教育出版社，2010.

［37］孙福万，杜若，刘永权．英国开放大学研究［M］．北京：中央广播电视大学出版社，2015.

［38］唐霞．英国高等教育质量保证体系［M］．北京：北京师范大学出版社，2012.

［39］田恩舜．高等教育质量保证模式研究［M］．青岛：中国海洋大学出版社，2007.

［40］王承绪，徐辉．战后英国教育研究［M］．南昌：江西教育出版社，1992.

［41］王承绪．伦敦大学［M］．长沙；湖南教育出版社，1995.

［42］王雁琳．政府和市场的博弈：英国技能短缺问题研究［M］．杭州：浙江大学出版社，2013.

［43］王跃．远程教材编写方法——基于英国开放大学的实践经验［M］．北京：高等教育出版社，2010.

［44］韦润芳．中国广播电视大学与英国开放大学：比较研究［M］．南京：译林出版社，2008.

［45］吴雪．英国高等教育质量管理制度变迁研究［M］．福州：福建教育出版社，2013.

［46］徐辉，郑继伟．英国教育史［M］．长春：吉林人民出版社，1993.

［47］徐毅鹏．21世纪初叶的中国高等教育［M］．北京：高等教育出版社，2000.

［48］许明．英国高等教育发展研究［M］．大连：辽宁师范大学出版社，1998.

［49］阎宗临．欧洲文化史论［M］．桂林：广西师范大学出版社，2007.

［50］杨钢．质量无惑：世界质量总是克劳士比省思录［M］．北京：中国城市出版社，2002.

［51］叶澜．教育研究及其方法［M］．北京：中国科学技术出版社，1990.

［52］易红郡．英国教育的文化阐释［M］．上海：华东师范大学出版社，2009.

［53］易红郡．战后英国高等教育政策研究［M］．长沙：湖南师范大学出版社，2016.

［54］殷企平．英国高等科技教育［M］．杭州：杭州大学出版社，1995.

［55］张泰金．英国的高等教育历史·现状［M］．上海：上海外语教育大学出版社，2008.

［56］张卫星．人力资源管理［M］．北京：北京工业大学出版社，2009.

［57］张新生．英国成人教育史［M］．济南：山东教育出版社，1993.

［58］章玳．开放教育课程与教学支持研究［M］．南京：南京大学出版社，2015.

［59］郑俊涛，王琪．走进世界名校：英国［M］．上海：上海交通大学出版社，2013.

［60］中国社会科学院语言研究所词典编辑室．现代汉语词典［M］．北京：商务印书馆，2016.

［61］周洪宇，等．教育公平论［M］．北京：人民教育出版社，2010.

三、中文论文

［1］陈振．终身教育理念下英国产业大学的发展研究［D］．福州：福建师范大学，2007.

［2］李敏．英国高等教育质量保障体系的文化分析［D］．武汉：武汉理工大学，2008.

［3］李青青．中英远程开放教育质量保障体系比较研究［D］．西安：陕西师范大学，2012.

［4］潘俞颖．英国开放大学发展模式对我国建立开放大学的启示［D］．成都：四川师范大学，2013．

［5］王龙．中国高等教育精品课程资源共建共享的现状、问题、对策与相关分析［D］．北京：首都师范大学，2006．

［6］王敏．国外不同 MOOC 的教学设计比较研究［D］．西安：陕西师范大学，2014．

［7］王玉．以学习活动为导向的 MOOC 内容设计与学习成效评估［D］．上海：华东师范大学，2015．

［8］杨艳平．英国高等教育质量保障署研究［D］．保定：河北大学，2011．

［9］叶斌．关于构建电大远程开放教育教学质量控制系统的探讨［D］．福州：福建师范大学，2006．

［10］张彬．开放教育资源的构建模式研究［D］．保定：河北大学，2012．

［11］张娜．英国产业大学特色研究［D］．北京：中央民族大学，2008．

［12］张铁斌．开放教育资源（OER）国际比较研究［D］．上海：华东师范大学，2012．

［13］祝金平．走向优质教育资源（OER）实质性结合的国际化——中英合作办学模式变迁的案例研究［D］．成都：四川师范大学，2006．

四、中文期刊

［1］白滨，陈丽．解读英国开放大学的质量保证——访英国开放大学质量保证专家 Steven Swithenby 教授［J］．中国远程教育，2009（11）．

[2] 白滨，年智英. 英国开放大学如何保证工程类专业网络教育的教学质量？——访英国远程教育质量保证协会理事 Mark Endean 先生 [J]. 中国远程教育，2009 (8).

[3] 保罗·川内. 开放教育资源质量保证准则——TIPS 框架 [J]. 肖俊洪，杨伟燕，译. 中国远程教育，2013 (10).

[4] 保罗·川内. 开放教育资源 TIPS 质量保证框架的验证研究 [J]. 肖俊洪，译. 中国远程教育，2014 (11).

[5] 蔡基刚. 宁波诺丁汉大学和复旦大学的大学英语教学模式差异研究 [J]. 中国大学教学，2011 (1).

[6] 陈然，杨成. SPOC 混合学习模式设计研究 [J]. 中国远程教育，2015 (5).

[7] 丁兴富，王龙. 麻省理工学院开放课件运动评述 [J]. 中国电化教育，2004 (10).

[8] 冯瑞. 世界名校开放课热潮对中国精品课程建设的启示 [J]. 中国电化教育，2012 (2).

[9] 顾美玲. 中外合作办学的经验与启示——以宁波诺丁汉大学和西交利物浦大学为例 [J]. 世界教育信息，2012 (11).

[10] 郭婧. 英国大学教师发展的经验及启示——以诺丁汉大学为例 [J]. 黑龙江高教研究，2013 (11).

[11] 韩宗礼. 试论教育资源的效率 [J]. 河北大学学报 (哲学社会科学版)，1982 (4).

[12] 洪明. 英国产业大学与学习化社会 [J]. 开放教育研究，2001 (1).

[13] 洪明. 英国终身学习的新变革——“产业大学”的理念与实践 [J]. 比较教育研究，2001 (4).

[14] 黄丹青. 英国产业大学的发展及其特色 [J]. 中国电化教育，2001 (8).

［15］贾汇亮．高等教育质量保障与评价机制建设［J］．高教探索，2003（1）．

［16］教育发展研究编辑部．英国高等教育模式的本土化实践——记宁波诺丁汉大学［J］．教育发展研究，2010（3）．

［17］杰里米·诺克斯．慕课革命进展如何：慕课的三大变化主题［J］．中国远程教育，2018（1）．

［18］金慧，兰丽宁．创建优质的开放教育资源：质量保障和评估——访国际开放与远程教育协会秘书长嘉德·泰斯托泰［J］．远程教育杂志，2015（9）．

［19］金慧，刘迪，李艳．打造社交型高质量慕课平台——访英国FutureLearn公司总裁西蒙·尼尔森［J］．世界教育信息，2015（1）．

［20］李玲静．OpenLearn：一个可持续的开放学习系统［J］．现代教育技术，2010（4）．

［21］李亚婉．开放教育资源：国际远程开放教育领域的热点话题［J］．中国远程教育，2007（9）．

［22］刘芳，孙福万等．MOOCs背景下的开放大学课程建设［J］．中国远程教育，2015（1）．

［23］刘宇．MOOC冲击下国家精品视频公开课的SWOT分析［J］．中国远程教育，2015（4）．

［24］刘志芳．开放教育资源（OER）在英国的应用研究及对中国的启示［J］．现代远距离教育，2014（3）．

［25］刘志芳．英国开放大学OpenLearn项目发展模式研究［J］．中国远程教育，2013（8）．

［26］罗朝猛．英国新国际教育战略计划鼓励海外学生赴英留学［J］．世界教育信息，2013（20）．

［27］罗琳霞，丁新．查尔斯·魏德迈远程教育理论与实践研究［J］．中国电化教育，2005（3）．

[28] 罗琳霞，丁新. 英国开放大学“开放学习”项目评述 [J]. 开放教育研究，2007 (4).

[29] 罗燚，石隆伟. 英国高校“教学卓越”的评价标准及其运用——以诺丁汉大学为例 [J]. 教师教育学报，2018 (2).

[30] 迈克尔·格雷厄姆·穆尔. 从无线电广播到虚拟大学：美国远程教育历史亲历者的反思 [J]. 肖俊洪，译. 中国远程教育，2014 (1).

[31] 帕特·阿特金斯. 探索一流的个性化综合学习支持 [J]. 肖俊洪，译. 中国远程教育，2013 (7).

[32] 秦农. 英国产业大学对我国创建开放大学的启示 [J]. 开放教育研究，2011 (1).

[33] 秦农. 远程开放教育的营销观念与策略刍议——访英国产业大学的启示 [J]. 陕西广播电视大学学报，2002 (1).

[34] 任丽. 英国 FutureLearn 将推出优势专业课程 [J]. 世界教育信息，2015 (14).

[35] 桑云都·瑞哈·利亚纳古纳瓦德纳，安德鲁·亚历山大·亚当斯，雪莉·安·威廉姆斯. MOOCs 已发表文献（2008—2012）的系统研究 [J]. 中国远程教育，2014 (3).

[36] 孙贵聪. 英国大学特许状及其治理意义 [J]. 比较教育研究，2006 (1).

[37] 孙珂. 中外合作大学三维质量保证体系的国际导向探析 [J]. 比较教育研究，2013 (8).

[38] 唐燕儿，丁新. 博瑞·霍姆伯格远程教育思想研究 [J]. 中国电化教育，2004 (5).

[39] 陶媛. 英国加入全球在线大学竞赛 [J]. 世界教育信息，2013 (21).

[40] 王承冰，何济玲，陈仕品. 英国开放大学开放学习项目质量

保证体系研究［J］. 中国电化教育，2013（5）.

［41］王美静，王海荣. 基于学习者视角的国外 MOOC 平台比较研究及启示［J］. 现代教育技术，2014（7）.

［42］王小梅，丁新. 艾伦·泰特研究［J］. 中国电化教育，2004（11）.

［43］王左利. FutureLearn：以社交为标签 专访欧洲最大 MOOC 平台 Future Learn CEO Simon Nelson［J］. 中国教育网络，2014（7）.

［44］韦润芳. 大学的诞生——英国开放大学筹建史话［J］. 开放教育研究，2009（10）.

［45］韦润芳. 英国开放大学再认识：理念篇［J］. 开放教育研究，2010（4）.

［46］韦润芳. 英国开放大学再认识：溯源篇［J］. 开放教育研究，2010（1）.

［47］韦润芳. 英国开放大学再认识：研究篇［J］. 开放教育研究，2009（8）.

［48］魏志强，于家太. 迎接学习时代的挑战——英国的继续教育计划［J］. 比较教育研究，1999（3）.

［49］武丽志，丁新. 学生支持服务：大卫·西沃特的理论与实践［J］. 中国远程教育，2008（1）.

［50］肖朗，袁传明. 伦敦大学建立与近代英国高等教育改革——以第一特许状为考察中心［J］. 现代大学教育，2013（6）.

［51］易红郡，李慧迎. 19 世纪英国大学推广运动中的开放教育资源探究［J］. 大学教育科学，2018（5）.

［52］易红郡，李慧迎. 从开放大学到未来学习平台——二战后英国开放教育的创新及启示［J］. 天津师范大学学报（社会科学版），2018（6）.

［53］易红郡，李慧迎. 从自由学科到个性自由：西方自由教育的

现代转向［J］. 湖南师范大学教育科学学报，2017（3）.

［54］英国教育与就业部. 英国的产业大学——使人人都参与终身学习［J］. 曾子达，王晖，译. 教育参考资料，2000（15）.

［55］孙敏. 英国网络教育平台建设势头强劲［J］. 世界教育信息，2013（11）.

［56］于杨. 后大众化阶段高等教育质量保障的特点及发展趋势［J］. 高等教育研究，2016（3）.

［57］余胜泉，毛芳. 非正式学习——e-Learning 研究与实践新领域［J］. 电化教育研究，2005（10）.

［58］袁莉，余平，魏志慧. 开放教育资源的可持续发展——访英国联合信息系统委员会执行秘书长马尔科姆·里德博士［J］. 开放教育研究，2010（3）.

［59］袁益民. "管办评分离"改革与教育质量保障［J］. 高教发展与评估，2016（1）.

［60］约翰·丹尼尔. 从三角形到五边形：21 世纪的开放大学——在亚洲开放大学协会第 18 届年会上的主题报告［J］. 开放教育研究，2004（6）.

［61］张宝蓉. 无边界高等教育：西方发达国家高等教育发展的新概念——以美、英、澳三国为例［J］. 外国教育研究，2005（12）.

［62］张胜利. 开放大学的外部质量评估：英国高等教育质量保障署的成功经验［J］. 北京广播电视大学学报，2011（3）.

［63］张胜利. 英国开放大学兼职教师管理及对我国开放大学建设的启示［J］. 现代远距离教育，2011（4）.

［64］张湘洛. 英国诺丁汉大学海外办学之探索［J］. 洛阳师范学院学报，2013（4）.

［65］张应强，苏永建. 高等教育质量保障：反思、批判与变革［J］. 教育研究，2014（5）.

［66］赵国栋，黄永中，张捷．西方大学“开放教育资源运动”研究［J］．比较教育研究，2007（9）．

［67］赵卫．英国职业技术教育滞缓发展的原因浅析［J］．外国教育动态，1988（1）．

［68］祝智庭，余平．OER典型项目的剖析研究［J］．电化教育研究，2009（10）．

［69］祝智庭．“后慕课”时期的在线学习新样式［N］．中国教育报，2014-5-21（11）．

［70］张会杰．网上精品课程如何让学生受益［N］．中国教育报，2008-05-19（5）．

五、中文电子文献

［1］CSDN. Web1.0 和 Web 2.0 解读［DB/OL］.［2017-10-23］. https://blog.csdn.net/u011392148/article/details/9317787.

［2］百度百科．英国广播公司［DB/OL］．［2016-2-20］. https://baike.baidu.com/item/英国广播公司/1102043? fromtitle=bbc&fromid=922&fr=aladdin.

［3］孔子学院总部/国家汉办．关于孔子学院/课堂［DB/OL］．［2018-10-20］. http://www.hanban.edu.cn/confuciousinstitutes/node_10961.htm.

［4］宁波诺丁汉大学．大学概况［DB/OL］．［2017-03-12］. https://www.nottingham.edu.cn/cn/about/.

［5］优达学城（Udacity）．我们的愿景［DB/OL］．［2018-01-20］. https://cn.udacity.com/us.

［6］知识共享（中国大陆）．许可协议说明［DB/OL］．［2018-03-24］. http://creativecommons.net.cn/licenses/licenses_exp/.

[7] 知识共享（中国大陆）. 知识共享许可协议文本 [DB/OL]. [2018-03-24]. http://creative commons. net. cn/licenses/meet-the-licenses/.

[8] 中华人民共和国教育部. 教育部办公厅关于批准部分中外合作办学机构和项目终止的通知 [DB/OL]. (2018-06-21)[2018-7-15]. http://www. moe. gov. cn/srcsite/A20/moe_862/201807/t20180705_342056. html.

六、外文著作（含论文集）

[1] ADAMS H B. Summer schools and university extension[M]. New York:J. B. Lyon Company,1900.

[2] Association of MBAs. AMBA accreditation guidance for business school[M]. London:Association of MBAs,2017.

[3] Association of MBAs. MBA accreditation criteria[M]. London: Association of MBAs,2016.

[4] BARNETT R. Improving higher education: total quality care [M]. Buckingham:Open University Press,1992.

[5] BOURN J. Extending access to learning through technology: Ufi and the learndirect service[M]. London: The Stationery Office, 2005.

[6] BROWN R. Quality assurance in higher education: the UK experience since 1992[M]. London:Routledge Farmer,2004.

[7] CROSBY P B. Quality without tears[M]. New York: R. R. Donnelley & Sons Company,1995.

[8] DETLEF M, FRITZ R, BRIAN S. The rise of the modern educational system:structural change and social reproduction,1870-1920 [M]. Cambridge:Cambridge University Press,1987.

[9] DfES. Skills: Getting on in business, getting on at work[M]. Norwich: Stationery Office, 2005.

[10] DRAPER W H. University extension: a survey of fifty years (1873-1923)[M]. Cambridge: The University Press, 1923.

[11] GREEN D. What is quality in higher education[M]. Buckingham: Society for Research into Higher Education & Open University Press, 1994.

[12] HARMAN G. Quality assurance for higher education: developing and managing quality assurance in Higher Education System and Instruction in Asia and the Pacific[M]. Bangkok: UNESCO, 1996.

[13] HARTE N. The University of London, 1836-1986[M]. London: The Athlone Press Ltd. , 1986.

[14] HOOD N, LITTLEJOHN A. Quality in MOOCs: surveying the terrain[M]. British Columbia: The Commonwealth of Learning, 2016.

[15] JEMNI M, KINSHUK & KHRIBI MK. Open education: from OERs to MOOCs[M]. Berlin: Springer, 2016.

[16] KEAR K, ROSEWELL J, et al. Quality assessment for E-learning: a benchmarking approach[M]. Maastricht: European Association of Distance Teaching Universities, 2016.

[17] KELLY T. A history of Adult Education in Great Britain[M]. Liverpool: Liverpool University Press, 1970.

[18] KNOWLES M. Informal Adult Education: a guide for administrators, leaders, and teachers[M]. Chicago: Assoeiation Press, 1950.

[19] MACKINDER H J. University extensive: has it a future? [M]. Oxford: Oxford University Press, 1890.

[20] MACKINDER H J, SADLER M E. University extension, past, present, and future[M]. London: Macmillan, 1891.

[21] MANSBRIDGE A. University tutorial classes: a study in the development of higher education among working men and women[M]. London: Longmans, 1913.

[22] MILNER H. Piloting the University for Industry: report of the North East Project[M]. London: Institute for Public Policy Research, 1999.

[23] QAA. UK Quality Code for Higher Education Part A: setting and maintaining academic standards[M]. Gloucester: QAA, 2014.

[24] ROBERTS R D. Eighteen years of university extension[M]. Cambridge: The University Press, 1891.

[25] RUDY W. The university of Europe 1100-1914: a history[M]. London: Association University Presses, 1984.

[26] The Department for Education and Employment. The learning age: a renaissance for a new Britain[M]. London: Stationery Office, 1998.

[27] STEWART W A C. Higher education in postwar Britain[M]. London: The Macmillan Press LTD, 1989.

[28] VERDEJO F, DAVIES G. The virtual campus: trends for higher education and training[M]. London: Chapman & Hall, 1998.

[29] CRAFT A. Quality assurance in higher education, proceeding of an international conference[C]. London: The Falmer Press, 1992.

[30] University of London. University of London the historical record (1836-1912)[C]. London: University of London Press, 1912.

[31] KOULB N, KANWAR A. Perspectives on distance education: towards a culture of quality[C]. Vancouver: Commonwealth of Learning,

2006.

[32] European Association of Distance Teaching Universities (EADTU). Proceedings of the open and flexible higher education conference 2013 [C]. Maastricht: European Association of Distance Teaching Universities, 2013.

[33]PETAK W J. Quality and higher education in the 21st Century, proceeding of the Second Annual Symposium, role of academia in national competitiveness and total quality management[C]. Los Angeles: University of Southern California, 1991.

七、外文期刊

[1] COLLIS B, MARGARYAN A. Design criteria for work-based learning: Merrill's First Principles of instruction expanded[J]. British Journal of Educational Technology, 2005(5): 725-738.

[2] DOWNES S. Places to go: connectivism & connective knowledge [J]. Innovate: Journal of Online Education, 2008(5): 1-6.

[3] FERREIRA, HEAP. From print to Web: issues in re-purposing for an Open Resources Repository[J]. EADTU, 2006(11): 23-24.

[4] GARDNER J. Investigating theoretical support for first principles of instruction: a systematic review [J]. Midwest Journal of Educational Communication and Technology, 2011(1): 8-17.

[5] HILTON Ⅲ J, WILEY D, STEIN J, et al. The four 'R' s of openness and ALMS analysis: frameworks for open educational resources [J]. Open Learning, 2010, 25(1): 37-44.

[6] HO A D, CHUANG I, REICH J, et al. HarvardX and MITx: two years of Open Online Courses Fall 2012-Summer 2014 [J]. Ssrn

Electronic Journal,2015(3):1-37.

[7] HOOD N,LITTLEJOHN A. MOOC quality:the need for new measures[J]. Journal of Learning for Development-JL4D,2016(3):28-42.

[8] JOHNSTON B,ELTON L. German and UK higher education and graduate employment:the interface between systemic tradition and graduate views[J]. Comparation Education,2005(3):351-373.

[9] LAW P, PERRYMAN L A. How OpenLearn supports a business model for OER[J]. Distance Education,2017(1):5-22.

[10] LAW P. Digital badging at The Open University:recognition for informal learning[J]. Open Learning:The Journal of Open,Distance and e-Learning,2015(3):221-234.

[11] LAW P. Recognising informal elearning with digital badging: evidence for a sustainable business model[J]. Open Praxis,2015(4):299-310.

[12] LAW P,JELFS A. Ten years of open practice:a reflection on the impact of OpenLearn[J]. Open Praxis,2016(2):143-149.

[13] MARGARYAN A,BIANCO M,LITTLEJOHN A. Instructional quality of Massive Open Online Courses(MOOCs)[J]. Computers & Education,2015(80):77-83.

[14] MERRILL M D. First principles of instruction[J]. Educational Technology Research and Development,2002(3):43-59.

[15] MILLIGAN C,LITTLEJOHN A,MARGARYAN A. Patterns of Engagement in Connectivist MOOCs[J]. Journal of Online Learning and Teaching,2013(2):149-159.

[16] OKADA A, CONNOLLY T. Designing Open Educational Resources through Knowledge Maps to enhance meaningful learning[J]. International Journal of Learning,2008(7):209-220.

[17] ROSEWELL J, JANSEN D. The OpenupEd quality label: Benchmarks for MOOCs[J]. International Journal for Innovation and Quality in Learning, 2014(3): 88-100.

[18] SADLER P M, GOOD E. The impact of self-and peer-grading on student learning[J]. Educational Assessment, 2006(1): 1-31.

[19] SEWART D. Student support system in distance education [J]. Open Learning, 1993(3): 3-12.

[20] STEPHENSON J, SAXTON J. Using the Internet to gain personalized degrees from learning through work: some experience from Ufi[J]. Industry and Higher Education, 2005, 19(3): 249-258.

[21] TAIT A. From place to virtual space: reconfiguring student support for distance and e-learning in the digital age[J]. Open Praxis, 2014(1): 5-16.

[22] THOMAS L. Student retention in higher education: the role of institutional habitus[J]. Journal of Education Policy, 2002(4): 423-442.

[23] UNSWORTH J M. The next wave: liberation technology[J]. Chronicle, 2004(7): 36.

[24] YORKE M. Developing a quality culture in higher education [J]. Tertiary Education and Management, 2000(6): 19-36.

八、研究报告

[1] ALLEN I E, SEAMAN J. Changing course: ten years of tracking online education in the United States[R]. Massachusetts: Babson College, 2013.

[2] ATKINS D E, BROWN J S, HAMMOND A L. A review of the Open Educational Resources (OER) movement: achievements, challenges,

and new opportunities[R]. The William and Flora Hewlett Foundation, 2007.

[3] BAYNE S, ROSS J. The pedagogy of the Massive Open Online Course: the UK view[R]. York: Higher Education Academy, 2014.

[4] CALLENDER C, RAMSDEN P, GRIGGS J. Review of the National Student Survey[R]. Bristol: HEFCE, 2014.

[5] CAMPBELL M. Skills in England 2001: the research report [R]. London: Learning and Skills Council, 2001.

[6] CVCP, HEFCE. The business of borderless education: UK perspectives[R]. London: Committee of Vice-Chancellors and Principals, 2000.

[7] Department for Business, Innovation and Skills. The maturing of the MOOC: literature review of Massive Open Online Courses and other forms of online distance learning [R]. London: Department for Business, Innovation and Skills, 2013.

[8] Department for Business, Innovation and Skills. International educationr: global growth and prosperity [R]. London: Department for Business, Innovation and Skills, 2013.

[9] EUA. Quality culture in European universities: a bottom-up approach[R]. Brussels: European University Association, 2006.

[10] GARRETT R. International branch campuses: scale & significance[R]. London: The Observatory on Borderless Higher Education, 2002.

[11] GARRETT R, VERBIK L. Transnational delivery by UK higher education, part 1: data & missing data[R]. London: The Observatory on borderless higher education, 2004.

[12] HAYES, S. MOOCs and quality: a review of the recent

literature[R]. Gloucester:QAA,2015.

[13] HEBRG. Professional, statutory and regulatory bodies: an exploration of their engagement with higher education [R]. London: Higher Education Better Regulation Group,2011.

[14] HEFCE. UK review of the provision of information about higher education: National Student Survey results and trends analysis 2005-2013[R]. Bristol:HEFCE,2014.

[15] HEFCE. UK review of the provision of information about higher education:results and analysis for the 2015 pilot of the National Student Survey[R]. Bristol:HEFCE,2015.

[16] HEGlobal. The scale and scope of UK higher education transnational education[R]. London:UK HE International Unit,2016.

[17] HOOSEN S. Survey on governments' Open Educational Resources(OER) policies[R]. UNESCO and COL,2012.

[18] INAMORATO-DOS S A, PUNIE Y, CASTAO-MUOZ J. Opening up education:a support framework for higher education institutions [R]. Seville:European Union,2016.

[19] Ipsos MORI. UK review of the provision of information about higher education: further analysis into "yea-saying" in the National Student Survey[R]. Bristol:HEFCE,2015.

[20] JOHNSTONE S. Open Educational Resources and Open Content, background note [R]. Internet Discussion Forum on Open Educational Resources,2005.

[21] KNIGHT J, MCNAMARA J. Transnational education: classification framework and data collection guidelines for International Programmer and Provider Mobility (IPPM) [R]. London: The British Council,2017.

[22] LAWTON W, JENSEN S. An early-warning system for TNE: understanding the future global network connectivity and service needs of UK higher education[R]. London: The Observatory on borderless higher education, 2015.

[23] LOUKKOLA T, ZHANG T. Examining quality culture: part 1-quality assurance processes in higher education institutions[R]. Brussels: European University Association, 2010.

[24] MCANDREW P, SANTOS A. OpenLearn research report 2006-2008[R]. Milton Keynes: The Open University, 2009.

[25] MCINTYRE C. UK MOOC report 2016: an insight into MOOCs[R]. MoocLab, 2016.

[26] MCNAMARA J, KNIGHT J. Transnational education data collection systems: awareness, analysis, action[R]. London: The British Council, 2015.

[27] NUS and NUS Service. Students' views on learning methods and OER in higher education[R]. The high Educational Academy, 2013.

[28] OECD. Giving knowledge for free: the emergence of Open Educational Resources[R]. OECD, 2007.

[29] Office of Communications. The consumer experience [R]. London: Office of Communications, 2006.

[30] Ofsted. Focused monitoring visit: UfI Ltd (North West Region), 17 March 2010[R]. London: Ofsted, 2010.

[31] Ofsted. Inspection report: Ufi Ltd (North West Region), 13 August 2009[R]. London: Ofsted, 2009.

[32] Ofsted. Inspection report: learndirect, 12-21 March 2013[R]. London: Ofsted, 2013.

[33] Ofsted. Inspection report: learndirect Ltd, 20-23 March 2017

[R]. London:Ofsted,2017.

[34] Ofsted. Partial reinspection report: UFI Ltd (North West Region),28 July 2010[R]. London:Ofsted,2010.

[35] PAGE R,NEWTON B. An evaluation of the UfI/learndirect telephone guidance trial[R]. London: Department for Education and Skills,2007.

[36] QAA and British Council. Cultures of quality:an international perspective[R]. Gloucester:QAA,2015.

[37] QAA. Chapter B10:managing higher education provision with others[R]. Gloucester:The Quality Assurance Agency for Higher Education, 2018.

[38] QAA. Higher education review of The University of Nottingham [R]. Gloucester:The Quality Assurance Agency for Higher Education, 2016.

[39] QAA. Higher education review of The Open University(2009) [R]. Gloucester:The Quality Assurance Agency for Higher Education, 2009.

[40] QAA. Higher education review of The Open University(2015) [R]. Gloucester:The Quality Assurance Agency for Higher Education, 2015.

[41] QAA. Higher education review of The Open University(2016) [R]. Gloucester:The Quality Assurance Agency for Higher Education, 2016.

[42] QAA. Review of UK transnational education in China 2012: overview[R]. Gloucester: The Quality Assurance Agency for Higher Education,2013.

[43] QAA. Transnational education review[R]. Gloucester: The

Quality Assurance Agency for Higher Education, 2017.

[44] Stationery Office. Higher education: report of the committee appointed by the Prime Minister under the Chairmanship of Lord Robbins (1961-63)[R]. London: Her Majesty's Stationery Office, 1963.

[45] SHEAR L, MEANS B, LUNDH P. Research on open: OER Research Hub review and futures for research on OER[R]. Menlo Park: SRI International, 2015.

[46] The Open University. Equality and diversity annual report(2015): monitoring data: student feedback[R]. Milton Keynes: The Open University, 2015.

[47] The Open University. Equality and diversity annual report(2016): monitoring data: associate lecturer staff[R]. Milton Keynes: The Open University, 2016.

[48] The Open University. Equality and diversity annual report(2016): monitoring data: internal staff[R]. Milton Keynes: The Open University, 2016.

[49] The Open University. Equality and diversity annual report(2016): monitoring data: student complaints[R]. Milton Keynes: The Open University, 2016.

[50] The Open University. Equality and diversity annual report(2016): monitoring data: student feedback[R]. Milton Keynes: The Open University, 2016.

[51] The Open University. Equality and diversity annual report(2016): monitoring data: student participation, completion and Attainment[R]. Milton Keynes: The Open University, 2016.

[52] The Open University. The Open University annual report 2012-2013[R]. Milton Keynes: The Open University, 2013.

[53] The University of Edinburgh. MOOCs @ Edinburgh 2013-Report # 1[R]. Scotland: The University of Edinburgh, 2013.

[54] The University of Nottingham. Global strategy 2020 [R]. Nottingham: The University of Nottingham, 2015.

[55] The University of Nottingham. Educational enhancement and assurance review handbook[R]. Nottingham: The University of Nottingham, 2016.

[56] SIORA G. The scale and scope of UK higher education transnational education[R]. HEGlobal, 2016.

[57] SURSOCK A. Examining quality culture part Ⅱ: processes and tools-participation, ownership and bureaucracy[R]. Brussels: European University Association, 2011.

[58] UNESCO, OECD. Guidelines for quality provision in cross-border higher education[R]. Paris: UNESCO and OECD, 2005.

[59] University of London International Programmes. Massive Open Online Course (MOOC) Report 2013 [R]. London: University of London, 2013.

[60] VALLE I L, BLAKE M. National adult learning survey 2001 [R]. London: Department for Education and Skills, 2001.

[61] VERBIK L, MERKLEY C. International branch campuses-models and trends[R]. London: The Observatory on Borderless Higher Education, 2006.

[62] VETTORI O. Examining quality culture part Ⅲ: from self-reflection to enhancement[R]. Brussels: European University Association, 2012.

九、英文论文

TEPLECHUK E. Emergent models of Massive Open Online Courses: an exploration of sustainable practices for MOOC institutions in the context of the launch of MOOCs at the University of Edinburgh[D]. Scotland: The University of Edinburgh, 2013.

十、英文电子文献

[1] ALAN R. Looking again at non-formal and informal education-towards a new paradigm[EB/OL]. (2007-02-03)[2017-03-19]. http://file.upi.edu/Direktori/FIP/JUR._PEND._LUAR_SEKOLAH/196111091987031001-MUSTOFA_KAMIL/nonformal%20education%20alan%20rogers%202.pdf.

[2] ANDERSON T, DRON J. Learning technology through three generations of technology enhanced distance education pedagogy[EB/OL]. (2012-09-17)[2016-05-12]. http://www.eurodl.org/materials/contrib/2012/Anderson_Dron.pdf.

[3] Association of MBAs. What we do[DB/OL]. [2017-10-20]. https://www.mbaworld.com/about-us.

[4] Assessment Services Ltd. Matrix quality standard for information advice and guidance services: guidance for organisations[EB/OL]. [2017-05-12]. http://matrixstandard.com/view-the-standard/.

[5] BANKS F. Using a structured approach to authoring OER content: an evaluation of two cases[DB/OL]. [2017-03-20]. http://www.ucel.ac.uk/oer10/index.html.

[6] BEVINS A. Blair："We'll build a welfare state for the 21st century"[EB/OL]. [2017-03-12]. http://www. independent. co. uk/news/blair-well-build-a-welfare-state-for-the-21st-century-1138878. html.

[7] CNR for Marchmont and Ufi. ICT connectivity toolkit[EB/OL]. [2016-01-21]. https://www. marchmont. ac. uk%2FDocuments%2FITC_Connectivity_Toolkit. pdf.

[8] CLOVER D. Special relations：The University of London and the University College of the West Indies[EB/OL]. (2012-7-6)[2016-10-22]. http://sas-space. sas. ac. uk/5170/1/Special_Relations_The_University_of_London_and_the_University_College_of_the_West_Indies. pdf.

[9] COL. About the common wealth of learning[DB/OL]. [2017-11-15]. https://staging. col. org/about/what-commonwealth-learning.

[10] COL. Excellence in distance education awards[DB/OL]. [2017-11-15]. https://staging. col. org/about/pan-commonwealth-forum/excellence-distance-education-awards.

[11] COL. Fifth Pan-Common wealth Forum on Open Learning (PCF5)[DB/OL]. [2017-11-15]. https://staging. col. org/about/pan-commonwealth-forum/fifth-pan-commonwealth-forum-open-learning-pcf5.

[12] Commission of the European Communities. A memorandum on lifelong learning[DB/OL]. [2016-5-23]. https://www. ucc. ie/archive/hdsp/Memorandum%20on%20Lifelong%20 Learning_memoen. pdf.

[13] COOPER K. FutureLearn is UK's chance to "fight back", says OU vice-chancellor[DB/OL]. [2017-07-15]. https://www. theguardian. com/higher-education-network/blog/2012/dec/20/futurelearn-uk-moocs-martin-bean? INTCMP=SRCH.

[14] Coursera. We envision a world where anyone, anywhere can transform their life by accessing the world's best learning experience [DB/OL]. [2018-01-20]. https://about. coursera. org/.

[15] Creative Commons. Attribution-NonCommercial-ShareAlike 4. 0 International(CC BY-NC-SA 4. 0)[DB/OL]. [2018-03-24]. https://creativecommons. org/licenses/by-nc-sa/4. 0/deed. en_GB.

[16] DANIEL J, WEST P, ANTONI S D, et al. Elearning and free open source software: the key to global mass higher education? [EB/OL]. [2016-4-20]. http://oasis. col. org/handle/11599/1428.

[17] D'ANTONI, SUSAN. Open educational resources: the way forward[EB/OL]. [2015-11-20]. http://stoa. usp. br/liliansta/files/-1/2843/OER+Way+Forward+final+version. pdf.

[18] DfES, LSC, Ufi. Information, advice and guidance for adults: the national policy framework and action plan[EB/OL]. [2017-03-15]. http://www. lifelonglearning. co. uk/IAG.

[19] DOWNES S. The quality of massive open online courses[DB/OL]. [2018-01-20]. https://www. downes. ca/post/66145.

[20] DOWNES, STEPHEN. Places to go: OpenLearn[DB/OL]. [2017-10-23]. http://nsuworks. nova. edu/innovate/vol3/iss2/7.

[21] Education, Trainning Foundation. Professional standards for teachers and trainers in education and training[EB/OL]. [2017-05-25]. http://www. et-foundation. co. uk/wp-content/uploads/2014/05/ETF_Professional_Standards_Digital_FINAL. pdf.

[22] edX. About edX: the mission[DB/OL]. [2018-01-20]. https://www. edx. org/about-us.

[23] European Commission. background document-Public Consultation, Science 2. 0: science in transition[DB/OL]. [2018-10-17]. https: //ec.

europa. eu/research/consultations/science-2. 0/background. pdf.

[24] European Commission. Opening up education: innovative teaching and learning for all through new technologies and open educational resources[DB/OL]. [2018-10-11]. https://eur-lex. europa. eu/legal-content/EN/TXT/PDF/? uri=CELEX:52013DC0654&from=EN.

[25] European Commission. Vassiliou welcomes launch of first pan-European university MOOCs(massive open online courses)[DB/OL]. [2018-03-12]. http://europa. eu/rapid/press-release_IP-13-349_en. htm.

[26] FERREIRA G. Communicating, learning and the in-between: a study of the impact of open-access, informal online learning environments [EB/OL]. [2016-03-24]. http://oro. open. ac. uk/23922/1/Final_Report_GFerreira. pdf.

[27] FindAPhD. Research Excellence Framework (REF) 2014 results by university[EB/OL]. [2016-10-12]. https://www. findaphd. com/advice/finding/ref-by-uni. aspx.

[28] FutureLearn. Why FutureLearn? [DB/OL]. [2018-01-20]. https://www. futurelearn. com/.

[29] FutureLearn. Why FutureLearn is an effective way to learn[DB/OL]. [2017-06-02]. https://www. futurelearn. com/using-futurelearn/why-it-works.

[30] GALLEY R. Learning design at the Open University: introducing methods for enhancing curriculum innovation and quality[DB/OL]. [2018-03-12]. http://www. open. ac. uk/iet/learning-design/sites/www. open. ac. uk. iet. learning-design/files/files/ecms/web-content/Learning-Design-at-the-Open-University. pdf.

[31] GAMAGE D, FERNANDO S, PERERA I. Quality of MOOCs: a review of literature on effectiveness and quality aspects[EB/OL]. [2016-

03-24]. http://www. dilrukshigamage. com/uploads/2/4/4/0/24405507/literature_review-effectiveness_of_mooc. pdf.

[32]GRAINGER B. Introduction to MOOCs: avalanche, illusion or augmentation? [DB/OL]. [2018-01-20]. http://citeseerx. ist. psu. edu/viewdoc/download? doi=10. 1. 1. 650. 4611&rep=rep1& type=pdf.

[33] HEFCE. 2012 National Student Survey questions[EB/OL]. [2016-05-10]. http://www. hefce. ac. uk/lt/nss/results/2012/.

[34] HEFCE. A new National Student Survey for 2017[EB/OL]. [2017-10-08]. http://www. hefce. ac. uk/pubs/year/2016/CL302016/.

[35] HEFCE. National Student Survey[EB/OL]. [2017-10-08]. http://www. hefce. ac. uk/lt/nss/results/.

[36] HEFCE. Review of information about learning and teaching, and the student experience: summary of responses to consultation on changes to the National Student Survey, unistats and information provided by institutions[EB/OL]. [2017-05-10]. http: // www. hefce. ac. uk/lt/roiconsult/, 2016-08/.

[37] JISC. The free learning revolution[DB/OL]. [2018-03-12]. https://www. jisc. ac. uk/news/the-free-learning-revolution-simon-nelson-futurelearn-22-jul-2015-inform.

[38] KEAR K, WILLIAMS K, ROSEWELL J. Excellence in e-learning: a quality enhancement approach[DB/OL]. [2018-03-12]. http://www. learning-innovations. eu/sites/learning-innovations. eu/files/2014/LINQ 2014 Proceedings final. pdf.

[39] KNIGHT J. Borderless, offshore, transnational and cross-border education: definition and data dilemmas[EB/OL]. [2016-10-22]. http://www. obhe. ac. uk/documents/view_details? id=35.

[40] MEROLA R. 250+and counting: what does IBC growth tell us

about the direction of the phenomenon and its place in CBHE? [EB/OL]. [2017-3-12]. http://www. obhe. ac. uk/documents/view_details?id=1052.

[41] LAW A. OpenLearn is Number 1[DB/OL]. [2016-10-14]. http://www. open. ac. uk/blogs/OpenMedia/.

[42] LAW P, PERRYMAN L A. Internal responses to informal learning data: testing a rapid commissioning approach[DB/OL]. [2017-03-20]. http://www. eurodl. org/materials/special/2015/Law_Perryman. pdf.

[43] Learndirect. Company history[EB/OL]. [2016-05-29]. http://www. learndirect. com/business/corporate-information-2/company-history/.

[44] Learndirect. Lnternal quality assurance using electronic systems [EB/OL]. [2016-04-24]. http://www. sqa. org. uk/files_ccc/Learndirect PresentationNov2014. pdf.

[45] Learndirect. Learndirect delivery staff qualification requirements [EB/OL]. [2016-03-21]. http://www. learndirect. com/business/wp-content/uploads/2015/04/learndirect-delivery-staff-qualification-requirements-March-2015-v1. 0-final. pdf.

[46] Learndirect. Learndirect voted a Business Superbrand 2014 [EB/OL]. [2016-03-12]. http://www. learndirect. com/business/news-events/press-releases/2014-press-releases/february-2014/learndirect-voted-a-business-superbrand-2014/.

[47] Learndirect. Our quality accreditations[EB/OL]. [2016-03-12]. http://www. learndirect. com/business/corporate-information-2/our-quality-standards/.

[48] Learndirect. Qualifications[DB/OL]. [2017-07-15]. http://www. learndirect. com/help/about-learndirect/our-products-and-services/

qualifications/.

[49] Learndirect. Traineeships[DB/OL]. [2017-06-02]. http://www. learndirect. com/help/about-learndirect/our-products-and-services/traineeships/.

[50] Learndirect. Who can get an Advanced Learner Loan? [DB/OL]. [2017-08-12]. http://www. learndirect. com/help/advanced-learning-loans/who-can-get-a-loan/.

[51] Learndirect. Why choose us? [DB/OL]. [2017-08-10]. http://www. learndirect. com/help/about-learndirect/our-products-and-services/apprenticeships/why-learndirect-apprenticeships/.

[52] MCANDREW P. Motivations for OpenLearn: the Open University's open content initiative[DB/OL]. [2016-04-25]. http://www. oerafrica. org/sites/default/files/resources/7673/motivations-open learn. pdf.

[53] MCANDREW P, WILSON T, MALONE S, et al. Repurposing resources as open content: studying the experiences of new providers [DB/OL]. [2017-03-20]. https://www. researchgate. net/publication/42798559_Repurposing_resources_as_open_content_studying_the_experiences_of_new_providers.

[54] MIT OpenCourseWare. About OCW[DB/OL]. [2017-10-23]. https://ocw. mit. edu/about/.

[55] MIT OpenCourseWare. MIT OpenCourseWare celebrates 15 years of open sharing[DB/OL]. [2017-10-23]. https://ocw. mit. edu/about/media-coverage/press-releases/mit-opencourseware-celebrates-15-years-of-open-sharing/.

[56] Mooclab. Learn how MoocLab can help you[DB/OL]. [2016-10-14]. https://www. mooclab. club/.

[57] MoocLab. MoocLab report: the global MOOC landscape-2017 [DB/OL]. https://www.mooclab.club/resources/mooclab-report-the-global-mooc-landscape-2017.214/, 2017-12-14/2018-04-22.

[58] MoocLab. MOOC platform comparison table-2018: a list of MOOC platforms around the world[DB/OL]. [2018-04-22]. https://www.mooclab.club/pages/mooc_comparison_2018/.

[59] Mooclab. Open courseware provider league table[DB/OL]. [2016-10-14]. https://www.mooclab.club/pages/ocw_league_table/.

[60] NICOLE T, STEVEN G, GISELLE F. Utilising Flash Meeting software in collaborative design-learning[DB/OL]. [2017-02-20]. http://hci4tel2008.blogspot.com/2008/08/utilizing-flashmeeting-software-in.html.

[61] Ofsted. Further education and skills inspection handbook[EB/OL]. [2018-03-12]. https://www.gov.uk/government/uploads/system/uploads/attachment_data/file/683094/Further_education_and_skills_inspection_handbook_for_use_from_February_2018.pdf.

[62] Ofsted. Ofsted strategy 2017-22[EB/OL]. [2018-03-12]. https://www.gov.uk/government/uploads/system/uploads/attachment_data/file/648212/Ofsted_strategy_2017-22.pdf.

[63] OKADA A. Knowledge media technologies for open learning in online communities[DB/OL]. [2017-03-12]. https://www.researchgate.net/publication/42795895.

[64] Online Course Report. State of the MOOC 2016: a year of massive landscape change for Massive Open Online Courses[EB/OL]. [2017-01-28]. http://www.onlinecoursereport.com/state-of-the-mooc-2016-a-year-of-massivelandscape-change-for-massive-open-online-courses/.

[65] OpenupEd. About OpenupEd[DB/OL]. [2018-03-12]. https://www.openuped.eu/39-about-openuped.

[66] O'REILY T. What is web 2. 0: design patterns and business models for the next generation of software[DB/OL]. [2017-10-23]. http://www. oreilly. com/pub/a/web2/archive/what-is-web-20. html? page=5.

[67] OpenLearn. How OpenLearn uses third-party content[DB/OL]. [2017-08-20]. http://www. open. edu/openlearn/get-started/how-openlearn-uses-third-party-content.

[68] OpenLearn. Looking for LearningSpace tools? [DB/OL]. http://www. open. edu/openlearn/about-openlearn/frequently-asked-questions/looking-learningspace-tools, 2017-07-24/2018-03-23.

[69] PARR C. Uclan to offer credit for Moocs[DB/OL]. [2017-07-15]. https://www. timeshighereducation. com/news/uclan-to-offer-credit-for-moocs/2008086. article.

[70] PAPPANO L. The year of the MOOC[DB/OL]. [2018-01-20]. https://www. nytimes. com/2012/11/04/education/edlife/massive-open-online-courses-are-multiplying-at-a-rapid-pace. html? _r=0.

[71] PLOTKIN H. Free to learn: an open educational resources policy development guidebook for community college governance officials [EB/OL]. [2015-12-5]. https://oerknowledgecloud. org/sites/oerknowledgecloud. org/files/FreetoLearnGuide-1. pdf.

[72] QAA. Subject benchmark statement: full list[DB/OL]. [2018-10-22]. https://www. qaa. ac. uk/en/quality-code/subject-benchmark-statements.

[73] QAA. Subject benchmark statement: biosciences[DB/OL]. [2018-10-22]. https://www. qaa. ac. uk/docs/qaa/subject-benchmark-statements/sbs-biosciences-15. pdf? sfvrsn=4eef781_26.

[74] QAA. The UK Quality code for higher education[EB/OL].

[2016-05-10]. http://www.qaa.ac.uk/assuring-standards-and-quality/the-quality-code.

[75] Research Assessment Exercise. Rae 2008[EB/OL]. [2016-06-10]. http://www.rae.ac.uk/results/.

[76] ROBERT S, ANDREW L, et al. A comparison of production processes for OER[DB/OL]. [2017-03-20]. http://conference.ocwconsortium.org/index.php/2011/cambridge/paper/view/126.

[77] RODRIGO C, READ T, SANTAMARÍA M, SÁNCHEZ-ELVIRA A. OpenupEd label for MOOC quality assurance: UNED COMA initial self-evaluation[DB/OL]. [2018-06-12]. https://www.researchgate.net/publication/264118654.

[78] ROSEWELL J. OpenupEd label, quality benchmarks for MOOCs [DB/OL]. [2018-06-22]. https://www.openuped.eu/images/docs/OpenupEd_quality_label_-_Version1_0.pdf.

[79] SurveyMonkey. Ask more, know more, do more[DB/OL]. [2018-10-21]. https://www.surveymonkey.com/mp/take-a-tour/? ut_source=megamenu.

[80] TATE A. Coursera AI planning MOOC statistics 2013[DB/OL]. [2017-07-15]. http://blog.inf.ed.ac.uk/atate/2013/03/12/coursera-ai-planning-mooc-statistics/.

[81] TATE A. Coursera AI planning MOOC interview[DB/OL]. [2018-03-24]. http://blog.inf.ed.ac.uk/atate/2013/09/24/coursera-ai-planning-mooc-interview/.

[82] The Institution of Engineering and Technology. About Us [DB/OL]. [2016-07-12]. https://www.theiet.org/about/index.cfm?origin=foot-about.

[83] The Open University. Career Development and Staff Appraisal

(CDSA) policy[EB/OL]. [2017-04-12]. http://www.open.ac.uk/foi/main/sites/www.open.ac.uk.foi.main/files/files/ecms/human-resources/c/career-development-and-staff-appraisal-CDSA/Career-Development-and-Staff-Appraisal-Policy-HRP064.pdf.

[84] The Open University. Careers and employability services statement of service[EB/OL]. [2017-06-17]. http://www.open.ac.uk/students/charter/sites/www.open.ac.uk.students.charter/files/files/ecms/web-content/careers-statement.pdf.

[85] The Open University. Charter and statutes[EB/OL]. [2016-12-20]. http://www.open.ac.uk/about/main/sites/www.open.ac.uk.about.main/files/files/ecms/web-content/about-university-charter/pdf.

[86] The Open University. Degrees and courses for international students[EB/OL]. [2017-05-06]. http://www.openuniversity.edu/.

[87] The Open University. Facts and figures 2014/15[EB/OL]. [2017-3-15]. http://www.open.ac.uk/about/main/sites/www.open.ac.uk.about.main/files/files/fact_figures_1415_uk.pdf.

[88] The Open University. Generic person specification[EB/OL]. [2017-04-10]. http://www.open.ac.uk/jobs/tutors/teaching-roles/generic-person-specification.

[89] The Open University. Monitoring reports[DB/OL]. [2018-10-17]. http://www.open.ac.uk/equality-diversity/content/monitoring-reports.

[90] The Open University. Probation policy[EB/OL]. [2017-04-12]. http://www.open.ac.uk/foi/main/sites/www.open.ac.uk.foi.main/files/files/ecms/human-resources/r/recruitment/Probation-Policy-HRP074.pdf.

[91] The Open University. Quality and standards in the Open

University fact sheet 2:Framework for Academic Quality and Standards [EB/OL]. [2016-12-20]. http://www. open. ac. uk/about/main/sites/www. open. ac. uk. about. main/files/files/ecms/web-content/qas-fss-factsheet2. pdf.

[92] The Open University. Quality and standards in the Open University fact sheet 3:Internal Review[EB/OL]. [2016-12-20]. http://www. open. ac. uk/about/main/sites/www. open. ac. uk. about. main/files/files/ecms/web-content/qas-fss-factsheet3. pdf.

[93] The Open University. Quality and standards in the Open University fact sheet 4:Assessment and Qualification[EB/OL]. [2016-12-20]. http://www. open. ac. uk/about/main/sites/www. open. ac. uk. about. main/files/files/ecms/web-content/qas-fss-factsheet4. pdf.

[94] The Open University. Quality and standards in the Open University fact sheet 6:Student Support and Guidance[EB/OL]. [2016-12-20]. http://www. open. ac. uk/about/main/sites/www. open. ac. uk. about. main/files/files/ecms/web-content/qas-fss-factsheet6. pdf.

[95] The Open University. Quality and standards in the Open University fact sheet 7: Staff[EB/OL]. [2016-12-20]. http://www. open. ac. uk/about/main/sites/www. open. ac. uk. about. main/files/files/ecms/web-content/qas-fss-factsheet7. pdf.

[96] The Open University. Recruitment & selection process guide [EB/OL]. [2017-04-10]. http://www. open. ac. uk/foi/main/sites/www. open. ac. uk. foi. main/files/files/ecms/human-resources/r/recruitment/Recruitment-and-selection-process-guide-HRG314. pdf.

[97] The Open University. Student home[EB/OL]. [2017-05-06]. http://www. open. ac. uk/students/.

[98] The Open University. Teaching & Learning[EB/OL]. [2016-04-

23]. http://www. open. ac. uk/about/main/strategy/teaching-learning-ou.

[99] The Open University. Terms and conditions of service: academic staff group[EB/OL]. [2017-04-12]. http://www. open. ac. uk/about/employment/sites/www. open. ac. uk. about. employment/files/files/ecms/web-content/Terms-and-Conditions-Academic-Staff-HRP037_OUJobPage. pdf.

[100] The Open University. Terms and conditions: academic related staff[EB/OL]. [2017-04-12]. http://www. open. ac. uk/about/employment/node/211.

[101] The Open University. Terms and conditions of service: for support staff[EB/OL]. [2017-04-12]. http://www. open. ac. uk/foi/main/sites/www. open. ac. uk. foi. main/files/files/ecms/human-resources/t/terms-and-conditions/Terms-and-Conditions-Support-Staff-HRP038. pdf.

[102] The Open University. The Open University equality scheme 2016-2020[EB/OL]. [2017-04-22]. http://www. open. ac. uk/equality-diversity/sites/www. open. ac. uk. equality-diversity/files/files/ecms/web-content/Equality-Scheme-Revisions-FINAL. pdf.

[103] The Open University. The Open University announces new fees of £5,000 in England[DB/OL]. [2015-12-13]. http://www3. open. ac. uk/media/fullstory. aspx? id=21596.

[104] The Open University. Tutoring vacancies[EB/OL]. [2017-04-10]. http://www. open. ac. uk/jobs/tutors/.

[105] The Open University. Why study a free course on OpenLearn? [DB/OL]. [2018-03-23]. http://www. open. edu/openlearn/about-openlearn/try.

[106] The University of Nottingham. Academic progression and

award regulations[DB/OL]. [2017-10-15]. https://www. nottingham. ac. uk/academicservices/qualitymanual/apar/academic-progression-and-award-regulations. aspx.

[107] The University of Nottingham. AMBA awards five-year re-accreditation for the Nottingham MBA[DB/OL]. [2017-10-18]. https://www. nottingham. edu. my/NewsEvents/News/2015/AMBA-awards-five-year-re-accreditation-for-the-Nottingham-MBA. aspx.

[108] The University of Nottingham. Annual monitoring [DB/OL]. [2017-10-16]. https://www. nottingham. ac. uk/academicservices/qualitymanual/curriculum/annual-monitoring. aspx.

[109] The University of Nottingham. Appointment and responsibilities of External Examiners[DB/OL]. [2017-10-15]. https://www. nottingham. ac. uk/academicservices/qualitymanual/assessmentandawards/appointment-and-responsibilities-of-external-examiners. aspx.

[110] The University of Nottingham. Awards[DB/OL]. [2017-10-15]. https://www. nottingham. ac. uk/professional development/learnin gandteaching/awards/index. aspx.

[111] The University of Nottingham. Business case for a new programme-template[DB/OL]. [2017-10-12]. https://www. nottingham. ac. uk/academicservices/qualitymanual/curriculum/businesscaseforanew programme-template. aspx.

[112] The University of Nottingham. Degree classification [DB/OL]. [2017-10-15]. https://www. nottingham. ac. uk/academicservices/qualitymanual/assessmentandawards/degree-classification. aspx.

[113] The University of Nottingham. Educational enhancement and assurance review[DB/OL]. [2017-10-16]. https://www. nottingham. ac. uk/academicservices/qualitymanual/curriculum/teaching-and-learning-

review. aspx.

[114] The University of Nottingham. Lord dearing awards[DB/OL]. [2017-10-12]. https://www. nottingham. ac. uk/professionaldevelopment/learningandteaching/awards/dearingawards/index. aspx.

[115] The University of Nottingham. Minimum English Language entry requirements[DB/OL]. [2018-07-15]. https://www. nottingham. ac. uk/academicservices/qualitymanual/admissions/minimum-english-anguage-entry-requirements. aspx.

[116] The University of Nottingham. Peer Observation College (POC)[DB/OL]. [2017-10-12]. https://www. nottingham. ac. uk/professionaldevelopment/learningandteaching/poc/index. aspx.

[117] The University of Nottingham. Policy on occasional teachers [DB/OL]. [2017-10-12]. https://www. nottingham. ac. uk/academicservices/qualitymanual/teachingandlearning/policyonoccasionalteachers. aspx.

[118] The University of Nottingham. Programme specification regulations and guidance[DB/OL]. [2017-10-12]. https://www. nottingham. ac. uk/academicservices/qualitymanual/curriculum/programmespecificationguidance. aspx.

[119] The University of Nottingham. Quality manual[DB/OL]. [2017-10-12]. https://www. nottingham. ac. uk/academicservices/qualitymanual/aboutthequalitymanual. aspx.

[120] The University of Nottingham. Research excellence[EB/OL]. [2017-4-11]. https://www. nottingham. ac. uk/about/facts/researchexcellence. aspx.

[121] The University of Nottingham. Staff oscars winners(2014-15)[DB/OL]. [2017-10-12]. https://www. su. nottingham. ac. uk/education-network/staff-oscars/.

[122] The University of Nottingham. Student support and development: role and responsibilities of personal tutors[DB/OL]. [2017-10-15]. https://www. nottingham. ac. uk/academicservices/qualitymanual/studentsupport/studentsupportanddevelopment. aspx#PersonalDevelopmentGoals.

[123] The University of Nottingham. Student support and development: role and responsibilities of senior tutors[DB/OL]. [2017-10-15]. https://www. nottingham. ac. uk/academicservices/qualitymanual/studentsupport/studentsupportanddevelopment. aspx#ThePersonalTutorRoleandPersonalTuteeMeetings.

[124] TUOMI I. Open educational resources: what they are and why do they matter[EB/OL]. [2015-10-12]. http://citeseerx. ist. psu. edu/viewdoc/download? doi=10. 1. 1. 693. 9373 &rep=rep1&type=pdf,2006.

[125] SHUBBER K. UK education department to end Learndirect contracts after damning ofsted report[DB/OL]. [2017-08-17]. https://www. ft. com/content/33d41127-96f2-3295-9129-633af47df7a6.

[126] SQA. National Qualifications internal verification toolkit [EB/OL]. [2017-09-20]. https://www. sqa. org. uk/sqa/74671. html.

[127] UNESCO. World declaration on higher education for the Twenty-First Century: vision and action[DB/OL]. [2018-11-21]. http://www. unesco. org/education/educprog/wche/declaration _ eng. htm # world%20declaration.

[128] UNESCO. UNESCO promotes new initiative for free educational resources on the Internet[DB/OL]. [2015-11-20]. http://www. unesco. org/education/news_en/080702_free_edu_ress. shtml.

[129] UNESCO and Council of Europe. Code of good practice for

the provision of transnational education[EB/OL]. [2016-10-22]. http://www.unescobkk.org/fileadmin/user_upload/apeid/Documents/apqn/UNESCO-OCED.pdf.

[130] UXUK. 2015 winners[DB/OL]. [2017-07-15]. http://www.uxukawards.com/past-awards/2015-winners/.

[131] WILSON T. Transformation for an open education repository: issues associated with IT and computing distance learning course materials [DB/OL]. [2017-2-20]. http://vddb.laba.lt/fedora/get/LT-eLABa-0001:P.03 2007 ISBN 978-9955-9779-4-0. PG143-147/DS.003.1.01.PAPER.

[132] WILSON T, WEBB R, FERREIRA G, CONNOLY T. Repurposing for an open educational repository: quantity, quality and processes[DB/OL]. [2017-03-20]. https://aisantos.wordpress.com/2007/11/01/repurposing-for-an-open-educational-repositoryquantity-quality-and-processes/.

附　　录

附录 A：2017 版《全国大学生满意度调查》问卷

The teaching on my course

1. Staff are good at explaining things*

2. Staff have made the subject interesting*

3. The course is intellectually stimulating*

4. My course has challenged me to achieve my best work[new]

Learning opportunities [new section]

5. My course has provided me with opportunities to explore ideas or concepts in depth

6. My course has provided me with opportunities to bring information and ideas together from different topics

7. My course has provided me with opportunities to apply what I have learnt

Assessment and feedback

8. The criteria used in marking have been clear in advance*

9. Marking and assessment has been fair[amended]

10. Feedback on my work has been timely[amended]

11. I have received helpful comments on my work[amended]

Academic support

12. I have been able to contact staff when I needed to*

13. I have received sufficient advice and guidance in relation to my course[amended]

14. Good advice was available when I needed to make study choices on my course[amended]

Organisation and management

15. The course is well organised and running smoothly*

16. The timetable works efficiently for me[amended]

17. Any changes in the course or teaching have been communicated effectively*

Learning resources

18. The IT resources and facilities provided have supported my learning well[amended]

19. The library resources(e. g. books, online services and learning spaces)have supported my learning well[amended]

20. I have been able to access course-specific resources (e. g. equipment, facilities, software, collections) when I needed to[amended]

Learning community [new section]

21. I feel part of a community of staff and students

22. I have had the right opportunities to work with other students as part of my course

Student voice [new section]

23. I have had the right opportunities to provide feedback on my course

24. Staff value students' views and opinions about the course

25. It is clear how students' feedback on the course has been acted on

26. The students' union(association or guild) effectively represents students' academic interests

27. Overall, I am satisfied with the quality of the course*

附录 B：OpenupEd 质量标签

	Benchmark / indicator		OL	DO	LC	IL	MI	RO	QF	SD	NA	PA	LA	FA
#	Benchmark / indicator		OpenupEd values								Rating			
		e-next BM #	Openness to learners	Digital openness	Learner-centred approach	Independent learning	Media-supported interaction	Recognition options	Quality focus	Spectrum of diversity	Not adequate	Partial adequate	Largely adequate	Fully adequate
	Institutional level													
	Strategic management													
1	The institution has a MOOC strategy that relates to its overarching strategies for e-learning, open education and open licensing.	1	x	x					x	x				
2	Research and monitoring of developments in education and technology inform the design of MOOCs. There is an organisational framework to foster this.	2							x					
3	The institution has a strategy for the appropriate resourcing of MOOC development. It has a business model, appropriate to the institutional mission, that addresses the sustainability of MOOCs.	3												
4	The institution has a service relationship to MOOC participants that addresses ethical and legal dimensions including accessibility and data protection.	4								x				
5	Collaborative and partnership activities have clearly defined roles and responsibilities and operational agreements exist where appropriate. Policies exist to cover issues such as intellectual property rights and open licensing.	5		x										
6	The institution has a quality policy that relates to national frameworks, and the MOOC offering is related to that policy.								x					

	Benchmark / indicator		OL	DO	LC	IL	MI	RO	QF	SD		NA	PA	LA	FA
	Curriculum design														
7	The institution makes explicit the relationship between its MOOC portfolio and its mainstream curriculum.	6	x					x							
8	The MOOC portfolio provides for the development of students' cognitive skills, key/transferrable skills, and professional/practical skills in addition to knowledge and understanding.	8			x	x		x							
	Course design														
9	The institution provides templates or guidelines for layout and presentation of MOOCS to support consistency across the portfolio. These templates have the flexibility to accommodate a range of teaching and learning methods.	16		x						x					
10	Course materials, including the intended learning outcomes, are regularly reviewed, up-dated and improved using feedback from stakeholders.	18							x						
11	The institution specifies an open licence for MOOC components, and has a mechanism to track intellectual property rights.			x											
	Course delivery														
12	The MOOC platform is reliable, secure and assures appropriate levels of privacy. Provision is made for system maintenance, monitoring and review of performance.	19, 20, 21		x			x								
13	The MOOC platform provides a range of online tools which are appropriate for the educational models adopted.	22			x	x	x			x					
14	Mechanisms exist to monitor and evaluate MOOCs using quantitative and qualitative approaches.	24		x					x						

	Benchmark / indicator		OL	DO	LC	IL	MI	RO	QF	SD		NA	PA	LA	FA
	Staff support														
15	The institution provides appropriate training for academic and support staff to develop the skills required to develop and deliver e-learning.	25, 26							x						
16	Educational research and innovation in e-learning are regarded as high status activities. There are mechanisms for the dissemination of good practice.	27, 28							x						
17	The institution provides adequate support and resources to MOOC staff and manages workloads appropriately.	29, 30							x						
	Student support														
18	MOOC students are provided with clear and up-to-date information about courses including aims/objectives, learning and assessment methods, workload and prerequisite knowledge. Where possible, courses should be related to national or European academic frameworks or specifications.	31	x			x		x							
19	The rights, roles and responsibilities of MOOC students and those of their institution are clearly stated.	32	x			x									
20	The institution uses social networking to foster academic communities among MOOC students.	9, 33			x		x			x					
21	MOOC students have clear routes to academic, technical and administrative support. The level of support provided by the institution is clearly stated.	34, 35			x	x									

	Benchmark / indicator		OL	DO	LC	IL	MI	RO	QF	SD		NA	PA	LA	FA
	Course level														
22	A clear statement of learning outcomes for both knowledge and skills is provided.	10				x									
23	There is reasoned coherence between learning outcomes, course content, teaching and learning strategy (including use of media), and assessment methods.	11			x	x	x		x						
24	Course activities aid students to construct their own learning and to communicate it to others.				x										
25	The course content is relevant, accurate, and current.	13				x			x						
26	Staff who write and deliver the course have the skills and experience to do so successfully.	12							x						
27	Course components have an open licence and are correctly attributed. Reuse of material is supported by the appropriate choice of formats and standards.			x											
28	Courses conform to guidelines for layout, presentation and accessibility.	16		x						x					
29	The course contains sufficient interactivity (student-to-content or student-to-student) to encourage active engagement. The course provides learners with regular feedback through self-assessment activities, tests or peer feedback.	14, 15			x	x	x								
30	Learning outcomes are assessed using a balance of formative and summative assessment appropriate to the level of certification.	7	x			x		x							
31	Assessment is explicit, fair, valid and reliable. Measures appropriate to the level of certification are in place to counter impersonation and plagiarism.	17	x					x							
32	Course materials are reviewed, updated and improved using feedback from stakeholders.	18							x						

后　　记

终于到了写后记的时候了。望着眼前这本厚厚的论文，写作过程的点滴就像放电影一样浮现在眼前。

对开放教育资源的热爱由来已久。我现在还清楚地记得2013年第一次从学术期刊上了解到大规模在线开放课程时给我带来的震撼。从哈佛大学的视频公开课到中国大学MOOC，我尽情地享受着开放教育资源带来的便利。在考博期间，我还利用开放教育资源恶补了我在教育理论方面的不足。期间偶得刘铁芳教授的公开课《好的学校教育如何可能》，让我受益匪浅。等到要确定博士论文选题时，我毫不犹豫地选择了做关于开放教育资源方面的研究。由于前期了解过多个国家的开放教育资源，最开始我想做几个国家的开放教育资源的比较研究。易老师觉得国际间的比较难度太大，我很难驾驭，建议做国别研究，并提出做英国的开放教育资源研究。我当时很犹豫，为什么不选美国做研究对象呢？毕竟最近几次开放教育资源运动，如开放课件、慕课都是以美国为先锋。

后来在导师的指导下查阅了一些资料，自己也在OpenLearn网站和FutureLearn网站上注册账户，认真学习了好几门开放课程后，我的观点就改变了。让我感触最深的是虽然英国不是开放教育资源运动的先锋，但它总能在吸取他人经验的基础上做出自己的特色。在资料的阅读中，英国大学对其开放教育资源质量的关注，特别是其严谨的质量保障制度和在制度执行过程中形成的质量文化让我印象深刻，而开放教育资源的质量问题也是我在前期思考过的问题。到底开放教育资源的质量该如何评价？如何才能保障开放教育资源的质量？带着这些问题，我一方面广泛地收集英国大学为保障其开放教育资源质量的相关资料，另一方面不断反思其质量文化形成的动因，不知不觉中论文就慢慢成形了。

论文得以顺利完成，首先要感谢我的导师易红郡教授。认识易老师很多年了，对他的治学严谨早有耳闻。成为易老师的学生后，对他的认真更是深有体会。他对英国教育，特别是英国高等教育史了如指掌，对高等教育领域的理论著作更是如数家珍，他甚至能准确地告诉你哪本书在图书馆哪个书架的什么位置。这对我这个教育史研究的新手帮助甚大，在老师的指引下，我很快找到了研究思路。在博士论文写作期间，老师总不厌其烦地督促我，不能放弃。每当我写作遇到瓶颈，一筹莫展时，他总会帮我出谋划策，指点迷津。有时晚上十二点还能收到老师发来的帮助信息。

感谢湖南师范大学教育科学学院对我的教育和培养。学习期间，刘铁芳教授独特的问题视角和话语方式、孙俊三教授扎实的理论功底和悠然的处世态度、刘德华教授对中西文化的理解和蒋红斌教授深厚的学术功底，不仅开拓了我的学术视野，也让我学有所获。同时也感谢容中逵教授和王卫华教授给我论文的修改提出了许多宝贵的意见。

感谢湖南科技大学教育学院的领导和教育技术学系的各位同事们，没有你们的支持和包容，我很难完成这项艰巨的学习任务；感谢师门里所有的兄弟姐妹们，怀念我们在一起相互学习，畅谈教育的时光；感谢远在英国开放大学的 Andrew，虽然我现在也不知道你是 Sir 还是 Madam，虽然只有几次简单的 E-mail 通信，但你给我提供的信息和建议都宝贵之极，非常感谢！另外，论文在撰写过程中，我参考和引用了大量的国内外相关文献和研究成果，在此对所涉及的专家学者们一并表示衷心的感谢。

感谢父母给予了我无限的宽容和无私的爱；感谢老公，总能在我无助和消沉时赋予我满满的正能量，与我一起面对人生的喜怒哀乐；感谢我的孩子们，你们让我的博士求学生涯痛并快乐着……

还有太多的话想说，还有太多的人想谢，这些我都将铭记在心，成为我继续前进的动力！